邁向科學化的國際比較教育

Towards a Science of International Comparative Education

張芳全　著

目次

作者簡介

張芳全

- **現職**：國立臺北教育大學教育經營與管理學系教授（2011.02～）
- **學歷**：國立政治大學教育學系博士
- **經歷**：1996.06～2002.01 行政院經建會從事教育政策規劃、分析與評估

    2002.02～2006.07 國立臺北師範學院國民教育學系助理教授

    2005.08～2006.12 中國測驗學會秘書長

    2006.08～2011.01 國立臺北教育大學教育經營與管理學系副教授

- **考試**：1993 年及 1994 年教育行政高考及格
- **學術獎勵**：2003～2007、2009～2012、2014、2016、2018 年獲得國科會研究計畫獎助

    2012～2014 年獲得國科會大專校院獎勵特殊優秀人才

    2021、2022 年獲得教育部獎勵大專校院特殊優秀人才彈性薪資

- **著作**：教育問題與教育改革：理論與實際（1996，商鼎，四版）

    教育政策（2000，師大書苑）

    教育政策立法（2000，五南）

    教育政策導論（2000，五南）

    教育政策分析（2004，心理）

    國家發展指標研究（2004，五南）

    教育議題的思考（2005，心理）

    教育政策指標研究（2006，五南）

    教育在國家發展的貢獻（2006，五南）

    教育政策規劃（2006，心理）

教育知識管理（2007，心理）

新移民子女的教育（2007，心理）（主編）

新移民的家庭、親職教育與教學（2009，心理）（主編）

教育與知識經濟（2009，麗文）

新移民新教育（2009，麗文）

多層次模型在學習成就之研究（2010，心理）

邁向科學化的國際比較教育（2012，心理）

問卷就是要這樣編（2014，心理，二版）

高等教育：理論與實證（2017，高等教育）

新移民子女教育的實證（2017，五南）

校務研究：觀念與實務（2018，五南）

論文就是要這樣寫（2021，心理，五版）

統計就是要這樣跑（2022，心理，五版）

並於 TSSCI 發表十多篇論文，學術論文發表超過百篇

- **學位論文指導**：2002～2023 年指導 161 篇碩士論文以及 3 篇博士論文

- **專長**：教育政策分析、教育經濟學、國際比較教育、多變量統計、SEM、HLM、論文寫作、校務研究、教育行政

- e-mail：fcchang@tea.ntue.edu.tw

謝序

　　比較教育學自法國學者 M. A. Jullien 於 1817 年倡議建立至今，其研究在各層面上都有快速的發展。其中在研究方法層面上，即朝向科學化的方向進展。如 H. J. Noah 及 M. A. Eckstein 兩位美國教授，就出版過《邁向比較教育科學》（*Towards a Science of Comparative Education*）及《比較教育的科學研究》（*Scientific Investigations in Comparative Education*）兩書，極力倡導用科學方法來研究比較教育，期使研究結果更趨客觀化與富驗證性。

　　比較教育研究要能科學化，大致須從三方面著手。一是重視計量或實證的方法，以補質性研究的不足，讓研究成果更經得起驗證；二是重視科際整合，綜合運用各相關學門的知識與方法來進行研究，力求觀點的周全與深入；三是重視團體的共同研究，由多位專家組成團隊，合作進行，以便集思廣益。

　　比較教育的科學化研究，在國外的進展較快，在國內雖也強調其重要性，但在實際上則對量化或實證方面的研究仍較缺乏。本書作者張芳全教授有鑑於此，經多年用心投入這方面的研究，將其心得撰成本書出版，名為《邁向科學化的國際比較教育》，相當有助於國內比較教育研究邁入新的里程。

　　本書的內容豐富，除對國際比較教育的理論有所闡述外，對國際比較教育科學化的論述更深加著墨，並舉出若干實例研究供參考，使論述內容更加具體化與清晰化，讓讀者更易掌握其要點與精神。最後作者更提出邁向科學化國際比較教育的展望，指引我國這方面的改進方向。

　　本書理論與實際兼顧，行文生動與深入淺出，深具參考價值。本人又肯定作者的學術熱忱與素養，故樂於在其付梓之際為之序。

謝文全 謹識
2012 年 5 月

自序

一、寫作緣起

　　書稿的完成，距開始接觸「比較教育學」已有二十三年。二十三年一晃眼就過去了。筆者從1989年大學時代修習比較教育，2000年促動撰寫本書動機，2012年才完成書稿。二十三年的醞釀與寫作相當漫長，這段時間足以讓一棵小樹成為大樹，也可以讓初生的嬰兒，在這段時間成長學習，完成大學學業。二十三年後完成此書，心中有無比的感動及感觸。感動的是，這十年來筆者默默地對國際比較教育研究的努力沒有白費；感觸的是，看到國內自1960年以來對於科學化國際比較教育研究太少，而看到書桌前及書櫃中一篇篇的國際比較教育的實證研究堆積如山，促使筆者有撰寫本書強烈的動機。

　　還記得，1988年我進入政治大學教育系就讀，大二有一門整學年的比較教育課程。當時看到課表，對於比較教育，既期待又怕學不好，很擔心要閱讀很多跨國的新資料。記得當時，還未開學上課，就到圖書館找了有關比較教育的中文專書。在書海中努力搜尋，好不容易找到幾本制式的比較教育書籍，大約翻閱一下，各書撰寫內容大同小異——以主要國家檔案資料介紹，沒有進行併排與比較，更沒有以邏輯實證論的觀點來分析各國教育資料。當下想像——比較教育應該是如此。後來上課了，授課教授依固定教本授課，將幾個主要先進國家的教育檔案（教育行政制度、各級學校年數、學校制度特性、有無標準課程、各國教育發展等）帶過，就這樣一學年過去了。至今，我看到其他授課者及對大學比較教育的印象，仍然停留於對少數先進國家教育制度內容的學習而已。

　　然而，筆者會以「邁向科學化的國際比較教育」為題撰寫本書的重要原因，是受到當時教授教育經濟學的林文達教授影響。記得，1990年我在大三修

習一門教育經濟學。當時它為冷門科目，加上林文達教授對學生要求嚴格，所以沒有同學敢選修他的課，最後只有我選這門課。林教授在上課之後，一直反問我為何要選這一門課，我當下說不出所以然，印象中僅回答說：我不想在大學的學習留下空白，想學具挑戰的課程，而教育經濟學就是我所要挑戰學習的科目之一。在與林教授周旋幾星期之後，他看我的意志堅決與有心向學，就為我一位學生開授一學期的教育經濟學。在他嚴謹傳授知識之下，我不敢鬆懈，就這樣認真地學習一學期，奠定了教育經濟學基礎，更影響我對於科學化國際比較教育的重視。但是為何修讀教育經濟學會引發對國際比較教育研究的好奇呢？簡單地說，從教育經濟學的學習，為我開啟了國際比較教育研究的另一扇窗，讓我從窗口中看出驚奇、又美好的國際比較教育之學習與科學實證研究的境界。

怎麼說呢？雖然教育經濟學僅有一位學生修習，但是林教授對筆者的嚴格學習要求絲毫不減，不斷地要求閱讀新的國際資料，更要求蒐集各國資料，期待我試著運用跨國資料分析教育發展與經濟發展之關聯性，以瞭解各國教育對國家發展的影響。1970年代以後，臺灣就不是國際組織會員國，國際組織很多發布的資料都不會傳送到臺灣。因此，當時要從大學圖書館蒐集跨國性的資料非常困難，我後來試著到中央圖書館及各大學圖書館找尋各國教育發展及經濟的統計資料。在找遍臺灣大型圖書館各國資料的過程，無形中對於跨國資料的研究動機轉趨強烈。

還記得，到國家圖書館找尋過程，看到跨國資料及文件不僅相當老舊，而且躺在書架邊的角落，書皮蓋滿灰塵，甚至破爛不堪。我當下一直懷疑，究竟這些舊書籍及文件還有多少效益？為何林文達教授要我找這些資料呢？滿腦疑問，無法一時釋懷，乖乖地遵照林教授的指示，將這些報告書複印帶到課堂，向林教授請教如何分析？但是林教授卻告訴我：統計分析與要使用哪些資料，應靠你自己，老師無法教導你統計的分析技術及研究內容建構，你要獨立自主學習，並從這些雜亂資料中，獲得有意義的知識。當下真的不知所措，只好戰戰兢兢找尋國際學術期刊論文，來理解外國期刊論文是如何將雜亂無章的資料，

做有意義的解釋。就在這繁瑣、無趣及呆板的過程中，釐清我內心的許多問題，也找出不少很好的論述作品，解答我心中對各國資料的不少疑問。這使得我對這些原本令人覺得無聊且孤單的歷程，獲得對跨國分析的最大樂趣。筆者體會跨國資料分析不再無趣，也不是沒有意義，相對地，從國際比較教育研究中建構知識是很有意義與價值的。

在學習與交報告的壓力之下，不得不埋頭學習電腦及統計分析技術。1990年代初，國內對於統計軟體應用不普遍。筆者每天都到政治大學電算中心，不斷地嘗試錯誤，對跨國資料進行試探分析，然而所得到的結果被教授認為無法掌握重點，因而再三退件。大學階段無法解決用國際資料來分析跨國現象有些遺憾。但是這一年與林文達教授學習國際資料蒐集，慢慢地體會對於各國教育理解，不宜將視野限縮於主要先進國家，而是應將視野擴及已開發或開發中國家的教育發展，而應用邏輯實證論的觀點分析國際教育現象，更是觀念的最大突破與收穫。

1993年進入政治大學教育研究所，碩一仍遇到教授教育經濟學的林文達教授。我深感興奮，終於可以完成大學未能完成的實證跨國資料分析的任務。碩一同學選課集中於熱門的教育心理學，而我僅想好好學習各國資料的實證分析技術，因此選修教育經濟學專題。這課程依然冷門而專業，僅有我一人選修。林教授要求我在大學尚未完成的跨國資料分析，在進入研究所之後，要一一完成。在不斷學習及操作統計軟體下，終於對跨國資料有深入的發現與體會，更瞭解跨國實證分析的重要，尤其是科學化國際比較教育。在這學習過程中慢慢體會，若國際比較教育研究能有這類的實證分析會有多好！因而啟發筆者後來分析許多國際資料的動機。

1996年進入政治大學博士班進修，也在行政院經建會從事經濟與教育發展的分析工作。政府決策需要跨國資料結果支持，公務中接觸不少國際資料，尤其國際競爭力，更加深我對於跨國實證分析的動力。1997年在大學校院兼授比較教育課程，試著找尋適合學生學習的書籍時發現，大學時代學習的教本，到擔任授課老師，十年來比較教育的大學用書，仍與十年前的內容相近，國內沒

有多大突破。

要教授比較教育課程的關係，讓我再度思考先進國家教育政策移植問題，並思考國內比較教育課程學習內容是否過於狹隘？僅介紹少數國家教育制度，會否讓學生誤認為這就是比較教育或國際比較教育呢？

1997 年之後，國內的比較教育開始有變化，一來對於比較教育定位、比較教育方法論及對於國家制度已有更多專業書籍介紹，不再侷限於主要國家，還融入了幾個開發中國家。2000 年國內比較教育的教科書內容也有改變，沈姍姍教授編寫的《國際比較教育學》一書，改變了比較教育名稱，並對於比較教育內容不限定於單一國家檔案的教育制度說明，穿插了國際比較教育議題。這或許是國內比較教育在學習內容及視野的突破。

二、科學化研究的欠缺

從 1997 年兼授比較教育課程之後，就不斷思考要撰寫一本與坊間不同取向的國際比較教育專書。一來期待站在前人的學術肩膀上，試圖在比較教育視野看得更高更遠，再者期待撰寫有特色的書，以有別於坊間的比較教育書籍，更期待對國內比較教育研究有所貢獻。這兩項挑戰任務，從 2000 年至 2012 年一直在筆者腦海持續盪漾著。雖然國內比較教育前輩持續在這研究領域做出貢獻，但慶幸的是，我執著於邏輯實證的國際比較教育研究，或許在臺灣的國際比較教育研究的學術研究領域上，科學化國際比較教育取向較為冷僻，因而這十二年來沒有類似書籍在國內出現。所以，一股腦兒將多數時間投入於這研究領域，不斷嘗試調整本書架構，並列為個人寫作計畫的第一要務。

其實，「比較教育」約有兩百年的發展，臺灣的比較教育雖然在幾所教育大學及師範大學有零星課程，而且國家考試列為主要科目之一，但是受到重視是在 1994 年暨南大學設立比較教育研究所（後來擴增為比較教育學系，100 學年更名為國際文教與比較教育學系）之後。國內比較教育學者在這個研究所成立之前已有不少，要站在學術前輩肩膀上，撰寫有別於比較教育前輩的論述，建立特色，是一件相當困難又備受挑戰的事。我從 1990 年陸續蒐集資料，2000

年不斷地將資料進行分析，斷斷續續與跌跌撞撞，而有關比較教育文獻及統計資料，在書櫃中堆積如山，深為愧疚。

2002 年在大學任教之後，開設了比較教育課程，雖然修習學生不多，但是個人對於國際比較教育的熱愛，仍激起對教授此科目之熱忱，不因為修習人數少，就減少它的教學內容及熱情。從教學中，體會到科學化研究對國際比較教育的重要。一者，國際現象變化多端，不管是落後國家或開發中國家也好，還是先進國家也罷，教育制度變化多端，一年前教科書描述的學習內容，隔幾個月或幾年後，就已不符合國際教育現實，如僅以制度面或少數教育現象就做為教育政策參考，勢必太牽強與危險。再者，科學化國際教育規律是國際比較教育較為欠缺，也是國際比較教育學者所追求之一，而國內外這類研究不多。所以，我從過往的一些學術研究、研討會論文發表及教學經驗與心得，以科學化取向來與同好及學習者分享，因而最終完成本書的撰寫，期與讀者分享。

2002 年之後的幾年中，筆者的視野不僅放在先進國家的教育，而且也對開發中國家或低度發展國家的教育現象及經濟、社會結構有了研究發現。這幾年來的研究心得，深深體會 1960 年來比較教育在學科為何會有自我認同的危機，更可以體會 Noah 與 Eckstein 採取的科學取向比較教育的呼籲是多麼高亢。放眼望去國外的教科書及國內研究，從 1960 年之後的國際比較教育實證研究數量不足，這激起了寫作本書的最大念頭。也許在這個世紀之中，重視、使用或應用研究仍為有限，但是就是不可或缺這一個觀點。社會科學研究不也講求質量合一的研究取向嗎？如果太多質化研究，容易形成一言堂的學術社群，這樣的學科性質無法獲得不同觀點與取向者認同，在學科的學術成長也會受到限制。就好比人一樣，需要有兩條腿才能順利走路，缺一不可。國際比較教育研究也是一樣，需要有質量觀點，其學科發展才完整，否則 Noah 與 Eckstein 的振臂呼籲，又是為了什麼呢？而 M. J. Jullien 在兩百年前倡導要運用問卷調查法來蒐集各國資料分析，以及成立國際組織來從事研究調查，又是為了什麼呢？

2002 年之後，對於本書的撰寫片片段段，一直到 2011 年 2 月筆者升等教授之後，再將全書重新整理，更新舊資料，納入新的實證研究報告、章節重新

編排、文字改寫與修飾等，讓本書更具有可讀性。看到蒐集到的文獻陸續堆積於書櫃之中，令人有些感慨時光飛逝，從筆者學生時代，至今擔任教授；從原本對於比較教育陌生，到產生學習興趣，進而有撰寫專業書籍的能力，花費一段漫長時間，這也許更說明了科學化國際比較教育要成為主流正是需要時間及努力。

上述林林總總，道出撰寫此書的深層動機，也說明筆者對於國際比較教育學發展的期待。因為臺灣在科學化國際比較教育研究及論述太少，所以筆者期待運用棉薄力量撰擬此書，或許為這個領域開啟不同的一扇窗，看出國際比較教育的另一個面貌。本書內容說明國際比較教育界說、發展、研究取向、理論、方法、科學化國際比較教育概念、多層次觀點研究、科學化規律、科學化步驟與陷阱，以及近年來筆者對國際比較教育的實證研究分享，包括亞洲四小龍回家作業與數學成就分析、多層次模型分析閱讀成就、人力發展與國家類型轉移。最後為邁向科學化國際比較教育展望。

三、本書的期待

本書以淺顯文字說明國際比較教育的相關觀念，讓讀者對國際比較教育概念有所掌握，並對科學化國際比較教育研究深入理解，更在學習之後，能應用相關概念於實證研究之中。本書有三篇實證研究是重要的國際比較教育議題，深信從這些研究過程與發現，更能體會追尋科學化國際教育現象規律的重要性。本書以實證觀點分析國際比較教育議題，有別於坊間書籍。這種取向提供國際比較教育新思維。筆者以有限腦力與時間努力，但願更多人員參與，藉此拋磚引玉為本書最大獲益。為了邁向科學化國際比較教育，以實證分析觀點說明國際比較教育科學化的研究方向。本書的期待如下。

第一，期待以實證觀點分析國際教育現象。傳統上，國際比較教育研究傾向於對單一個國家或兩個國家進行描述，接著進行國家教育制度的歷史、人口、政治及經濟因素的探討，最後再來比較國家在教育制度異同，少以科學實證觀點進行分析，筆者嘗試蒐集跨國資料，以邁向科學化國際比較教育來撰寫本書。

筆者二十多年前閱讀 Noah 與 Eckstein 的《比較教育科學的探索》（*Towards a Science of Comparative Education*, 1969）之後，就以其觀點為學習榜樣。本書書名為《邁向科學化的國際比較教育》更可以看出寫作觀點及取向。為了讓國際比較教育研究更為科學，筆者在學習過程中與撰寫此書時，就不斷提出要如何科學化的疑問，找尋相關書籍與期刊釋疑，最後以邏輯實證論做為科學化的註解，因此本書寫作取向就是以上述觀點來撰擬。

第二，增加國內在國際比較教育的實證研究。筆者試圖運用科學化觀點分析國際教育現象，以彌補國內這方面研究不足。臺灣的國際比較教育研究，較少有專著以實證觀點對國際教育現象深入分析，筆者在二十三年前學生時大量閱讀國際比較教育研究期刊與專業書籍很少有實證研究。近年來，在國際學術期刊中，實證的國際比較教育研究不斷出現。因而，除了在國際比較教育做研究，也蒐集不少研究文獻，這些文獻置於案前多年，零散沒有統整，為了讓這些資料發揮更多的價值，有意義地呈現給讀者，促動筆者撰寫本書。

第三，科學方法研究國際比較教育增加視野。筆者從 2003 年大學擔任教職之後，每學年教授國際比較教育課程。這幾年來的教學經驗與研究發現，深感這方面研究不足，是國內值得開拓的研究取向。筆者研究領域為教育經濟學，對於多變項計量分析有其基礎，在大學任教多年，指導多位研究生撰寫有關跨國教育的研究論文。在學理學習及教學應用交錯之下，整合相關的學理、實務經驗與研究論述，分析國際比較教育的相關議題，統整為《邁向科學化的國際比較教育》一書，是筆者最大的收穫。書名有「邁向」一詞，代表本書不能完整代表國際比較教育就是如此，而是拋磚引玉，期待有更多國際比較教育研究以實證觀點進行。

第四，分享跨國資料分析的實證研究結果。筆者近年來的研究，經過整理及歸納發現，有一部分研究內容及發現，可以對國際比較教育研究在國內長期以來少有實證研究有所彌補。作者整理出三篇實證研究，是重要的國際比較教育議題，如果能將這些實證分析分享也是重要動機。

最後，期待更多實證論的國際教育研究出現。究竟未來比較教育、國際教

育或國際比較教育朝向科學化的腳步有多少，是否會被另一個新名詞所取代，無可否認的是，科學化國際比較教育研究不可忽視。尤其近年來，跨國組織對於各國的學生學習成就調查，引起各國政府及學者注意，無時不在各學術專業期刊出版。因此，能以科學化國際比較教育分析，讓它成為專門著作，或許有一些開創與前導作用，最重要的是期待後續有更多科學化國際比較教育研究成果出現。

四、感謝與感恩

本書撰寫過程要感謝很多人的支持及鼓勵。

首先，要感謝雙親與家人的心靈與生活支持。雙親與內人姿伃及兩位可愛女兒文歆及文琦能體諒我專心從事寫作與研究，給予我最大的支持及協助，而雙親給我最好的教育，兩位女兒的貼心亦讓我欣慰。每每看到兩位可愛的女兒無心地拿起一篇篇我印下的英文期刊，雖然她們不懂文章內容，卻又能體會爸爸要閱讀外文研究報告的辛苦，看到這一幕就令我感動。因為她們的天真，讓我在寫作與研究過程中，縱然感到辛苦，卻能夠有繼續的動力。

其次，要感謝恩師——馬信行博士、林文達博士與謝文全博士。筆者原本是與林文達教授學習教育經濟學及教育財政學，卻在無意之間發現其對邁向國際比較教育研究的重要。無心插柳，如今卻能成蔭，很感謝林老師。筆者在研究所求學階段，很感謝馬信行博士的治學與研究的指導。馬老師在我念研究所時，是期許我能朝向教育科學化學習的重要力量。因為他的叮嚀，以及在授課中強調以國際資料對教育現象進行分析，因而影響了我對國際資料的重視與深入觀察。馬老師更鼓勵我運用跨國資料進行分析，讓我學到治學方法、態度與觀念，更讓我可以與國際資料打交道，至今是讓我無法忘懷的老師。馬老師鼓勵我在實證研究努力，功不可沒，除了分享多變項統計方法及實證研究觀念，老師的觀念更讓我後來在許多研究中更踏實，他不斷分享國外投稿及研究的經驗，讓我對於國際資料分析有更多期待。而謝文全教授是我1990年在臺灣師大教育系旁聽的比較教育行政的另一位啟蒙老師，他不因為我是外校學生就不讓

我聽課，相對地，他一視同仁地分享他的比較教育專業知識。當時向謝文全教授請益比較教育的問題，都能有豐富而滿意的解答，他更鼓勵我往這方面努力，也勉勵我參加國家考試，所以個人內心很感謝他。

第三，要謝謝余民寧博士。他從筆者大學時期，就一直鼓勵我從事學術研究。余老師在心理計量與測驗專業，教導我很多觀念，讓我在社會科學研究成長。余老師亦師亦兄的叮嚀，讓我的學習不斷提昇。在國際比較教育的研究中，引導我進行多變項統計分析，不僅讓我的研究不斷精進，而且更鼓勵我要努力發表。余老師在我求學時提供不少協助，還記得，1996 年因為沒有費用購置電腦跑統計，余老師購置一部全新的電腦提供我研究及學習之用，這讓我的學習研究開啟了另一扇窗。如果在大學及研究所沒有余老師指引鼓勵，我就無法在大學任教，更不用說是對科學化國際比較教育的研究。所以，十二萬分感謝余老師。

第四，要感謝讓我寫作成長的黃毅志博士。雖然黃教授沒有教過我，但是2002 年我在大學任教之後，對於我在國內學術期刊的投稿發表，他提供很多論文寫作觀念及心得分享，讓我在學術研究有所成長。學術研究一路走來，沒有他熱心分享，不吝提供研究方法盲點，我的研究仍會有很多盲點。黃教授讓我的學術論文精進，並不斷鼓勵，令我難忘。跨國資料分析需要不同觀點，黃老師都能將經驗分享。在完成此作品之際，要十二萬分地謝謝他多年的鼓勵支持。

第五，要感謝曾經教過我的老師。教過我的恩師很多，在此無法一一列舉，留待我當面致謝，會更有意義；也感謝曾經協助過我寫作的專家學者，您們寶貴的意見是我向前的動力，在投稿寫作過程，給我中肯意見，有您們切磋，讓我的學術成長更快。

第六，筆者也要謝謝曾經讀過的許多比較教育專著的作者前輩們——楊國賜教授、王家通教授、楊深坑教授、秦夢群教授、張鈿富教授、沈姍姍教授、楊思偉教授、周祝瑛教授、王如哲教授、李奉儒教授、黃文三教授、方永泉教授、鍾宜興教授、詹盛如教授，由於閱讀您們的比較教育作品，讓筆者學習成長與省思國際比較教育還可以發展及努力的方向。筆者無限感恩，前輩們的努

力讓我在國際比較教育有學習參照的榜樣。

第七，感謝趙珮晴小姐。她細心校對本書，也協助本書相關資料的蒐集，更是本書的第一位讀者，提供不少意見給筆者修改，讓本書論述更完備。

最後，感謝上天。當大家在週末假日及夜深人靜休息時，我仍戰戰兢兢奮戰著，背後犧牲很多休息睡眠時間，點滴才將成果串連起來。同時要感謝心理出版社林敬堯總編輯的鼓勵及心理出版社的大力協助讓本書出版，同時也要謝謝校稿多次的李晶小姐，她用心及仔細的閱讀及校對，讓本書的錯誤減少，可讀性提高，對本書的貢獻功不可沒。本書若有文字疏漏及論述不周，還請專家指正，不勝感激。

張芳全 謹識
於臺北市內湖
2012 年 4 月

CHAPTER 1

國際比較教育界說

　　國際比較教育為一個研究領域，它是對分析單位的研究、比較與詮釋，因而與其他教育學領域及學科特性不同。教育心理學在探討學生特質、學習動機、態度及認知，也在探究教師如何教學較能提高學生學習成就，沒有比較的角色。教育社會學以社會學原理探討教育的社會現象，也沒有比較的目的。教育哲學探討教育的原理，更沒有比較的意義在其中。然而，國際比較教育在掌握國際教育發展，它具有比較分析與找出教育發展規律，建立科學原則的目的。M. A. Jullien（1775-1858）認為，透過比較結果：「演繹出真正原則與明確規則，使教育成為近乎實證之科學」（Epstein, 1990, p. 3）。本章說明國際比較教育的意涵、爭議及其目的。

第一節　國際比較教育意涵與爭議

壹、國際比較教育的意義

一、比較教育的意義分歧

　　Halls（1990, p. 26）指出，比較教育領域缺乏明確的定義，因而持續鎖住它的發展。這句話說出了比較教育界定及發展的困難。比較教育（comparative education）包含了比較（compare）與教育（education），比較是透過個體對於標的物之思維認知歷程，並對思維事物進行價值判斷。所以，比較有區分好壞、優劣、有無、異同、多寡、排序與分類的價值判斷。雖然學科上的比較方法與生活上的比較認知不同，但是比較應有標準，尤其比較基準點、比較項目或變項應相同，比較才有意義，否則容易形成錯誤比較。倘若比較基準、主體、單位、構面、項目、變項、特質與制度等不明確，容易陷入比較的偏誤，因而有錯誤比較、推論與解釋。

若要比較木瓜與鳳梨的異同，此時應思考：比較的面向──是水份多寡、甜度、重量、外觀、顏色，還是它的產地。若要比較都屬於柑橘類的柳丁與橘子，其類型接近，比較項目可能是酸甜度、果皮顏色、外貌、果肉型態等，因為同為柑橘類，比較主體相近，就容易比較，但是兩者之間免不了有其差異，仍需要以相同基準比較才客觀。這些是日常生活比較，但是學科上的比較遠較日常生活之比較困難與複雜，尤其科學比較要建立在抽象參照點、變項或資料數據分析，透過這些分析與歸納，再比較與詮釋，其解釋異同的歷程相當困難。

比較教育的「教育」不是一個動詞，而是一個名詞，教育是傳達正確知識給學習者的活動歷程。比較教育指涉的教育現象，舉凡各國教育情境有關的教育事務都應包括：國家教育行政制度（中央集權制度、地方分權制度）、學校制度（六三三、五四三、四四四制等）、教育經費使用（中央政府統籌統支、地方政府自行籌措）、教育分流制度（綜合高中、普通高中、職業學校）、終身學習型態、課程類型（有無課程標準）、教育哲學思潮（民族性、國格、意識型態），或者與教育有關的變項，如教育經費占國民生產毛額比率、學生學習動機（動機高低、內在動機與外在動機）、教師教學方式（如強調人文主義、行為學派，或啟發式教學與傳統教學方式）、教育行政人員聘任方式、教學方法、課程內容、教育政策等。然而，教育發展現象難有相同情境，可以在相同標準之下比較。傳統的比較教育是期待以兩個或兩個以上的國家進行比較，但是任何兩個國家的文化、歷史、政治、經濟及社會發展迥異，硬將兩個國家併列一起，提出研究假設，來進行比較，很容易有錯誤結果。

其實，不同學者對比較教育（comparative education）界定明顯差異。法國的 M. A. Jullien 在 1816 年 12 月和 1817 年 1 月及 2 月出版的《教育學報》（*Journal d'Education*）刊行的〈關於比較教育工作之計畫與初步意見〉（Esquisse et vuespréliminaires d'un ouvrage sur l' éducationcompare），首先創用比較教育（éducation comparée）一詞（楊深坑，2005）。雖然 Jullien 對比較教育沒有明確說明，但是強調以問卷調查法蒐集各國教育資料，做為比較各國教育依據，在當時已是創舉。I. L. Kandel（1881-1965）認為，比較教育是運用比較法則、比較文獻或比較解剖學，在發現教育制度的差異原因及其結果，掌握所有教育制度的原則（Hans, 1958, p. 5），比較教育研究是延續教育史的研究，把各國的教育發展史延伸到現在的教育制度。Hans（1958）認為，運用歷史的觀點分析研究影響教育制度的各種因素，以及比較各種問題的解決方法，為比較教育的主要目的。Lê Thành Khôi（1986）認為，比較教育是一個研究領域，運用不同學門理論來理解及解釋教育。Noah 與 Eckstein（1969）認為，比較教育的最好定義是一個社會科學、教育學及跨國研究的交錯（the field of comparative education is best defined as an intersection of social sciences, education, and cross-national study）。Wilson（1994）認為，Noah 與 Eckstein 所提出來的交錯之概念（the concept of intersection）以及跨國研究的特定性（the specification of cross-national study）是界定比較教育的方式之一。項賢明（2000）認為，比較教育是一種文化邏輯思維，比較教育分析跨國之教育差異，需要將歷史與文化觀點納入思考。鍾宜興（2004）則認為，比較教育以比較為主要的研究方法，以當前整體教育為研究旨趣，以文化理解為研究重點，並以科際整合來研究。比較教育與國際比較教育（internation comparative education）常為人混用，但兩者意義不同。Jones（1971）認為，1962 年將比較教育學會（Comparative Education Society）改為國際比較教育學會（Comparative and International Education Society, CIES），就可以看出國際較教育的重要性。

上述可以看出，比較教育意義紛歧，尤其傳統的比較教育是以國家檔案資料（可能是多國或單一國家文獻與統計資料），透過資料的組織、整理、分類、

歸納、分析、詮釋與比較，而科學化國際比較教育研究則不同，它在分析議題明確之後，提出研究假設、選用分析單位（unit of analysis）及運用相同研究變項，並對研究變項明確測量，所進行的研究，而此種以社會科學研究方法的分析較容易形成客觀結論。透過科學化研究可以瞭解國家教育現象或跨國教育現象，找出教育現象規律性、建立學理，以提供教育政策參考。此外，國際比較教育以全球各國、文化或族群為研究範圍，其研究主題不僅對於各國教育制度，而且將有關的社會（公平、正義、族群等）、政治、文化（語言、弱勢與主流文化）及經濟等議題納入於教育議題一同考量分析，透過分析獲得專業知識，並找尋各國教育發展現象的規律性。

總之，國際比較教育具有國際動態性，其分析單位不是以兩個或少數國家進行分析比較；相對地，它還包括運用更多國家的資料、多層次（國、省／州／邦、校、班、個人／學生／教師／行政人員）、多族群與團體，它運用社會科學研究方法及比較教育學科本位的研究方法，有系統與組織地分析國際教育發展現象。

二、比較教育、國際教育、發展教育與國際比較教育的釐清

與比較教育相近的名詞為 Halls（1990, p. 23）提出，比較教育研究分為比較研究（comparative studies）、外國教育（education abroad）、國際教育（international education）、發展教育（development education），這些名詞與比較教育意義不同。比較研究是分析不同國家的教學與歷程、教育與文化內部的分析，即探討哪些因素影響了教育制度。外國教育在研究各國教育制度，即各國教育制度類型——中央集權、地方分權與均權制度；或學校制度類型——四四四制、五四三制；或教育分流制度——普通高中與綜合高中。國際教育是對多國社會及文化，乃至於對多族群或對國際教育研究機構的分析。發展教育則針對新興國家的教育發展分析，例如，對二次大戰後獨立的國家、1990 年代東歐共產政權瓦解後的國家之教育發展，或近年來尋求獨立的新興發展國家的教育發展分析。

　　沈姍姍（2000）認為，國際教育與比較教育之定義與內涵不同，她澄清了長久以來臺灣將國際教育介紹外國教育資料就視為比較教育的誤解，她認為國際教育是比較教育的研究基礎，而外國教育與發展教育為國際教育內涵；比較教育與國際教育在研究範圍重疊（資料取得與研究觀點）；國際教育以發展國際態度與知覺，增進國際瞭解與合作；比較教育則以國際教育資料為研究基礎進行研究；國際教育與比較教育為各自獨立的學科。

　　Carnoy（2006）提出四種比較教育研究方式：(1)比較教育研究在分析一個國家或地區在一定時間內廣泛界限的脈絡（the context of a broader agenda），以比較跨時間及空間的結果；(2)比較教育研究在追求國際研究方案，建立不同議題探討，意圖建構較大及可以比較研究議題；(3)比較教育研究在運用相同資料蒐集及分析法來分析更多國家或地區；(4)比較教育研究是運用現成可取得的國際資料庫或從國際資料庫建構一個研究者的資料庫，分析此資料並比較。

　　Phillips 與 Schweisfurth（2007, p. 10）在其《比較與國際教育：理論、方法與實際》（*Comparative and International Education: An Introduction to Theory, Method, and Practice*）一書把「比較」以及「國際教育」用「and」結合，代表兩者不同，他們認為，比較教育是一個探究的領域（a field of inquiry），它是否為一門學科（dispinline）還需要更明確的規律及方法來認定；而「比較與國際教育」分為國際教育，以及比較教育，前者為實務主導與探究領域（domains of practice and fields of inquiry），後者為比較探究的方法與理論。Scanlon 與 Shields（1968, p. xii）界定國際教育是跨國教育關係界限之研究與實務（study and practice of various types of educational relations across national boundaries）。縱使這定義模糊，但是在其 1968 年出版的《國際教育的問題與前瞻》（*Problems and Prospects in International Education*）一書中，在國際教育議題上卻有明確主題，包括教育、科技協助與發展（technical assistance and development）、教育與發展的政治及經濟面向、技術協助─問題轉移、文化關係與教育，以及人員交流等。Griffin 與 Spence（1970）指出，國際教育常被用來說明課程內容，即在處理其他國家及社會，以及各國之間的國際關係、跨國之間的

人員或學生交流、協助其他國家的教育發展、訓練專業文憑及其他國際工作、國際及公共事務的文化關係方案等。

　　比較教育與國際教育研究令人混淆的原因在於兩者都缺乏清晰的研究目的與研究方法（Watson & King, 1991）。國際比較教育應從獲得統計資料進行分析歸納，以及從教育制度表現的主體來判斷不同國家之間差異，國際教育在瞭解不同的社會經濟脈絡，不僅瞭解教育制度，而且也在追求國際發展結果與關心教育改革。國際教育著眼於國際教育發展情形，不完全在強調各國教育異同。Noah 與 Eckstein（1969, p. 121）認為，比較教育研究領域的最好界定是社會科學、教育學及跨國研究的整合，他們（p. 114）指出，現階段的比較教育試著運用跨國資料來檢定有關教育與社會之間，以及教學實務與學習結果命題之研究。Kubow 與 Fossum（2007）認為，比較教育是一門多學科領域的探究，為了瞭解一個教育現象，可能運用歷史學、社會學、政治科學、文化學、人類學、心理學與哲學的觀點來詮釋。Epstein（1994）認為，比較教育是一個研究領域（field of study），它運用歷史及社會科學理論及方法來瞭解國際教育的問題，主要目的是學術性與跨學科追求；然而，國際教育則加速知識與態度的國際化導向。比較教育學者主要旨趣在解釋形成教育制度的不同及歷程的差異，以及教育制度受到哪些社會因素及勢力之影響，而國際教育學者運用比較教育的研究結果發現，來瞭解要檢視的教育歷程，讓他們的能力與政策有關方案作結合，例如瞭解有關國際交流及對國際事務的理解等。

　　王如哲（1999）認為，國際教育重視實務性的問題，以描述為取向，在增進國際間學者的交流，並關注於國際性的教育問題；而比較教育則重視理論性的問題，以分析為導向，它在促進使用比較教育的學術觀點加深對本國教育問題的瞭解，它是以學科本位為導向。Halls（1990, p. 24）認為，外國教育是研究一個或多個國家的教育制度某些層面，不是僅研究本國教育制度而已，即研究他國教育制度與教育現象。發展教育則分析國際教育現象，其目的在瞭解開發中國家或落後國家的教育問題，如初等教育普及情形、掃除文盲、教育資源分配問題、性別教育的差異等，在獲得研究發現之後，國際組織提供落後國家

教育發展援助，它不在於瞭解各國教育制度及教育發展異同。比較教育是透過蒐集各國的相關資料，運用科學方法進行資料分析，以獲得研究結果並深入比較，其比較內涵為一個總體比較。比較教育目的在分析和瞭解各國教育發展；發展教育的目的則對各國教育採取的行動和教育發展革新之分析有關。

　　總之，國際教育重視國際交流與互動，範圍超越國界；外國教育以國家為單位，對國家教育制度描述與解說；發展教育研究在研究解決開發中國家的教育問題，例如，國際組織或先進國家對於落後國家教育發展的援助，而比較教育不一定在此研究範圍。國際變化快速，各國面對全球化與國際化發展，多數的研究議題脫離不了國際教育現象。

三、邁向科學化國際比較教育的意涵

　　基於上述，國際比較教育係以跨國資料，運用社會科學研究方法來探究國際教育發展的研究領域，而所探討的範圍涵蓋了教育與政治、經濟、社會和文化之關聯性，其分析單位為多層次，並非以單一國家為限制。同時，本書以「邁向科學化的國際比較教育」為題的意義，進一步說明如下。

　　首先，科學化國際比較教育結合了國際教育與比較教育。一者「國際比較教育」比起「比較教育」更具有國際化與動態性，比較教育表面看來僅對於少數國家進行研究與比較，國際比較教育是以國際教育為範圍，對於議題的研究結果發現再比較。再者，國際比較教育比起「國際教育」更有方法論的意味在其中，「比較」本身就是一種方法，它具有方法論的特性。沈姍姍（2000）所著《國際比較教育學》對比較教育與國際結合就是一個很好說明，本書與先前的論述方向不同，強調以科學與邏輯實證觀點來瞭解及詮釋國際教育發展現象。

　　其次，「國際比較教育」在「比較教育」加了「國際」。國際涵蓋的範圍除了各國之間的交流互動之外，也包括了每一個國家內部脈絡的發展狀況。因此，國際教育是對國際教育發展現象進行描述與分析，或說明國際援助及人員交流及技術轉移情形，它沒有強烈地要將各國做比較的意味。相對地，比較教育強調比較方法運用於跨國教育發展的研究。然而國際比較教育不僅強調要以

國際視野對國際教育分析，而且也運用科學研究方法來掌握國際教育發展、社會、政治、經濟與跨文化現象之理解。

第三，國際比較教育加上「邁向科學化」具理想性與前瞻性。邁向（towards）具有朝向、傾向或未來可以如此的意義。這意味著目前比較教育與國際比較教育研究者對於以邏輯實證及科學來研究尚待努力。這在期許國際比較教育研究有更多邏輯實證論研究，歸納研究結果，以掌握國際教育現象的規律性。

最後，科學化在國際比較教育有多面向的意義。科學研究是指在研究上具有系統性（systematic）、控制性（controlled）、實證性（empirical）及批判性（critical）的作為（Kerlinger, 1965, p. 13）。系統性是指對於所要研究的問題及進行程序有其邏輯性，解決問題有嚴謹的步驟順序；控制性代表在科學研究過程，將不必要的因素或變項予以排除，控制相關的研究變項，接著分析控制的變項，獲得研究結果，此研究結果可以在相同步驟、變項與情境之下，獲得相同結論；實證性代表科學研究發現，可以經由相同操作與複製的過程，如對相同變項界定及資料使用，獲得相近或相同的研究結果；批判性代表科學研究的知識可以公開檢定及後續驗證，它不會有一言堂論點。而科學化意味著有更多的研究是以科學方法來進行。而要以科學方法來研究，其科學方法包括研究態度及研究策略，前者是研究者的價值中立，對於現象真實呈現，而研究策略是系統性、可靠性與可重複性。若以上述來看，科學化有一方面期待以邏輯實證論為取向對於國際教育現象分析，另一方面要以社會科學的研究方法來邁向科學化國際比較教育，即運用實證取向的社會科學方法，包括研究方法及資料處理方法，朝向建立國際比較教育學術理論的方向進行。

貳、國際比較教育的爭論

一、學科與研究領域的爭議

1960 年代比較教育有認同危機（identity crisis）（Halls, 1990, p. 13），主

要因為它是否為一門成熟學科而產生爭議。Altbach、Arnove 與 Kelly（1982, p. 505）認為，比較教育是在研究其他國家教育，它也被視為動態的多學科領域之研究。Kubow 與 Fossum（2007, p. 5）認為，比較教育是一個融合多學科的學門，它包括社會學、政治學、心理學及人類學等，來研究已開發及開發中國家的教育發展。Bereday（1964）主張，比較教育不限定應用特定學門的理論，相對地，它多方關注與運用社會科學方法來研究多元的地理區域。Broadfoot（1977）強力主張，比較教育是一個研究領域（field），並不是一個學科（discipline），因為特定學科有其特定的研究方法，也有其學科內涵及相關的學理。一門嚴謹學科，其學科方法、技術或理論應與其他學科不易相容。由於每個學科都有其歷史沿革與發展，更有豐富的理論及知識體系，這就是學科專業表現。而比較教育是一個研究領域，這領域依賴其他社會科學來瞭解複雜的教育現象（Kubow & Fossum, 2007, p. 7）。

王家通（1988）認為，比較教育或比較教育學是以研究方法來界定其學科性質的一種學問，比較法就是此一學科特色，比較教育所研究的教育是整體教育，而不是個別領域的教育；比較教育所研究為當代的教育，不是過去歷史的教育；比較教育用來比較的單位，雖然沒有一定法則，但是比較教育仍以國家做為單位的情況較為普遍。楊國賜、楊深坑（1992）認為，比較教育是一門「理論歸納的社會科學」（theoretical generalizing social science），包括應用各種學理（theories）、假設（hypotheses）與法則（laws）等從事研究、分析、比較各國教育問題。

楊思偉（1996）認為，比較教育有不同特性：方法上是以比較研究法為主，比較教育現象異同；研究對象包含全部的教育領域，例如教育制度、學校制度、教學方法、教材內容、教育目標、學校經營方式等。在比較時間上以現在時間為中心的研究學科，也以現在時間點往前進行比較；比較單位是以國家為單位做比較，當然也有區域比較、外國教育探討與對他國教育制度研究。

總之，比較教育是一門學科還是一個研究領域，有其爭議性。基本上，一個成熟學科需要有幾項重要條件：(1)若是成熟的學科，所建立的理論、原則、

方法論和方法已有明確界定。若學科已經建立一段時間，學科所發展出來的特性必定有特定研究方法，經由這領域的專家學者努力研究，建立許多嚴謹的理論，而這些理論及原理可以提供這學科的發展依據；(2)若是成熟的學科，研究對象確定。即該領域的研究對象明確，對於所屬的研究對象能明確界定；(3)若是成熟的學科，研究成果在質量都要豐富，並在知識上有系統及累積，因而對學術發展產生貢獻，不易為其他學科所取代；(4)若是成熟的學科，適應時代和社會發展，甚至國家發展，能產生一定積極的社會貢獻作用（高如峰、張保慶，1999），這也就是對於社會、國家，甚至國際上的發展及學理的貢獻。就上述的第二、第三與第四項來說，比較教育從十七世紀以降，已累積不少研究成果，尤其是1960年代之後，在專業期刊，如《國際教育評論》（*International Review of Education*）、《比較教育評論》（*Comparative Education Review*）、《比較教育》（*Comparative Education*）、《比較》（*Compare*）、《國際教育期刊》（*International Journal of Education*）上發表之論文，對於國際比較教育議題、理論及相關研究，累積不少成果；其研究對象以國家或地區為分析單位，雖然後續學者對分析單位有不同見解（Bray & Thomas, 1995），但是其分析單位仍相當明確；而其研究成果對國際社會也有其影響力，所以在這三項來說，其學科條件應具備。然而，就第一項來說，比較教育學科擁有的研究方法與理論仍有討論空間，雖然國際比較教育建立不少比較教育領域論點，但是多數仍借用社會科學的方法與理論研究，其學科成熟度仍有爭論；這也是1960年來，比較教育或國際比較教育，究竟是一個學科，還是僅為一個研究領域的爭論。

二、分析單位的爭議

國際比較教育的另一項爭議是：它的比較或分析的單位。究竟它是以國家為分析單位，或以地理區域（如北美洲、北歐洲、亞洲、大洋洲國家等）為分析單位呢？還是以個體（學生／教師／家長／行政人員）為單位呢？過去的比較教育以國別為分析單位較為常見，但近年來國際比較教育不僅以不同國家為分析單位，而且也以地理區（如世界五大洲、臺灣各縣市）、開發中國家／已

開發國家、族群或民族做為分析單位,甚至以不同的文化及觀點或價值進行分析。Bray 與 Thomas(1995)提出,多層次比較的教育研究(multi-level of comparison in educational studies)將國際比較教育範圍分為三個向度:第一個向度為地理區或地區性的(geographic/locational level),包括七個層次:世界地理區域(含跨國研究)(world regions/continents)、國家(countries)、州/省(states/provinces)、學區(districts)、學校(schools)、級班(classrooms),以及個人(individuals),上述更說明,國際比較教育不一定是以國家為分析單位。Bray、Adamson 與 Mason(2007)指出,比較單位可以區分為地點(區域)比較、系統(制度)比較、時間比較、文化比較、價值比較、教育成就比較、政策比較、課程比較、教育組織比較與教學創新比較。他們更強調,運用不同分析單位分析相同變項,會有不同的研究結果發現,尤其跨層級分析更能掌握上述現象。易言之,國際比較教育研究面向多元,而非傳統上僅以一個國家為分析單位的狹隘論點。

在分析過程運用科學的研究方法,對於要比較的教育現象進行描述、分析、解釋、分類或價值判斷。分析單位可以單一國家、地理區域、學區、團體、學校、班級、族群或學生,不限於國家為分析單位,這與近年來,許多國際比較教育研究強調多階層分析相近(Ma, 2008; Park, 2008)。Park(2008)以二十五個參與 2001 年「促進國際閱讀素養研究」(Progress in International Reading Literacy Study, PIRLS)國家,分析學生在早期素養活動、家長的閱讀態度與家中藏書數對閱讀素養的影響發現:(1)學生早期閱讀活動對於閱讀素養具有顯著的影響,其中解釋變異量最高的五個國家為紐西蘭、挪威、希臘、加拿大與冰島,代表學生若有早期閱讀習慣,日後會增加其閱讀素養;(2)二十五個國家的學生家中藏書量對學生閱讀素養都有正向顯著影響,其中新加坡的解釋力 18% 最大,而俄羅斯的 5% 最小,可見家庭學習資源影響了學生閱讀素養;(3)若以二十五個國家的國民所得做為國家層次變項,而以學生早期閱讀活動、家長閱讀態度及家中藏書量為學生層次的依變項發現,可以分別解釋各國之間差異的解釋量為 19.7%、11% 及 6.4%,而各國國民所得與早期閱讀活動、家長閱讀態

度及家中藏書量具有跨層級交互作用，代表國民所得與三個因素會交互正向影響學生閱讀素養，而各國國民所得與家中藏書量呈現倒 U 字形關係，這說明影響學生閱讀素養因素，除了家庭學習資源之外，還包括各國國民所得，研究也發現，跨國差異是解釋學生閱讀素養的重要因素之一。此例子就說明了，國際比較教育的分析單位不僅是國家而已，還包括學生，甚至國家與學生之間的交互作用情形。

就分析單位的數量來說，可以是一個、兩個或多個國家、地理區域、學區、學校、班級、族群、團體及學生。以比較的時間來看，國際比較教育以現在的教育現象為主軸探究，雖然國際比較教育在研究問題可以回溯教育現象的歷史發展，但是國際比較教育旨在解釋現在的教育現象發展。而國際比較教育也從過去發展趨勢，來解釋現階段的教育發展，甚至從過去的教育發展預測未來的教育現象。在研究方法上，它運用科學方法進行分析，研究者將所要分析的單位、範圍及變項，在明確界定與測量之後，透過統計資料處理，獲得結果，再對結果予以合理判斷、詮釋與比較。

總之，國際比較教育分析單位包括世界地理區域、國家、文化體系、省／邦／州、縣市／學區、班級、學校、族群與學生，亦即為多層次觀點分析國際教育發展現象，它的分析單位不限於國家或少數的地理區域而已。

三、理論與應用研究的定位爭議

社會科學研究可以分為基礎研究及應用研究類型，基礎研究是以建立知識體系為導向，它建立學科的知識與讓學科知識更具有理論性。有別於基礎研究，應用研究是借用相關學門的理論及知識進行研究。國際比較教育研究領域相當廣泛（高如峰、張保慶，1999）：其研究範圍不僅是教育本身的各種教育現象及規律，而且它也在研究影響或瞭解決定教育發展的因素及條件。就研究空間來說，它的範圍是全世界，也是跨國家、跨地理區域及跨族群。就時間點來說，國際比較教育是研究當代教育，也不排斥對歷史研究與未來的研究，甚至透過過去的次級資料分析發現，提供未來發展建設性的論點。就學科性質來說，它

是跨學科,它整合社會學、心理學、教育學、行政學、公共政策、國際政治、財政學、經濟學等。

應用研究係針對社會與教育問題研究,尋求問題的解決方案。雖然建立國際比較教育學科理論很重要,但仍以應用取向研究居多,其原因如下:(1)國際比較教育研究具理論與實務價值。國際比較教育如同經濟學、社會學、心理學及歷史學以其理論原則建立學門。然而,國際比較教育不全然以基礎研究為主,就如 Bereday(1964)及 Holmes(1981, p. 49)指出,比較教育是一門實務導向的應用學科,透過研究結果發現,提出方案來解決教育問題;(2)國際比較教育研究具有描述、解釋、控制及預測功能,就如提供改善低成就學生、低教學效能教師、低效能學校有更好表現的處方;(3)國際比較教育研究強調經濟效益,績效責任是教育投資研究的重心,付稅者要瞭解支付給政府的稅,對教育成效的改善;(4)國際比較教育強調公平的教育發展。公平是衡量不同性別、族群、地區及社會階層的指標,國際比較教育長期以來也關心地區性、族群、個人的教育機會公平。

從上述來看,國際比較教育應兼具基礎研究與應用研究,然而從過去研究來看,國際比較教育研究以應用價值為主,較少基礎研究。為了讓國際比較教育邁向科學化,邏輯實證研究及基礎研究不可或缺。

四、小結──科學化國際比較教育特性

雖然國際比較教育有上述的爭論,但是本書認為,科學化國際比較教育的特性如下。

首先,研究層級為多層級(multi-level),不限於單一層級的研究。Bray 與 Thomas(1995)提出多層次比較分析方式,認為國際比較教育研究可以包括一次分析層級,如僅學生、班級、學校、國家或地理區域,也可以學校與學生、班級與學生的兩層分析,或者也可以國家、學校與學生等三個層級分析的情形。

第二,它採用多學科(multi-discipline)觀點分析。國際比較教育研究整合政治學、經濟學、社會學、文化學、心理學,乃至於生態學的觀點進行研究,

它是一個科際整合的學術研究領域，以單一學科觀點描述教育現象會有疏漏。

第三，研究方法為多取向（multi-approach）。國際比較教育除了運用學科本位的研究方法之外，亦借用社會科學研究方法，包括質化與量化取向。然而，以邏輯實證論觀點進行國際比較教育研究是找出規律與建立理論的可行途徑，所以本研究採取邏輯實證論的觀點。

第四，兼顧理論研究與應用研究。國際比較教育研究不僅提供研究結果的發現給各國教育發展參考，而且也在找尋國際教育發展現象的規律，其目的在建立國際比較教育的理論，做為國際比較教育學門的建立依據。

第五，分析單位（unit of analysis）多元性。它包括國家、社會、地區、族群、團體、性別、個人（包括教師、學生、教育行政人員、家長、政治菁英）等。

第六，多樣化分析面向（multi-dimension）。舉凡與教育發展有關面向能進行科學研究者都可以納入，包括課程、教學、制度、學習成就（國語文、數學、科學、資訊等）、公民素養、學生健康、學校經營、學校效能、學校行政等。

最後，它是跨年代的，甚至有預測未來之特性。國際比較教育不僅針對過去教育現象或是其他有關的政治、經濟、文化、社會進行評閱，來分析目前的教育現象發展，重要的是經由過去資料預測未來教育現象。簡言之，國際比較教育不僅限於教育現況研究，也不侷限於過往教育資料分析，它更有對於未來發展趨勢的分析特性。

第二節　國際比較教育目的

壹、學者見解

　　研究之目的在描述社會現象、解釋社會現象、控制與預測社會現象。國際比較教育研究目的也在此。國際比較教育研究功能，在讓學習者與研究者具有比較的思維及國際觀點，透過國際比較教育的學習、對話與研究，讓學習者及研究者對於各國有多元、人文及全球化的關注。

　　以學科觀點來看，透過國際比較教育的學習與研究，可以思考他國教育制度及教育發展的合理性，並做為本國教育發展的學習及借鏡他國教育經驗的價值。它更鼓勵學習者及教育學者瞭解哪一種教育制度、教育政策、教育計畫、課程及教學方式比較適合哪一種社會環境。楊國賜（1975，頁37）認為，比較教育制度的真正價值，不在於發現能從某一國家移入另一國家的策略或工具，而在於認識外國制度偉大的真精神，然後試著在國內培養此種精神的方法，藉以彌補國民生活的若干缺點。高如峰、張保慶（1999）認為，比較教育的功能包括：(1)認識功能：經由接觸外國資料及蒐集與整理資料來瞭解他國的教育發展情形；(2)教育功能：國際比較教育不僅要研究多個國家及地理區域的教育，也分析教育與經濟、政治及文化的宏觀因素之關聯，它會影響教師、行政人員、學生，增加對分析回顧國際教育發展的能力。在此過程可提高科學的哲學觀；(3)發展功能：國際比較教育是一門複雜的研究領域，討論各國教育發展情形及趨勢，透過研究增加學科在理論、方法及研究成果的不斷創新，經由國際比較教育研究建立的學理，增加專業知識；(4)借鑑功能：國際比較教育研究的發現知識可做為各國政府、學校及教育活動參考；(5)預測功能：主要分析許多國家以掌握未來教育發展趨勢，有益於對國際教育掌握更為容易。

　　楊思偉（1996）的方向、增進人類的福祉及瞭解、探討教育的規律及原理。顧明遠、薛理銀（1998）歸納比較教育目的在於生產科學知識、人文知識和做為教育決策。楊深坑（1999）認為，研究比較教育的目的是：吸取外國教育經驗，做為本國教育改革的參照；詳實描述各國教育；分析各國教育制度特色及形成之動力因素；成立教育與社會關係之發展通則，進行因果說明與預測；詮釋教育現象之深層意義，做為教育決策與教育實踐改進工具；瞭解並比較各國教學實況，做為教師改進教學之參照；促進各文化各族群之自我瞭解；相互瞭解以達到世界和平。沈姍姍（2000）認為，國際比較教育的研究係以借鑑他國教育經驗為手段，達成改善自身教育為最具體實用的目標，最終的目的是做為決策參考或預測政策施行的結果。顯然，比較教育目的不僅在瞭解各國教育現象，也在瞭解各國教育發展規律，以及透過此研究來促進世界和平。

　　Thomas（1990）認為，國際比較教育目的因人而異。以教育計畫者——政府中央單位的計畫人員而言，要以比較教育研究的發現，來做為政策制定參考。以外國援助單位來說，早先是現代化國家對殖民國家援助，自 1950 年代以後，跨國組織陸續成立，例如：聯合國（United Nations）、聯合國教科文組織（United Nations Educational, Scientific and Cultural Organization, UNESCO）、經濟合作暨發展組織（Organization for Economic Co-operation and Development, OECD）等，對於落後國家的教育及經濟援助增加，這些國際組織如何作援助，就需要以對落後國家的比較教育研究發現為補助依據。如以教育學者專家來說，在瞭解他國教育制度及發展，也掌握本國的教育問題，期待透過學習他國的教育經驗，來解決本國教育問題。以大學教授及學生來說，前者可以運用比較教育的知識傳達給學生，並從事後續國際比較教育研究，獲得更多知識；後者學習比較教育，可以瞭解他國教育發展，瞭解國際比較教育學科發展的知識，做為後續的進修與學習參考。可見，不同人員因其需求與目的的不同，在國際比較教育目的就不一樣。Halls（1990）認為，比較教育目的為：(1)比較教育提供教育類型的瞭解，例如對全球教育類型的描述及解釋，主要執行者如 UNESCO、OECD；(2)比較教育研究可以瞭解教育的內部因素及互動關係，以及教育與社

會之關係；(3)比較教育研究可以區別教育變遷的基礎條件，以及瞭解這些因素在哲學層面有哪些意義。從這三個層面來看，比較教育在描述不同國家教育類型，掌握不同教育制度的決定因素。

綜合上述，國際比較教育的目的與國際比較教育研究目的多元。不同的人員對於國際比較教育有不同需求，因而產生不同目的與功能。

貳、本書論點

國際比較教育目的包括：瞭解國際教育現象與特性、學習他國教育發展經驗、增加人類的教育福祉、探索國際比較教育規律及建立理論，說明如下。

一、瞭解國際教育現象與特性

進行國際比較教育的前提是要瞭解國際及本國的教育情形。瞭解他國教育發展及教育行政型態，再來瞭解本國的教育，更能深入掌握他國教育。日本學者沖原豐做過學校掃除的比較研究認為，各國學校的掃地方式分為幾種：(1)清潔工型：學校的清潔工作由清潔工做，歐美國家屬之；(2)清潔工、學生型：學校的清潔工作由學生及清潔工一起進行，社會主義國家屬之；(3)學生型：學校的清潔工作由學生進行，亞洲國家屬之（楊思偉、沈姍姍，2000）。I. L. Kandel（1881-1965）在 1938 年《行政類型：以紐西蘭與澳洲為參照》（*Type of Administration: with Particular Reference to the Education Systems of New Zealand and Australia*）一書中，以國家集權程度對教育分類認為，法國的教育是為了穩固性（education for solidarity）、英格蘭及美國的教育是為了適應（education for adaptation）、紐西蘭及澳洲的教育是為了效率（education for efficiency）。

Green、Preston與Janmaat（2006）以社會凝聚力（social cohesion）與終身學習模式將國家區分為自由主義政權國家（liberal regime）、社會市場政權國家（social market regime）與社會民主政權國家（social democratic regime）等三類型；第一類型包括澳洲、紐西蘭、愛爾蘭、英國及美國，這些國家將個人機

會及功績（merit）與社會聯結為信念，所以在終身學習制度反映出的不公平技能結果，導致所得分配不均，因此社會凝聚力下降，但是這些國家的成人學習參與率較高，加速了就業率，這也提昇了經濟競爭力，對社會凝聚力有正面貢獻；第二類型包括奧地利、比利時、法國、德國、盧森堡、荷蘭、瑞士，這類國家強調社會應廣泛分享價值及社會認同，國家的角色可以支持社會凝聚力，因而其終身學習較少有極端的技能分配結果，而增加了教育的公平性，有些國家伴隨著師徒制，因而減緩了學校分離效果，但是成人學習參與率較少，就業率因而減少，增加了無法融入工作的情形；第三類型以北歐國家為主，因為相對性所得分配較為公平與普遍的社會福利制度是社會凝聚力主因，所以在終身學習制度下，在學校中有較公平的技能結果，以及在成人學習參與率高，其社會凝聚力較高。

Belfield（2003, p. 161）指出，美國與英國的教育市場為自由型態，因而其學生的競爭有利於學習成就表現或是提高學校的生產力。Agasisti（2011）運用 PISA 2006 資料，以階層線性模式（hierarchical linear modeling, HLM）分析義大利學生的競爭（以學區中可以選擇學校多寡，愈多代表愈競爭）對其學習成就影響發現，學生競爭程度顯著影響義大利學生學習成就，然而如果在雷蒙地區（Lombardy Regional）將實施教育券實驗的效果納入之後，學校的競爭力對學習表現的影響力降低。

總之，若能從他國的教育發展經驗或實證發現，找出國際教育發展規律性，再理解本國教育，以瞭解本國為何會如此，他國教育發展又為何如此，其背後的歷史原因何在？上述是國際比較教育所要找出的發展規律性及差異性。

二、學習他國教育發展經驗

學習或研究國際比較教育的目的之一在獲取他國教育發展經驗做為學習方向。法國的 V. Cousin（1792-1867）、英國的 M. Salder（1861-1943）、美國的 H. Mann（1796-1859）、美國的 I. L. Kandel 撰寫外國教育及其相關制度，強調比較教育研究可以做為教育決策或教育改革參考。法國的 M. A. Jullien

（1775-1858）、德國的 F. Schneider（1881-1974）、英國的 V. Mallinson、波蘭的 G. Z. F. Bereday 都強調，比較教育有其實務導向的目的。臺灣在 1994 年至 1996 年，由行政院教改會提出人本化、民主化、多元化、科技化及國際化為教育改革方向，在《教育改革總諮議報告書》指出，教育券、制定教育基本法、學校設立教師評審委員會、社區大學等提議，也都是從他國經驗借鏡而來。再如，研究指出，阿根廷及秘魯的過量高等教育需求，即高等教育擴充太快，造成極端的高等教育區域的不均等（extreme regional disparities）與學校品質下降（Parrado, 1998; Post, 1990），其研究結果可以提供過量教育投資國家的借鏡。

　　Psacharopoulos（1990）在《比較教育評論》（*Comparative Education Review*）指出，比較教育提供政府教育規劃者做為政策及改革建議，比較教育研究為比較教育學者所執行，研究者宜有教育計畫觀念提供政府建議。他指出在 1990 年代全球有七項值得比較教育研究：(1)增加初等教育普及率：例如 1990 年全球六至十二歲學童僅有 60% 接受初等教育，各國應如何達到 100% 呢？(2)改善學校教學品質：如何透過教育系統讓教育品質維持與改善呢？(3)擴充中等教育在學率的重要性：因初等教育比中等教育普及率高，在學童接受初等教育之後，後續接受中等教育，甚至高等教育是重點，如何平衡普通教育及職業教育是重要課題；(4)擴充高等教育在學率：隨著各國發展，多數學生需要接受更高層級的教育，如何提供正規大學及非正規大學教育，以及在不同類型的教育如何選取學生、選用學生的標準也是各國改革課題；(5)提供基本技能：教育系統如何提供學生面對職場，以及如何在教育擴充與現代化的經濟來獲得他們的工作技能呢？(6)教育財政課題：上述教育改革及政策計畫需要教育財政支持，如何分配於各項教育計畫，以及有無其他新教育資源投入？(7)教育機會的公平性探究：如何在教育量擴充，也讓教育機會均等，而教育機會均等維持是各國應重視的課題。

　　總之，國際比較教育在瞭解國際發展情形，除了從研究獲得專業知識之外，更應從國際教育發展經驗獲得啟示，或許可以做為國家教育發展方向參考。

三、增加人類的教育福祉

美國比較教育學者Ulich（1968）指出，比較教育不應指出特定的歷史、疆域和競爭方式，相對地，國際比較教育應從各國的教育發展及其過去的傳統發展來思考國家的教育發展方向。1960年代之後，國際間為了增加人類對於國際教育發展的瞭解，陸續成立跨國組織對許多國家調查，其目的不外乎提高學生學習效果、瞭解各國教育發展問題（如課程、教學、學生特性、學生家庭、學校、教師特性、校長行政領導），提昇學生學習成效或成就感，使學生適應生活，未來成為好公民，其最終目的在增加國民福祉。

1925年國際教育局（International Bureau of Education, IBE）成立，1969年IBE 加入 UNESCO 蒐集各國教育發展資料，國際教育成就評鑑協會（International Association for the Evaluation of Educational Achievement, IEA）進行跨國的學生成就研究。雖然 IEA 在 1967 年正式成立於比利時，1950 年代後期只有十二個會員國，但是 2010 年會員增加為六十二個，臺灣也參與其中。從它成立之後，讓會員國參與各項調查，例如國際數學與科學教育成就趨勢調查（Trends in International Mathematics and Science Study, TIMSS）、促進國際閱讀素養研究（Progress in International Reading Literacy Study, PIRLS）、國際學生能力評鑑計畫（Programme for International Student Assessment, PISA），這些研究及調查，主要在掌握各國教育發展，並試著找出與學生學習成就有關的因素；IEA於 2009 國際公民及素養調查研究（International Civic and Citizenship Education Study, ICCS 2009）調查不同國家青少年對未來公民身分之準備情形，它將報告參與學生在公民素養之知識（conceptual understandings）與能力（competencies）測驗之成就，同時蒐集和分析參與學生對公民及素養教育之態度傾向（dispositions and attitudes）。

總之，國際組織努力建置大型資料庫，提供各國及學者研究，讓各國瞭解教育發展情形，經由他國教育發展經驗提供借鏡與學習參考，而這些都是在提高學生學習表現與學生公民素養，最終目的在改善各國人民素質，提高人民福

社。

四、探索國際比較教育規律及建立理論

　　國際比較教育運用或借取社會科學的相關理論，如結構功能論、依賴理論、現代化理論、人力資本理論、馬克斯理論、後現代理論與世界體系理論進行研究。這些理論都經過長期研究歸納而來。國際比較教育在科學化研究與建立學理仍不足。而國際比較教育研究在找尋教育發展規律，建立學術理論通則，這需要科學化研究才易達成。Bourdieu 的文化資本理論認為，家庭文化資本與社會階層對於子女的學習表現有正面貢獻，也有不少研究支持這樣的論點（李文益、黃毅志，2004；張芳全，2009）。OECD（2010）以其會員國參與 PISA 2009 資料分析家庭社會階層，以家長教育程度、家長職業及家中藏書數整合為指標，對於子女的閱讀素養影響發現，荷蘭、德國、愛爾蘭、美國、挪威、丹麥、愛沙尼亞、波蘭的學生家庭社會階層對學生閱讀素養解釋力各為 12.8%、19.3%、12.6%、18.8%、8.6%、14.5%、7.0% 與 14.8%，這些國家的學生社會階層對其閱讀素養都是重要的解釋因素，它代表兩者具有正向顯著關聯，更代表它們之間具有規律性。以下列舉幾項國際比較教育現象的命題，值得科學研究。

1. 各國教育經費投資（以教育經費占國民生產毛額比率）與教育在學率的關係。
2. 各國人口成長率與各級教育在學率的關係。
3. 各級教育（大學、高中職、國中與國小）收益率之分析。
4. 各國高等教育在學率擴充與失業率之關係。
5. 各國高等教育在學率與國民預期壽命之關係。
6. 各國教育投資與國民所得重分配之關係。
7. 各國學生的學習成就與國民所得之關係。
8. 各國不同層級（如國家、學校、班級、家庭或學生個人）之因素對於學生學習表現的影響。

9. 各國的所得分配與教育擴充之關係。

以第一項命題來說，人力資本理論認為，教育投資經費多，教育在學率愈高，兩者應為正向關係，但是相關程度以及不同國家發展程度的表現宜進一步探究。第二項命題，兩者呈負向關係，Hannum（2005）證實這樣的論點，而不同年度及不同國家發展程度的相關程度需進一步估算。第三項命題的預期是，教育等級愈高，教育收益率愈高（Psacharopoulos, 1994），各國的各級教育收益率需要科學化的研究，透過資料蒐集及嚴謹分析才可以瞭解其國際的發展現象。第四項命題為高等教育擴充愈快，失業率愈高（Hannum, 2005），這是預期，然而國際現象真的如此嗎？以及兩者關聯大小需要資料分析來論證。第五項命題為，各國教育在學率愈高，代表人力素質愈好，對醫療衛生較為重視，所以國民壽命隨著提高，但一味擴充教育在學率可以提昇國民壽命嗎？第六，國家教育投資愈多，國民接受教育年數較長與教育在學率愈高，可以促進國民所得重分配嗎？第七，學生學習成就愈高，是否代表該國國民所得愈好呢？Bills與 Haller（1984）研究巴西資料發現，教育可以促進社會階層流動，因為增加了學生的學習表現，而讓他們畢業後有更好的表現。然而可以從學生學習成就預測其未來的國民所得，甚至經濟成長嗎？第八，究竟是哪些因素影響學生學習表現呢？傳統上，影響學生學習表現以單一層面或以橫斷面（cross-section）資料分析，即學生特質、家庭因素及學校因素等，然而，跨國、跨校或跨班級之間，學生表現明顯不同，學校文化及學生家長帶給學生的資源不同，例如公私立與城鄉學校的家長社經地位不同，不同背景的學生將相關資源帶入學校之後，形成特殊脈絡會影響學生學習表現，究竟其影響力為何？最後，各國的所得分配與教育擴充的關係，主要在瞭解究竟各國的國民所得分配愈不均等，才會促使教育擴充，還是所得分配愈均等，才會使得教育在學率擴充（Gregorio & Lee, 2002）。上述議題都值得科學探究，雖然 1970 年代國際比較教育研究以結構功能論、現代化理論與人力資本理論為主流，但是實證研究仍相當有限，所獲得的專業知識可以提供國際比較教育建立理論仍有不足，未來國際比較教育應著重於科學研究，發現客觀知識，才容易建立學術理論。

　　總之，國際比較教育在瞭解國際教育現象與特性、學習他國教育發展經驗、增加人類的教育福祉、探索國際比較教育規律及建立理論。這不僅說明了學習國際比較教育的重要，也說出為何要研究國際比較教育的主因了。

參考文獻

中文部分

王如哲（1999）。**比較教育**。臺北市：五南。

王家通（1988）。**比較教育論叢**。高雄市：麗文。

李文益、黃毅志（2004）。文化資本、社會資本與學生成就的關聯性之研究：以臺東師院為例。**臺東大學教育學報，15**（2），23-58。

沈姍姍（2000）。**國際比較教育學**。臺北市：正中。

高如峰、張保慶（1999）。**比較教育學**。上海市：外語教育出版社。

張芳全（2009）。家長教育程度與科學成就之關係：文化資本、補習時間與學習興趣為中介的分析。**教育研究與發展期刊，5**（4），39-77。

項賢明（2000）。**比較教育學的文化邏輯**。哈爾濱市：黑龍江出版社。

楊思偉（1996）。**當代比較教育研究趨勢**。臺北市：師大書苑。

楊思偉、沈姍姍（編）（2000）。**比較教育**。臺北縣：空大。

楊國賜（1975）。**比較教育方法論**。臺北市：正中。

楊國賜、楊深坑（主編）（1992）。**比較教育理論與方法**。臺北市：師大書苑。

楊深坑（1999）。**知識形式與比較教育**。臺北市：揚智文化。

楊深坑（編審）（2005）。**比較教育論述之形成**（原作者：J. Schriewer）。臺北市：高等教育。

鍾宜興（2004）。**比較教育的發展與認同**。高雄市：復文。

顧明遠、薛理銀（1998）。**比較教育導論：教育與國家發展**。北京市：人民教育出版社。

英文部分

Agasisti, T. (2011). Does competition affect schools' performance? Evidence from Italy through OECD-PISA data. *European Journal of Education, 46*(4), 549-565.

Altbach, P. G., Arnove, R. F., & Kelly, G. P. (Eds.) (1982). *Comparative education*. New York, NY: Macmillan.

Belfield, C. (2003). *Economic principles for education: Theory and evidence*. Northampton, UK: Cheltenham.

Bereday, G. Z. F. (1964). *Comparative method in education*. New York, NY: Holt, Rinehart and

Winston.

Bills, D. B., & Haller, A. O. (1984). Socio-economic development and social stratification: Reassessing the Brazilian case. *Journal of Developing Areas, 19,* 59-70.

Bray, M., Adamson, B., & Mason, M. (2007). *Comparative education research: Aapproaches and methods.* Hong Kong, China: Comparative Education Research Centre, University of Hong Kong.

Bray, M., & Thomas, R. M. (1995). Level of comparison in educational studies: Different insights from different literatures and the value of multilevel analyses. *Harvard Educational Review, 65*(3), 472-489.

Broadfoot, T. (1977). The comparative contribution: A research perspective. *Comparative Education, 13*(2), 133-137.

Carnoy, M. (2006). Rethinking the comparative and the international. *Comparative Education Review, 50*(4), 551-570.

Epstein, E. H. (1990). The problematic meaning of "comparison" in comparative education. In J. Schriewer & B. Holmes (Eds.), *Theories and methods in comparative education* (pp. 3-23). New York, NY: Peter Lang.

Epstein, E. H. (1994). Comparative and international education: Overview and historical development. In T. Husén & N. Postlethwaite (Eds.), *International encyclopedia of education* (2nd ed.) (p. 918). Oxford, UK: Pergamon.

Green, A., Preston, J., & Janmaat, J.-G. (2006). *Education, equality and social cohesion: A comparative analysis.* Palgrave, UK: Basingstoke.

Gregorio, J. De., & Lee, J.-W. (2002). Education and income inequality: New evidence from cross-country data. *Review of Income and Wealth, 48*(3), 395-416.

Griffin, W. H., & Spence, R. B. (1970). *Cooperative international education.* Washington, DC: National Education Association.

Halls, W. (Ed.) (1990). *Comparative education: Contemporary issues and trends.* Great Britain: Jessica Kingsley.

Hannum, E. (2005). Global educational expansion and socio-economic development: An assessment of findings from the social sciences. *World Development, 33*(30), 333-354.

Hans, N. (1958). *Comparative education: A study of educational factors and traditions* (3rd ed.). London, UK: Routledge & Kegan Paul.

Holmes, B. (1981). *Comparative education: Some considerations of method.* London, UK:

George Allen & Unwin.

Jones, P. (1971). *Comparative education: Purpose and method*. New York, NY: Crane, Russak & Company.

Kerlinger, F. N. (1965). *Foundations of behavioral research*. New York, NY: Holt, Rinehart and Winston.

Kubow, P. K., & Fossum, P. R. (2007). *Comparative education: Exploring issues in international context* (2nd ed.). Columbus, OH: Merrill Prentice-Hall.

Lê Thành Khôi (1986). Towards a general theory of education. *Comparative Education Review, 30*(1), 12-39.

Ma, X. (2008). Within-school gender gaps in reading, mathematics, and science literacy. *Comparative Education Review, 52*(3), 437-460.

Noah, H. J., & Eckstein, M. A. (1969). *Towards a science of comparative Education*. London, UK: Collier-Macmillan.

OECD (2010). *Pisa 2009 results: Overcoming social background: Equity in learning opportunities and outcomes* (Vol. 2). Paris, France: Author.

Park, H. (2008). Home literacy environments and children's reading performance: A comparative study of 25 countries. *Educational Research and Evaluation, 14*(6), 489-505.

Parrado, E. A. (1998). Expansion of schooling, economic growth, and regional inequalities in Argentina. *Comparative Education Review, 42*, 338-364.

Phillips, D., & Schweisfurth, M. (2007). *Comparative and international education: An introduction to theory, method, and practice*. London, UK: Continuum International Publishing Group.

Post, D. (1990). The social demand for education in Peru: Students' choices and state autonomy. *Sociology Education, 63*, 258-271.

Psacharopoulos, G. (1990). Comparative education: From theory to practice, or are you A:\ neo.* or B:*.ist. *Comparative Education Review, 34*(3), 369-381.

Psacharopoulos, G. (1994). Returns to investment in education: A global update. *World Development, 22*(9), 1325-1340.

Scanlon, D. G., & Shields, J. J. (Eds.) (1968). *Problems and prospects in international education*. New York, NY: Teachers College Press.

Thomas, R. M. (1990). *International comparative education: Practice, issues, and prospects*. Oxford, UK: Pergamon Press.

Ulich, R. (1968). *History of educational thought*. New York, NY: American Book Co.

Watson, K., & King, K. (1991). From comparative to international studies in education: Towards the co-ordination of a British resource of expertise. *International Journal of Education Development, 11*, 245-253.

Wilson, D. (1994). Comparative and international education: Fraternal or siamese twins? A preliminary geneaology of our twin fields. *Comparative Education Review, 38*(4), 449-486.

CHAPTER 2
國際比較教育的發展

　　國際比較教育發展分期有不同說法。Jones（1971, p. 41）指出，國際比較教育發展包括十九世紀前後的旅人發展及主觀經驗借取時期、二十世紀初的理解歷史原因與文化傳統時期、1960 年以後的科學發展時期。Noah 與 Eckstein（1969）將比較教育發展區分為五個時期：第一時期為旅人故事期，即官員與學者到他國遊歷的經驗，以好奇心遊歷他國，將其所見所聞帶回祖國；第二時期為旅人伴隨著特定的教育焦點時期，經由例子學習，以改善祖國環境、理解其他國家，細部累積資訊與教育交換；第三時期為國際合作與重視因素時期；第四時期為國家特徵的研究與國家特徵在塑造教育制度的角色；第五時期為社會科學實證研究，解釋國際教育現象。上述各時期沒有確切區分時間點。沈姍姍（2000）分為希臘羅馬至十九世紀的旅行者故事時期、十九世紀為主的教育借取時期、1900 年至 1960 年重視國際合作與因素影響時期、1960 年以後採用社會科學方法時期，以及 1990 年之後的重建時期。Phillips 與 Schweisfurth（2007）針對 Noah 與 Eckstein（1969）分析指出，各時期比較教育之重點在於描述（description）、政治分析（political analysis）、統計事實的運用及有系統的蒐集資料（use of statistical evidence, systematic data collection）、社會與經濟事實／理解（socio-economic evidence/understanding）、結果分析（outcomes analysis）、國際化脈絡（globalized context）、後現代取向（postmodern approach），最後兩項為近年發展。上述與國際比較教育發展階段的說法頗為相近，本書採用五個時期，說明如下。

第一節 早期的學科發展

壹、旅人時期（希臘、羅馬至十九世紀）

在這時期許多研究者透過旅行他國，來瞭解不同國家的教育文化，將其所見所聞撰述，供時政及論述參考，因為沒有實證資料，僅透過個人見聞，稱為旅人時期（traveler's tales）。

一、古代的發展

比較教育發展可以追溯至古希臘時期，許多研究者透過他國旅行，將其所見所聞撰述，記錄內容提供國家教育發展參考，因為沒有實證資料，僅透過個人見聞。此時期有幾位代表人物，Xenophon（430-355 B.C.）評論波斯及希臘的教育及法律認為，波斯對年輕人的訓練是為了培養公民及領導能力，這兩個國家的教育與社會結構關係密切（Brickman, 1966）。Cicero（106-43 B.C.）寫有《雄辯術》（*De Oratore*）一書，比較各國雄辯術，認為希臘的雄辯術最好。Tacitus（A.D. 75）探討了猶太人的教育、不列顛人的習俗及日耳曼人特質，也有比較教育的影子。Caesar（102-43 B.C.）在《高盧戰記》（*Gallic War*）評論了督伊德教徒（Druids）之教育目的及其教育歷程（Noah & Eckstein, 1969）。上述都是早期比較教育的代表人物。

二、中世紀發展

比較教育發展受到西方與中國文化交流的影響，對於他國文化有更深入瞭解。歷史上有名的義大利 Maffeo Polo（1254-1324），從西方到東方遊歷各國，感受中國大陸經驗，寫成《東方見聞錄》一書，書中說明東方教育情形與旅人

在東方的觀察及心得。後來，不僅西方人士不斷地到中國旅行見聞，而且日本從七世紀就開始派官員及留學生到大唐學習華語及引進相關文物，開啟了中西文化交流，是文化及教育交流的重要里程。

三、十六至十七世紀發展

十六至十七世紀，歐陸貿易活動增加，加上文藝復興運動倡導尊重人性，這時期出現許多評論性的比較教育文獻。D. Erasmus（1469-1536）和其他文藝復興學者一樣，瞭解其他國家教育的差異，尤其是義大利與英格蘭的教育情形。人文學者M. E. Montaigne（1533-1592）遊歷德國及義大利等歐洲國家，將其經驗融入寫作，創作許多與人文主義有關作品。自然主義學者——J. A. Comenius（1592-1670）強調兒童的感官訓練，認為孩童應從具體事物和範例學習，在拉丁文初級課程中，運用實物原則，讓學童學習可以更具體，瞭解更深刻，於1658年出版《世界圖解》（*Orbus Pictus*）一書，運用比較教育方法描述所見所聞的教育現象，為現代教育兒童圖畫童書先驅，其中許多圖解部分說明各國教育狀況，某種程度也是國際比較教育的一環。

四、十八世紀之後發展

十八世紀之後，許多比較教育代表人物有不少論述。La Chalotais 於1763年在其《論國家教育》一書比較各國教育，認為俄國在十年間發展，將比其他國家在一百年的發展還要快；H. Rousseau（1712-1778）是當時思想家，遊歷許多國家，曾受波蘭人要求，起草有關的教育規範，主張公民應享有平等的教育權利，其名言「出自造物主之手皆好，一經人手就全變壞」，說明了教育的重要；J. Locke（1632-1704）強調以經驗做為知識起源。D. Diderot 曾建議法國的學校移入俄國進行學制改革，但是卻未考量文化差異（引自沈姍姍，2000）。

總之，這時期的比較教育發展是研究者到他國旅遊見聞，透過實地參訪的心得經驗分享，在比較教育論述有濃厚個人主觀色彩、論述內容沒有系統、以報導外國教育發展概況為主，難免有些偏見，尤其未能以有系統與科學化的實

證資料對他國教育論述等，為這時期發展特徵。

貳、主觀借用時期（十九世紀）

十九世紀有許多比較教育學者到他國遊學、教學、研究及考察，蒐集相關資料，後來將他們的觀點、心得及研究發現予以撰述。透過他們的見聞，期望借取他國經驗，做為國家教育發展參考，這時期又稱為主觀借用時期。這時期的發展如下。

一、法國的 Jullien

M. A. Jullien（1775-1858）為法國人，為比較教育之父或比較教育先趨。1817 年撰有《比較教育的研究計畫與初步意見》（*Plan and Preliminary Views for a Work on Comparative Education*）一書，建議組織一個國際教育委員會，運用問卷調查各國教育資料、建立新的師資培育網培育新師資、發行各國語言的教育刊物、製作比較表的分析項目；他將問卷分為六大系列及九大項，六大系列為初等教育、中等教育、高等教育、師範教育、女子教育、教育立法及社會制度的關係。九大項目有學校、教師、學生、體育、德育、智育、公私教育及社會教育、其他教育、全面教育的考察教育（楊深坑，2005）。Jullien 認為，要以問卷做好比較教育研究，須從建立教師培養機構及在歐洲刊行學術期刊著手（Jones, 1971, p. 38）。

二、法國的 Cousin

十九世紀除了 Jullien 之外，V. Cousin（1792-1867）、H. Mann（1796-1859）、J. Griscom（1774-1852）、H. Barnard（1811-1900）、K. D. Ushinsky（1824-1870），還有 M. Salder（1861-1943）對比較教育有不少貢獻。法國的 Cousin研究普魯士的教育，認為法國應學習普魯士的初等教育；1831 年受教育部長指派，為重建法國的教育制度，前往德國考察，後來寫有《普魯士教育報

告》（*Rapport sur letat de l'instruction publique en Prusse*），描述普魯士教育行政、家長及社區的教育責任、教師的培養、任命及薪俸、課程內容。他認為，普魯士教育可以提供法國初等教育啟示，包括：(1)每個村鎮都要有一所小學；(2)每縣都要有一所師範學校培養小學師資；(3)模仿普魯士建立市民學校，提供工商業人才的高級小學；(4)仿普魯士分權式的管理結構；(5)宗教和教士在初等教育中負擔部分責任；(6)大學在初等教育管理應重新界定；(7)應由法律來規定與管理教學自由和私立學校（陳時見，2007）。1833 年法國初等教育制度基本法（Guizot Laws of 1833）就以 Cousin 的普魯士報告版本撰擬。Cousin 所關心的是運用外國的例子作為引導，刺激了法國教育制度的改變。

三、美國的 Mann、Griscom 與 Barnard

H. Mann 為 1837 年在美國麻州成立教育局（Board of Education）的八人小組成員之一，他並擔任首任秘書長。該局主要任務是掌握當時的教育事實，並發揮教化功能，整理相關研究報告做為實務參考，尤其該局蒐集資料撰寫報告，這些報告由許多教育統計及提供給立法部門參考的年度資料組成。他曾遊歷歐洲六個月，訪問蘇格蘭、愛爾蘭、法國、德國、荷蘭及英格蘭，1843 年撰寫《給教育局的第七份報告書》（*Seventh Annual Report to the Board of Education*）批評英格蘭教育不佳，讚賞普魯士學校出色的教學法及好的紀律。Hans 評論指出，這是第一本報告書試著評估教育價值，但比較的是學校組織與教學方法，沒有其他領域為其限制。Mann 在比較教育的影響是，重視歷史價值在比較教育的重要性（Jones, 1971, p. 41）。

歐洲之外的美洲，比較教育也有進展。美國的 J. Griscom（1774-1852）在訪問歐洲之後，描述了英國、法國、瑞士、義大利與荷蘭教育制度，出版《留歐一年》（*A Year in Europe, 1818-1819*）一書，該書對於美國教育制度影響很大（Hans, 1958, p. 2），書序提及訪問歐洲教育及社會的三項主因：(1)美國已擴充其文化及貿易，與歐洲國家關係密切，因此應該瞭解歐洲國家；(2)美國與英格蘭過往有一些敵對，若親近接觸能增加彼此認識；(3)美國可以從歐洲國家

學習他們的教育制度。這可以看出他對於外國教育學習的重視。

美國的 H. Barnard（1811-1900）於 1839 年在康乃迪克州擔任第一任教育局長，當時還不到三十歲。後來他與 Mann 一樣遊歷歐洲，對於普魯士的教育制度很欣賞。1842 年康乃迪克州教育局被撤，他轉移到羅德島，成為第一任教育委員。Barnard 主要貢獻是將資料公開化，建立康乃迪克州的《共通學校學報》（*Connecticut Common School Journal*），在這學報介紹不少外國教育制度。雖然不少資料是教育史，可以說明教育現象，但是他選擇性地介紹普魯士教育制度（Jones, 1971, p. 42）。Barnard 翻譯許多歐洲國家教育資料，自 1856 年至 1881 年在《美國教育雜誌》（*The American Journal of Education*）刊載三十餘年，對於歐洲國家的師資培育及學校制度的優異性很有心得，強調歐洲國家不會將男性接受學校與宗教、社會及政治制度聯結，若此目標可經由教學傳遞給美國年輕人，就可以建立國家特性（如兩性教育公平），這也顯示學校教育不是萬能，需與其他因素聯結，才可以培養好的學生。

四、英國的 Kay 與 Arnold

英國的 J. Kay（1821-1878）最為人知曉是進行各國社會貧窮的一系列研究，他在旅行歐洲之後，撰寫《英國和歐洲各國平民的社會地位和教育》（*The Social Condition and Education of the People in England and Europe*），Kay 遊學他國旨在蒐集資訊來改善窮人的生活水準，他歸納指出，德國及瑞士人民生活改變的原因，尤其是窮人生活水準改善。英國的 M. Arnold（1822-1888）於 1859 年及 1865 年考察法國及德國的普通教育及高等教育，提出《大陸各國的學校和大學》（*Schools and University on the Continent*）的報告（Hans, 1958, p. 2），對比較教育之影響為強調文化借鑑的重要（Jones, 1971, p. 46）。

五、日本的田中不二磨

此時期的比較教育也在日本有相當的發展。日本明治維新更期待學習他國的教育經驗，改善日本當時的教育制度，1867 年文部大臣田中不二磨（Tanaka

Fujimaro）前往歐、美考察教育制度，提出《理事功程》十五卷，全面引進西方教育制度、課程、學校建築，同時在各卷中也介紹美國、英國、法國、瑞士及丹麥的教育制度，對日本教育有極大影響（馮增俊，1996）。

六、蘇聯的 Ushinsky

蘇聯在這時期的比較教育也有人將眼光朝向西方歐洲，他是 K. D. Ushinsky（1824-1870），Ushinsky 原本為法律學教授，其教學強調社會改革，為當時的查理大帝不許，後來放棄教職，不久後重執教鞭。其閱讀許多西歐國家的教育改革，希望將新的觀念引進蘇聯的學校，然而不被統治者支持，後來就到海外遊學參訪教育機構及進行各國教育的研究。Hans 評論他為一個重要的民主改革者，也是運用明確概念於比較與瞭解國家差異的學者（Jones, 1971, p. 47）。

總之，十八、十九世紀經由旅人到他國感受及學習或研究所得到的經驗，由於在國家的選擇及時間性的不足，很可能有文化借用不當情形。畢竟不同的國家，有其不同的歷史因素及傳統價值觀，因此很可能有教育與文化借用錯誤情形，更重要的是借取他國經驗若未能考量本國的歷史、文化、政治意識型態與民族性，很容易產生制度移植適用性的問題。這時期雖然 Jullien 提出要以問卷調查法進行跨國資料蒐集，但沒有真正以實證資料分析各國教育。

參、重視歷史因素與國際合作時期（1900 年至 1960 年）

二十世紀之後，比較教育開始重視學校及教育制度形成原因的探討，此時期稱為重視因素時期（1900 年至 1960 年）。這時期重視教育制度形成的原因探究，由於不同學者提出不同因素，例如政治、自然、社會、經濟、生態、文化與宗教等均可能影響教育制度形成。二十世紀的比較教育學者融入了人文及國際觀點，認為透過研究教育可以解決世界的教育問題及政治問題。重視因素時期有許多重要學者，其論點如下。

一、重要代表人物

(一) 前蘇聯的 Hessen 重視教育政策立法

在比較教育發展中，試著以哲學觀點分析比較教育的是前蘇聯學者 S. Hessen，於 1928 年出版相關書籍，選用四個主要的教育政策問題來說明，即義務教育、學校和國家、學校和教會，以及學校和經濟生活（Hans, 1958, p.3），Hessen 認為，教育政策立法有其重要性，於 1929 年出版《教育政策原理》（*Principles of Educational Policy*）強調應以民主觀點分析教育問題及立法的重要。

(二) 法國的 Levasseur 重視統計表格的比較應用

法國的 P. E. Levasseur（1828-1911）是一位統計學家，他對於比較教育領域也有貢獻，強調要以合理的資料及文化因素的分析，以及超越國家範圍因素來解釋教育的差異性（Noah & Eckstein, 1969, pp. 43-44）。他第一個任務是調查歐洲國家的教育，包括了各國教育歷史、行政、管理及學校財政，並對於歐洲國家初等教育的統計表格數據進行比較；第二個任務是處理資料與提出比較教育方法學的問題，他已注意到從不同國家機構所蒐集到統計資料的問題，例如在同一個表格上，不同國家所呈現的統計變項，有其不同的意義。他並運用統計表格中的教育統計數據為標準對 1880 年代的各國進行評比發現，斯堪地半島（目前為北歐國家）教育發展排在前面，緊接著是德國及瑞士，法國及比利時則排在第三。他在比較教育的貢獻是運用系統性資料，對於相關教育變項進行跨國的歷史及因素的分析，也是第一位分析宗教與初等教育之關聯性的學者，他發現基督教與猶太教的國家有較高的教育就學情形，而天主教、希臘正教、伊斯蘭教的國家則較低，然而他也認為宗教不是唯一影響教育的主要因素。他也發現，在控制種族及宗教之後，民主國家比起威權國家較有興趣提供公共教育；他認為，所有因素及力量對於教育的影響是彼此相關的，無法單獨分開來解釋。

(三) 英國的 Salder 強調民族性的重要

英國的 M. Salder（1861-1943）試圖以綜合觀點來瞭解比較教育。他為人稱道的是其在特別探究與報告局（Office of Special Inquiries Report）進行相關的議題研究，發表《教育問題特別報告》（*Special Reports on Educational Subjects*）（共二十八卷，於 1898 年至 1911 年出版）（Hans, 1958, p. 2）。Salder 認為比較教育應該以綜合性及動態性觀點來看學校在社會的發展，要瞭解社會中的學校，應該瞭解社會的環境脈絡；所有好的及真實的教育應該從國家的生活（national life）及民族性（character）來表達，因為它是根植於國家歷史與適合人民的需求。因此，民族性（national character）就是 Salder 在分析教育的核心概念。Salder 否定以教育統計資料進行比較，他認為運用一個整體的教育經費支出來代表一個國家的教育發展程度會有誤導，因為整體（aggregate）資料無法看出國家內部分配情形（Noah & Eckstein, 1969, p. 47）；此外，他認為，運用單獨的教育統計資料僅能說明學校的情形，但是國家教育發展不僅有學校，還包括教育機構，而學校僅是國家教育制度中的一部分而已。

其名言是：「校外事物甚至比校內事物更加重要，校外的事物可能制約校內的事物」，旨在說明，研究他國的教育制度不可以只研究學校制度而已，更應該將學校以外的因素納入思考，這不僅研究學校教育或單獨對教育機構進行研究，而且可以瞭解究竟哪些因素影響教育發展。他提出，我們不可能很高興地四處學習他國教育制度，就像孩童在花園中四處亂晃一樣，從一個花圃摘了一株花，而把其他的花留在原地，就期待被移植的花木種在自己的花圃中就可以適應存活（Hans, 1958, p. 3）。他在比較教育的貢獻包括：提出了民族性（national character）概念，認為這是塑造政府體制及教育制度的重要因素，倡導以宗教、政治、文化及經濟等因素分析法來瞭解教育制度形成；他並於 1933 年撰寫《比較教育》（*Comparative Education*）一書，其內容大致以歷史及政治問題，即國家主義、民族性、國家與教育的關係進行論述，書中運用相關教育文獻來說明六個國家的教育發展，其主題為：國家系統的組織、教育行政、初等

教育、學前教育教師、中等教育等（Noah & Eckstein, 1969, pp. 49-50）。上述
來看，Salder 認為對於外國教育制度研究，應該從真正瞭解外國教育形成因素
著手。

(四) Kandel 強調歷史原因及教育因素探究

　　羅馬尼亞的 I. L. Kandel（1881-1965），1903 年在英格蘭維多利亞大學取
得學士學位，1906 年在曼徹斯特大學取得碩士學位，後來到美國哥倫比亞大學
教師學院取得博士學位。他在比較教育研究中強調，進行歷史原因及教育因素
的探究，他採用民族歷史法（historical-naltional approach）進行比較教育研究。
Kandel認為教育系統僅能從歷史、文化及政治脈絡來理解；要瞭解一個國家的社
會動態發展應從國家的教育實際及其價值來掌握；依Kandel的觀點來說，要與
其他國家比較，應瞭解國家的教育品質、語言與歷史。而Kandel觀點受到S. M.
Sadler（1861-1943）、P. Monroe（1869-1947）以及 W. C. Bagley（1874-1946）
的影響。1924 年至 1944 年他編輯《教育年報》（*Educational Yearbook*）。1946
年退休之後，他以豐富的教學經驗編著許多書籍及期刊，例如：1930 年出版
《中等教育史》（*History of Secondary Education*）、1933 年出版《比較教育研
究》（*Studies in Comparative Education*），試著將歐洲國家的學校與其政治制
度聯結、1938 年出版《行政類型：以紐西蘭與澳洲為參照》（*Type of Adminis-
tration: with Particular Reference to the Education Systems of New Zealand and Aus-
tralia*）、1948 年出版《戰爭對美國教育的影響》（*The Impact of War up an
American Education*），有長篇幅的說明博雅教育與大學課程。1954 年出版了
《教育的新紀元》（*The New Era in Education*）、1957 年出版《二十世紀的美
國教育》（*American Education in the Twenty Century*）、1961 年出版《柏克來：
一位堅強的教育家》（*William Chandler Bagley: Stalwart Educator*）；1946 到
1953 年擔任《學校與社會》（*School and Society*）的主編（2012 年 5 月 5 日取
自 http://cieclopedia.org/Entry.aspx? id＝137）。

　　Kandel在《教育的新紀元》一書的主要篇章為：比較教育的內容與方法、

國家與教育、決定國家教育制度特性的各種勢力、教育重建的新型態、教育機會均等、教育行政與組織、兒童教育、青少年的教育、師資培育、問題與展望（Jones, 1971, p. 59）。Kandel 認為，比較教育有三種目的：(1)敘述的目的，即蒐集各國的資料；(2)歷史的目的，即蒐集資料之後，歸納資料，並對發現進行背後原因解釋；(3)社會借鏡改良的目的。採用民族歷史法作為研究方法進行研究，他承襲 Sadler 觀點，認為校外的事物比校內事物重要，提出教育制度形成的完整因素分析觀念，尤其民族主義（nationalism）與民族性（national character），他認為民族性是教育制度的重要成分，不僅反映出國家的歷史，也反映在國家的教育制度上。若以有什麼樣的國家民族性，就有什麼樣的教育制度來說明都不為過。因為各國的歷史、文化、傳統及價值觀不同，所以對於各種情形及處理問題的方法也不同，這是因為民族性使然。而教育制度形成由民族性所造成。從民族性來看，美國的教育強調進步主義、法國強調理性、英國強調實用性與多面性、共產主義國家強調勞動教育等，都是受到民族性影響所提出來的。

(五) 德國的 Schneider 重視教育形成因素探究

重視教育制度的因素探討之一的歐洲學者——F. Schneider（1881-1974），生於德國，1947 年出版《各國教育的原動力》（*Triebkrafte der Padagogik der Volker*）。Schneider（1961）也發表了有關比較教育長期以來為人忽略的研究重點。在《各國教育的原動力》指出，影響教育理論與實際的因素有，國民性格、地理位置、文化、經濟、科學、政治、宗教、歷史、外國影響、教育內部的發展動力，可見，影響教育制度因素多元。

(六) 英國的 Hans 以歷史因素決定教育的形成

英國的 N. Hans（1888-1969）在比較教育研究也重視教育制度的因素分析，他是將法國的 Levasseur、英國 Salder 與羅馬尼亞的 Kandel 觀念進行整合。Hans（1949）發表《比較教育：教育的因素和傳統的研究》（*Comparative Education: A Study of Educational Factors and Traditions*）。Hans 提出，影響國家教

育制度因素包括：(1)自然的因素，即種族、語言、地理及環境因素；(2)宗教的因素，即天主教、英國國教與清教；(3)世俗的因素，即人文主義、社會主義、民族主義和國家主義。他不僅運用上述因素做為基本解釋教育制度形成的變項，而且也認為這些因素是現代教育制度所應面臨的問題，例如種族不僅讓吾人瞭解南非及美國的教育發展，同時也讓人瞭解這兩個國家的種族上面臨的實際與道德問題（Noah & Eckstein, 1969, p. 52）。Hans（1949, pp. 50-51）指出，加拿大魁北克省有兩種教育制度與學校制度是受語言（英與及法語）和宗教（清教及天主教）因素影響。Hans（1964）反對統計資料的分析，其核心概念為民族性，他認為，教育制度就是民族性的縮影及其表現；機構、學生及每科授課時數與相關設備的比較是沒有意義的，因為它沒有個別的背景（Noah & Eckstein, 1969, p. 54）。Hans（1949, p. 5）指出，比較教育的目的不僅在分析力量與因素（forces and factors），也在發現治理國家教育制度的原則。所以 Hans 在比較教育研究上，最先要瞭解在歷史發展下每一個教育制度的情形，以及教育制度與國家特徵（national character）與文化的聯結性。總之，Hans 運用因素分析法之用意，不在探求各國教育制度形成，而是在探求所以然的理由。

(七) Mallison 重視民族性

V. Mallison 結合 Kandel 與 Hans 的觀念，在比較教育研究強調以民族性及重視教育的歷史背景因素進行探究（Altbach & Kelly, 1986）。他界定比較教育是一個動態的文化與學校檢視，不僅在瞭解其差異性與相似性，而且也在瞭解造成這樣結果的原因，並試著解決其共通性的問題，這樣的說法類似 Kandel 及 Hans，但是他主要的重點是在民族性（national character），而此民族性等同於一個集體固定的心靈建構，這種民族性是所有人民分享的共同目標及行為方式，例如歐洲人比較會阻礙變遷，而美國人鼓勵變遷，就是民族性使然。民族性可以用來說明一個社會願意接受變遷的程度，所以它可以解釋各國在學校之間的差異（Holmes, 1981 p. 26）。Mallison 認為，決定民族性的因素包括遺傳、環境、社會遺產及教育。

(八) 美國的 Moehlman 建立比較教育模式

美國的 A. Moehlman 於 1952 年出版《比教教育》（*Comparative Education*），1963 年出版《比較教育制度》（*Comparative Educational System*），在《教育行政制度》（*Educational Administration System*）強調以文化人類學及文化型態的文化概念進行比較教育研究，他認為比較教育的研究應從文化著手，他建立了一個理論模式來說明影響各國教育制度的因素，這十四項因素包括人民、空間、時間、語言、藝術、哲學、宗教、社會結構、政府、經濟、技術、科學、健康、教育。Moehlman 也提出文化區域觀點認為，教育制度深植於國家文化之中，在教育制度採用三個範圍來分析：(1)行政的，包括哲學、法律及財政；(2)組織的，包括一般的結構、學前教育、初等教育、中等教育、高等教育及大眾傳播；(3)運作的，包括學生、教師、課程、教法、教材、評鑑考試、輔導、視導與行政等（Noah & Eckstein, 1969, p. 58）。

二、國際組織的建立與合作

Jullien 曾強調要成立跨國性委員會以蒐集訊息流通的理念，然而 1925 年 4 月才正式成立國際教育局（International Bureau of Education, IBE）。1945 年聯合國教科文組織（UNESCO）成立後，各界認為國際教育局和教科文組織功能重疊應合併。這時期有許多國際組織成立，Noah 與 Eckstein（1969）認為，出現國際組織的背景包括教育問題的研究具有國際性、大量統計資料出現、運用國際資料研究可以引導世界發展，以及二次大戰後各國既能和諧共存與合作發展的期待。其中有幾個涉及教育事務的國際組織對國際比較教育有不少影響，如下。

(一) 聯合國教科文組織

聯合國教科文組織（UNESCO）於 1945 年成立，旨在讓所有學童教育機會均等，沒有限定地追求客觀事實，並能自由交換觀念與知識（in full and equal opportunities for education for all, in the unrestricted pursuit of objective truth and in the free exchange of ideas and knowledge），其憲章（Constitution）強調，UN-ESCO 致力於和平與安全，經由教育、科學及文化提昇國家之間的合作，以促進未來對於公平、法律、人權及基本自由的尊重，沒有種族、性別、語言、宗教的區別（to contribute to peace and security by promoting collaboration among nations through education, science and culture in order to further universal respect for justice, for the rule of law and for the human rights and fundamental freedoms which are affirmed for the peoples of the world, without distinction of race, sex, language or religion）。UNESCO認為，每個人都有接受教育的權利；教育應讓所有人格、人權與基本自由獲得保障；以及家長有為孩童優先選擇教育的權利等，至今都是相當重要的宣示。

(二) 經濟合作暨發展組織

二次大戰後，歐洲國家的興趣在於分析經濟成長及國家如何透過這些研究來改善經濟發展。因此，此時投資教育就成為重要的發展方向。經濟合作暨發展組織（OECD）及歐洲國家社群，成為國際資料及技術協助計畫人員瞭解教育與經濟成長的重要角色。為了實現此功能，OECD 於 1961 年成立於法國巴黎，出版了許多教育制度、勞動力及兩者有關的結構化與標準化資料，後續也因為各國統計及勞動力資料出版，提供很多研究者及計畫人員分析不少研究報告。

至 2009 年 OECD 已有三十個會員國，它整合各國民主及市場經濟發展，其主要任務包括支持永續的經濟成長、加速就業、提高生活水準、維持財政穩定、協助其他國家經濟發展與對於世界貿易做出貢獻。2009 年在其組織下，研究領域包括經濟、社會、發展、財政、政府、創新與永續發展，其中教育相關議題歸屬於社會領域。在這些領域中，OECD 有相關研究報告，對會員國相關統計資料進行蒐集與建置。

(三) 世界銀行

世界銀行（World Bank）自 1944 年成立以來，從單一機構發展成為五個聯

繫密切的發展機構組成的集團。它類似一個合作機構，其股東由 186 個會員國組成。各股東利益及意見由理事會代表決定，理事成員為世界銀行的最終決策者。各理事為會員國的財政部長或發展部長，每年在世界銀行集團和國際貨幣基金組織理事會年會期間召開一次會議。從建立至今，各時期都有其重要任務，目前任務是透過援助及相關的國際服務來掃除落後國家的貧窮問題。援助對象包括最貧窮國家、脆弱國家和阿拉伯國家、中度國民所得國家，目的在解決全球公共產品問題，提供知識和學習服務。

(四) 國際教育局

國際教育局（IBE）於 1925 年成立於瑞士的日內瓦，成立時它為一個私立與非政府的組織，其目的在於集中有關的公立與私立教育文件、致力於教育領域的科學研究，提供相關機構與社群和教育關聯的一個中心樞紐。1929 年，IBE 擴充會員，讓政府部門參與，然而它仍為一個開放給公共機構及國際組織的單位；此時它也變成第一個在教育領域之跨政府的組織（intergovernmental organization）。它為 UNESCO 的附屬機構之一，主要專精於教育內容（educational contents）、方法及結構，其主要的任務是對於「全民教育」（education for all, EFA）做出貢獻。為了此目的，IBE 建立網路分享課程發展的經驗於全球各地區，而其目標在引進創新取向的課程設計與實施，改善實務技能，以及協助國際在教育政策與實務的對話。自 1934 年，IBE 已組織國際公共教育會議（International Conference on Public Education），也就是國際教育會議（International Conference on Education）。它從 1946 年至今都隸屬於 UNESCO 之中。1969 年 IBE 成為 UNESCO 附屬機構，但仍然保有自主功能。IBE 於 1996 年發表第一版的《世界教育資料》（*World Data on Education*, WDE），對於會員國的教育制度及相關教育資料進行統計與描述，讓世人瞭解各國教育制度與資料。1998 年、2001 年、2003 年、2005 年、2007 年分別出版第二、三、四、五、六版的世界教育資料。

(五) 國際教育成就評鑑協會

國際教育成就評鑑協會（IEA）成為一個法定的組織是在 1967 年，不過它可回溯到 1958 年，當時是一群學者、教育心理學家、社會學者及心理計量專家在德國漢堡的 UNESCO 之教育單位，探討學校問題及如何進行學生評量，他們認為有效率的評量不僅需考量教育投入及學校教學執行，且應檢視學生的知識、態度及參與情形，後來發展成為較有系統及管理的組織，並訂定該組織的目標。IEA 認為經由國際比較研究與評估方案，期待完成幾項目的：(1)提供國際性標竿，此協助政策決策者瞭解他們國家教育制度的優缺點；(2)提供高品質統計資料，增加政策決策者瞭解校內及校外影響教學及學習的因素；(3)提供高品質資料，做為關心教育與評估教育改革之參考；(4)發展及改善教育制度能力來從事國家教育管制及改善策略；(5)對世界的國際比較教育社群的研究在教學評量做出貢獻（2012 年 4 月 15 日取自 http://www.iea.nl/mission_statement.html）。

總之，此時期的國際比較教育關注於教育制度形成原因——政治、自然、社會、經濟、生態、文化、宗教、民族性、意識型態、國家特徵等。雖然這時期學者試著對比較教育學科方法論進行討論，但是在比較教育觀點仍有爭辯。在國際比較教育研究有貢獻的是國際組織成立，試著建立國際教育資料庫，以提供國際比較教育研究的分析與應用。這時期已朝著以科學化比較教育研究邁進，但是其實證研究成果相當有限。

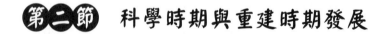 第二節　科學時期與重建時期發展

壹、科學時期的發展（1960 年至 1990 年）

1960 年代之後，比較教育進入了社會科學解釋（social science explanation）

國際教育現象的時期。國際比較教育借用社會科學方法，嘗試著運用社會科學方法進行比較教育研究。這時期有不少比較教育學者，以及科學化研究論述出現。科學時期主要學者論點說明如下。

一、波蘭的 Bereday 提出比較教育的四個步驟

G. Z. F. Bereday（1920-1983）生於波蘭，於英國取得學士與碩士學位，後於美國哈佛大學取得博士學位。他一生投入最多時間是在哥倫比亞大學教師學系（Teachers College of Columbia University）教授比較教育，撰寫與編著三十四本書，有十一年在 UNESCO 編著《世界教育報告書》（*World Year Book of Education*）。他更是建立比較教育學會（Comparative Education Society），後來改名為國際比較教育學會（Comparative and International Education Society, CIES）學者之一，此社群是國際比較教育領域第一個專業學會。1964 年 Bereday 出版著名的《比較教育方法》（*Comparative Method in Education*），為比較教育經典書籍之一，他強調比較教育目的在處理即將發生的力量，此力量使得所有系統建立（with the imminent general forces upon which all systems are built）（Bereday, 1964, p. 23）。他認為，比較教育是一門多學科與綜合性的（multi-disciplinary and comprehensive）研究領域。在比較教育方法提出比較的四個步驟：(1)描述（description）：對於所得到的教育事實、資料、觀念及教育現象先做描述。描述需得到的資料。資料有分一手資料、次級資料和輔助資料等三種；(2)解釋（explain）：對於所要分析國家的教育，從各國的歷史、文化、政治、社會等因素，對教育發展做深入解釋；(3)併排（juxtaposition）：將所要比較的國家或區域的教育現象，併排在一起，做為比較基礎，並提出研究假設，這個階段是在尋求跨國教育之相似性與差異性；(4)比較（comparison）：從併排中找出其差異性，並深入解釋其差異。上述的前兩個步驟為比較研究，後兩個步驟為區域研究。併排有表列式併排及文字式併排；比較有均衡式比較及說明式比較。雖然，他的說法有其邏輯性，在實務上也有其價值，但是對於資料及假設的使用卻有很大的問題，他並沒有說明應蒐集哪些資料，或蒐集哪些資

料才充足?再者他認為,在描述、解釋及併排之後,研究假設才形成,最後再進行比較;但是這樣的說法有疑問,如果在描述及解釋階段沒有研究假設,又如何來引導研究者蒐集資料呢(Noah & Eckstein, 1969, p. 64)?整體來說,Bereday聯結了歷史—哲學階段的比較教育,有兩項新的強調:基本上關心了社會科學資料及概念,尤其是社會學及政治學,以及對於方法學的注意與清楚解釋。

二、Harbison 與 Myers 以跨國統計資料區分國家類型

美國的 F. Harbison 與 C. A. Myers 撰有《教育、人力與經濟發展:人力資源發展策略》(*Education, Manpower and Economic Growth: Strategies of Human Resource Development*, 1964),對於國際比較教育也有影響,他們透過迴歸分析分析七十五個國家,來瞭解人力資源與經濟發展之關聯性發現,各國教育經費支出與經濟發展有顯著正向關係,尤其中等教育與高等教育在學率愈高,傾向於每人國民所得愈高。他們並以「五倍的中等教育在學率加上兩倍的高等教育在學率」將七十五個國家區分為先進國家、半先進國家、欠開發國家與未開發國家等四類型。先進國家的中等教育與高等教育在學率較高、國民所得高、科學家人數也愈多,相對地,欠開發及未開發國家則否。雖然他們的實證分析,並不在說明是 X 因素導致了 Y 的結果,但是這種以跨國資料進行分析對於後來,在國際間的比較教育研究也有增加的現象。

三、英國的 Holmes 主張問題取向研究方式

英國的 B. Holmes 於 1965 年出版《教育問題:一種比較的方法》(*Problems in Education: A Comparative Approach*)和《比較教育方法》(*A Comparative Approach to Education*);1981 年出版《比較教育:對方法的思考》(*Comparative Education: Some Consideration*),他認為問題解決取向(problem-solving approach)較為科學,其結果發現可以做為國家教育改革工具。他將 J. Dewey 的反省性思考(reflective think)在追求知識的問題解決步驟(即問題選擇與分析、假設形成、驗證相關因素、預測)應用於比較教育。問題解決取向由問題

的分析及理智化開始，隨之提出假設或政策方案，接著詳細說明前提或條件，接下來為從假設預測可能結果，最後為比較邏輯預測結果與觀察事件（Holmes, 1981 p. 76）。Holmes 運用 K. R. Popper 的批判二元論（critical dualism）觀念，二元是兩種形式的法則（law）。Holmes 強調要設計一個理智的架構做為比較教育分析依據，此架構包含四種模式（Holmes, 1981 pp. 70-80）：(1)規範模式（normative pattern），如宗教信仰、哲學、經濟理論、教育目的、政治觀念、道德標準、社會階級；(2)體制模式（institutional pattern），如各國的教育制度、教育組織內部的組織結構及模式，以及制約教育體制以外的政府組織、政治制度、經濟、法律、宗教制度等；(3)精神模式（spiritual pattern），如傳統觀念、民族意識及特性；(4)物質模式（material pattern），如地理、人口、地質、經濟資源。Holmes 的批判二元論是指規範型態及制度型態，前者是指社會規範及規範性法則，後者則是指社會的相關制度及法則。研究社會規範可透過經驗方法及哲學方法，若是探討教育制度則應探討教育制度的因素，如行政、經費、組織、輔導、心理服務、教學方法及課外活動等。

四、英國的 King 強調比較教育應對教育問題研究提供決策

E. J. King（1914-2002）生於英國的蘭開斯特。他在比較教育貢獻卓著，1964 年共同創辦《比較教育》（*Comparative Education*），1978 年至 1992 年為該刊總編輯。他是共同創立歐洲比較教育學會（Comparative Education Society in Europe）代表人物之一，也是比較教育學會（Comparative Education Society）指導委員，以及世界比較教育學會（World Council of Comparative Education Societies, WCCES）創建人之一。King 認為，比較教育研究在理解與解釋人類的行為（understanding and interpretation of human behavior），以及比較應在教育所有領域之中扮演重要角色（Boyd & King, 1980）。他堅持脈絡文化應用於教育及人類與有系統研究的重要性。King（1975a）指出，分析研究一定要與現實生活情境有關。他運用所撰寫的文章做為界定比較教育目的與影響教育政策與決策平臺。King（1975b）認為，比較教育研究應重視教育的歷史背景，把比較

教育的方法、內容及目的聯結起來。他也將比較教育的研究人員分為初學者、稍有基礎者及研究工作者層級。在比較教育上強調資料可比性之重要，提出了概念、制度及不同層次分析。他認為，比較教育研究區分為分析教育制度、選定特定的研究主題、更精確地擬定研究主題、從事協調及改革的比較教育研究、比較教育成為決策及交流的工具等五個層次。King 將其生態學觀點融入比較教育研究方法——比較教育是對一位或多位人類行為比較，研究強調過程，而不是學校制度或單一因素，研究者所關心是教育過程的變化，所處理對象是行為，其比較教育理論又稱為「社會生態學脈絡論」（沈姍姍，2000）。

五、Altbach 與 Kelly 將比較教育注意到學校與班級微觀因素之探討

美國的 P. G. Altbach 與 G. P. Kelly 將比較教育注意到學校與班級微觀因素之探討，甚至班級的微觀因素探討。Altbach 與 Kelly（1986）指出，比較教育從二次大戰以後，大多受到結構功能主義、邏輯實證論的影響，研究主題集中在鉅觀的教育與國家發展、國家教育計畫及教育制度的相關問題。許多研究忽視了人、班級及學校的問題，1970 年代之後，則注意學校環境因素，甚至班級微觀探討。接續而來是微觀的民族誌、觀察研究的質化研究陸續出現，批判理論、詮釋學等有關比較教育研究也陸續出現。伴隨著這些理論，因應社會變化及國際變遷，兩性平等議題、教育私有化及市場化議題也是新興主題（Crossley, 1999）。

總之，這時期的國際比較教育有方法論爭辯及研究內容與主張的改變。1960 年之後，不僅研究的議題趨向多元，而且比較教育也產生自我認同危機。1970 年及 1980 年之後，研究方法由鉅觀轉向為微觀取向的比較教育研究。雖然科學時期強調邏輯實證論，但是許多研究仍論述歷史及相關因素，英國的 Lauwerys（1959）採用哲學研究，強調不同的國家在哲學價值觀及歷史發展不同，民族風格就有差異。最後要說明的，此時期許多代表人物與重建時期重疊難以區分，因而第四章會說明上述未提及的重要代表人物。

貳、重建時期的發展（1990 年之後）

　　從 1817 年 M. A. Jullien 提出比較教育觀念之後，至今年已有近兩百年歷史，這期間許多國際比較教育學者對研究方法、分析單位、研究領域、研究範圍及學科定位有不同論述。1990 年之後，國際比較教育應如何調整？Cowen（1996）指出，過去三十年來對於比較教育，較少處理對認同的問題應予重視。國際比較教育應以多角度及觀點反省兩百年來的發展，面對新挑戰，重新建構國際比較教育研究方向。

一、新議題與新的理論對國際比較教育的挑戰

　　1990 年代之後的國際比較教育研究議題相當多元，這可以從 1990 年代以後的《國際教育評論》（*International Review of Education*）、《比較教育評論》（*Comparative Education Review*）、《比較教育》（*Comparative Education*）與《國際教育發展期刊》（*International Journal of Educational Development*）發表的論文就可以瞭解。然而，國際比較教育研究議題的多元性，也面臨多項重要挑戰。Altbach 與 Kelly（1986）認為有四項挑戰：(1)對國家—政體（nation-state）之比較研究架構，以國家為研究單位，把其他方式排除在研究架構之外；(2)投入與產出模式的研究方式，以及對於比較教育運用調查研究，過度依賴測量工具，尤其是太過重視學生學習成就表現；(3)挑戰結構功能主義，過去比較教育研究太強調以功能主義解釋教育現象，較少運用其他的理論說明教育現象，例如衝突論、批判理論、後現代理論、後殖民理論等；(4)對於新的實質議題要有更多研究與關心，例如，性別研究、機構研究與批判、教育歷程與內容，以及教育知識合法性等，即國際比較教育尚未能因應國際環境的變遷，將新興且重要議題納入分析。

　　Kelly 與 Altbach（1988）指出，1980 年代新實在主義（new realism）影響傳統的保守觀點，比較教育理論、方法學及實質發展已在其研究的廣泛光譜中

進行探究。就某種程度來說，上述四項挑戰具有實質效用，當代國際比較教育研究任務還要檢討上述問題。對於以國家－政體作為分析單位，受到 Bray 與 Thomas（1995）提出的多層次策略（multilevel strategy）比較教育研究的挑戰，國際比較教育研究類型為多層次，不僅以單一國家政體為主；而 Fry 與 Kempner（1996）以次區域（sub-regional）比較方式與以往以一個國家或國家區域分析比較所有不同。在國際比較教育理論之挑戰，如對於結構功能論（structural functionalism）的反擊，Liebman 與 Paulston（1994）、Paulston（1996）提出社會地圖學（social cartography）應用地理空間的繪圖，以隱喻方式對各國教育進行比較。Watson（1998）指出，受到後現主義及全球化影響，地緣政治變遷，如國際銀行、跨國組織與非營利組織的形成，以及經濟與社會改變，影響了各國教育發展，產生新的地緣政治團體，Watson 也以社會地圖學來說明此現象，以瞭解決定教育制度的環境因素、教育效能與教育制度之關係，以及國際因素（如多國組織的角色、國際會議、媒體角色、政治不穩定性、人口發展、財務機構的角色）對教育制度影響情形，透過社會製圖方式來說明因素之關聯性。

此外，Cowen（1996）與 Rust（1991）應用後現代主義（post-modernity）於國際比較教育研究；而 Green（1997）對於全球化（globalisation）及國際主義（internationalism）調整，都是國際比較教育新的研究主題。有更多國際比較教育研究在國際化及全球化影響之下，針對性別（gender）在教育機會差距進行深入分析，如 Assié-Lumumba 與 Sutton（2004）研究全球女性教育趨勢，Colclough、Rose 與 Tembon（2000）研究衣索比亞的女性教育不平等，以及 Kelly（1990）分析二次大戰後的各國初等教育、中等教育與高等教育在學率在兩性之差異，並討論兩性在接受教育機會及歷程差異原因。Kelly（1990）指出，雖然許多國家兩性教育機會公平，包括高等教育在學率，但是還有很多國家的女性在初等教育、中等教育與高等教育在學率仍低於男性，各國對女性教育在學率擴充不少，但是男性教育在學率還是明顯高於女性，其主要的原因是落後國家的女性地位低落，受到不平等的壓迫，因而沒有機會接受教育所致。還有許

多重要的國際比較教育研究，如國際機構和單位（international institutions and agencies）對於國際教育議題進行分析（Jones, 1999; Resnik, 2006），其中 Resnik（2006）分析國際組織過於強調以人力資本為導向觀點，很多國際組織以經濟成長取向的研究提供各國發展基礎，這種取向究竟是否正確有待檢證，Resnik 更對國際組織在拉丁美洲、亞洲及非洲的教育投資努力進行深入分析，供後續研究參考。新興研究議題，如私有化（privatisation）、市場化（marketisation）及全球化（globalisation）研究亦納入（Colclough, 1997）。開發中國家的學校管理及效能（school management and effectiveness）也受關注（Levin & Lockheed, 1993）。

Zajda 與 Rust（2009）認為，在全球化轉變之下，比較教育宜將十項優先議題納入研究：(1)停止基於數學成就與傳統素養指標的學習成就的研究，如運用舊的學校效能（如學習成就）指標，相對地，應以政治素養、代理機制、民主、和平教育與人權教育做為成效指標；(2)運用個案研究來瞭解教育如何掃除貧窮；(3)教育對於經濟與政治永續（包括環境永續）的跨國研究之新議題宜納入；(4)應研究教育對於健康的貢獻以及如何減少愛滋病（AIDS）；(5)研究公民教育的影響或其他的教育可以對和平有貢獻或減少衝突；(6)研究全球化及市場化的負面影響；(7)檢視與評估政權（regimes）的研究；(8)性別不公平；(9)蒐集比較教育研究在政策差異的案例，以及它們為何差異與有多少差異；(10)蒐集提供影響主要單位及意見形成者（如 UNESCO、World Bank、OECD 等）的成功策略，這些策略是比較教育研究產生的研究結果。

綜合上述，1990 年代以後的國際比較教育的研究議題相當多元，未來國際比較教育勢必更為混雜，難以捉摸，所以未來的研究可以納入的議題應會更多，相對地，也會隨著時間推移面臨不同的挑戰。

二、新的研究方法在國際比較教育的應用

在研究方法上，近年來強調以多層次模型對於跨國或國內資料多層次分析。這種研究方法運用不少，其中 Raudenbush 與 Bryk（2002）撰有《多層次

模型：應用與資料分析方法》（*Hierarchical Linear Models: Applications and Data Analysis Methods*）。在國際比較教育方面，Bray 與 Thomas（1995）提出多層次策略（multilevel strategy）分析國際比較教育研究，突破了傳統在國際比較教育僅以單一國家層次思考，相對地更能以多層次觀點來分析及掌握國際比較教育真相。Caldas 與 Bankston（1999）研究學生特性與學區的脈絡如何影響學生的學習表現。Trautwein、Koller、Schmitz 與 Baumert（2002）運用 HLM 分析學生回家作業如何影響學習成就。Raudenbush、Rowan 與 Kang（1991）運用 HLM 分析中等學校的學習氣氛。Tramonte 與 Willms（2010）為了瞭解文化資本對於學習成果的影響，運用 HLM 分析，在文化資本上區分為靜態及動態資本，前者是指家長參與高檔的文化活動，而後者則是家長與孩童的互動關係，運用二十八個 PISA 參與國家的資料來瞭解文化資本對於閱讀素養、學校歸屬感與職業期望等進行分析發現，動態的文化資本對於學生學習成就有明顯強烈的影響，而靜態文化資本則否。

三、重新建構國際比較教育研究內涵

在重新建構國際比較教育研究內涵上，Watson（1999）認為，國際比較教育重新建構應朝六方面進行：(1)需要改變錯誤的假定（the need to challenge wrong assumptions），不一定運用結構功能論、衝突論或單一理論來解釋國際的教育現象；(2)要強調比較教育研究的獨特貢獻（the need to stress the unique contribution of comparative educational research），例如對於落後或第三世界國家的貢獻及協助；(3)需要對全球化應用的理解（the need to understand the implications of globalization）；(4)需要對教育在經濟的理解（the need to understand the economics of education）；(5)需要超越經濟，以及分析精神與哲學價值（the need to move beyond the economy and to analyze spiritual and philosophical values）；(6)要重新準備以面對未來（the need to prepare for the future），未來的國際社會為快速變化，新的議題不斷增加，國際比較教育如何因應新趨勢是重點之一。Klees（2008）認為，國際比較教育的學習內涵應包括人類學、經濟

學、政治科學、社會學以及在這些領域的整合,發展國際比較教育的理論與實際,在議題上應探討全球化、後現代主義及其他有後的(posts)領域、女性主義/性別與發展、種族與族群/多元文化主義/多元/認同、當前的教育與發展議題、批判教育學、公共政策研究、公共政策分析與計畫、環境議題、國際組織、非營利組織的角色、市民社會、社會運動、社區發展、教育史哲、比較文學與藝術和心理學等。

上述,Watson 與 Klees 指出的仍在國際比較教育研究議題範圍之內。國際比較教育研究內涵,除了應將新議題重新設定之外,對於研究對象不宜僅鎖定先進國家、北半球國家以及高度經濟發展國家,相對地,對於落後國家、大洋洲國家、南半球國家或積極轉型的國家,如中國大陸、南韓、東歐國家、中東國家與阿拉伯國家應深入研究。研究層級則不能再以單一層級來考量國家教育發展因素,相對地,應以多層級觀點思考,例如各國學生學習成就、公民素養、資訊素養影響因素分析,可以考量國家—省/州/邦—縣/郡—學校—班級—學生的不同層級之整合分析。

四、配合大型資料庫長期追蹤各國教育發展

除了重新建構國際比較教育研究內涵之外,國際比較教育的重要發展趨勢是國際組織建立大型資料庫,提供各國研究及改革教育制度之參考。近年來已有不少的研究論文係透過大型資料庫建置,長期分析各國教育發展(Hanushek & Luque, 2003; Trautwein, Koller, Schmitz & Baumert, 2002)。IEA 為了掌握各國學生學業成表現,進行跨國學生學業成就分析,自 1990 年推動進行第三次國際數學與科學教育成就趨勢調查(TIMSS; NCES, 2004),四年調查一次,從1995 年、1999 年、2003 年、2007 年、2011 年,由四十餘國增加到五十國參加。其調查項目包括學生資料、老師資料、學校資料、數學與科學的學業成就。除了 TIMSS 之外,IEA 也對各國進行 PIRLS,以及由 OECD 委託的 PISA。這些國際上大型資料庫建置,對國際比較教育研究或從資料庫所獲得的研究發現,提供各國在課程、教學、學習成就,乃至於影響學生學習成就的家庭、學校及

教師與脈絡的因素,將更能發現各國發展問題及其特色。

IEA 將各國統計資料與報告書公開釋出,其資料公正與客觀性,已為許多研究之素材。Martin、Mullis 與 Foy(2008, pp. 56-57)對於參與 TIMSS 2007 國家調查結果評述指出,參與國家的小四女生科學成就都傾向高於男生,以科威特高出 64 分最多、突尼西亞的 31 分次之、卡達的 26 分居第三;而八年級生女生高於男生的前三名為卡達(70 分)、巴林(62 分)與阿曼(61 分),看起來阿拉伯國家的女學生在科學表現是優於男生。Hanushek 與 Luque(2003)分析 TIMSS 1995 發現,參與國家之小四班級大小與國民所得沒有關聯,在國二學生有正向關聯;班級大小與學習成就呈現正向顯著居多,即班級規模愈大,學習成就愈好,如蘇格蘭、英格蘭、瑞典、葡萄牙、紐西蘭、荷蘭、立陶宛、日本、愛爾蘭、冰島、香港、德國、法國、捷克、加拿大與比利時,而希臘與南韓則為負向顯著關係。上述說明了透過國際大型資料庫可以瞭解各國教育發展與學生學習表現情形。

總之,1990 年代之後的國際比較教育的反省與重建,已有許多學者重新思考國際比較教育應努力方向,包括全球化議題、性別議題、私有化與市場化、學校效能、重新準備新的未來及強調國際比較教育應對於國際社群有獨特貢獻。此外,新的研究方法在國際比較教育上的應用,以及國際上的大型資料庫建置,提供國際比較教育的分析,也是未來的研究方向。

參考文獻

中文部分

馮增俊（1996）。**比較教育學**。南京市：江蘇教育出版社。

楊深坑（2005）。朱利安比較教育理論與方法評析。**師大學報（教育類）**，**50**（2），13-32。

陳時見（2007）。**比較教育導論**。北京市：商務印書館。

沈姍姍（2000）。**國際比較教育學**。臺北市：正中。

英文部分

Altbach, P. G., & Kelly, G. P. (Eds.) (1986). *New approaches to comparative education*. Chicago, IL: The University of Chicago Press.

Assié-Lumumba, N., & Sutton, M. (2004). Global trends in comparative research on gender and education. *Comparative Education Review, 48*(4), 345-352.

Bereday, G. Z. F. (1964). *Comparative method in education*. New York, NY: Holt, Rinehart & Winston.

Boyd, W., & King, E. J. (1980). *History of western education*. NJ: Barnes & Noble Books.

Bray, M., & Thomas, R. M. (1995). Level of comparison in educational studies: Different insights from different literatures and the value of multilevel analyses. *Harvard Educational Review, 65*(3), 472-489.

Brickman, W. W. (1966). Ten years of comparative education society. *Comparative Education Review, 10*, 4-15.

Caldas, S., & Bankston, C. III. (1999). Multilevel examination of student, school, and district-level effects on academic achievement. *The Journal of Educational Research, 93*, 91-100.

Colclough, C. (Ed.) (1997). *Marketizing education and health in developing countries: Miracle or mirage?* Oxford, UK: Clarendon Press.

Colclough, C., Rose, P., & Tembon, M. (2000). Gender inequalities in primary schooling: The roles of poverty and adverse cultural practice. *International Journal of Educational Development, 20*, 5-27.

Cowen, R. (1996). Last past the post: Comparative education, modernity and post modernity. *Comparative Education, 33*(1), 151-170.

Crossley, M. (1999). Reconceptualising comparative and international education. *Compare, 29* (1), 249-267.

Fry, G., & Kempner, K. (1996). A subnational perspective for comparative research: Education and development in northeast Brazil and northeast Thailand. *Comparative Education, 32* (3), 333-360.

Green, A. (1997). *Education, globalization and the nation state.* New York, NY: St Martin's Press.

Hans, N. (1949). *Comparative education: A study of educational factors and traditions.* London, UK: Routledge & Kegan Paul.

Hans, N. (1958). *Comparative education: A study of educational factors and traditions* (3rd ed.). London, UK: Routledge & Kegan Paul.

Hans, N. (1964). Functionalism in comparative education. *International Review of Education, 10*(1), 94-105.

Harbison, F., & Myers, C. A. (1964). *Education, manpower and economic growth: Strategies of human resource development.* New York, NY: McGraw-Hill.

Hanushek, E. A., & Luque, J. A. (2003). Efficiency and equity in schools around the world. *Economics of Education Review, 22*, 481-502.

Holmes, B. (1981). *Comparative education: Some considerations of method.* London, UK: George Allen & Unwin.

Jones, P. (1971). *Comparative education: Purpose and method.* New York, NY: Crane, Russak & Company.

Jones, P. (1999). Globalisation and the UNESCO mandate: Multilateral prospects for educational development. *International Journal of Educational Development, 19* (1), 17-25.

Kelly, G. P. (1990). Education and equality: Comparative perspectives on the expansion of education and women in the post-war period. *International Journal of Educational Development, 10*(2-3), 131-141.

Kelly G. P., & Altbach, P. G. (1988). *The encyclopedia of comparative education and national systems of education.* Oxford, UK: Pergamon Press.

King, E. (1975a). Comparative research on education for the 16-20 age group in western Europe. *International Review of Education, 21*(2), 149-163.

King, E. (1975b). Analytical frameworks in comparative studies of education. *Comparative Education, 11*(1), 85-103.

Klees, S. J. (2008). Reflections on theory, method, and practice in comparative and interna-tional education. *Comparative Education Review, 52*(3), 301-328.

Lauwerys, J. A. (1959). The philosophical approach to comparative education. *International Review of Comparative Education, 5*, 281-298.

Levin, H. M., & Lockheed, M. E. (1993). *Effective schools in developing countries*. London, UK: The Falmer Press.

Liebman, M., & Paulston, R. (1994). Social cartography: A new methodology for comparative studies. *Compare, 24*(3), 233-245.

Martin, M. O., Mullis, I. V. S., & Foy, P. (2008). *TIMSS 2007 international science report: Fin-dings from IEA's trends in international mathematics and science study at the fourth and eight grades*. Chestnut Hill, MA: Boston College.

National Center for Education Statistics [NCES] (2004). *Highlights from the trends in interna-tional mathematics and science study (TIMSS) 2003*. Washington, DC: The USA Depart-ment and Education.

Noah, H. J., & Eckstein, M. A. (1969). *Towards a science of comparative education*. London, UK: Collier Macmillan.

Paulston, R. G. (Ed.) (1996). *Social cartography-mapping ways of see social and educational change*. New York, NY: Garland.

Phillips, D., & Schweisfurth, M. (2007). *Comparative and international education: An intro-duction to theory, method, and practice*. London, UK: Continuum International Publish-ing Group.

Raudenbush, S. W., & Bryk, A. S. (2002). *Hierarchical linear models: Applications and data analysis methods* (2nd ed.). Thousand Oaks, CA: Sage.

Raudenbush, S. W., Rowan, B., & Kang, S. J. (1991). A multilevel, multivariate model for stu-dying school climate in secondary schools with estimation via the EM algorithm. *Journal of Educational Statistics, 16*, 295-330.

Resnik, J. (2006). International organizations, the "education-economic growth" black box, and the development of world education culture. *Comparative Education Review, 50*(2), 173-195.

Rust, V. (1991). Post-modernism and its comparative implications. *Comparative Education Re-view, 35*(4), 610-626.

Schneider, F. (1961). The immanent evolution of education: A neglected aspect of comparative education. *Comparative Education Review, 4*, 136-139.

Tramonte, L., & Willms, J. D. (2010). Cultural capital and its effects on education outcomes. *Economics of Education Review, 29*, 200-213.

Trautwein, U., Koller, O., Schmitz, B., & Baumert, J. (2002). Do homework assignments enhance achievement? A multilevel analysis in 7-th grade mathematics. *Contemporary Educational Psychology, 27*, 26-50.

Watson, K. (1998). Memories, models and mapping: The impact of geopoltical changes on comparative studies in education. *Compare, 28*(1), 5-31.

Watson, K. (1999). Comparative educational research: The need for reconceptualisation and fresh insights. *Compare, 29*(1), 233-248.

Zajda, J., & Rust, V. (2009). *Globalisation, policy and comparative research*. Milton, Keynes: Springer.

CHAPTER 3

國際比較教育研究取向

　　雖然國際比較教育分析單位一直受到爭議，但是其對分析單位或研究對象有進行深入探究分析及詮釋，並強調比較是研究重點，所以它與其他教育學領域的研究及學科特性不同。教育心理學研究學生特質、學習動機、態度及認知，也在瞭解教師教學如何提高學生學習成就的方式，它沒有比較的角色。教育社會學以社會學原理來瞭解教育的社會現象——學生社會化、社會階層流動、學校組織、班級社會學、社會變遷、教育改革、教師角色與學生角色等，它沒有比較的目的。教育哲學探討教育的原理，也沒有比較的意義。然而，國際比較教育在掌握教育發展的異同、分類及瞭解教育發展規律，它不僅具有比較、分類與探究教育發展規律的意涵，而且也進行有意義的價值判斷與解釋，最終目的在建立科學原則。M. A. Jullien 認為，「透過比較結果，演繹出真正原則與明確規則，使教育成為近乎實證之科學」（Epstein, 1990, p. 3）。

第一節　國際比較教育研究類型

壹、知識的來源

一、知識來源的多樣性

　　知識的來源不外從經驗（experience）、權威（authority）、直觀（intuition）及科學研究（science inquiry）獲得。學習國際比較教育的學生、從事比較教育研究的人員及機構，可以從不同的知識來源獲得國際比較教育專業知識。然而，上述知識來源各有其優劣。

　　首先，個人經驗是國際比較教育的知識來源之一，個人到他國留學、考察、旅行，或聽國內外學者演講，感受與累積外國教育發展的經驗，因而對國際教育現象有部分理解。這種知識取得方式受到個人、社會價值觀與個人成長經驗的影響，個人感受到的知識有主觀、偏執、沒有系統與價值不中立，在學術研究應用性及推論受到限制。

　　其次，來自於權威的知識有不同管道，其知識亦難以價值中立。宗教、耆老、學者專家、機構權威都是獲得知識來源之一。但是這種知識未必客觀，主因在於權威知識缺乏時間探究、個人沒有探求知識渴望直接接受權威、機構與「專家學者」的強迫式灌輸，或專家學者未能由科學探究形成的自我認定權威，上述的知識未能經由科學研究過程來形成知識，易陷於知識偏執與價值判斷的錯誤。同時，來自權威的知識有其理性限制，加上多種權威知識會有知識選取衝突，因而無法選用正確知識，而誤用知識。甚至，個人在取得知識時，在認定權威過程中，無法判斷何者為真正權威？或該「權威」可能是來自江湖術士，因而所得到的知識準確性受到質疑。

第三種知識來源是直觀方法，它是自我臆測（self-considered）知識為真或為假的論點，自我臆測的知識，對某些人如此，對其他人則不一定如此。個人直觀的知識缺乏邏輯的可驗證性及可操作性，僅是個人主觀的見解，因而易形成公說公有理，婆說婆有理。直觀的知識易產生價值不中立，對於社會現象掌握有偏頗，無法成為有系統與可驗證的知識。就國際比較教育來說，個人對於國際教育發展的認知，沒有科學驗證的過程，容易產生錯誤的知識。

第四種知識來源是科學研究，科學研究強調有系統地對問題進行論證，經由建構研究問題、明確地界定問題、提出合理的相關假說、蒐集資料，接著透過科學分析來驗證或拒絕所提出的研究假設，最終目的在獲得客觀知識。這種科學研究得到的知識具有系統性、可重複驗證問題、價值中立與不受個人偏執的影響。就如 G. Z. F. Bereday（1964）試圖透過政治、經濟、社會及心理等多重角度，對蒐集教育資料加以分析解釋與建立理論。Habermas（1971）將人類所追求的知識區分為技術興趣（technical interest）、實踐興趣（practical interest）與解放興趣（emancipatory interest）。自然科學與社會科學的實證研究追求控制，它屬於技術面，強調知識是訊息及事實與原則的建立；而實踐興趣在分享個體的生活意義，強調人與人溝通來傳達經驗文化，在知識上屬於解釋層面；而解放興趣強調社會變遷，且知識是批判的及知識可以轉移的，若透過自我反省，可以擺脫意識型態的不當控制。雖然國際比較教育是一門多學科整合的探究領域，但是對於客觀知識的建立，甚至教育發展規律性分析是國際比較教育所要追求。

總之，教育發展現象的規律性無法運用單一個理論來詮釋複雜的問題及其影響因素，相對地，若有明確的教育發展規律或理論，就可以對國際教育問題、教育現象與影響的相關因素深入瞭解。

二、科學化研究是國際比較教育好的知識來源

從國際比較教育研究來說，要獲得國際比較教育客觀知識有多元管道。個人到他國遊學或旅行的生活經驗，因而對他國教育制度、教育發展、社會制度

及歷史文化有相當程度的瞭解，或者他人到過外國經驗，經由經驗分享，吸收外國教育觀念、瞭解外國教育制度，都是一種知識來源。Jain（1997）分享孟加拉的初等教育普及的成功經驗指出，孟加拉在 1980 年代提出兩個普及教育方案，後來改善人民教育素質主因來自八項成功因素的配合：孩童正規就學、有良好的教師聘用及發展、提供教師表現的誘因、設計良好的班級學習歷程、設計與選擇好的教學材料、整體方案與支持服務有良好的管理、財務成本控制、可以面對面與社會教育機構溝通等。Jain 為印度學者，他長期觀察孟加拉，就其觀察經驗，歸納上述論點，這些內容也許都是正確的，但其內容沒有提出具體的客觀數據來證明其成功的結果，因而僅能做為一種國際教育經驗的分享。

此外，還有一種獲得國際比較教育知識的管道是大學教授曾留學過某一個國家，其研究領域為國際比較教育，透過其授課、演講與交談分享，獲得他國教育制度與發展經驗。當然，個人直觀臆測也是知識獲得來源，個人對某一個國家的直觀思維，例如，美國為先進國家，其教育經費投資多、大學教育機會比其他開發中國家多、中學學生學習成就比較好。上述都是個人主觀想法，沒有科學研究證據支持，僅是一種臆測而已。

國際比較教育的專業知識係透過嚴謹的科學研究過程獲得。科學研究從具體問題陳述、建立研究假設、蒐集客觀資料、選定所要分析的單位（如國家、地區、族群、班級、公私立學校、不同族群或學生）、選用資料處理方法，最後進行分析及解釋，再進行歸納與結論。在嚴謹的研究程序中所獲得的知識比起主觀臆測的知識更具推論性，也是獲得國際比較教育知識的最好來源之一。Haveman、 Wolfe 與 Spaulding（1991）以美國密西根大學第二十波的家庭所得資料庫，分析 1,258 名年齡十九至二十三歲的學生，不同族群、家庭所得與家庭環境和子女高中畢業率之關係發現，美國白人子女、女性、信仰天主教、猶太教（宗教參照組為沒有信仰者）、孩童為雙親的第一胎、父母親教育程度較高、非貧窮家庭、祖父母非貧窮身分、家長沒有再婚的子女完成高中教育的情形較高，而信仰基督教相較於沒有信仰宗教者、家庭中孩童數較多、有長期家庭壓力的子女，其高中畢業率較低。這一例子告知吾人，研究者在比較不同宗

教信仰、家庭結構以及家庭經濟狀況對於子女完成高中情形,從美國社會感受到家庭所得分配不均對於不同族群子女教育機會不公平,因而建立研究假設,接著運用大型資料庫資料,透過邏輯式迴歸分析檢定研究假設,獲得上述研究結果,這就是科學化研究的好例子。

雖然 Halls(1990, p. 22)指出,1960 年代比較教育已經逐漸遠離描述的(descriptive)、歷史的(historical)或者哲學功能(philosophical function)的探究,而轉向於解釋的(interpretative)、原因論的(aetiological),以及甚至是預測性的研究,但是 Rust、Soumaré、Pescador 與 Shibuya(1999)以《比較教育評論》(*Comparative Education Review*)(1957 年至 1995 年)、《比較教育》(*Comparative Education*)(1964 年至 1995 年)、《國際教育發展期刊》(*International Journal of Educational Development*)(1981 年至 1995 年)的文章數各為 947 篇、675 篇及 347 篇,卻分別僅有 40 篇、17 篇及 8 篇為方法論的文章,可見國際比較教育研究方法論的文章很少,而實證研究方法文章更少。假若吾人要瞭解各國教育發展對經濟發展的影響,可以提出研究假設、鎖定要分析年代、確定納入的國家數(如明確地界定高度所得、中度所得或低度所得國家的國民所得),接著再蒐集選入分析國家的教育發展及經濟發展的替代變項,再運用適切的統計方法進行檢定,就可以從研究結果掌握各國教育發展對經濟成長影響的情形。

貳、國際比較教育研究的類型

一、臺灣學者提出的類型

國際比較教育研究的類型為何?這是學習國際比較教育應掌握的重點。國際比較教育的研究類型常分為問題中心、社會學及經濟學取向(林清江,1983)。王如哲(1999)認為,比較教育研究類型區分為歷史的研究、國家特徵的研究、問題解決的研究、質相對於量的研究(即強調質化與量化研究融

合）、社會科學的研究。

二、Noah 與 Eckstein 採用社會科學法的實證研究

Noah 與 Eckstein（1969）提出「比較教育的科學研究」概念，認為比較教育是一種探究的領域（comparative education as a field of inquiry），主張比較教育研究宜採用社會科學方法，尤其是實證科學方法，透過研究假設設定與資料分析對國際教育現象有系統地研究。社會科學強調研究假設、合理性、控制及適切的理論來進行探究，若以國際比較教育研究來說，以客觀的現象資料為基礎，運用統計分析檢定研究假設獲得客觀的研究發現。他們強調要將社會科學的方法及觀念應用到國際比較教育研究的重點有幾項：(1)強調研究假設（hypothesis）建立，科學方法不僅具科學取向的特性，更重要的是研究中的資料蒐集、分類、操弄與解釋都需要有研究假設；因為有研究假設，所以對於自變項與依變項之關聯性有更為精確的說明；(2)對於資料合理的（quantification）處理；(3)控制（control），許多國際比較教育研究需要以實驗研究的實驗控制進行，透過控制相關變項可以讓實驗效果更為準確；(4)理論（theory）的採用，科學化國際比較教育研究提出的研究假設若沒有理論支持，是相當危險的。

三、Halls 的四類型研究

Halls（1990）將比較教育研究類型區分為比較研究（comparative studies）、海外教育（education abroad）、國際教育（international education）、發展教育（development education）。第一項比較教育又細分為比較教育學（comparative pedagogy）、教育內及文化內的分析（intra-educational & intra-cultural analysis），前者關心的是不同國家的學校教學及班級歷程，後者則是研究教育的不同水準以及有系統研究歷史、文化、社會、政治、宗教、經濟與哲學等因素對教育制度決定的影響，以及比較兩個或以上教育系統的結果。第二項海外教育，它是教育系統概念的研究，分析外國教育發展的新概念，它包括區域研究（area studies）。第三項國際教育分為國際教育學（international pedagogy）及研究國

際教育機構的任務（study of work of international educational institutions），前者是研究不同國家的教學方式、多元文化及多元文化團體，如國際學校以及轉型國家中的學校，或語言教育、弱勢團體的教育，它也研究教育對國際的理解、和平教育和國際人口與生態研究。後者與前者略有重疊，但是它所關心的是政策事務，例如建立國際可接受資格條件（如留學生資格）、留學教育提昇與文化協議。第四項發展教育為發展研究，它提供資訊及計畫的生產，協助政策決定者（尤其是對於新興國家）發展適當的教育方法及技術，或是訓練人事及執行方案等。

四、Thomas 的四個研究類型

Thomas（1990）指出，國際比較教育的四個研究類型如下。

第一種為分析式（analytical）研究。它的目的在瞭解研究變項之關係，如果多增加變項之後，這些變項與其他變項之關係，或這些變項之關係會如何改變，這些關係在不同個體及群組之間的差異為何？簡言之，分析式研究在解釋個體之間，或教育制度之間因素的關聯為何？此類型的比較教育研究較典型的問題是：甲變項與乙變項之關聯為何？或為何此制度、機構或行動者在此特定方式，會有此種現象或行為？

第二種是描述式（descriptive）研究。它在解釋國際教育現象，它不在探討何種原因造成此國際現象，以及不強調研究結果在統計有何種重要價值或顯著水準。相對地，它僅運用統計數值及文件內容來描述所要研究的教育現象。

第三種是評估式（evaluative）研究。它在檢定社會科學所研究的特定問題，而在此問題經由多位國際比較教育研究人員分析之後，其發展情形；評估式的研究也在分析某些教育活動進行之後，其執行成效，透過評估檢核來瞭解教育發展活動產生哪些問題。

第四種是探索式（exploratory）研究。其目的在建立國際比較教育研究假設或研究問題，而不在檢定研究問題或發現解答。它在瞭解教育問題或教育制度形成的背後原因，從背後原因的掌握來瞭解教育現象。

表 3-1　1957 年至 1989 年《比較教育評論》研究類型

研究類型	1957-1967		1968-1978		1979-1989	
	篇數	%	篇數	%	篇數	%
分析式	10	3	25	10	33	12
描述式	269	86	158	61	124	45
評估式	4	1	48	19	61	22
探索式	31	10	25	10	60	21
總計	314	100	256	100	278	100

資料來源：*International comparative education: Practice, issues, and prospects* (p. 283), by Thomas, R. M. 1990, Oxford, UK: Pergamon Press.

　　上述四種比較教育研究類型，可從《比較教育評論》（*Comparative Education Review*）瞭解 1957 年至 1989 年的國際比較教育研究數量及趨勢（如表 3-1），分析式、評估式及探索式的研究略有增加，描述式的國際比較教育研究約減少一半。

五、Rust、Soumaré、Pescador 與 Shibuya 的九種研究類型

　　Rust、Soumaré、Pescador 與 Shibuya（1999）將國際比較教育區分為九種類型。第一類為理論或概念研究（theoretical or conceptual study），雖然很多的國際比較教育研究都會運用相關的概念及理論，但是這類研究單獨以理論及國際比較教育只有一項而已，它也包括方法論。第二類為實驗研究（experimental studies），它主要是運用實驗處理，操弄相關變項與控制變項，來瞭解對於依變項之影響。第三類為現存資料分析（existing-data research），它運用官方或國際組織的調查資料研究，或國際比較教育期刊文章類型及資料的分析。第四類為當代情境的文獻分析（literature review of contemporary condition），它運用相關的國際比較教育文獻進行整理與評閱。第五類為歷史研究（historical studies），它分析教育與社會的歷史發展，而認定是否為歷史研究是以過去發展時間點，而非以當代教育發展為分析內容。第六類為比較研究（comparative research studies），許多國家的教育議題包括一個國家以上之教育制度，或一個區域包括好幾個國家之教育制度，類似對這些內容的研究屬於比較研究。第七為方案評鑑（project evaluations），有一部分研究在評估教育方案執行情形，通常這種類型有特定資料蒐集方法及解釋方式。第八類為內容分析（content-analysis studies），有一些國際比較教育研究是分析文件內容，如課程內容、教科書、學術期刊、報告書及報紙等。第九類為田野調查（field research studies），有許多研究以田野調查工作為主，它包括參與觀察——在自然情境中觀察教育現象；訪談——運用面對面訪問來蒐集資料；問卷調查——運用設計好的研究工具對受訪者進行資料蒐集。

他們以 1964 年至 1966 年的《比較教育評論》（*Comparative Education Review*）與《比較教育》（*Comparative Education*）進行上述研究類型分析發現，這兩本期刊共有 158 篇文章，其中文獻分析、歷史研究、比較研究（偏於質性）就各有 76、23 及 24 篇，而實證研究寥寥可數；若將上述兩份期刊加上統計《國際教育發展期刊》（*International Journal of Educational Development*）在 1985 年、1987 年、1989 年、1991 年、1993 年及 1995 年的文章數會發現：這些年數共有 834 篇，其中文獻分析、歷史研究、比較研究、方案評鑑、參與觀察及訪談各有 203 篇、44 篇、133 篇、52 篇、46 篇、72 篇，而問卷調查僅有 68 篇，訪談研究有 64 篇。上述可以看出，國際比較教育研究仍以文獻分析與歷史資料進行評閱或參與觀察及訪談者居多，實證取向的國際比較教育研究偏少。

第二節　國際比較教育研究取向

研究取向是研究所要切入的方向及途徑。Halls（1990, pp. 31-35）指出，比較教育的研究取向包括歷史—哲學（historico-philosophical）以 Kandel 為代表；國家特徵（national character）以 Sadler 為代表；文化學者（culturalist）以 Bourdieu 為代表；脈絡（contextual）取向以 King 為代表；問題解決（problem-solving）取向以 B. Holmes 為代表；量化（quantitative）取向以 T. Husén 與 T. N. Postlehwaite 為代表；經濟（economic）取向以 G. Psacharopoulos 與 M. Woodhall 為代表；社會科學（social science）取向以 H. J. Noah 與 M. A. Eckstein 為代表。這看出國際比較教育研究取向多元，量化與社會科學研究頗為接近，而文化學者取向及脈絡取向與社會學有關，問題解決與議題有關，可以融合。因此本節說明議題為中心取向、社會學分析取向、經濟學分析取向、歷史哲學研究取向與國家教育特徵取向。

壹、議題為中心取向的研究

　　議題為中心的研究包括以問題為中心（problem-oriented）研究與議題取向（issues-oriented approach）研究。前者針對國際或國內的教育發展問題做研究，它強調了研究的問題已是國內或國際既存的，而此問題可能困擾了人民身心狀況、社會發展、教育發展、經濟發展，甚至政治與國際發展，它需要透過研究分析尋求解決方案。而議題取向研究是以教育議題為研究方向，議題可能是政府機構在議程內容設定先後順序，也可能研究者或機構從國際的教育發展中尋找出值得從事之研究方向。它不一定對於某一個國家或國際社會及其人民構成問題，相對地，此議題具有中性價值，但對國際或國家的教育發展是重要內涵與方向。例如，教育行政制度、教育機會均等、地區教育發展差異、國民的愛國心、新移民教育、學習成就等。然而，教育議題可能因社會變遷、國際變化及各國發展的差異性，而演變成重要的教育發展問題。

　　問題為中心的國際比較教育以 B. Holmes 為代表，以社會關注的焦點來觀察教育發展（王如哲，1999）。教育問題複雜且多元，從眾多問題找出核心的問題深入研究是較不浪費資源者。Holmes（1981, p. 76）指出，問題解決取向的比較教育研究包括幾項步驟：(1)對於問題的分析或理智思考；(2)假設或政策方案的形成；(3)對於起始情境或特定脈絡說明；(4)從採用的研究假設可能，對未來結果進行預測；(5)合理的比較預期結果與觀察事件。他以一個研究者發現

社會關心的焦點，來瞭解教育研究議題，而這項問題是政策制定所關心的內容核心。

　　Kubow 與 Fossum（2007）的《比較教育：國際脈絡下探索議題》（*Comparative Education: Exploring Issues in International Context*）一書以議題導向對於國際比較教育進行分析，其中第四章的教育可接受性與機會、第五章的教育績效與權責、第六章的教師專業主義、第八章的全球化與教育應用等，都是國際比較教育重要議題，在第七章指出議題導向分析的進行，以 Hofstede 的跨文化架構、Harvey 的分析架構來檢視教育政策、以 Frank 的架構來檢視教育績效與權責、以 Thomas 的政治架構來分析教師專業主義等。

　　以教育議題做為分析單位的國際比較教育研究不少。例如，愛國心與族群包容力是一個社會凝聚價值的重要因素，若國民沒有愛國心及族群包容力，很容易產生社會問題。而愛國心與族群包容與國家的教育發展息息相關。Janmaat 與 Mons（2011）以 IEA 的公民教育調查（Civic Education Study, CivEd）對二十八個國家的公民價值觀（包容力及愛國心）與教育分流及國家領土分化程度進行研究。CivEd 在 1999 年 4 月對二十八個國家進行調查，受試樣本為 90,000 個十四歲學生及 4,500 位校長，研究中提出四個研究假設：

　　假設 1：教育分流程度大，族群和社會分裂的價值差距較大。

　　假設 2：領土分化程度大，會產生較大價值差距和整個民族與社會的分裂。

　　假設 3：教育分流程度大，族群包容和愛國主義的水準較低。

　　假設 4：領土分化程度大，愛國主義的水準較低。

　　他們選擇族群包容和愛國主義為依變項，並以李克特氏尺度（即堅決不同意、不同意、同意、堅決同意）為選項，而其組成的題目如下：

1. 族群包容（對移民者具有包容的態度，分數愈高，愈包容）：

　(1)移民應有機會保持自己的語言。

　(2)移民子女應擁有正常教育機會，就如其他國家孩童一樣。

　(3)移民後在某一個國家生活幾年，國家提供機會參與選舉。

　(4)移民應有機會保持自己的習俗和生活方式。

(5)移民應與其他人享有相同的權利。

2. 愛國主義（國家認同傾向，分數愈高，愈認同）：

(1)這個國家的國旗對我很重要。

(2)我很熱愛這個國家。

(3)不管這個國家已達到何種成就，我都感到自豪。

(4)我想要永久住在這一個國家。

在資料處理上，運用 HLM 三階層模式估計，投入控制變項包括個人層次為性別、在家使用語言（官方語言，若在家使用官方語言代表愈有愛國心）、家中書籍數、公民知識和技能、課堂討論開放氣氛。而班級層次是將家中使用語言（官方語言）、家中書籍數予以聚合成為脈絡變項。教育分流區分為分離、多元統整、統一統整及個別化統整；領土分化程度分為聯邦模式（federal model）、學校自主模式（school autonomy model）、分權模式（decentralization model）、合作模式（collaboration model）與準中央集權模式（quasi-centralized model）；最後，國家層次的控制變量，以國家引入民選總統年度至今不間斷的年數，視為民主化程度，年數愈久，愈民主（Alesina, William, Sergio, & Romain, 2003）。其研究結果發現，在教育分流上若就讀綜合高中，以及非聯邦制國家的學生有較少族群包容差異性及較少愛國心差異；同時非聯邦國家的學生愛國心與族群包容有正向顯著關聯，代表非聯邦制國家的學生有較高的愛國心、國家認同及族群包容。同時教育分流較大或是較早教育分流，會降低學生的族群包容力及愛國心。換言之，他們支持了先前所提出的四個研究假設。

貳、社會學分析取向的研究

社會學分析取向是將社會學的觀點應用於國際比較教育研究上。社會學的觀點是指在某一個社會多數人口所面臨的問題，非個人問題，透過社會學的理論與派別，如功能理論、衝突理論、詮釋學派、民族人種誌、批判理論、女性主義或相關派別等對教育議題進行分析。在國際比較教育之中，以 C. A. Anderson 為代表，Anderson（1961a）認為，比較教育分析有關的社會議題及教育現象，它以社會學原理以及強調運用邏輯實證論的觀點，對於比較教育議題進行分析。Anderson（1961b）研究指出，教育是決定學生社會流動的重要因素，因為教育是重要因素，所以他建議更應該逐步地探究學生的能力、動機及學習成就與社會流動之關聯性。此外，各國人口成長影響教育發展，人口成長過快，若依資源稀釋理論來說，各國政府提供的教育經費無法滿足快速人口成長。人口結構為社會學探討的主題，研究人口結構有其社會學原理，如人口增長、遷徙、人口老化、生育、死亡等與教育發展有關。人口成長衍生社會問題，更可能造成教育發展瓶頸。再如，如果以一個家庭來說，家庭資源有限，以及資源可能被稀釋的情況下，家中手足數目（即兄弟姊妹數）愈多，則子女的學業成就愈差（Downey, 1995; Powell & Steelman, 1990; Teachman, 1987）。因此，運用社會學原理研究國際比較教育是重要的議題。此外，還有將社會學結合生態學進行研究者，Archer（1980）就強調要以社會生態學來分析國際比較教育。

國際比較教育的社會學分析取向研究不少，例如：各國人口結構（包括女性生育率、人口成長率、嬰兒死亡率）與教育發展之關係，或者兩性不平等（gender inequality）所造成的兩性教育機會或社會地位取得不均之影響。或者宗教信仰（這不是指個人的宗教信仰，而是國家整體人口對某一宗教信仰的比率對於教育發展的影響）。Moghadam（1991）以伊朗為例說明了回教對於女性在回教國家的性別不平等的再製。他指出，在所有回教信仰國家女性的法定地位與社會地位比起其他國家還來得差。回教教義及法律規定決定了女性的社會地位。回教社會有較高的女性生育率、較高的嬰兒死亡率，以及較高人口成長率，女性結婚年齡普遍偏低，回教國家平均 34% 對夫婦在二十歲就結婚（Weeks, 1988），而每位婦女平均生六個小孩，因此中東及南亞國家的性別不平等就反映在識字率及教育上。Moghadam（1988）指出，回教社會性別關係的決定及其影響是受到國家意識型態（政權導向）、經濟發展水準、工業化程度及都市化程度，以及在世界體系中整合的情形而定。就如，阿富汗及南葉門受到馬克斯及社會學家的意識型態影響，縮減了兩性不平等，增加女性的權力。

Moghadam（1991）指出，1988 年伊朗男性與女性在都會區的文盲率各為 36% 及 64%，在鄉間地區則各為 40% 及 60%；男性取得大學、碩士及博士學位各為 68%、76% 及 67%，而女性則各為 32%、24% 及 33%；而在工作上，女性在勞動市場的比率仍然相當低，僅有 10%，主要在公立部門的工作類別為擔任教師及清潔工、除了毛毯的編織工之外，女性在產業部門受到限制，僅有 14% 人力參與，並且大多數沒有薪資，僅有 19% 女性在私人部門工作並獲得薪資。因此，回教國家的女性社會問題之一是，猶如一頭牛被剝兩次皮，既要擔任乖乖牌女性，又要擔任無薪工作，社會地位又低。勞動市場的女性不平等延伸到社會結構與生育率。女性地位不平等，造成過多女童工問題。例如，伊朗的農業與產業工作者，大多數工作年齡為十歲至十九歲，而居住在都會區的女性雖然有較高薪資、專業工作及接受較多教育，但還是比男性差，遑論鄉下女性多半早婚，又不識字，最多僅能接受初等教育而已（Moghadam, 1991）。

　　總之，上述例子說明，社會學分析取向的國際比較教育研究之議題相當多元，而國際教育問題的背後都有其複雜原因，可以從社會學觀點來分析。

參、經濟學分析取向的研究

　　經濟學分析取向以經濟學原理探究教育發展。國際比較教育研究者運用市場供給、需求、市場概念、成本、價格、投資、生產函數、供需曲線研究教育發展。經濟學原理應用於教育研究之後，就變成教育市場、學雜費、教育生產函數、成本（學生就學後的機會成本、直接成本）、學校建築成本效益、勞動市場理論（學校與勞動市場的人力供需）、教育收益（即學生接受教育的收益情形）等。教育經濟學者將個人接受教育多寡視為人力資本存量，而人力資本高低影響個人勞動生產力及經濟所得。就國家整體來看，國民教育水準提高，促使整體人力資本存量增加，人力資本素質提昇，進而國家經濟成長。經濟學分析取向代表人物以 T. W. Schultz（1902-1998）、Becker（1993）等美國經濟學家為代表。Psacharopoulos 與 Woodhall（1985）從各國教育投資來瞭解，各

國人力資本存量，掌握各國教育收益率，就是國際比較教育的經濟學分析取向。Psacharopoulos（1985）分析各國私人教育收益及社會收益，並對各級教育收益率比較發現，開發中國家的個人教育收益高於已開發國家，甚至教育收益高於其他實質投資收益；Menon（1998）分析了菲律賓、英國、埃及、香港及賽普勒斯男女性的高等教育收益，上述國家的男性教育收益率各為 5.2%、13.0%、15.4%、22.1% 與 4.9%，而女性各為 5.2%、16%、20%、23% 及 6.0%，就是經濟學分析取向研究的例子。

又如 Heyneman 與 Loxley（1983）為瞭解 1971 年高度及低度所得國家在學校品質與經濟發展之關係，蒐集三十五個國家資料，其中每個國家納入分析學校數在 21 所到 221 所不等，而學生數在 545 名到 5,300 名不等，其中學校教育品質與學習成就的校內及校外因素組成分析發現，高度所得國家最底層的 40% 學生僅獲得 29% 的學校品質資源，這些國家國民所得僅占全國的 14% 而已；而低所得國家的 20% 人口獲得 27% 的學校品質資源，但這些國家國民所得卻占 53%，代表中度及高度所得國家的教育不公平相當嚴重；此外，這些國家的學生社經地位與學校品質資源的相關係數，再與各國國民所得計算相關係數發現，國民所得與「學生社經地位與學校品質資源相關係數」的相關係數為負向顯著（$\beta = -.27$），代表國民所得愈高的國家，「學生社經地位與學校品質資源相關係數」愈低。

還有以國家經濟發展與教育發展做分析，再應用於勞動市場之國際比較教育研究。Berhman（1987）以 1960 年及 1981 年七十六個開發中國家探討過量教育（over education）對於人力供需產生問題進行分析，他以兩條迴歸方程式估算過量教育及教育量不足的國家：(1)以平均每人接受教育年數為依變項，平均每人國民所得為自變項；(2)以平均每人接受教育年數為依變項，兩個自變項為國民所得與成年人的識字率，對七十六個國家分析結果發現，國民所得與識字率對教育年數有正向顯著影響，而國民所得平方與識字率平方對教育年數為負向顯著影響，最後選取出七十六個國家的前四分之一（過量教育）及最後四分之一（教育量不足）者。過量教育產生了接受教育者在畢業之後無法找到工

作而失業或高才低就，而教育量不足會形成人力資本存量不夠，無法提高個人生產力及國家經濟成長。以1961年的國民所得為自變項所估計出來的過量教育國家包括厄瓜多、玻利維亞、哥斯大黎加、薩伊、孟加拉、薩爾瓦多、多明尼加、約旦、辛巴威、印尼、埃及、緬甸、香港、牙買加、南韓、泰國、印度、賴索托、南斯拉夫、菲律賓、斯里蘭卡及中國大陸，這些國家在教育投資上是浪費的；而1961年教育量不足的開發中國家包括阿爾及利亞、尼日、索馬利亞、蘇丹、巴布亞紐幾內亞、塞內加爾、尚比亞、布吉納法索、象牙海岸、瓜地馬拉、衣索比亞、獅子山、查德、馬利、賴比瑞亞、奈及利亞、尼泊爾、加納及葉門，這些國家以非洲國家或低度所得國家居多。而1981年過量教育的開發中國家是厄瓜多、玻利維亞、哥斯大黎加、埃及、印尼、馬達加斯加、緬甸、印度、千里達與托巴哥、薩伊、南韓、哥倫比亞、肯亞、尼泊爾、約旦、秘魯、多哥、斯里蘭卡、菲律賓、中國大陸、剛果民主共和國；而1981年教育量不足的開發中國家包括奈及利亞、布吉納法索、蒲隆地、阿爾及利亞、瓜地馬拉、巴西、委內瑞拉、索馬利亞、馬利、獅子山、巴布亞紐幾內亞、塞內加爾、幾內亞、查德、象牙海岸、薩爾瓦多、蘇丹、巴拉圭及烏干達，這些國家與1961年相差不多，仍以非洲與低度國民所得國家為主。

　　國際比較教育研究的經濟學分析取向也受到不少的挑戰：(1)教育的效果難以運用數據來衡量，尤其是學生的內在特質，如認知表現、學習成效、情意表現等，若要以投入及產出的模式來測量教育的表現，有其困難，或者其準確度受到質疑；(2)從鉅觀來看，教育市場是一個受到政府干預的，難以真正用市場的價格或成本來計算學生的投入及其畢業後的價值，因此對於各國資料的分析結果亦受到質疑；(3)各國國民生產毛額用於教育經費比率涉及，與國家經濟投資其他政事別經費之先後順序，以及各級教育應如何分配教育經費；經濟學分析取向研究雖然可以提供這方面之實證發現，但是各國文化、經濟與政治及歷史背景不同，無法提供建議政策處方；(4)教育收益在計算方法上的問題，以及跨文化比較困難，各國教育投資受不同文化及個人因素影響，同時影響個人教育收益的因素很多，無法精確對各國教育收益進行比較。

肆、歷史哲學取向的研究

以歷史哲學取向研究法來研究比較教育,也是國際比較教育研究的類型之一。它常以單一國家、地理區域的教育發展史或某一位國際比較教育學者的論點進行分析。在比較教育的歷史研究中,在認定分析的問題之後,接著蒐集相關史料、文件、統計數字,運用了歸納、比較、分析、批判、綜合等方法,對所要比較的教育發展內容深入探究。國際比較教育常見的論述是從一個國家的歷史發展、政治、經濟、社會、人口結構及文化發展等,接續說明教育制度,而上述各種因素常視為教育制度形成的重要因素。

洪雯柔(2000)採用歷史哲學取向研究法研究比較教育學者 G. Z. F. Bereday 的理論,旨在探究 Bereday 的比較教育思想、釐清 Bereday 的比較教育研究方法、分析 Bereday 比較教育研究方法的實際運用、評論 Bereday 比較教育思想與方法,綜合研究結果提出建議。

另一種歷史的比較教育類型是研究者選定一個地理區域,接著就所要比較分析的內容進行資料描述,最後再進行分析、詮釋與比較。Newland(1995)以歷史哲學研究取向來探討拉丁美洲國家在 1950 年至 1992 年初等教育發展情形,將初等教育發展情形與拉丁美洲國家的歷史交錯進行分析,其中以 1950 年至 1992 年以來的生師比、女性教師比率、合格教師比率、私立學校占有比率、成人識字率與初等教育在學率進行分析發現,從 1960 年至 1985 年的生師比已有下降、1985 年的初等教育的女性教師比仍在 60% 以上、教師擁有合格證書比率大幅改善、私立學校學生比率自 1954 年至 1987 年以來各國的比率略有調整(1987 年在 10% 至 20% 之間)、成人識字率大幅改善,以及初等教育在學率明顯提高。

Kelly(1990)運用國際的教育統計來說明自二次大戰以來,各國在教育擴充之下,女性教育機會均等情形,就是一個很典型的歷史哲學研究取向。他運用了 Farrell(1982)的教育機會均等——可以接受到教育量均等(所有學生可

以有相同的機會進入初等、中等與高等教育嗎？）、教育歷程均等（是否所有的學生可以接受到相同教育品質及相同類型的教育）、教育結果均等（所有學生可以達到相同水準的表現嗎？），以及學生離開學校之後的社會、經濟與政治上均等。

首先，在教育量均等方面，World Bank（1984）統計指出，1960 年，非洲、亞洲及中東地區很多國家男性初等教育在學率約是女性的三倍，1981 年縮減為兩倍，而拉丁美洲及歐洲相差不大，不過有很多先進國家 1960 年代女性教育在學率高於男性。1960 年有十三個第三世界國家男性初等教育在學率高於女性 30% 以上，它們是查德、衣索比亞、尼泊爾、貝南、中非共和國、巴基斯坦、阿富汗、葉門、賴比瑞亞、南葉門、摩洛哥、象牙海岸、阿曼；而有十三個國家是男女差距在 20% 至 30% 之間，如孟加拉、馬拉威、烏干達、印度、蒲隆地、幾內亞、毛利塔尼亞、塞內加爾、埃及、尼日、瓜地馬拉、伊朗及沙烏地阿拉伯。

其次，在教育歷程均等方面，Kelly 指出在很多回教國家的男女教育是分離的，女性接收到較少的教育資源、缺乏教學設施、在擁擠的教室上課及沒有良好的師資；巴基斯坦、伊朗、孟加拉的女性學校與男性學校就採用不同的教科書及課程；而在前蘇聯、以色列、瑞典、法國、前西德、波蘭等國兩性初等教育機會均等，但是在學術型的中等教育則是男性機會較多；在南韓及加拿大，女性就讀工程類科者各僅有 2.9% 及 8.5%。

第三，在教育結果均等方面，IEA 研究發現，中等學校的女性科學及數學成就表現低於男性，尤其是瑞典、智利及低度發展國家。其主因不僅是女性在先前等級的教育，其教育機會少就限制了女性發展的機會；而且也因同儕文化及學校刻意安排所致。Kelly 指出，英國早期對於男女共校，並沒有讓女性在科學及數學有較好的學習機會。因此，縱然給予女性有相同接受教育的機會，但是其學習歷程的品質，也無法保證學習成果就能有比較好的表現。

最後，學生畢業後的社會、經濟與政治上均等，Kelly 指出，在二十八個工業化國家，美國、前蘇聯、英國、加拿大與波蘭在 1960 年有薪資的女性勞動參

與率為 52%，至 1980 為 57%，而 1960 年至 1980 年非洲的第三世界國家、亞洲、中東及拉丁美洲國家的女性勞動參與率維持在 42% 至 45%；肯亞、印度、伊朗、奈及利亞、薩伊、秘魯、智利、墨西哥、孟加拉等，在增加了女性教育年數之後，卻減少她們的勞動薪資。1980 年工業化國家，如美國、加拿大、前蘇聯、英國及西德的職業需求，期待女性至少具有中等教育或高等教育文憑，若沒有接受教育的女性失業就成為常態。開發中國家在雙元經濟體制下，傳統部門以農業及小本生意為主，在這部門中，女性勞動參與率很高，相對地，都會區的現代化部門，以機器生產、強調專業及技術，女性要進入就需要接受更多教育，接受較少教育的女性僅有低工資或沒有適合的工作而失業。此外，增加女性教育機會與提高她們的政治參與也未必相關。Kelly 指出，在後共產社會的國家，如中國大陸、前蘇聯、越南，革命性的政府期待政治體制轉型之後，提供女性接受教育的目的在促使女性進入勞動市場提高經濟生產，而不是參與政治，因此女性忙於生產勞務而不是關注政治。

伍、國家教育特徵取向的研究

國際比較教育研究也對各國教育制度或教育發展進行分類及研究，這種分類研究在瞭解不同國家發展階段或類型應具有哪些教育發展特徵。Harbison 與 Myers（1964）提出「五倍高等教育加一倍中等教育在學率」轉換為「教育綜合發展指數」，將全球區分為先進國家、半先進國家、落後國家及欠開發國家，並說明各類型國家教育發展的特性及問題。Wolhutr（1997）以 1993 年 UNES-CO 的 15 個教育發展指標對 105 個國家教育發展指標為分類標準，將全球區分為九類。張芳全（2006）以 108 個國家的統計資料，運用標準化 Z 分數與主成分分析編製的教育綜合發展指數，將 106 個國家區分為高度、中度及低度發展國家，其中在教育發展排前三名為丹麥、瑞典、冰島。臺灣在教育數量指數、教育品質指數、兩性平等教育指數、教育綜合發展指數排名各為 19 名、53 名、42 名與 42 名；在教育數量與教育綜合發展指標被分為高度教育發展國家；在

教育品質與兩性教育平等指標，臺灣被分類為中度教育發展國家。

UNESCO（1997, 2011）的《國際教育分類標準》（*The International Standard Classification of Education*, ISCED 1997/2011）以不同教育層級與學習年數做為分類教育制度之依據，例如，學前教育以 0、初等教育以 1、中等教育前段以 2、中等教育後段以 3、後期中等教育但不是第三級教育（post-secondary non tertiary education）以 4 替代；第三級教育，即高等教育第一階段，並未直接進入進階的進修教育研究的資格（first stage of tertiary education not leading directly to an advanced research qualification）以 5 替代；第三級教育，即高等教育第二階段，直接要進入進階進修教育研究資格（second stage of tertiary education leading to an advanced research qualification）以 6 替代。1998 年以來，這種教育制度分法受到重視。

Janmaat 與 Mons（2011）引述 Mons 於 2007 年對國土分化（territorial differentiation）程度和類型的研究，其中以課程設計集中性（選擇科目和教學時數）、教科書選擇和教學評量，以及國家在中央、地方及學校於上述活動與權力指標進行分類，獲得五類國家類型如下：(1)聯邦模式，它由許多地方行政單位負責課程設計、教材選擇、學生外部評量，澳洲、比利時、德國、瑞士和美國為此類；(2)準中央集權模式，即上述三項功能，有些為中央政府責任，如法國、義大利和 1990 年代中期的葡萄牙；(3)合作模式，為有限權力轉移到學校和地方當局，但是它仍受中央強而有力監督和學生外部教學評量，如北歐國家的丹麥；(4)學校自主模式，這些國家在學生外部教學評量評估與學校課程均較有自主性，在課程設計有較大辦學自主權，如英國、匈牙利和瑞典；(5)分權模式，即權力下放模式，這些國家是由地方當局承擔主要責任，例如課程設計、教科書的選擇、學生外部教學評量，如俄羅斯和西班牙。

至於教育發展分類或教育制度分類研究來說，Mons（2007）以四項教育指標運用主成分分析法對於二十二個國家的教育分流（pedagogical differentiation）做分類，這四個教育指標為能力分組類型（它以國際教育編碼──ISCED 1 與 2，在這兩個階段有能力分組）、教學差異化提供的有無（是否提供給所有

學生共同課程之外，還有補償教學）、學年升級進程（自動晉級或重讀率高低），以及無法完成該級教育的學生人數比率。主成分分析將選擇程度（degree of selection）及個別化／合作教學程度（degree of individualized/collective teaching）區分為四種教育分流的國家。第一為分離（separation）模式，學生很早就教育分流，在小學留級率很高，在小學設置補償課程，然而對於有學習困難兒童幫助不大，學生多未能如期完成學業，這種類型常見於中歐國家，如奧地利、德國、匈牙利和瑞士。第二種為多樣化整合式（diverse integration group），其特點是：(1)學習過程中有較長的共同課程，但是沒經過官方選擇這些課程；(2)學生可以自動晉級或較低的重讀率，重讀率在小學和中學幾乎不存在；(3)會根據學生在中學基礎科目之各學科學術能力而靈活能力分組；(4)個別化教學，其焦點集中於學習表現較好的學生；(5)未能完成學業比率低，如加拿大、紐西蘭、英國和美國。第三為綜合學校，稱為統一整合（uniform integration），其特性包括：(1)有長時間的共同課程；(2)較高的重讀率；(3)僅設有課後輔導班；(4)從國中就嚴格能力分組；(5)學生學業未完成率高，拉丁語系的歐洲國家，如法國、義大利、葡萄牙和西班牙屬之。第四為綜合學校形式，又稱為個別化整合（individualized integration），其特性包括：(1)有長時間的共同課程；(2)較高的重讀率；(3)沒有課後輔導班；(4)個別化課程，它統整教師教學歷程，並關注所有學生，而非僅有弱勢學生而已；(5)較高的學生畢業率，北歐國家如丹麥、瑞典、挪威、芬蘭、冰島以及東亞地區的日本及南韓屬之。

　　總之，邁向科學化國際比較教育強調以實證科學觀點對於國際教育現象進行科學分析，透過實證觀點引入，來建立國際比較教育的科學化。

參考文獻

中文部分

王如哲（1999）。比較教育。臺北市：五南。

林清江（主編）（1983）。比較教育。臺北市：五南。

洪雯柔（2000）。貝瑞岱比較教育研究方法之探析。臺北市：揚智。

張芳全（2006）。教育在國家發展的貢獻。臺北市：五南。

英文部分

Alesina, D., William, E., Sergio, K., & Romain, W. (2003). Fractionalization. *Journal of Economic Growth, 8*(2), 155-194.

Anderson, C. A. (1961a). Methodology of comparative education. *International Review of Education, 7*, 24-43.

Anderson, C. A. (1961b). A skeptical note on the relation of vertical mobility to education. *American Journal of Sociology, 66*, 560-570.

Archer, M. (1980). Sociology and comparative education: A reply to Edmund King. *Comparative Education, 16*(2), 179-185.

Becker, G. S. (1993). *Human capital* (3rd ed.). Chicago, IL: The University of Chicago Press.

Bereday, G. Z. F. (1964). *Comparative method in education*. New York, NY: Hplt, Rinehart and Winston.

Berhman, J. R. (1987). Schooling in developing countries: Which countries are the over- and underachievers and what is the schooling impact? *Economics of Education Review, 6*(2), 111-127.

Downey, D. B. (1995). When bigger is not better: Family size, parental resources, and children's educational performance. *American Sociological Review, 60*, 746-761.

Epstein, E. H. (1990). The problematic meaning of "comparison" in comparative education. In J. Schriewer & B. Holmes (Eds.), *Theories and methods in comparative education* (pp. 3-23). New York, NY: Peter Lang.

Farrell, J. P. (1982). Education expansion and the drive for social equality. In P. G. Altbach, R. F. Arnove & G. P. Kelly (Eds.), *Comparative education* (pp. 39-53). New York, NY: Macmillan.

Habermas, J. (1971). *Knowledge and human interests*. Boston, MA: The Beacon Press.

Halls, W. (Ed.) (1990). *Comparative education: Contemporary issues and trends*. Great Britain: Jessica Kingsley.

Harbison, F., & Myers, C. A. (1964). *Education, manpower, and economic growth*. New York, NY: McGraw-Hill.

Haveman, R., Wolfe, B., & Spaulding, J. (1991). Childhood events and circumstances influencing high school completion. *Demography, 28*(1), 133-157.

Heyneman, S., & Loxley, W. (1983). The distribution of primary school quality within high- and low-income countries. *Comparative Education Review, 27*(1), 108-118.

Holmes, B. (1981). *Comparative education: Some considerations of method*. London, UK: George Allen & Unwin.

Jain, P. S. (1997). Program success and management of integrated primary education in developing countries. *World Development, 25*(3), 349-358.

Janmaat, J. A., & Mons, A. (2011). Promoting ethnic tolerance and patriotism: The role of education system characteristics. *Comparative Education Review, 55*(1), 56-80.

Kelly, G. P. (1990). Education and equality: Comparative perspective on the expansion of education and women in the post-war period. *International Journal of Educational Development, 10*(2/3), 131-141.

Kubow, P. K., & Fossum, P. R. (2007). *Comparative education: Exploring issues in international context* (2nd ed.). Columbus, OH: Merrill Prentice Hall.

Menon, M. (1998). Perceived rates of return to higher education: An international review and comparison. *Compare, 28*(3), 293-304.

Moghadam, V. M. (1988). Women, work and ideology in the Islamic republic. *Internation Journal of Middle East Studies, 20*, 221-243.

Moghadam, V. M. (1991). The reproduction of gender inequality in Muslim societies: A case study of Iran in the 1980s. *World Development, 19*, 1335-1349.

Mons, N. (2007). *Les nouvelles politiques e´ducatives: La France fait-elle les bons choix?* Paris, France: Presses Universitaires de France.

Newland, C. (1995). Spanish American elementary education 1950-1992: Bureaucracy, growth and decentralization. *International Journal of Educational Development, 15*(2), 103-114.

Noah, H. J., & Eckstein, M. A. (1969). *Towards a science of comparative education*. London, UK: Collier-Macmillan.

Powell, B., & Steelman, L. C. (1990). Beyond sibship size: Sibling density, sex composition, and educational outcomes. *Social Forces, 69*(1), 181-206.

Psacharopoulos, G. (1985). Returns to education: A further international update and implications. *Journal of Human Resources, 20*, 583-604.

Psacharopoulos, G., & Woodhall, M. (1985). *Education for development: An analysis of investment choices*. Oxford, UK: Oxford University Press.

Rust, V. D., Soumaré, A., Pescador, O., & Shibuya, M. (1999). Research strategies in comparative education. *Comparative Education Review, 43*(1), 89-109.

Teachman, J. D. (1987). Family background, educational resources, and educational attainment. *American Sociological Review, 52*, 548-557.

Thomas, R. M. (1990). *International comparative education: Practice, issues, and prospects*. Oxford, UK: Pergamon Press.

UNESCO (1997, 2011). *The international standard classification of education (ISCED 1997, 2011)*. Pairs, France: Author.

Weeks, J. R. (1988). The demography of Islamic nations. *Population Bulletin, 43*(4), 12-22.

Wolhutr, C. C. (1997). Classification of national education systems: A multivariate approach. *Comparative Education Review, 41*(2), 161-175.

World Bank (1984). *World development report*. Washington, DC: Author.

CHAPTER 4

國際比較教育人物與刊物

　　1960 年代之後，國際比較教育發展快速，主要受到許多重要代表人物努力建樹，同時在 1960 年代之後，許多專業的國際學術期刊及學會（society）陸續成立，更讓國際比較教育研究受到重視。本章說明 1960 年代以降，國際比較教育的重要代表人物，以及相關的學會與學術專業期刊。

第一節　近年的重要代表人物

　　邏輯實證論及功能論（包括人力資本論與現代化理論）在 1950 年代及 1960 年代主宰了國際比較教育研究。1960 年代之後，國際比較教育有很多重要代表人物。本節說明 1960 年以後，國際比較教育的重要代表學者及其主張。

壹、Anderson

　　美國的 C. A. Anderson（1907-1990）生於美國南達科他州的佩堤市（Platte, South Dakota），他建立了芝加哥大學比較教育中心（Comparative Education Center, University of Chicago）。他是自 Jullien 之後，一位在比較教育強調實證主義影響力之學者，他是共同建立 IEA 的代表人物之一，並在這領域有卓越貢獻。在比較教育方面，1962 年至 1963 年擔任比較教育學會（Comparative Education Society）主席。他發表超過 200 篇文章，涵蓋教育、社會、政治科學及

經濟學領域。擔任過《比較教育評論》（*Comparative Education Review*）及七年的《美國社會學期刊》（*American Journal of Sociology*）主編。除了 IEA 的跨國研究學生學習成就之外，著名的是社會流動研究（studies of social mobility），尤其是學生家庭背景影響其接受高等教育機會與社會地位角色，此外他也探討教育對經濟成長之貢獻。Anderson（1967）分析影響十二個國家（澳洲、比利時、英格蘭、芬蘭、法國、德國、以色列、日本、荷蘭、蘇格蘭、瑞典及美國）的學生學習成就因素（區分為家長背景變項、教師、學校及學生個人變項）發現，各國中以學生變項的數學學習興趣與數學成就之相關程度傾向最高，其次為父親的職業與教育程度。他在國際比較教育研究相當多，例如 Anderson（1954, 1956, 1959, 1961a, 1961b, 1967, 1968, 1977），以及 Halsey、Floud 與 Anderson（1961）編著《教育、經濟與社會》（*Education, Economy, and Society*）、Anderson 與 Bowman（1965）編著《教育與經濟發展》（*Education and Economic Development*）。Anderson 是極為強調實證主義的國際比較教育學者，在國際比較教育研究貢獻卓著（2012 年 4 月 5 日取自 http://cieclopedia.org/Entry.aspx?id＝137）。

貳、Brickman

　　W. W. Brickman（1913-1986）生於美國紐約市，雙親為猶太人，因而從小就有接受不同文化、語言、歷史及宗教的經驗。受家庭背景因素的影響，讓他更瞭解多元文化教育的重要，尤其在閱讀比較教育研究議題時外語能力相當重要。二次大戰前，在紐約大學專攻教育史，取得博士學位。1953 年 Brickman 獲聘為紐約大學教育史系系主任，隨後幾年其研究領域跨到比較教育。他是 1956 年成立的比較教育學會（Comparative Education Society）的共同創立代表人物之一，也兩次擔任該學會主席（1956-1959, 1967-1968）。他在比較教育領域的重要性遠超過於對該學會之貢獻，1940 年至 1942 年及 1946 年至 1962 年於紐約大學（New York University）、1962 年至 1981 年在賓州大學（University of Pennsylvania）任教。Brickman 認為，多數教師缺乏比較教育觀念，相對地，學校教師強調社會學、心理學與行為科學，較不重視比較分析。他深信，若美國的教師可以多檢視其他國家教師的教學方法、實務及理論，則教師及決策者可以提供好的教育品質給學生。他期待有不同方法應用於比較教育領域之中，並期待比較教育的學術可以多樣性，但是他比較偏好歷史研究，所撰寫的比較教育文章都與歷史有關，其研究與 I. L. Kandel 與 R. Ulich 頗為相近。Brickman 的比較教育研究論述大致在於蘇聯教育、教會與國家關係（church/state rela-tions）、美國教育史（American educational history）、比較教育史（history of comparative education）、歷史及比較教育理論、方法與應用等主題。他出版超過二十本專著，也擔任期刊《學校與社會》（*School and Society*, 1953-1976）以及《西歐教育》（*Western European Education*, 1979-1986）主編（2012 年 5 月 5 日取自 http://cieclopedia.org/Entry.aspx? id＝137）。對於國際比較教育貢獻卓著，發表與比較教育論文如 Brickman（1960, 1961, 1964, 1966a, 1966b, 1973, 1977, 1982, 1985）。

參、Paulston

美國的 R. G. Paulston（1930-2006）1975 年擔任國際比較教育學會（CIES）主席，自 1968 年起於匹茲堡大學教育系（University of Pittsburgh's School of Education）擔任教授，影響著國際比較教育。Paulston 早期研究在評估秘魯四所學校以教師為中心的教育改革（teacher-centered educational reform）成效，以瞭解為何有些學校改革成功，有些則否。Paulston 接觸當地人，面對面來瞭解教師及社區在這方面的理解，而不採用結構功能論者（structural functionalist）或新馬克斯主義觀點（neo-Marxism perspective）來觀察不同階級人員。Paulston 將焦點集中於運用多元變項，包括：社區價值（community values），如宗教、國家／社區的自我認同（self-perception of national/local identity）（如語言及族群），以及教師對社區認同感（the teacher's own sense of identity）。他認為，

教師中心取向對於教育改革較能成功，尤其當教師及學校更親密接近社區的主要文化價值後，對於教育改革助益更大，若學校改革失敗之後，投入較多的財務、技術專家，並檢討師資培育的問題，如此教師培育才有效（2012 年 5 月 5 日取自 http://cieclopedia.org/Entry.aspx?id＝137）。

　　Paulston 對於國際比較教育的貢獻是社會製圖學（social cartography）或稱社會地圖，社會製圖學是透過嚴謹構思與縮減主義者觀點（reductionist perspectives）來掌握教育發展的現象。在社會製圖學中，讓比較教育學者可以透過繪圖來瞭解空間關係。此外，他認為平衡理論（equilibrium theories），如教育及社會的改革理論（evolutionary）、新改革理論（neo-evolutionary）及結構功能論（structural functionalist）較少有預測能力；而衝突轉移導向理論（conflict or transformative orientations），如新馬克斯（neo-Marxist）、文化復興（cultural revival）以及烏托邦（anarchist Utopian）可以更有效預測社會及教育改革運動，但是有時太過簡要，又不貼近實際，所以不足以說明具體結果（simply not realistic enough for concrete results）。因此，國際比較教育學者應拋開對錯二元方式，或在建構理論留太多差距或排除太多不同類觀點及聲音（many non-aligned perspectives and voices），若是有上述的情形會使得論點難以周延。他非常重視 Foucault 在歷史分析所傳達的社會製圖學，運用 Foucault 的後現代主義觀點於比較教育研究，使他更確定後現代（postmodern）分析是比較好的方法之一，並透過後現代觀點來解釋教育政策分析與運用社會製圖學於分析歷程中。

　　社會地圖學應用空間繪圖、隱喻方式對各國教育進行比較。地圖學的發展有其歷史脈絡；而地圖並非完全客觀存在的事物，而是人類為了表達某些可見的事物所創造出來的符號表徵，它是依存於情境的，而其產生也與繪圖者本身的世界觀有關（方永泉，2002，頁 54）。社會地圖學可以理解影響不同國家教育制度的因素，讓國際比較教育從過去的文本敘述轉變為繪圖，更從過去重視歷史因素轉變為重視地理空間因素。Paulston（1996）提出，社會地圖學應用了對地理空間的繪圖，運用隱喻方式來比較各國教育。Paulston 與 Liebman（1994）指出，地圖可以成為比較教育研究的一部分，它讓我們瞭解哪些因素

相互聯結。他曾繪製比較與國際教育中的典範及理論的地圖,並繪製了尼加拉瓜高等教育改革與社會變遷理論的微型圖,Paulston(1999)指出,社會地圖的出現提供後現代主義挑戰比較教育研究的新工具。有關社會地圖學可以參考Beauchamp 與 Paulston(1996)、Paulston 與 Liebman(1994)的論述。

肆、Husén

　　T. Husén(1916-1991)出生於瑞典,以德語為母語,1946 年留學英國,除了精通英語之外,也學法語。1941 年以有關青年人(十六歲至二十歲)樣本的心理年齡為研究題材取得博士學位。其研究領域包括心理學、社會學及教育史學,後來將哲學與實證科學觀點融入教育學領域。他強調國際教育合作的重要,倡導建立大型資料庫供各國進行跨國分析及決策運用。1962 年至 1978 年他在IEA 協助下對十二個國家從事七項大規模調查。Husén(1967)分析了十二個國家學生數學成就表現並深入比較,從學生家庭、學校及社會歸納因素可解釋學生數學成就量為 23%,並沒有一致的趨勢或類型可以解釋不同國家的影響因素。Husén(1978)對於開發中國家的師資培育與學生學習成就深入探究。Husén(1987)在 UNESCO 管轄的國際教育計畫單位(International Institute for Educational Planning)協助下,撰述《高等教育與社會階層:國際比較教育研究》(*Higher Education and Social Stratification: An International Comparative Study*),該書強調,開發中國家在傳統上以菁英教育的高等教育為主,阻礙了低社會階層者階層流動的機會,同時正規教育對於社會大眾扮演了社會階層流動角色。若以開發中國家的學生來說,低社會階層子女無法進入大學,因而無法在後來的職業及社會地位取得更好成就。Husén 更為有名的是與 Postlethwaite(Husén & Postlethwaite, 1985, 1994, 1999)編有《全球教育百科全書》(*The International Encyclopedia of Education*),內容除了包括各國教育發展及教育人類學之外,也提及宗教教育,這都提供研究各國教育參考之用。而 N. Postlethwaite 為德國漢堡大學比較教育學的教授,從 1962 年起就開始研究國際與國

家的學生學習成就表現，主要參與IEA的相關研究，2009年逝世，他在學習成
就調查表現及作品相當多，是重要代表人物之一。

伍、Wilson

　　美國的 D. N. Wilson（1938-2006）在 1996 年至 2001 年擔任世界比較教育
學會（World Council of Comparative Education Societies）主席，研究重點在於
技術職業教育與訓練（technical-vocational education and training, TVET），Wil-
son（1991）也對印尼與馬來西亞的職業教育做比較；Wilson（1994）並指出，
國際教育與比較教育是同卵雙生領域，後來成婚，並產出雜種後代（produced
a hybrid offspring），此後代的導向及活動明顯改變了雙親的領域（changed the
"parent" fields）。

陸、Noah 與 Eckstein

　　實證主義（positivism）與功能主義（functionalism）主張建立科學法則及
運用數據來解釋教育發展現象。Bereday（1964）與 Holmes（1981）強調以科
學方法來研究國際比較教育。Noah 與 Eckstein 以社會科學方法研究國際比較教
育更為明顯，他們認為比較教育是一個探究領域，宜運用實證研究來分析國際
教育現象。H. J. Noah（1925- ）為英國人，生於倫敦，1958 年移居美國，1964
年至 1987 年任教於哥倫比亞大學教師學系（Teachers College of Columbia Uni-
versity）。Noah 與 Eckstein（1969）合著《比較教育科學的探索》（*Towards a
Science of Comparative Education*）一書認為，比較教育研究的步驟為：確定問
題、提出假說、確認概念與指標、選擇要分析的國家（它可以從是否可以符應
假設的需要，若提出的假設沒有國家或樣本可以符應，就無法選擇納入哪些國
家、控制額外變項的需要，以及研究的經濟性）、蒐集數據、整理數據、說明
結果與應用。他們提出兩個假設，其中之一為「教育發展階段比經濟發展階段

高的國家，經濟成長高速」。所規定的教育指標為中小學就學率、教育經費占國民生產毛額比率、十五歲以上文盲人口比率。他們提出要以科學化方式研究國際比較教育，在 1960 年代受到重視，影響後來的國際比較教育研究。

柒、Lê Thành Khôi

　　Lê Thành Khôi（1923- ）是越南裔的法國學者。他認為，比較教育是研究領域，不是一門專業的學科（discipline），於 1981 年出版法文版的《比較教育》（*Comparee*），有三篇英文論文為比較教育、普遍的教育理論探討、泛文化比較中的概念問題進行分析。Lê Thành Khôi 認為比較教育是一個研究領域，而不是一門學科，因為學科由其目的、概念與方法所界定，比較教育雖有「教育事實的比較」做為其研究對象，但是它卻沒有獨特的研究方法，它使用的研究方法是與其他社會科學共有的「比較法」。由於「比較法」並非一門學科特有屬性，所以比較教育不是一門「學科」（方永泉，2002）。Lê Thành Khôi（1986）強調進行國際比較教育時應掌握瞭解比較教育的目的、具體的目標，並瞭解各國的行政及行政組織、掌握各國的社會結構、瞭解各國教學內容、掌握比較的方法及技術，並應認識教育中的行動者——兒童、青年及成年人，因為不同對象有其不同需求。他認為，分析單位可以包括國家內部（空間、種族或制度單位）、國家之間與超越國家，這和 Bray 與 Thomas（1995）提出多層次比較的教育研究（multi-level of comparison in educational studies）有些相近。他認為，國際比較教育特性在於描述、分類、評鑑及解釋教育發展現象。在比較教育研究方法上主張，不能運用單一方法來分析，相對地，要依不同研究目的，從數學及統計法、內容分析法、系統法及辯證法中，挑選適合於研究旨意的分析方法。在國際比較教育研究步驟上認為，先確認問題，接著提出問題或假設，再進行觀察，接續再驗證假設，最後再歸納教育發展現象的原則。他指出，影響教育制度形成的因素包括人民、民族集團和語言、自然環境、生產方式、理念和價值觀、社會政治結構、傑出人物與國際關係等，這與重視因素時

期的比較教育之論述又更為周延。最後，他認為應重新對比較教育予以界定，並對國際比較教育方法及研究過程重新檢視，如此才會對於國際比較教育概念有新的見解。

捌、Schriewer

德國的 J. Schriewer（1942-）1991 年擔任德國洪保德大學（Humboldt University）比較教育中心（Comparative Education Centre）主席與教授；1992 年至 1996 年為歐洲比較教育學會（Comparative Education Society in Europe, CESE）主席；1996 年至 2002 年為世界比較教育學會主席。他在國際比較教育貢獻多元，他認為比較教育是高度學術性、理論嚴謹性與歷史性學科，其主要研究領域包括：(1)教育的比較歷史研究（the comparative-historical study of education），強調教育是一門學科（academic discipline）；(2)強調教育與社會科學的比較探究之理論，較少分析方法論的處方，但是可以從科學史及知識社會學中獲得有利觀點。他主張比較是一種方法，也是心靈活動，與先前學者認為，比較教育是一門學科（discipline），或一個研究領域（field of study）截然不同。Schriewer（1990, 2000）認為，比較教育方法論的觀點與觀點之間，在互相引證、評論或互相反駁，期待在比較教育建立永續循環的方法論爭論。他指出，外在分析是對社會與歷史進行描述，又稱為自我反省理論。他提出了兩種比較形式：一是普遍心靈運作，將比較視為一種人類思維的認知過程；二是科學方法，運用社會科學方法進行探究，即分析社會文化差異、理論與模型的建構之可行性。其間透過社會中心觀、涉入、透視觀及超然等，把教育及科學的次級系統聯結起來。

玖、Epstein

美國的 E. H. Epstein（1939-）是芝加哥羅耀拉大學（Loyola University）文

化與教育政策研究所（Cultural and Educational Policy Studies）教授，也是芝加哥羅耀拉大學比較教育中心（Center for Comparative Education）主席。1962 年國際比較教育學會（CIES）會員，他對 CIES 做出多項貢獻，例如，1982 年至 1983 年為該學會主席（president），1988 年至 1998 年擔任《比較教育評論》（*Comparative Education Review*）總編輯，也擔任《教育與都會社會》（*Education and Urban Society*）及《國際教育改革》（*International Journal of Educational Reform*）委員。1980 年至 1983 年擔任世界比較教育學會主席（2012 年 5 月 5 日取自 http://cieclopedia.org/Entry.aspx?id＝137）。

　　Epstein 主要研究領域包括社會文化邊緣的學童對國家認同、教育在全球化及民主化的角色、比較教育的理論轉換與界限。他提出了教育的篩選效果理論（the filter-effect theory of education）來解釋學校教育對於學生對國家認同的影響。雖然他的主要研究區域在拉丁美洲，但是對於中國大陸及臺灣高等教育也發表相關文章。他提出與實證主義截然不同的文化相對論（cultural relativism）。1980 年代受到各國教育改革影響，比較教育研究領域朝向教育改革、改善教學、改善課程與教育制度著手。在此，不同國家需要的教育改革方案依各國文化、社會及經濟環境不同，而朝著各國教育制度，甚至學校及班級層級的研究論述。Epstein（1990）認為，實證主義者以既定統計模式，來檢定不同社會特有的教育現象，歸納出某些概念性原則（著重是什麼──「what」的研究），其結果常流於以偏概全；反之，文化相對論觀點重視：如何在特定的文化背景（context）下，思考特有教育問題，以找出不同文化中的教育特色，並考慮各種教育制度背後的文化差異及背景因素（著重為什麼──「why」的研究）（周祝瑛，2000）。Epstein（1983）為了說明比較教育的發展情形，討論了 1960 年代至 1970 年代的比較教育的不同研究取向，即 Foster 對 Carnoy，以及 Archer 對 King 的論點進行批判，同時也指出實證主義的一些缺失，並對於 Paulston 在比較教育所提出的平衡與衝突典範，認為有其不足，而提出了問題取向（problem approach）的比較教育。

拾、Altbach

　　美國的國際比較教育學者 P. G. Altbach（1941- ），自 1994 年至今為美國波士頓學院國際高等教育中心主任。Altbach（1982）指出，從歷史觀點來看，殖民者建立殖民地的教育制度，雖然這些殖民地在獨立之後，相關的教育體系也遺留下來，甚至擴展開來，因而在第三世界產生了對西方教育模式的依賴。在 Altbach 的論點中，核心國家為先前殖民統治他國者，而邊陲國家則為被殖民者。他也分析過邊陲國家大學的依賴情形與提出對傳統比較教育研究的挑戰。Altbach 長期關注國際間大學的發展，Altbach（1981, 1987, 1989, 1998）指出，世界各國的大學之中存有核心（center）與邊陲（periphery）關係，亞洲許多落後國家大學的建立以美國做為學習及依賴對象，因而這些邊陲的大學不斷依賴先進國家的教學、教科書，乃至於運用英語授課，明顯產生了依賴關係。Altbach 與 Kelly 也注意到學校環境因素，甚至班級微觀因素之探討，對於傳統以鉅觀分析各國教育現象有所不同。Altbach、Arnove 與 Kelly（1982）編有《比較教育》（*Comparative Education*），以及 Altbach 與 Kelly（1986）編著《新比較教育》（*New Approaches to Comparative Education*），其中《新比較教育》對傳統比較教育提出四項挑戰：對以國家或民族為主的比較教育研究提出質疑、對傳統上以投入及產出模式為主的比較教育研究產生疑問、對結構功能主義為主的研究提出質疑、對新的議題賦予更多關注，例如女性議題、知識傳播、生產與使用等都對於國際比較教育研究有較大的影響作用。

拾壹、Psacharopoulos

　　Psacharopoulos（1937- ）生於希臘雅典，他熱衷於研究教育與經濟發展的研究，因而不少研究是從人力資本、教育經濟學觀點分析國際比較教育的重要議題。《教育經濟學評論》（*Economics of Education Review*）邀請 Jimenez 與

Patrinos（2003）專文介紹他對於教育經濟學及開發中國家研究貢獻，文中指出 Psacharopoulos 以宏觀角度探討各國教育收益率、職業教育與技術教育的人力計畫模式、分析教育可接受性與所得分配、研究公私立部門在教育財政的角色、分析拉丁美洲國家的所得分配與貧窮，以及兩性教育量的差異問題。在國際比較教育研究早有質化與量化取向爭論，除了 Noah 與 Eckstein（1969）極力追求國際比較教育邁向科學化之外，Psacharopoulos 期待國際比較教育研究應以實證研究結果發現，提供給各國政府做為教育改革與政策執行參考。然而 Psacharopoulos 對於國際比較教育研究取向深不以為然，Psacharopoulos（1990）為文不客氣指出《比較教育評論》（*Comparative Education Review*）與《比較教育》（*Comparative Education*）刊載文章太過於描述性及浮誇，批判兩本期刊所刊載的文章長期對單一國家教育制度提供質化描述，很少運用研究假設來檢定國際教育現象，所以少有國際比較教育研究結果可以提供各國教育政策與計畫者進行決策參考。其文章最後深切指出，比較教育應經由概念化、方法設計、統計抽樣、嚴謹的資料分析及統計檢定來進行，如此更能符合比較教育提供教育計畫與政策決定的實務價值。

就如 Psacharopoulos（1982）在《比較教育評論》對八十三個國家（其中有十八個已開發、五十八個開發中國家、七個石油輸出國家）的高等教育規模及教育收益分析發現：(1)已開發國家、開發中國家及石油輸出國家的大學每生成本各為 3,449 美元、1,138 美元及 4,647 美元，然而若將國民所得平減之後，開發中國家的每生成本是已開發國家的七倍，這說明了已開發國家受到高等教育擴充的影響，因而使其每生教育經費支出下降；同時對十六個國家的高等教育收益及實質資本（physical capital）收益進行估計發現，開發中國家的高等教育收益都高於實質資本收益，而已開發國家則不一定，其中開發中國家及已開發中國家高等教育平均收益各為 14.9% 及 9.3%，而實質資本平均收益各為 12.8% 及 10.5%；開發中國家高等教育的農業、工程、自然科學、醫學、社會科學、人文、經濟、藝術及法律的平均教育收益各為 8.0%、15.2%、14.2%、12.2%、-、14.0%、15.0%、-、16.2%，而已開發國家各為 2.2%、7.5%、

9.4%、8.2%、13.0%、-、10.3%、8.9% 與 10.5%，上述看來開發中國家大致是高於已開發國家，證明開發中國家在高等教育更值得投資。

拾貳、Bray

M. Bray（1952-）為英國的國際比較教育學者，他在 1995 年提出了多層次比較的教育研究，為比較教育學界所關注，其相關的內容見第九章；而其研究的重點領域包括了小國家的教育（education in small states）、教育的社區財政（community financing of education）、政治轉移（political transition）、私人所提供的輔助教學的影子教育（shadow education）。Bray、Adamson 與 Mason（2007）編有《比較教育研究：取向與方法》（*Comparative Education Research: Approaches and Methods*）一書，這本書共有三個部分，第一部分為引言，說明比較教育的人員及目的、質化與量化取向的比較教育、在比較教育研究的場域經驗。第二部分為比較單位，區分為比較的地點、系統（制度）的比較、時間的比較、文化的比較、價值的比較、教育成就的比較、政策的比較、課程的比較、教育組織的比較、教學創新的比較。第三部分為結論，包括學術的探究與比較教育的領域、不同方法、不同探究與不同觀點。該書特點在於突破過去僅以國別為對象做比較，深入說明比較教育研究方法的內容及特性，但沒有強調實證取向。

拾參、其他

除了上述之外，近年來國際上在國際比較教育研究有特殊貢獻者，如捷克的 W. Mitter（1927-）在比較教育研究取向是集中於後中等教育及師資培育（upper secondary and teacher education initial and in-service），而近年來的研究則在全球化、區域化及多元文化的教育議題，尤其對於前蘇聯的教育制度，以及中歐國家在國家轉型下的教育有深入的描繪（Mitter, 2003, 2004）。德國的

N. Luhmenn 提出以系統理論觀點分析比較教育認為,系統是研究比較教育的重要方式,應以外在環境來看系統(楊思偉,1996)。印度的 R. F. Arnove(1980)強調從世界系統觀點(world-systems perspective)研究國家教育制度,並對於國家的素養方案及歷史深入研究(見第五章)。英國的 J. A. Lauwerys(1959)強調以哲學取向的觀點來研究比較教育。英國的 M. Crossley(1950-)對於小國家的教育發展研究特別重視(Crossley, Bray, Packer, Colin, Martin, & Atchoarena, 2010),同時也對比較教育在新世紀的新發展方向提出批判(Crossley, 1999)。澳洲的 P. Jones(1949-)長期關注國際組織發展(如 World Bank、OECD、UN、UNESCO)及國際組織提出的教育政策與研究發展(Jones, 2005)。英國的 K. King(1940-)長期關注非洲國家的教育發展(King, 1989),研究國際組織對於開發中國家或低度開發國家的援助(King, 1991)。美國的 H. M. Levin(1938-)在比較教育的研究包括教育經濟學、教育的成本效益、教育券、公平與教育;Levin 對於工業化國家的教育演變有深入的分析(Levin, 2001),共出版二十本書及三百多篇論文。美國的 P. K. Kubow(1967-)在國際比較教育焦點集中於公民教育、本土知識系統(indigenous knowledge systems)、師資培育、跨文化教育學及教育政策;Kubow 與 Fossum(2007)著有《比較教育:國際脈絡下探索議題》(*Comparative Education: Exploring Issues in International Context*)(2012 年 5 月 5 日取自 http://cieclopedia. org/Entry.aspx?id＝137)。

總之,近代國際比較教育學者對於國際比較教育提出不同思考方向,尤其有學者提出以實證觀點進行國際比較教育,進行科學化的研究,以建立國際比較教育知識,其中 Noah 與 Eckstein 就是一個典型。然而對於邁向科學化的比較教育亦有文化相對論的爭論。Psacharopoulos 認為,國際比較教育應重視各國教育政策及計畫者的需求,國際比較教育應以實證觀點,運用客觀及嚴謹的統計技術分析國際教育現象,以做為教育決策的參考。

第二節 學會與專業期刊

國際比較教育研究除了上述學者及國際組織做出努力之外，更有許多專業學會與期刊對於國際比較教育做出貢獻。說明如下。

壹、國際上主要的學會

國際之間有許多比較教育學會，說明如下。

一、國際比較教育學會

1959 年美國成立的國際比較教育學會（Comparative and International Education Society, CIES）原名為北美比較教育學會（North American Comparative Education Society），成立於 1956 年，它從教育理念、制度及實務的國際教育研究，加速跨文化理解、促進學術研究及社會發展。學會會員超過來自全球 2,000 位的學者、實務人員及學生。他們的專業跨學科興趣及以專業為基礎，如歷史學者、社會學者、經濟學者、心理學者、俗民誌學者及教育學者。此學會包括近 1,000 位來自於學術性圖書館及國際組織機構人員。學會宗旨在對教育理論、政策及實務之理解，增加跨文化及跨國之間的認識，最終目的在影響個人及社會福祉。

過去近四十年來，此學會活動強化國際比較教育研究的理論，增加對開發中國家及跨文化情境的政策執行。學會成員對全球的理解及教育公共議題關注已有增加，並對國內及國際教育政策辯論不少。此學會與其他國際比較教育組織以合作方式，提昇其研究領域及達成學會目標。學會主要溝通方式及活動如下：(1)每年 2 月、5 月、8 月、11 月刊行《比較教育評論》（*Comparative Education Review*）；(2)每年 1 月、5 月、9 月刊行國際比較教育的通訊報導（CIES

Newsletter）給會員；(3)設立國際比較教育網站（CIES Website）提供討論及對話機制；(4)每年 11 月召開國際比較教育學會年會（CIES Annual Conference）；(5)成立專業委員會（Standing and Committees）強化對跨文化及政策的對話機會。

二、歐洲比較教育學會

歐洲比較教育學會（CESE）1961 年成立於英國倫敦。CESE 接受世界比較教育學會（WCCES）經費補助。1972 年起 WCCES 加入 UNESCO，成為一個非政府組織（non-governmental organization）持續運作。歐洲比較教育學會是一個國際非營利的科學與教育性組織。早期比較研究主要關心產業化國家，近年來已有很多的研究關心到國際領域（Rust, Soumare, Pescador, & Shibuya, 1999）。此學會鼓勵學者從事比較教育與國際研究，其重要目標如下：(1)提昇及改善高等教育學習機構的比較教育教學；(2)刺激研究；(3)協助出版及分配比較教育研究；(4)提高其他學科的教授及教師在比較與國際教育研究興趣；(5)鼓勵教育學者對全球教育機構及制度的訪問；(6)在較為廣泛的文化環境下，鼓勵教育學者與其他學科學者合作對教育發展的解釋；(7)召開相關會議及討論；(8)與其他比較教育學會合作（2012 年 3 月 15 日取自 http://www.cese-europe.org/history.htm）。

三、英國國際比較教育學會

英國國際比較教育學會（British Association for International and Comparative Education, BAICE）於 1997 年成立，其目的在提昇國際與比較教育中的教學、研究、政策及發展面向。它接受世界比較教育學會（World Council of Comparative Education Societies）經費補助，BAICE 強調不管人員來自的國籍或機構，均開放讓所有有興趣於國際與比較教育者參與。BAICE 的目標之一也在鼓勵國際與比較教育學會的成長，透過下列方式來達成：提昇教學及跨學科研究（cross-disciplinary research）、協助研究出版、建立與其他專業學門及組織之

網絡、支持學生、組織會議及進行會議交流、提供資源給政策決定者。BAICE
之任務在提昇英國國際教育與訓練論壇（United Kingdom Forum on International
Education and Training, UKFIET）、世界比較教育學會（WCCES），以及學習
者的社會科學學會（Academy of Learned Societies for the Social Sciences, AL-
SISS）為目標。BAICE 也刊行《比較》（*Compare*）的專業期刊，每年召開一
系列的學術研討會。此研討會提供學生機會表現與討論研究，BAICE 每年一次
年會討論發展方向。早期，它與劍橋國際教育與發展學術研討（Oxford Inter-
national Conference on Education and Development）合作。BAICE 在 1997 年 9
月成立，其結合英國海外教育教師及研究者學會（British Association of Teachers
and Researchers in Overseas Education, BATROE）與英國比較與國際教育學會
（British Comparative and International Education Society, BCIES）。目前 BAICE
已有不少的國際會員，並與國際與比較教育建立良好活動，這些努力都持續在
進行著。

四、其他國際比較教育學會

除了上述國際的學會之外，國際上還有不少學會，例如，紐澳國際比較教
育學會（Australia and New Zealand Comparative and International Education So-
ciety），1964 年成立的日本比較教育學會（Japan Comparative Education So-
ciety）、1968 年成立的韓國比較教育學會（Korean Comparative Education So-
ciety）、1974 年成立的中華民國比較教育學會（Chinese Comparative Education
Society）、1979 年成立的印度比較教育學會（Comparative Education Society of
India）、1979 年成立的中國大陸比較教育學會（China Comparative Education
Society）、1990 年成立的香港國際比較教育學會（Hong Kong Comparative and
International Education Society）、1995 年成立的亞洲比較教育學會（Compara-
tive Education Society of Asia）等，對於國際比較教育的學術研究與發展做出貢
獻。

總之，國際比較教育為一個專業學術領域，有其研究對象，以及專業學會

對於國際社會提出貢獻，可見國際比較教育是一個專業的學術領域。

貳、國際專業的學術期刊

國際比較教育的重要專業期刊如下。

首先，《比較教育評論》（*Comparative Education Review*）是國際比較教育學會（Comparative and International Education Society）發行的期刊之一。它在教育研究之範圍包括全球各國，以及社會、經濟及政治與教育有關者均在其中。發刊於 1957 年，旨在提昇知識及比較教育教學。《比較教育評論》自發行以來所刊載的文章皆獲得各界肯定。

其次，《當代比較教育》（*Current Issues in Comparative Education*, CICE）是一份國際教育研究期刊，電腦上網就可以投稿，該期刊融入多元的學術觀點，讓不同參與者及學生都有發表機會。CICE 分享了美國最早的比較教育方案，即教師學院的國際比較教育方案（Teachers College Comparative and International Education Program），它發刊於 1898 年。後來於 1997 年 3 月由一群哥倫比亞大學教育學院國際與跨文化研究學系（Department of International and Trans-cultural Studies）的博士生改組發行。CICE 提供一個平臺供討論當代全球教育事務，鼓勵教授、研究者、學生、政策決定者及相關人員參與及貢獻文章。該期刊探討多面向的比較教育研究與對全球變遷論述，提供給有興趣於政治學、經濟市場及社會影響教育的研究者。

第三，《比較教育》（*Comparative Education*）是一本國際同儕相互評審的期刊，於 1964 年發行。它對於國家、國際及全球脈絡的教育議題已有很多貢獻。該期刊涵蓋了比較教育的理論、概念與方法論之討論。它出版了嚴謹的教育現象分析、政策及發展，而這些都可提供給學者、政策決定者與參與者參考。

第四，《歐洲教育期刊》（*European Journal of Education*）。它以歐洲為焦點，並以國際觀點來檢視、比較與評估歐洲國家的教育政策、趨勢、改革及方案。其目標為：(1)傳達政策辯論及研究成果給更多學術研究者、參與者及教

育科學的學生瞭解；(2)以國家及歐洲層次，來提供歐洲教育行政人員及在國際組織、國家及地方政府的政策決策者運用比較的及較新的資料，對特定議題貢獻政策辯論。每期有兩類型文章，每類各有五至八篇文章。

第五，《歐洲教育》（*European Education*）發行於 1969 年，每季出版一刊，是一份由國際學術同儕相互評論的期刊，致力於原創性的探究及提供與歐洲議會（Council of Europe）會員國教育方面的對話機會。收錄文章涵蓋研究者與機關對於歐洲教育的全球化論述，鼓勵實證研究及理論性文章，並以跨學科觀點（interdisciplinary perspectives）對於政治、經濟與社會的教育批判及檢討。服務於美國芝加哥大學，擔任過《比較教育評論》主編的 E. H. Epstein 指出，比較教育強調學習他人的經驗，而歐洲提供世界上好的教育模式給他人借取經驗，《歐洲教育》提供此歷程與擔任起批判角色。此外，曾擔任世界比較教育學會（WCCES）主席的 W. Mitter 指出，他已經觀察這本期刊超過三十年，它扮演提供美洲及歐洲國家教育學者對話的夥伴，尤其它呈現出歐洲教育重要事件及發展趨勢給美洲國家教育學會。這在全球化與國際化年代相當重要。

第六，《國際教育發展期刊》（*International Journal of Educational Development*）發行於 1979 年，是一份批判與討論教育在發展之角色的期刊，其收錄文章以開發中國家議題研究為主。它在找尋發展新的理論觀點來解釋教育—發展之關係，以及期待在多元環境下找尋教育變遷的新詮釋。它強調地方性、國家、區域性及全球化脈絡及動態性，來形塑教育與發展的關係。正統上的發展觀念以經濟成長為主，然而工業化或掃除貧窮逐漸受到質疑。在人類的發展面向有很多解釋方式。教育常被期待成為提高競爭力及生產力，縮減不平等、貧窮及疾病，解決衝突及危機，以及提昇人類能力（capability）與達到社會正義的媒介。為了瞭解各國之間的差異性，重視地區性的價值與文化，《國際教育發展期刊》關心的議題相當廣泛，研究的國家包括中低所得國家，從這些國家脈絡來瞭解教育與發展之關係，或從已開發國家來瞭解教育在政策及實務上扮演的角色。該期刊期待來自所有觀點的文章，尤其是來自低度及中度所得國家學者的見解。

第七，《國際教育評論》（*International Review of Education*）發行於 1955 年，它是國際上最早探討比較教育理論及正規與非正規教育實務的刊物。它提供教育創新研究與趨勢的學術資訊給全球的師培單位、教育政策與計畫機構，以及其他專業讀者需求。該刊目前積極發展，期待有更廣泛的學術觀點。主要編輯群由德國漢堡的聯合國教科文組織教育研究所（UNESCO Institute for Education）的國際編輯委員會及評審者專業把關；每期包括一般議題文章、教育主題文章與書評，也邀請傑出學者對於特殊議題以專刊方式出版。

此外，國際上還不少研究期刊，例如：*Research in Comparative and International Education*（發行於 2006 年）、*Compare: A Journal of Comparative and International Education*（簡稱 *Compare*，發行於 1970 年）、*Cambridge Journal of Education*、*Canadian and International Education*（由 CIESC 出版）、*Education Compare*（由法國的 AFEC 出版）、*International Journal of Educational Sciences*、*New Zealand Journal of Educational Studies*、*Oxford Studies in Comparative Education*（1990 年發行於英國）、*Prospects*、*Scandinavian Journal of Educational Research* 等期刊。這些國際比較教育專業期刊刊載國際比較教育研究的文章，有益於國際比較教育研究的傳播及知識的建立。

總之，國際比較教育為一個專業學術領域，因為有其研究對象，以及專業的學術學會對於國際社會提出貢獻，更重要的是，國際比較教育已有許多專屬專業學術期刊在國際上傳達各界學者研究的重要發現，可見國際比較教育是一個專業的學術領域。

參、國際大型資料庫建置

一、IEA 努力建置資料庫

國際比較教育研究需要研究資料才可以執行。要取得研究資料可以由國際比較教育研究者自行設計研究工具，依據研究者需要進行調查，然而這種研究

工具的信度、效度及計分方式，甚至要進行跨文化比較容易受到質疑。IEA 為了大規模對各國學生、教師、學校經營及教育發展進行瞭解，陸續建置了國際大型資料庫。IEA 在 1959 年至 1967 年就舉辦第一次國際數學教育成就調查（Walker,1976）。1980 年至 1989 年再進行第二次國際數學及科學成就調查（Postlethwaite & Wiley, 1992）。自 1990 年開始推動 TIMSS 四年一次的國際教育成就調查，由四十餘國增加到五十國與地區參加，調查樣本包括學生、老師、校長，蒐集資料為學生個人及家庭資料、學校資料，以及數學與科學學業成就。IEA 建置了許多資料庫提供可以操作、具體客觀、可以重複研究的資料。然而，這些資料庫應思考幾項問題（Phillips & Schweisfurth, 2007）：(1)為何我們需要有學生學習成就研究？(2)其目標何在？(3)哪些科目必須要涵蓋？(4)如何讓受測樣本具可比較性？(5)這些資料蒐集有哪些問題？(6)如何運用這些資料來分析？(7)這些資料是如何組成？上述的第一項問題也凸顯出國際大型資料庫的建置都以學業成就為導向，較少以學生生活、適應、學習風格或公民素養為取向。

當然，大規模教育成就測驗之研究，是在重視教育品質與學生素質在國際之表現（Mullis, Martin, & Foy, 2008）。IEA 透過定期且持續性的學生學習成果調查，提供各國檢視其教育成果的客觀依據。很多國家以此來衡量本國與他國在教學、課程、學生學習與學習成就之差異，與他國教育政策比較，以檢討本國學生學習成果之差異與學校教育之表現（Bos, Kuiper, & Plomp, 2001）。這些調查讓許多國家的課程與教學，甚至許多國家的學校經營進行不少變革（Mullis, Martin, Gonzalez, & Chrostowski, 2004; Wilkins, Zembylas, & Travers, 2002）。這也是需要大型資料庫建置的主因之一。

二、TIMSS

為了瞭解跨國際學生數學、科學成就與各國相關資料，TIMSS 調查蒐集學生、教師、學校問卷資料，以瞭解各國教育發展。1995 年 TIMSS 蒐集的主題資料包括教學策略、教師活動、學校特徵與資源、父母期望等，約有數百項和數學與科學有關的資料，1999 年、2003 年、2007 年與 2011 年也多是以這些變

項為主。它蒐集各國家課程資料，暸解各國課程差異及對學習成就的可能影響因素。TIMSS的課程模式著重於學生應學習內涵、實際教學歷程中教師教學內容、教學方式，與學生對該科目學習成果與學習態度。TIMSS設計的一系列問卷乃有關於數學、科學課程結構與內涵；教師準備工作、教學經驗、方法與態度、實際教學狀況等；以及學生的經驗與態度；而數學成就包括了數、代數、測量、幾何與資料（Mullis, Martin, Gonzalez, & Chrostowski, 2004, pp. 104-105）。

為了讓國際調查順利執行，TIMSS設立許多分工單位包括：(1)IEA的秘書處（Secretariat）統籌相關業務；(2)美國波士頓學院的TIMSS與PIRLS國際研究中心（TIMSS & PIRLS International Study Center at Boston College），其中促進國際閱讀素養研究（Progress in International Reading Literacy Study, PIRLS）在進行各國小學生閱讀理解調查；(3)IEA 資料處理中心（IEA Data Processing Center）；(4)加拿大統計局（Statistics Canada）；(5)教育測驗服務中心（Educational Testing Service）提供給各國相關資訊服務；(6)方案管理團體（Project Management Team）負責資料管理；(7)2003 年 TIMSS 特定的專業輔導人員（Special Consultants）；(8)國際專家團隊（International Expert Panel）提供測驗諮詢機制；(9)數學及科學題目發展團隊（Mathematics and Science Item Development Task Force）研發數學及科學題目；(10)數學及科學題目檢視團隊（Mathematics and Science Item Review Committee）在測試題目的可用性；(11)問卷檢討委員會（Questionnaire Item Review Committee）；(12)各國聯絡人（National Research Coordinators）（Martin, Mullis, & Foy 2008）。有這些團隊使得 TIMSS 調查順利執行。

Mullis、Martin、Gonzalez 與 Chrostowski（2004, pp. 104-105）對於 TIMSS 2003 年的各國八年級學生的表現整理如下：(1)整體的數學成就及各領域的國際平均都是 467 分，新加坡（618）、香港（586）、臺灣（585）及南韓（586）為前四名；(2)整體數學成績的變異差距超過 60 分的包括黎巴嫩、挪威、沙烏地阿拉伯、瑞典、美國的印地安那州，這代表學生的表現差異非常大，而賽普勒斯的差異是最小；(3)有二十二個國家女生的代數成績高於男生，男生在代數

方面僅有三個國家高於女生；測量領域方面，為十三個國家的男生高於女生，而僅有兩個國家女生高於男生；數、幾何與資料則沒有性別的差異；(4)若以2003年與1999年相比，所有參與國家在整體數學成就沒有明顯改善，然而以色列在五個領域都明顯提高（達統計顯著水準）、立陶宛有三個領域改善；(5)家庭學習環境較好的學生，傾向有較高的數學成就，平均家長教育程度在大學以上的學生之數學成績為503分，而家長僅有小學或小學沒畢業組僅有410分，相差了93分；若學生測試成就運用的語文，與學生在家中使用的不同，通常數學成就表現比較低，統計顯示，學生在家使用的語言與測驗所使用的語言相同情形，在各國平均值僅21%；僅有15%的八年級生家中藏書數在200本以上，藏書量在200本以上組的學生數學成就平均為498分，而在10本下者僅有429分；家中有書桌占83%；(6)學生使用電腦情形與數學成就有正向顯著關聯，在家及在校使用者為485分、在家（在校沒使用）者為470分、在校（在家沒使用）者為441分；臺灣、香港、澳洲、英格蘭及印度學生使用電腦率在80%以上；(7)學生回家作業較多，傾向有較高的數學成就，在參與國家中羅馬尼亞、義大利及俄羅斯50%以上的學生有較多回家作業，而蘇格蘭、日本、瑞典及英格蘭則少於10%；(8)在學生數學自信方面，數學自信心愈高，數學成就愈高，國際平均方面，40%的學生認為有高度的學習數學自信，很特別的是，臺灣、香港、日本及南韓的數學成就很高，但是學生的數學學習自信心較低；(9)就數學的價值性來說，學生認為數學有價值，傾向於數學成就較高，在1995年、1999年及2003年全球平均認為有數學價值為17%、25%及29%，2003年明顯高於1995年及1999年的國家包括了澳洲、比利時、智利、匈牙利、伊朗、日本、約旦、南韓、立陶宛、馬其頓、紐西蘭、俄羅斯、新加坡、斯洛伐克、突尼西亞、美國、加拿大的魁北克及安大略省。

　　國際上以TIMSS資料庫所進行的研究不少。Yoshino（2012）運用TIMSS2007年的資料比較日本及美國的八年級學生，與數學有關的自我概念（self-concepts）及數學成就的關聯性，同時包括自我概念與其他的變項的比較，如母親教育程度、父親教育程度，以及學生家庭中的藏書量分析發現，美國及日本學

生與數學有關的自我概念和數學成就有正向顯著影響,但是日本學生比起美國學生有較高的數學成就,但是卻有較低的自我概念;兩國的雙親教育程度與家中藏書量都對於數學成就有正向顯著影響,若檢視迴歸係數發現,與數學有關的自我概念,美國學生沒有比日本學生的關聯程度高;此外美國白人數學成就顯著高於其他族群;同時,若將兩個國家合併之後,美國數學成就明顯低於日本,國籍別與數學自我概念交叉項會正向影響數學成就,代表日本學生的自我概念對數學成就的影響力明顯高於美國學生的自我概念。Papanastasiou 與 Zembylas(2002)運用 TIMSS 的學生資料分析影響科學成就的因素,研究中以結構方程式模型(Structural Equation Modeling, SEM)檢定學生對於科學重要性的認知、學生的科學態度、先前科學能力對科學成就的影響發現,上述三個變項都對於科學成就有影響,其中以科學態度對於科學成就的影響力最大($\gamma =$ .60)。

三、PISA

自 2000 年起由 OECD 委託的 PISA,旨在提供一項政策導向的國際指標,評估各國十五歲年齡層學生在知識(knowledge)與技能(skills)的學習。PISA 執行三年一期的評量工作,旨在評量三種主要學習素養能力:閱讀(reading)、數學(mathematics)與科學(science)。閱讀素養在瞭解學生能否從眾多不同題材與資訊中,展現其廣泛的理解與解釋所閱讀材料,以及反思其內涵與屬性涵義的能力,其目的在發展學生知識及瞭解學生的潛能,以鼓勵學生未來參與社會及適應社會生活。數學素養包括學生能否表現出標準的數學運算能力、數學思考與推理能力,和瞭解廣泛數學內涵與應用能力;科學素養包括學生能否利用關鍵的科學概念來幫助瞭解自然世界,做成決策能力,其中包括辨認科學問題、使用證據、歸納科學結論,並溝通這些結論的能力,舉凡與學生目前和未來生活會使用的相關科學概念都會列入評量內容。PISA 是測量學生在生活中的知識及技能,而不是以課程為焦點;受試學生是從學校中隨機選取並非立意取樣。PISA 的資料不在證明學生學習表現與相關學習投入的因果關係,

亦無法提供給受試學校教學及課程改進參考。

　　然而，PISA 的設計在提供學校、社區及國家有機會可以瞭解他們發展的優勢及弱點，相關的發現可以提供國家當局決策參考。它也在瞭解社會、文化、經濟及教育因素與學生學習表現之關聯性。OECD（2009, pp. 23-25）分析指出，PISA 2000 年、2003 年、2006 年與 2009 年資料發現幾項重點趨勢：(1)在 OECD 國家之間，學生學習表現在跨國之差異僅有 10% 至 15% 解釋量；(2)在某一學習表現領域較好的國家，傾向在其他領域也表現比較好；(3)學生表現比較好的國家，政府傾向於給予學校更多自主性，如教科書使用與課程設計，學校可以自主規劃預算及分配使用；(4)OECD 國家的校際間差異有 30% 的解釋量可以解釋學生表現，但北部歐洲國家的校際間之差異解釋量低於 20%，尤其在比利時、德國、奧地利的校際間之差異解釋量超過 50% 以上；(5)學校的社會引入口（social intake）──即學生社會背景，強烈地與學生表現有密切關聯。整體平均來說，學生若具有利的社會引入口，比起社會不利的引入口的學生之學習表現還要好；(6)受補助的私立學校學生及其學校，學生表現較好，然而若控制學生社經地位及學校平均的學生社經地位之後，公私立學校學生表現沒有明顯不同；(7)學校資源與學生表現僅有中度正相關，它反映出學校資源及學生社經地位對學習表現有交互作用關係，例如社經地位較好的學生傾向就讀於學校資源較多的學校，因而其學習表現較好；(8)學校若將所有科目能力分組（ability grouping），傾向有部分的負面效應；(9)師生經營的學校氣氛愈好，對於學習表現愈有正面效應。整體來說，學生社經地位對學習表現是最重要因素，解釋影響學習表現約有 20% 變異量，同時學生在學校投入程度愈高，尤其在某一個素養表現，會有正向顯著關聯；最後，學生學習態度、學習策略與學習表現有顯著正向關聯。

四、PIRLS

　　IEA 也對各國進行「促進國際閱讀素養研究」（PIRLS），聚焦於國小教育後期（國小四年級）之閱讀成就。PIRLS 對學生在閱讀過程進行各項理解評

估，包括直接理解與詮釋理解的閱讀理解歷程，測驗架構由兩種閱讀理解歷程構成。直接理解歷程包含評估和直接推論，目的在瞭解學生對於文章的理解情形；詮釋理解歷程則包含檢視與評價學生，作用在於讓學生考慮文章文句、結構，甚至作者目的，結合自己觀點加以整合歸納；因此，詮釋理解、整合概念與直接理解歷程獲得細節及訊息之能力相關，是重要閱讀層次（Martin, Kennedy, & Foy, 2007）。

Kennedy、Mullis、Martin 與 Trong（2007, pp. 9-19）統計 2006 年的四十個參與國家資料發現：(1)各國教學語言與學生參與此次的測試語文趨於一致，特別的是，西班牙有五種官方語言及教學語言，南非有十一種官方語言，所以就以十一種語文測試，西班牙也運用五種語文測試；(2)國定課程方面，比利時在兩個參與測試區域都沒有國家統一課程；德國、美國、喬治亞與波蘭為地方政府，如州及地區自行設定課程，而有二十二個國家是在 2000 年提出國定課程，有十個國家近年才提出來；(3)參與國家的小學每週教學在二十至二十五小時，這些時間有 16% 至 50% 運用在語言教學；(4)二十三個國家的教師需要完成教師試用期才可以擔任國小教師，也有十一個國家需要教育實習之後，才可以擔任正式教師，同時二十六個國家及省的國小教師教育程度為大學或學院，可見參與國家的國小教師需要一定程度。

五、TEPS 與 TASA

除了國際資料庫之外，臺灣也積極努力建置大型資料庫。其中臺灣教育長期追蹤資料庫（Taiwan Education Panel Survey, TEPS）由中央研究院、教育部和國科會共同資助，中央研究院社會學研究所和歐美研究共同負責規劃與執行全國性長期資料庫調查，它針對國中、高中與五專樣本施測，蒐集學生的綜合分析能力測驗，測驗內容用多種題材去評量學生綜合分析能力，測驗題材包括一般推理、科學、數學、語文。而臺灣學生學習成就評量資料庫（Taiwan Assessment of Student Achievement, TASA）為國家教育研究院主辦，建置學科包含國語、英語、數學、自然、社會等，以小四、國二及高中職二年級為樣本進

行調查追蹤，透過評量來瞭解學生在各學習領域表現，評鑑學生學習狀況。

此外，UNESCO 也建立了拉丁美洲國家初等教育資料庫（Laboratorio Latinoamericano de Evaluación de la Calidad de la Educación），非洲也建立了南非洲國家管制教育品質資料庫（Southern Africa Consortium for Monitoring Educational Quality）（Carnoy, 2006）。

總之，國際上的學生數學成就表現之研究受到重視，國際比較教育研究不能置身事外，更應從參與這項調查資料，來掌握究竟哪些因素影響學生學習成就，找出重要原因，以提供改善學生學習成果、提昇教師教學效能與課程改進參考。因此，國際大型資料庫的建立，提供國際比較教育研究素材，一方面可以讓各國以這些資料來做為課程、教學或教育改革的參考，另一方面也可以做為跨國研究的資料依據，並做為找尋國際教育發展規律的參考。

參考文獻

中文部分

方永泉（2002）。**當代思潮與比較教育研究**。臺北市：師大書苑。

周祝瑛（2000）。**他山之石：比較教育專題研究**。臺北市：文景。

楊思偉（1996）。**當代比較教育研究趨勢**。臺北市：師大書苑。

英文部分

Altbach, P. G. (1981). The university as center and periphery. *Teachers College Record, 82*(4), 601-621.

Altbach, P. G. (1982). Servitude of the mind? Education, dependency, and neocolonialism. In P. G. Altbach, R. F. Arnove & G. P. Kelly (Eds.), *Comparative education* (pp. 469-484). New York, NY: Macmillian.

Altbach, P. G. (1987). *The knowledge context: Comparative perspectives on the distribution of knowledge*. New York, NY: State University of New York Press.

Altbach, P. G. (1989). Twisted roots: The western impact on Asian higher education. In P. G. Altbach & V. Selvaratnam (Eds.), *From dependence to autonomy: The development of Asian universities* (pp. 1-21). Dordrecht: Kluwer Academic Publishers.

Altbach, P. G. (1998). *Comparative higher education: Knowledge, the university, and development*. Greenwich, CT: Alblex.

Altbach, P. G., Arnove, R. F., & Kelly, G. P. (Eds.) (1982). *Comparative education*. New York, NY: Macmillian.

Altbach, P. G., & Kelly, G. P. (Eds.) (1986). *New approaches to comparative education*. Chicago, IL: The University of Chicago Press.

Anderson, C. A. (1954). Economic status differentials in the south. *Rural Sociology, 19*, 50-67.

Anderson, C. A. (1956). The social status of university students in relation to type of economy. *Transactions of the Third World Congress of Sociology, V*, 51-63.

Anderson, C. A. (1959). The utility of social typologies in comparative education. *Comparative Education Review, 3*, 20-22.

Anderson, C. A. (1961a). A skeptical note on education and mobility. *American Journal of Sociology, 66*(1), 560-570.

Anderson, C. A. (1961b). Methodology of comparative education. *International Review of Education, 7,* 1-23.

Anderson, C. A. (1967). The international comparative study of achievement in mathematics. *Comparative Education Review, 11,* 182-196.

Anderson, C. A. (1968). Technical and vocational education in the new nations. In A. Kazamias & E. H. Epstein (Eds.) *Schools in transition: Essays in comparative education* (pp. 174-189). Needham Heights, MA: Allyn & Bacon.

Anderson, C. A. (1977). Comparative education over a quarter century: Maturity and challenges. *Comparative Education Review, 21,* 405-416.

Anderson, C. A., & Bowman, M. J. (Eds.) (1965). *Education and economic development.* Chicago, IL: Aldine.

Arnove, R. F. (1980). Comparative education and world-systems analysis. *Comparative Education Review, 24*(1), 47-62.

Beauchamp, E. R., & Paulston, R. G. (1996). *Social cartography: Mapping ways of seeing social and educational change.* Levittown, NY: Taylor & Francis.

Bereday, G. Z. F. (1964). *Comparative method in education.* New York, NY: Holt, Rinehart and Winston.

Bos, K., Kuiper, W., & Plomp, T. (2001). TIMSS results of Dutch grade 8 students on international perspective: Performance assessment and written test. *Studies in Educational Evaluation, 25,* 123-135.

Bray, M., & Thomas, R. M. (1995). Level of comparison in educational studies: Different insights from different literatures and the value of multilevel analyses. *Harvard Educational Review, 65*(3), 472-489.

Bray, M., Adamson, B., & Mason, M. (Eds.) (2007). *Comparative education research: Approaches and methods.* Hong Kong, China: Comparative Education Research Centre, The University of Hong Kong, and Dordrecht.

Brickman, W. W. (1960). A historical introduction to comparative education. *Comparative Education Review, 3*(3), 6-13.

Brickman, W. W. (1961). The meeting of east and west in educational history. *Comparative Education Review, 5*(2), 82-89.

Brickman, W. W. (1964). *Educational systems in the United States.* New York, NY: Center for Applied Research in Education.

Brickman, W. W. (1966a). Prehistory of comparative education to the end of the eighteenth century. *Comparative Education Review, 10*(1), 30-47.

Brickman, W. W. (1966b). Ten years of the comparative education society. *Comparative Education Review, 10*(1), 4-15.

Brickman, W. W. (1973). *Comparative education: Concept, research, and application.* Norwood, PA: Norwood.

Brickman, W. W. (1977). Comparative and international education society: An historical analysis. *Comparative Education Review, 21*(2/3), 396-404.

Brickman, W. W. (1982). *Educational historiography: Tradition, theory, and technique.* Cherry Hill, NJ: Emeritus.

Brickman, W. W. (1985). *Educational roots and routes in western Europe.* Cherry Hill, NJ: Emeritus.

Carnoy, M. (2006). Rethinking the comparative and the international. *Comparative Education Review, 50*(4), 551-570.

Crossley, M. (1999). Reconceptualising comparative and international education. *Compare, 29*(3), 249-267.

Crossley, M., Bray, M., Packer, S., Colin, M., Martin, M., & Atchoarena, D. (2010). *Educational research and planning priorities for small states.* London, UK: Commonwealth Secretariat.

Epstein, E. H. (1983). Currents left and right: Ideology in comparative education. *Comparative Education Review, 27*(1), 3-29.

Epstein, E. H. (1990). The problematic meaning of "comparison" in comparative education. In J. Schriewer & B. Holmes (Eds.), *Theories and methods in comparative education* (pp. 3-23). New York, NY: Peter Lang.

Halsey, A. H., Floud, J., & Anderson, C. A. (Eds.) (1961). *Education, economy, and society.* New York, NY: The Free press.

Holmes, B. (1981). *Comparative education: Some considerations of method.* London, UK: George Allen & Unwin.

Husén, T. (1967). *International study of achievement in mathematics: A comparison of twelve countries* (vol. 2). New York, NY: John Wiley & Sons.

Husén, T. (1978). *Teacher training and student achievement in less-developed countries* (World Bank staff working paper no. 310). Washington, DC: World Bank.

Husén, T. (1987). *Higher education and social stratification: An international comparative study*. Paris, France: UNESCO, International Institute for Educational Planning.

Husén, T., & Postlethwaite, T. N. (Eds.) (1985, 1994, 1999). *The international encyclopedia of education*. Oxford, UK: Pergamon Press.

Jimenez, E., & Patrinos, H. A. (2003). Corious George: The enduring Psacharopoulos legacy on the economics of education in developing countries. *Economics of Education Review, 22*, 451-454.

Jones, P. (2005). *The United Nations and education: Multilateralism, development and globalisation*. London & New York: Routledge Falmer.

Kennedy, A. M., Mullis, I. V. S., Martin, M. O., & Trong, K. L. (2007). *PIRLS 2006 encyclopedia: A guide to reading education in the forty PIRLS 2006 countries*. Chestnut Hill, MA: TIMSS & PIRLS International Study Center, Lynch School of Education, Boston College.

King, K. (1989). The character of schooling in Sub-Saharan Africa. In N. Entwistle (Ed.), *Handbook of educational ideas and practice* (pp. 207-217). London, UK: Routledge.

King, K. (1991). *Aid and education in the developing world: The role of donor agencies in educational analysis*. Harlow, UK: Longman.

Kubow, P. K., & Fossum, P. R. (2007). *Comparative education: Exploring issues in international context* (2nd ed.). Upper Saddle River, NJ: Pearson Education/Merrill Prentice Hall.

Lauwerys, J. A. (1959). The philosophical approach to comparative education. *International Review of Comparative Education, 5*, 281-298.

Lê Thành Khôi (1986). Toward a general theory of comparative education. In P. G. Altbach & G. P. Kelly (Eds.), *New approaches to comparative education* (pp. 215-232). Chicago, IL: The University of Chicago Press.

Levin, H. M. (2001). Pedagogical changes for educational futures of industrializing countries. *Comparative Education Review, 45*(4), 537-560.

Martin, M. O., Kennedy, Y. S., & Foy, P. (2007). *PIRLS 2006 international report: LEA's progress in international reading literacy primary schools in 40 countries TIMSS and PIRLS*. Chestnut Hill, MA: International Study Center, Boston College.

Martin, M. O., Mullis, I. V. S., & Foy, P. (2008). *TIMSS 2007 international science report: Findings from IEA's Trends in International Mathematics and Science Study at the fourth and eight grades*. Chestnut Hill, MA: Boston College.

Mitter, W. (2003). A decade of transformation: Educational policies in Central and Eastern

Europe. *International Review of Education, 49*(1-2), 75-96.

Mitter, W. (2004). Rise and decline of education systems: A contribution to the history of the modern state. *Compare, 34*, 351-369.

Mullis, I. V. S., Martin, M. O., & Foy, P. (2008). *TIMSS 2007 international mathematics report findings from IEA's Trends in International Mathematics and Science Study at the fourth and eight grades.* Chestnut Hill, MA: TIMSS & PIRLS International Study Center, Lynch School of Education, Boston College.

Mullis, I. V. S., Martin, M. O., Gonzalez, E. J., & Chrostowski, S. J. (2004). *TIMSS 2003 international mathematics report: Findings from IEA's Trends in International Mathematics and Science Study at the fourth and eighth grades.* Chestnut Hill, MA: TIMSS & PIRLS International Study Center, Lynch School of Education, Boston College.

Noah, H. J., & Eckstein, M. A. (1969). *Towards a science of comparative education.* London, UK: Collier Macmillan.

OECD (2009). *PISA data analysis manual.* Paris, France: Author.

Papanastasiou, E. C., & Zembylas, M. (2002). The effect of attitudes on science achievement: A study conducted among high school pupils in Cyprus. *International Review of Education, 48*(6), 469-484.

Paulston, R. G. (1999). Mapping comparative education after postmodernity. *Comparative Education Review, 43*(4), 438-464.

Paulston, R. G. (Ed.) (1996). *Social cartography-mapping ways of see social and educational change.* New York, NY: Garland.

Paulston, R. G., & Liebman, M. (1994). An invitation to postmodern social cartography. *Comparative Education Review, 38*(2), 215-232.

Phillips, D., & Schweisfurth, M. (2007). *Comparative and international education: An introduction to theory, method, and practice.* London, UK: Continuum International Publishing Group.

Postlethwaite, T. N., & Wiley, D. E. (1992). *The IEA study of science II: Science achievement in twenty-three countries.* London, UK: Pergamon Press.

Psacharopoulos, G. (1982). The economics of higher education in developing countries. *Comparative Education Review, 26*(2), 139-159.

Psacharopoulos, G. (1990). Comparative education: From theory to practice, or are you A:\ neo.* or B:*.ist. *Comparative Education Review, 34*(3), 369-381.

Rust, V. D., Soumare, A., Pescador, O., & Shibuya, M. (1999). Research strategies in comparative education. *Comparative Education Review, 43*(1), 86-109.

Schriewer, J. (1990). The method of comparison and the need of externationalization: Methodological criteria and sociological concepts. In J. Schriewer & B. Holmes (Eds.), *Theories and methods in comparative education* (pp. 25-86). New York, NY: Peter Lang.

Schriewer, J. (2000). Comparative education methodology in transition: Towards the study of complexity? In J. Schriewer (Ed.), *Discourse formation in comparative education* (pp. 3-52). Frankfurt, ME: Peter Lang.

Walker, D. A. (1976). *The IEA six subject survey: An empirical study of education in twenty-one countries*. Stockholm, Sweden: Almqvist & Wiksell International.

Wilkins, J. L. M., Zembylas., M., & Travers, K. J. (2002). Investigating correlates of mathematics and science literacy in the final year of secondary school. In D. F. Robataile & A. E. Beaton (Eds.), *Secondary analysis of the TIMSS data* (pp. 91-236). Boston, MA: Kluwer.

Wilson, D. (1991). Reform of technical-vocational education in Indonesia and Malaysia. *Comparative Education, 27*(2), 207-221.

Wilson, D. (1994). Comparative and international education: Fraternal or siamese twins? A preliminary geneaology of our twin fields. *Comparative Education Review, 38*(4), 449-486.

Yoshino, A. (2012). The relationship between self-concept and achievement in TIMSS 2007: A comparison between American and Japanese students. *International Review of Education, 58*(2), 210-225.

CHAPTER 5

國際比較教育理論

國際比較教育研究若沒有理論支持與對話，此分析是不完整的（Adams, 1990）。這已指出，理論對於國際比較教育研究的重要。理論可以對社會現象抽象描述，解釋社會現象產生的原因。成熟的學科有其學科理論。Paulston（1977）運用平衡典範——改革（evolutionary）理論、新改革理論、結構功能論、系統論，以及衝突典範——馬克斯理論、新馬克斯理論、文化復興理論及烏托邦理論，對社會與教育變遷進行解釋。國際比較教育在掌握跨國之教育現象，期能對跨國教育發展深入地描述及解釋，甚至預測未來的教育發展，它需要理論為後盾。國際比較教育研究目的之一是：要以理論為依據對國際教育問題進行深入分析，以瞭解教育現象異同。

第一節　結構功能體系理論

社會科學的理論應用於國際比較教育者不少，如功能論、現代化理論、人力資本理論、馬克斯理論、依賴理論、新馬克斯理論、世界系統理論、後現代化理論與後殖民理論較為常見。國際比較教育研究常借取其他學門理論來進行研究，相對地，沒有學科專屬或創建的完整理論，這是國際比較教育宜努力之處。本節說明上述理論，而其他理論，如後結構主義，見方永泉（2002）。

壹、結構功能論

結構典範包含了結構功能論（structural-functional theory）與衝突論，前者於 1940 年及 1950 年代主宰社會科學，主要代表人物為 H. T. Parsons（1902-1979）、R. K. Merton（1910-2003），他們對此理論有較為完整的論述。結構功能論可回溯至 Émile Durkheim（1858-1917），他認為對社會分析應採取功能觀點，他提供解說社會現象的科學方法實例，在《自殺論》（*Suicide*）一書中，以科學方法歸納人民自殺的原因，Durkheim 主張社會大於個人的總和，強調教育可以產生共識的重要。結構功能主義沒有直接處理社會變遷或動態的發展，它視社會為一個整體系統，由許多相互依賴的部門所組成，每個部門都可以發揮所應有的功能，而這些部門為和諧而統整。系統整體的重要性優於個別部門，而各部門與整體之間更存在著功能互補關係，彼此相互支持來維持整體的生存。該理論由法國社會學家 Durkheim 發軔，美國社會學家 H. T. Parsons 發揚光大，尤其他提出社會系統都有目標達成、模式維持、統整及調適的功能來解釋社會的現象。結構功能論影響社會科學研究甚鉅，它解釋教育現象，且強調教育可以產生多元化功能。例如，國家教育投資之後，可以讓國民素質提昇、政治更民主、社會更開放，教育投資於國民之後，國民生產力提高，經濟生產力也增加。在跨文化的比較教育中，研究者期待運用抽象原則來說明不同教育制度運作，以及為何要這樣運作。

結構功能論自 1940 年至 1970 年為社會科學發展的重要理論之一，然而有不少批評（Fagerlind & Saha, 1989）。第一，它對發展的觀點採用靜態思維，忽略社會變遷、歷程、對立及衝突的一面。社會與國際教育現象不是靜態，而是有機體，會隨著社會變遷而改變，但結構功能沒有以此觀點對社會現象深入描述；第二，理論的意識型態偏差，功能觀點認為社會的和諧與統整具有功能，然而對於衝突、對立、變遷或緊張關係視為反功能，認為應該避免。社會系統不一定和諧統整，部分系統有其功能自主性，不是要統整在一起。結構功能論

被稱為保守及反對變遷、反對發展與反改革。

結構功能也視為平衡典範（equilibrium paradigm）之一，強調功能統整、和諧、穩定與共識在社會的重要，相對於衝突論的觀點，強調對立、衝突、不穩定，以及資源、價值與權力對於社會的重要有明顯不同。結構功能論認為，教育發展是學校與社會在五個步驟中進行調整：社會產生需求、社會被賦予任務來滿足需求、改變教育結構來產生新的功能、學校被賦予新的角色、社會潛在及重要的功能隨著新功能而產生（Ginsburg, Cooper, Raghu, & Zegarra, 1990）。結構功能主義在國際比較教育應用之一，是將各國教育發展視為改善該國教育問題的處方，例如低度開發國家在 1950 年代文盲率偏高，國民多貧窮、衛生醫藥均沒有健全發展，這些國家的政府透過普及教育、成人基本教育或婦女教育來增加知識水準，讓人民不再文盲及脫貧。這種將教育視為一項功能的作為在 1950 年代至 1980 年代的開發中國家頗為常見。Dougherty（2003）以教育生產函數（educational productive function）分析 1972 年美國長期資料庫發現，大學畢業、具有算數能力、識字能力及工作經驗愈長，其每月薪資所得愈高；如果算數能力及識字能力愈好，學生完成教育年數也會愈長，這代表教育具有提高薪資所得的功能。魏媛真（1996）認為，結構功能主義應用於國際比較教育研究宜注意：(1)盡量避免忽略主體性意義的探討，除了瞭解教育制度的功能，也應瞭解個體的脈絡特性；(2)應用功能主義解說國際教育現象，應輔以其他方法，避免陷入研究結果難以檢證，也就是不要以單一方法來瞭解現象，即運用功能論解釋時，宜盡量避免與歷史脈絡脫離。

上述來看，結構功能論強調社會系統的統整，甚至國家及國際系統的和諧、穩定、靜態及每一項結構之中產生的功能。1970 年代很多研究以功能論為主，較少涉及其他理論，忽略了社會結構的脈絡特性及忽視個體特性的重要，同時對系統採取正向觀點，沒有其他面向的思維，難以解釋社會系統全貌，就如適當教育投資，對人力資本提昇有正面貢獻，然而過量教育投資，反而會造成人力資本存量過多，而有失業與名器教育產生，這是其理論解釋教育現象受限之處。

貳、現代化理論

現代化理論（modernization theory）在解釋社會變遷，它屬於功能主義理論的一支。其理論強調社會或國家發展過程為階段式，就如一個組織從簡單的結構因應社會適應需要轉為複雜的組織。人類對於工作及生活的需要是從普遍性的知識學習，轉化為對專門知識的依賴。社會及國家對經濟發展從小規模勞動分工，轉化為具有規模經濟的大規模分工。當然，社會階級劃分由出身的血緣系統的繼承，轉換為以個人成就為主的功績社會。

現代化理論學者中，較具代表的為 Rostow（1916-2003），他於 1960 年出版《經濟成長階段：非共產主義的情形》（*The Stages of Economic Growth: A Non-Communist Manifesto*），提出直線式經濟成長論，強調社會或國家由傳統社會轉變為經濟成熟社會過程會經歷五個階段：傳統時期（the traditional stage）、經濟起飛前期（the stage of preconditions for economic take-off）、起飛時期（the take-off）、技術成熟時期（the drive to maturity）、大眾化高度消費時期（the stage of high mass consumption），Rostow 以此理論分析二十個國家經濟發展發現：(1)英國的經濟起飛開始最早，早在十八世紀末期即已開始，其次為法、德及美國；(2)其理論重點在於各國教育改善及擴充對國家發展有正向助益；(3)日本在明治維新已進入經濟起飛時期（Fagerlind & Saha, 1989），算是在許多國家中現代化較早。現代化理論應用於國際比較教育重點在於，究竟教育在現代化過程對國家發展的貢獻如何。Inkeles 與 Smith（1974）指出，現代化過程順序先有現代化機構，現代化機構影響現代化的價值，接續再影響現代化行為，現代化行為產生現代化的社會，現代化社會將影響經濟發展等五個直線式步驟。這種直線式的現代化發展觀點，在國際變化快速下，各國發展經驗不一定能依此階段進行，畢竟每個國家發展條件與情形不一，各國面臨問題不同，階段發展不一定適用各國發展，教育發展也是一樣。

運用現代化理論進行國際比較教育研究不少。張芳全（2007）以六個面向

建構國家現代化指數，對各國進行比較，包括教育（三級教育在學率、教育經費占國民生產毛額比率、識字率）、政治面向（政權指數、民權指數及新聞自由程度）、科技面向（包括電話線數、網路擁有數、手機擁有數、高科技輸出產值占製造業的比率、每千人中的專利擁有人數）、社會發展（包括人口成長率、生育率、都市化程度、預期壽命）、經濟發展（包括每人國民所得、國民生產毛額成長比率）、醫療面向（包括每萬人口中醫生數、一歲獲得麻疹免疫比率、健康經費支出占國民生產毛額比率、私人健康經費支出占總健康經費支出比率、每千位嬰兒死亡人數、每千位五歲以下嬰兒死亡數、肺結核人數）。五十六個國家的標準分數各項前三名為：教育發展是瑞典、芬蘭及丹麥；政治發展是挪威、紐西蘭與瑞士；科技發展是美國、日本及瑞典；社會發展為義大利、比利時與捷克；經濟發展為盧森堡、愛爾蘭及美國；醫療健康是美國、以色列與挪威；國家現代化綜合指數為美國、瑞典、挪威。從這些結果來看，北歐小國有不錯表現，社會發展及醫療發展不一定是傳統認知的先進國家為主，捷克在社會發展的表現頗為現代化，以及以色列在醫療的表現也很高，就是很明顯的結果。

總之，現代化理論以結構功能論為基礎，強調國家在結構與制度中發展的重要，尤其提供現代化與變遷有更多解釋。然而，為人批評的是，各國現代化不是單一線性模式，各國發展沒有一定軌跡及模式可以完全複製。尤其現代化意涵分歧，而衡量現代化指標可能因研究者關注及採用研究方法而異。

參、人力資本理論

人力資本理論（human capital theory）是教育經濟學（economics of education）的重要理論之一。Schultz（1963）出版《教育的經濟價值》（*The Economic Value of Education*）說明教育值得政府及人民投資，以及 Becker（1964, pp. 10-20）認為，人力資本（包括教育、訓練與營養等）是個人對自己的教育投資，當個人投資於教育、健康及職業訓練之後，有益於未來賺取所得的增加就

是很好的說明。Schultz（1961）將人力資本區分為教育、工作經驗、健康設備與服務（health facilities and service），以及人口遷移（migration）。Schultz（1963, p. 34）後來更認為，除了人力、自然資源、資本、政府與企業家精神對於經濟成長貢獻之外，教育與技術也是重要成分。

　　教育經濟學研究領域，除了人力資本、經濟效率、內部或生產效率、經濟成長、勞動市場、教育財政與教育機會公平等之外，也包括新的議題，如強調人力供需重要、社會化的重要、勞動市場分離、低度與過量教育等（Kraft & Nakib, 1991）。人力資本理論認為，正式教育、職業訓練及成人教育等要素均可視為一種投資。教育投資如同投資物質資本，如土地、廠房與機器設備獲得利潤一般，有助於改善人的技能，由此解釋個人賺取所得的差異。人力資本是生產者所具有與工作有關之專業技能、知識，能藉由投資，進而提高生產能力，並預期在勞動市場得到較高的經濟報酬。人力資本的運用影響到的是國家在各領域的發展，尤其是有技職體系的國家最為明顯，國家需要人才加入，注重人才培養，產生人力資本投資。然而，人力資本投資不僅增加教育的經濟效益，而且也可以提高非經濟效益，如國民壽命提高、政治民主化、社會發展穩定與生活水準提高等。

　　國際比較教育常運用人力資本理論於研究中，尤其在教育收益（return to education）研究。個體投資愈多教育，未來賺取所得會較高。Psacharopoulos（1981）研究三十二個已開發及低度開發國家的教育收益發現：(1)低度開發國家之收益率一般較高；(2)初等教育傾向有較高之收益率，主因是各國初等教育多為義務教育，學生就學費用由政府支出，家庭付出成本少，因而教育收益率較高；(3)先進國家之人力資本收益與自然資本收益幾近相同時，低度開發國家人力資本收益大於自然資本收益。Psacharopoulos（1994）對教育收益率更新的發現：(1)以地理區域來說，撒哈拉非洲、亞洲、歐洲／中東／北非、拉丁美洲／加勒比海、OECD 國家的私人初等教育各為 41.3%、39.0%、17.4%、26.2%、21.7%，中等教育各為 26.6%、18.9%、15.9%、16.8%、12.4%，高等教育各為 27.8%、19.9%、21.7%、19.7%、12.3%；(2)如以國家的國民所得高低來看，

610 美元以下、611 至 2,499 美元、2,450 至 7,619 美元、7,620 以上美元的國家在私人初等教育收益各為 35.2%、29.9%、21.3%、15%；中等教育各為 19.3%、18.7%、12.7%、12.8%、高等教育各為 23.5%、18.9%、14.8%、7.7%，可見高度所得國家的教育收益率較低度國民所得國家低；(3)男女性的教育收益率，初等教育各為 20.1% 及 12.8%、中等教育為 13.9% 及 18.4%、高等教育為 13.4%及 12.7%；(4)私人的普通教育與技術教育收益率各為 11.7% 及 10.5%。這說明，教育為有價值的投資；教育不僅提高國家經濟發展，而且提高國民所得。

　　類似上述研究不少，例如，Hossain 與 Psacharopoulos（1994）研究菲律賓的教育收益率發現，男女性都是 12.4%，公私部門員工各為 6.4%及 8.6%，鄉村地區及城市地區居民各為 10.9% 及 7.7%；初等教育、中等教育及高等教育的私人教育收益率各為 18.3%、10.5%、11.6%，社會收益率各為 13.3%、8.9% 及10.5%。在此，初等教育高於中等教育及高等教育主因是，其教育成本由國家政府支應，在計算其收益率，個人需要支付成本較少，因而有較高收益率。Lu-isa與 Psacharopoulos（1990）運用 1987 年厄瓜多資料分析教育收益率發現，私人的初等教育、中等教育與高等教育收益率各為 13%、10%、15%，男性在這三方面則為 12%、10% 及 17%，女性則為 13%、10% 及 8%。Chiswick與Miller（2003）運用 1991 年加拿大統計資料分析移民加拿大者，其教育收益約為4.2%，工作經驗愈長、男性、家中說英語者、已婚者之薪資所得較高，而來自於波蘭、中東、南亞、中國大陸、菲律賓、越南及非洲國家者的所得收入較義大利低，而來自德國及葡萄牙者較義大利高；而移民者在家中以英語為溝通媒介者，其教育收益為 5.0%，移民者以英語或法語為主的教育收益為 3.7%。

　　除了教育收益研究之外，教育投資對於經濟發展的影響也是研究重點之一。Lee 與 Psacharopoulos（1979）對 114 個國家分析，以國民所得區分，低於750 美元為低度所得國家（68 國）、750 至 2,000 美元為中度所得國家（21國）、2,000 美元以上為高度所得國家（25 國），研究中以國民所得、1960 年各國每年經濟成長率、各國農業人口比率及每位醫生應醫療病人數為依變項，而以成人識字率、初等教育在學率、中等教育在學率、職業教育在學率、高等

教育在學率為自變項，結果如下：(1)低度所得組：除了職業教育在學率之外，其餘教育變項對於國民所得都是正向顯著關聯；而初等教育在學率與經濟成長為 .40 顯著關聯；除了職業教育在學率之外，農業人口比率及每位醫生應醫療病人數與其他教育變項都是顯著正向關聯；(2)中度所得組：教育變項與國民所得沒有顯著關聯；農業人口比率與識字率及高等教育在學率為顯著負向關聯；每位醫生應醫療病人數與教育變項呈負向關聯；(3)高所得組：僅有中等教育在學率與國民所得有正向顯著關聯；經濟成長率則沒有關聯；各國農業人口比率及每位醫生應醫療病人數與識字率、初等教育在學率及中等教育在學率為負向顯著關聯。這研究說明了，不同經濟發展程度的國家與教育投資有不同之關聯性，很特別的是，高度所得國家教育投資與國民所得關聯性，明顯低於低度所得國家，可見低度經濟發展國家教育投資相當重要。

雖然人力資本理論有其主張與重要性，但是也受許多批評。Little（2003）就歸納幾項：(1)個人生產力會受到篩選，而教育帶給個體的文憑就是提供一項個人在能力標籤的排序，但是這種透過文憑對個人的篩選是否可以反映出個人生產力，受到質疑；(2)方法學的問題，主要在於估計教育收益的技術、資料可靠性與整體資料來說明個人的收益，太過於簡單；(3)人力資本太過強調個人及社會的經濟利益（economic benefits），然而較少重視間接利益，如家庭健康、生育率及孩童死亡率；(4)太過於強調人力資本在社會、政治及機構的應用價值；(5)它假定生產力與所得，也強調技術與所得，也瞭解教育與所得相關，但是教育無法反映個體目前的工作；(5)僅把焦點集中在人力資本理論對於經濟成長及效率，但似乎還可以應用到其他領域。

總之，人力資本論為結構功能論之一。它強調教育對於經濟、社會，乃至於政治的貢獻，尤其是經濟發展的重要。在國際比較教育研究，人力資本理論強調政府與個人的教育投資，使得國家與個人生產力提昇，因而影響國家經濟成長。然而，人力資本理論為人批評的是，教育收益率難以衡量，尤其各國的經濟成長環境不同，估算出來的數值難以比較，而相關研究僅以替代變數來估算對經濟成長的情形，是否這些變數就是教育或經濟發展的真實面貌難以定論。

而教育的非經濟投資效益,如政治民主化、社會開放程度及人力素質改變更是難以量化衡量,也受批評。

肆、衝突理論

結構典範另一個理論為衝突理論(conflict theory)。其主張與功能論剛好相反,它認為社會變遷是衝突論的重點之一。變遷造成團體之間的衝突對立,尤其是有產與無產階級之對立。馬克斯(K. Marx, 1818-1883)理論與新馬克斯理論為衝突理論的代表。馬克斯(Marx, 1976)指出,機器發明改變了傳統以勞力為主的體制,工廠透過機器生產,因而提供相較於農業生產更立即、更高與更穩定的報酬,由於工業生產需求更多勞動力,因而有愈來愈多勞動力投入工業機械化生產行列。因為勞資雙方的利益衝突,產生對立。馬克斯理論重點強調唯物史觀(歷史唯物論),也就是人類社會本質源自人類的物質生產方式,人類歷史開端在於吃和住有著落才算開始。物質生活的生產方式制約著整個社會生活、政治生活、精神生活的過程、經濟關係。因為階級關係而讓社會結構與社會變遷產生動力。社會變遷是由既得利益者與大眾衝突,以及統治(支配)階級奪取生產工具的所有權,並加以控制,進而對於勞動階級剝削所形成的。

新馬克斯理論(neo-Marxism)以馬克斯理論或主義為基礎,然而對其理論加以修正。Jean-Paul Sartre 的存在主義、J. Habermas 的批判理論,與馬克斯主義不同。新馬泛指二次大戰後研究馬克斯主義思潮,狹義是指德國法蘭克福學派(Frankfurt school),它又被稱為批判理論(critical theory)。結構馬克斯主義者代表 Bowles 與 Gintis(1976)提出《資本主義美國的學校教育》(Schooling in Capitalist America):教育系統不僅反映工作場所的分工事實(符應理論——即學校培養的人力與社會所需要的工人或產業需求人力相配合),且複製社會的生產關係。Apple(1993)認為,資本家將運用其強大的政治勢力來干涉教育的內涵與運作;Althusser(1993)則指出,教育成為資本世界中,塑造中上階級價值觀的工具。運用在國際比較教育研究上,馬克斯主義論者強調教育

是社會階級再製。

Ginsburg、Cooper、Raghu 與 Zegarra（1990）運用了衝突及功能論來分析國家及世界體系的教育改革。就衝突論而言，世界體系中的資本主義與社會主義社會具有核心、半核心與邊陲特性，核心國家多為資本主義社會，邊陲及半核心為社會主義國家，核心國家的勞動者有相對自由的工資，而社會主義國家則勞動者被壓迫，因而他們認為基於此各國教育政策、財政、組織、內容及實務反映在其改革方向。Bernstein（1996）與 Willis（1977）指出，社會階級有重複出現的現象，民主社會宣稱教育均等與自由流動為假象，統治階級所控制的學校課程只利於其下一代，不利於被統治階級的子女。新馬克斯主義強調注重階級分析，其核心與邊陲的概念說明了第三世界國家對先進資本主義、國家教育間之依賴關係。新馬克斯理論在比較教育之研究可見陳儒晰（1998）的《新馬克斯主義與比較教育之研究》，以及范惠美（1999）的《柏恩斯坦之文化再製論及其在比較教育上的意義》。

總之，衝突論強調社會系統的對立、階級、衝突、不穩定及動態變化。它有別於結構功能論論點，其優點可以讓國際比較教育現象論述觀點多元化，不再以傳統功能主義看待各國教育發展，並可以解釋社會階級再製。其限制在於過於激進、對立與忽視系統的平衡，單採用此觀點難以描繪各國教育發展情形。

第二節　世界體系理論

壹、依賴理論

國際比較教育強調各國是相互依存。國與國相互影響，尤其是落後國家對於先進國家的經濟依賴。依賴理論（dependency theory）在詮釋落後國家對於先進國家的依賴現象。馬克斯主義強調階級衝突，其觀點在瞭解有利的富者與

不利的貧者之關聯，而若將此觀念運用於開發中與已開發國家來看有其相似性，即已開發國家對於開發中國家透過國際地位的階級不平等，因而對開發中國家進行剝奪，依此來看，依賴理論的理論依據為馬克斯主義對於世界觀的看法。依賴理論盛行於 1960 年代，它是現代化理論之分支，產生主因是 1950 年代之後，中南美洲國家推行國家現代化數十年，各國已向先進國家學習政治、經濟與教育發展經驗，然而國家現代化程度卻不如預期。反而國家內部的發展產生更大衝突，因而許多國家產生究竟是否要學習先進國家或現代化國家經驗的兩難。既要脫離殖民依賴，但又找不出發展方向，這種情境反而讓這些國家對於現代化國家的依賴程度加深。墨西哥於 1867 年就提出普及義務教育，阿根廷於 1884 年頒行世俗教育法規定六歲至十二歲的學童實行免費教育，但是近半個世紀以來，這些國家遲遲都沒有普及小學教育，反而產生更多社會問題，有一部分原因在於期待先進國家的援助，但卻無法如預期，所以教育發展受到影響，因而 1970 年所有中南美洲國家的學童至少接受六年的學校教育，但是 1970 年中南美洲各國的小學普及率僅有 71%（劉佛年，1990）。

現代化理論與依賴理論強調的觀點不同（Walters, 1981）：(1)現代化理論處理的國家—政體（nation-state）為一個自主單位，而依賴理論焦點集中於國家—政體之關係，強調國與國之依屬關係；(2)現代化理論接受菁英在國家發展歷程扮演重要角色，而依賴理論則認為菁英是國家發展的阻礙，例如被殖民國家在獨立之後，許多行政官員遺留在殖民地，仍以先前殖民觀念行事，影響獨立國家新的發展模式；(3)現代化理論將教育視為提供國家發展必要的功能，依賴理論將教育視為先進國家對於落後國家再強化、治理的一種力量。最後，依賴理論不否認教育可以提昇現代化，然而，現代化是否可以提昇國家自主性的發展仍有疑問。

依賴理論強調幾項重點觀念：(1)中心—邊陲；(2)複製及宰制；(3)支配（hegemony）與控制。第一項在於經濟及政治或地緣上的不平等，衍生出教育的不平等；第二項強調邊陲國家受到核心國家的政治、經濟或教育力量的影響，因而複製了核心國家的制度、觀念或政策等，無形中核心國家宰制了邊陲國家；

第三項在於邊陲國家的國家發展依賴於核心國家，因而核心國家的人力，可以支配邊陲國家的政府部門，尤其是在先前為殖民統治的國家。在邊陲國家對於核心國家之「依賴」方面，邊陲國家為核心國家的原料生產及提供地，核心國家運用經濟強權力量對於邊陲國家的控制、剝削與壓榨，因而產生不公平之交易，同時邊陲國家並沒有因為核心國家所提供的經濟，聯結其他經濟部門，建立經濟成長基礎，所以形成更依賴核心國家。落後及貧窮國家的經濟貿易活動需要先進國家支持；先進國家從落後國家輸入原始材料，進行加工，最後再將產品輸往落後國家。落後國家無法獲得先進國家的生產技術，無法將產地的產品水準提昇，一味地依附在先進國家的產品。在教育發展上，先進國家與落後國家有核心及邊陲國家的不平等關係存在。教育結構與內容為重要手段，透過核心的先進國家對於邊緣國家，也就是落後或開發中國家的思想控制。其實，落後國家或開發中國家不應盲目借鑑已開發國家的教育發展經驗，以避免加深對先進國家的更多依賴。相關依賴理論在比較教育研究可以見 Lewin（1994）、McLean（1983）、Rama（1985）、羅華美（1998）之《依賴理論及其在比較教育上應用之研究》。Lewin（1994）分析英國在 1989 年至 1991 年對於全球111 個國家的教育經費援助之研究指出，英國在這三年援助的非洲、美洲、亞洲及大洋洲國家各為 50 個、32 個、22 個及 7 個，在這些援助之中，高等教育、中等教育、初等教育、技術職業教育、研究及成人教育各占 52.7%、22.9%、13.9%、3.2%、3.0%及 4.4%；從資料看出，南非、印度、肯亞、尚比亞、馬拉威、奈及利亞、波札納及印尼等八國家受英國援助經費占全部的 43%。從這些數字來看，英國曾殖民的國家接受援助較多，這說明了，雖然二次大戰後，很多國家已脫離了殖民統治，然而仍有不少國家依然接受先前殖民統治國家援助，仍有依賴關係存在。

總之，依賴理論以經濟發展觀點來分析國家之間的依賴情形，尤其是落後國家對於先進國家的依賴。雖然部分解釋 1960 年代中南美洲國家對於美國之依賴，但是隨著國際社會變遷，各國發展已為多邊關係，不再是單一國家依賴，而是多元依賴。易言之，依賴理論無法解釋後來各國的相互依存關係。在國際

比較教育中，它提供邊陲國家對核心國家的教育依賴，包括對國家教育制度移植（當然若是被殖民國家如此）、教科書運用、學校教育人員的依賴、教學語言，甚至學校經營管理模式的依賴。它提供國際比較教育研究的思考方向，但是在國際變遷下，資訊發達，多國貿易及多邊的外交關係已不再是傳統上落後國家對單一核心國家教育依賴，落後國家可能對多個核心國家依賴或學習。

貳、世界系統理論

與功能論及衝突論不同觀點的是，世界系統理論（world system theory）試圖從世界人類歷史發展的廣闊角度說明資本主義產生與發展之過程，創建者為 I. Wallerstein（1930-　）。其理論強調現代世界體系為「一個有著廣泛勞動分工的體系。這種分工不是功能性……而是地理上。……經濟任務分布範圍不是平均地分配在整個世界體系之中。……它擴大及合法化在這個體系之中，某些群體剝削其他人勞動力的能力，得到剩餘的最大分額」（郭方、夏繼果、顧寧譯，1999，頁 522）。根據其論點，每一個國家都是鑲嵌在一個廣大的系統之中，此系統包括了核心、半核心及邊陲，在這三群國家之中的關係是不對稱與被剝削的，尤其是核心國家從其他兩群國家獲得不少利益。而在此系統下，在每一個國家之內也產生了國內階層化，也就是在非核心國產生了所得分配不均。核心國家運用了跨國公司及海外投資來扭曲非核心國家的發展，其典型結果是，非核心國家產生了雙元經濟體制，即有少部分人擁有相當多財富，並在現代部門工作，而他們與擁有少數資源並工作於傳統部門中的貧窮者卻共存於社會之中（Bollen & Jackman, 1985）。在這種環境之下，非核心國家的所得分配不均不斷地循環著。由於世界體系內的分工不均，在體系中占有優勢者是中心地區，這些地區為經濟強權國家，透過不對等力量，對落後國家進行自然與人力資源剝削。在世界體系中，各國占據三種不同的經濟政治地位，即核心、半邊陲與邊陲位置。核心國家在世界體系中為具有強權地位，邊陲國家與半邊陲國家則否，通常落後國家或第三世界國家屬於這類型。

世界體系的權力不均是從世界體系存有一種核心與邊陲之關係反映出來。核心國家以其經濟優勢、政治權力及對世界的主導力量，對邊陲國家進行資源壟斷與控制，產生核心與邊陲國家之不平等關係。Wallerstein（1979）指出，在資本主義世界體系中，始終存在著壓迫、剝削和不平等，但它會出現週期性動盪，隨著時間推移，邊陲國家可能成為半邊陲國家，甚至核心國家，而核心國家也可能受到國際權力轉變及經濟發展重新洗牌，變成半邊陲或邊陲國家。

Wallerstein 提供單一個世界經濟體系的歷史發展，以及各國之間的經濟發展階層的不平等，其理論對於各國教育研究可以提供參考。尤其 1950 年代比較教育焦點集中於哲學觀點及國家教育制度的文化因素探究，這種取向在 1960 及 1970 年代受到挑戰，主因在於分析各國教育改革應配合社會變遷及經濟發展，因而比較教育逐漸轉向以政治經濟、世界系統理論與新殖民主義與低度發展觀點，來瞭解在經濟殖民的全球體系下，各國教育受到的影響。國際比較教育研究涉及跨國研究，不單是一個國家或地理區域研究而已，跨國間的文化及教育變遷是國際變動趨勢。若單以一個國家為分析單位，無法掌握國際變遷的整體教育現象。因而世界體系在國際比較教育研究有其重要性。Arnove（1980）呼籲國際比較教育研究宜應用世界系統（world-system）分析才能更瞭解全球教育擴充發展及改革，他在〈比較教育與世界體系分析〉（Comparative education and world-systems analysis）文中指出，許多先前被殖民的國家，在獨立之後，亟力擴充教育，他們接受外在技術援助，如經費、設備及人事，也將很多大學生送往先前殖民的國家就讀大學，如日本、德國、英國、法國，以學習先進國家的發展經驗。在受殖民國與統治國家的國際網路聯結，加上許多國際基金會提供落後國家的經濟援助，如福特基金（Ford Foundation）、洛克斐勒基金會（Rockefeller Foundation）、卡內基基金會（Carnegie Corporation of New York）；以及國際援助機構，如世界銀行（World Bank）；區域發展銀行，如美洲開發銀行（Inter-American Development Bank）；聯合國相關單位，如 UNESCO 與聯合國發展方案（United Nations Development Programme, UNDP），讓新興國家更能與各國學習，甚至教育及經濟上產生更多的依賴。Arnove

（1980）分析新興國家的高等教育依賴許多先進國家的援助，這也是落後國家高等教育接受補助，促使他們國家現代化的基礎之一。難怪，Altbach（1978）指出，第三世界國家的大學，在世界體系具有邊陲與核心的重要現象，雖然他們在依賴理論的觀點為邊陲地位，但這些大學在當地國家卻是站在國家的核心地位。

　　就依賴理論觀點來說，核心國家（先進國家）透過國家貿易力量控制邊緣國家的經濟發展。核心國家的經濟能力不斷增加，控制更多資源，對於貧窮國家發展產生不良影響。其實，國際上的教育發展存有世界體系的核心、半核心及邊陲情形，就如先進國家有一流的大學及師資或設備，落後國家將留學生送到這些國家留學，取得學位及國家發展經驗，無形中將先進國家的學理及思考方式帶入祖國，不斷地從事與先進國家同樣風格的教育發展。Arnove（1980）呼籲比較教育研究應進行世界系統分析，因為長久以來以民族—國家為分析單位與排除非西方國家的「國際視野」之缺失，使得對於全球或世界體系的教育發展掌握不足。黃碧智（1999）的《I. Wallerstein 的世界體系理論及其在比較教育上的應用》就指出，世界體系可以較宏觀地分析國際教育發展趨勢。

　　總之，世界體系強調以歷史觀點來瞭解資本主義如何對於邊陲國家進行經濟剝削，它以全球視野來分析其經濟發展關係，而面對全球化，各國對於國界範圍已超出傳統思維，從地域與領土觀點轉化為經濟與科技發展，因此國際比較教育研究應以世界體系觀點來分析，更能掌握完整的國際教育發展。

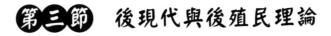

第三節　後現代與後殖民理論

壹、後現代化理論

　　後現代化理論（post-modernization theory）對傳統僅重視一元價值進行批

判，強調拒絕專斷、沒有優位、強調多元與差異、反對後設敘述（meta-narra-tive，它與典範類似，指引學科或專業領域思想與實踐的規準）與科際整合（沈姍姍，2000）。後現代主義其實在 1950 年代已經產生，主要是對自然科學研究分析進行「整體化」（totalizing）批判。自然科學的知識與真理建基於抽象理論與原理，不以主觀的人類經驗為基礎。後現代的世界是「去中心」，它是經常改變，沒有固定發展方向。

Rust（1991）在其〈後現代主義及其在比較教育的應用〉（Postmodernism and its comparative education implications）一文，以後現代主義觀點研究比較教育應該瞭解後設敘述的整體化特性（the totalitarian nature of metanarratives）、關心他人的問題（the problem with the other）（尤其是弱者或少數族群）、科技對社會的重新詮釋。後現代主義者大多承認科技進步，使得社會進入一個新的時代，但也面臨新問題，例如：Bell 認為，在後工業社會中，知識與資訊取代原有工商業生產而成為社會組織的「軸心原則」（axial principle），知識經濟因而產生，知識經濟不再以傳統的土地與資本為發展媒介，而是以電腦科技為重要工具，因為它改變人民生產及生活方式。Rust 認為，後現代主義研究焦點放在於掌握如何透過制度與社會運動來協助弱者，研究過程需經批判思考後，才建立合理的後設敘述，過程中尊重個別差異，而不是有預設立場的論述。運用在國際比較教育研究，後現代主義注重各地區的差異性，時間概念是流通與混雜，每個地區對時間的不同體驗都應被接受，還可以比較脈絡的差異，以獲取新的意義。

國際比較教育在新的資訊社會中面臨一些任務與挑戰。就國際比較教育學來說，現代化的學校課程是工廠模式（factory model），但從後現代化角度來看，工廠模式是老舊的。學校教育若要重新定義以迎合新時代，需要檢視新科技之解放和開發商業利益範圍；學校教育應探討教育要如何打破與資本主義的整體關聯，是受到誰的關注而來開拓市場，以及吸引有潛力消費者之注意。後現代主義將資本主義的整體傾向（包括美學產品），視為大眾文化的一部分。雖然 Giroux（1991）認為，後現代強調多元性（plurality）、差異性（difference）與多元敘述（multi-narratives），但是它在社會變遷及社會正義的應用性仍受到批判。對於後現代主義的呼籲，國際比較教育社群也回應了，就如《國際教育評論》（*International Review of Education*）在第 43 期（5/6 卷）就以比較教育的傳統、現代性與後現代為專題，刊載了許多與後現代主義有關的論文。例如，Brady（1997）以澳洲的土著（原住民）長期以來無法在教育機會、課程內容、語言、文化及原住民教育自決權獲得尊重，因而受到政府長期以來的控制所產生的教育權、文化、社會正義及教育機會的惡化進行批判，在文中最後強調 1996 年世界原住民教育會議提出了原住民教育自決宣示應獲得支持與認同，包括：(1)原住民可以自決治理其教育制度；(2)建立可以代表原住民的學校，以尊重與提昇原住民的價值、哲學及意識型態；(3)發展及執行文化融入課程；(4)運用原住民長者的智慧於課程設計之中；(5)建立原住民的標準來評量教育發展；(6)對於原住民的資優及潛能宜重新界定標準；(7)提昇原住民語言在教育中的價值；(8)建立原住民的教育研究倫理；(9)設計與傳達適當的文化，提出原住民教育的師資培育方案；(10)原住民可以參與教師資格認證及選用；(11)發展原住民學校的認證標準、運作方式及其他學習設備認定；(12)選擇沒有偏見的教育範疇。Welch（1993）認為，國際與比較教育研究針對抽象或特定主題，如學校的全球化或理解其他國家的教育歷程，可以提高對於特定領域（field-specific）之認識，這些關懷理解與比較文化，或者可以從不同文化來瞭解其實際現象，是後現代主義所要探究的方向。洪正華（2000）的《Lyotard 後現代思想及其在比較教育上的意義》運用 Lyotard 的觀點來說明比較教育就是一個例子。然而，Young（1997）認為，對於比較教育研究應採取後現代相對主義（postmodern relativism），主因是後現代主義已接受新的教育理解歷程，但是後現代主義在試著瞭解不同文化差異及互動仍會增加其困難度，所以他建議放棄極端的相對主義（relativism）與普遍主義（universalism），相對地，比較研究應基於兩者之間的平衡才是。Bhabha（1991）認為，分析文化差異應以文化的不對稱性或不可測量性（incommensurability），而非以文化共同基礎（common ground）來思考，因為國家及人民是被建構的，人民不僅是歷史事件或愛國的

主體之意義而已,他們也在社會參照下,運用複雜的修辭策略,在人民的重要歷程中,來訴求其代表性的危機。因此,對於跨文化差異的分析更應瞭解文化不對稱性的存在。

　　總之,後現代主義在國際比較教育上強調沒有齊一標準的規律、沒有放諸四海皆準的定理及法則;相對地,應對於「其他」聲音、人、事、物的尊重,也就是,應尊重其他人(或非主流)的聲音,如同性戀或弱勢團體的聲音。後現代主義強調注意當代社會的變遷與隨之發生的新問題,例如受到資本主義影響,學校知識成為商品,以及人類對於生命價值的淡化,缺乏對生命意義的掌握等。後現代主義也強調除了應注意科技帶給教育的便利之外,更應留意它可能有負面效應產生的問題。

貳、後殖民理論

　　從國際發展來看,十五及十六世紀歐美國家向海外殖民,當時運用了武力征服許多島嶼,在取得統治地位之後,再運用殖民統治力量,剝奪當地經濟及物質資源。隨著先進國家海權擴充,向外掠奪地盤的勢力愈來愈大,殖民地也逐漸增加。一次世界大戰之後,阿拉伯世界幾乎由法國、英國與義大利占領與殖民,法國殖民的國家包括阿爾及利亞、突尼西亞、摩洛哥、黎巴嫩與敘利亞;英國殖民的有埃及、約旦、巴勒斯坦及伊拉克;義大利殖民的有利比亞。殖民的權力建構了世俗的法定制度來取代宗教/伊斯蘭的規定(Daun & Arjmand, 2002)。因此,逐漸在中東及北非地區增加了對於教育的控制,包括在各級教育的教學強迫使用英語及法語及相關教學材料等(Benhamida, 1990, p. 295)。二次大戰之後,許多國家脫離了殖民統治,殖民國家離開了殖民地,這些曾被殖民的新興國家,面臨了國家發展困境,無法獨立發展之下,仍依賴先前殖民國的經濟、政治,甚至教育及人力,因而形成了依賴理論所指出的核心、半邊陲及邊陲國家的新殖民關係。1970年代後冷戰之後,許多新興國家、第三世界或共產國家受到國際變遷的影響,紛紛拋開共產主義,國家逐漸轉型為資本主

義，這些國家面臨了國家身分認同的問題，加以全球化及資本主義擴散，以及西方歐洲中心主義的影響，全球產生文化霸權現象，形成了後殖民的相關現象及問題，在此過程中也相對應地產生後殖民理論（post-colonial theory）。

張京媛、劉禾（2007）指出，後殖民理論的論述至少包含兩種向度：一是檢視宗主國對被殖民土地的占領終結後，所產生的文化、經濟及政治後果；一是辯證殖民與被殖民者的關係，如何在歷史的殖民主義終結後，依然支配我們想像與生活的空間；在這兩種向度下，有關第一／第三世界差異、東方主義、跨國投資、國族屬性、文化符號流動等議題一再受到重視。王岳川（1999，頁4）認為，後殖民理論的研究涵蓋了西方主義與東方主義問題、文化認同與闡釋焦慮、文化霸權與文化身分、跨文化經驗與歷史記憶、語言與文化殖民等問題。方永泉（2002，頁 129）對於後殖民有很好的認定，後殖民主義其實是一種廣義的殖民主義，但是這種殖民主義在時間上是發生在殖民地獨立之後，而且它不再是以殖民者的角度來看待殖民關係與殖民控制，而是企圖站在被殖民者的角度來檢視殖民者／被殖民者之間的關係；後殖民主義除了針對現代社會中各種形式的殖民控制（包括鉅觀及微觀、外顯及潛在的經濟、文化，乃至於論述方式等）進行批判性的反省，重視殖民力量對於被殖民者可能造成的影響之外，也反過來對於殖民力量在殖民者身上所可能造成的影響進行探究。

Crossley 與 Tikly（2004）認為，後殖民觀點是持續將十五世紀以來，從歐洲為中心階段（center stage）之擴充，進入到非洲、亞洲、澳洲及美洲；同時它更受到全球化的影響，因而對於各國的教育發展也產生助力，尤其是在關注殖民地獨立之後，西方對於開發中國家的影響（Tikly, 1999）。Phillips 與 Schweisfurth（2007）認為，後殖民的光譜集中於殖民不平等的遺產，以及它在哲學、政治、經濟、社會及文化次序上。它的興趣在於對話、多元主義、聲音及對於他者（other）的建構，因此後殖民主義有時也與後現代主義聯結。方永泉（2002，頁130）認為，後殖民主義的理論包括了：(1)探討殖民主體的問題，特別是殖民者與被殖民者之間的關係；(2)殖民主義探討的是軍事、武力等有形力量的競爭，後殖民主義研究焦點在於再現（representation）無形力量的競逐，

如西方國家與東方國家的研究論文量及專作的競爭；(3)對於「東方主義」的批判；(4)重視文化認同問題釐清，如我是誰？我與誰有關聯；(5)重新對於民族主義的檢討。Crossley 與 Tikly（2004）認為，殖民與後殖民主義主要研究議題取向包括：奴役、移民的形成，種族、階級、文化、性別在後殖民設定的效應，對於殖民與新殖民領域的歷史抗拒，認同形成的複雜性與混合性，語言及語言權，原住民對於他們權利的認同等。Smolicz 與 Nical（1997）實證調查菲律賓學生對於菲語及英語的使用情形，他們指出，菲律賓是一個雙語教育政策的國家，使用英語及主要的本土語——Tagalog（或稱為菲語），然而菲律賓有三分之二的人口並沒有以英文或菲律賓語言做為第一語言或家中使用的語言；他們以高中生為樣本研究學生對於英語、菲語及其他家庭使用語言（如 Cebuana、Ilocano、Waray）發現，學生對於這三種語言的使用態度有相當大的差異，有一些認為英語多過於菲語，也有菲語多過於英語，但是學生都喜歡使用家中使用的語言，而不是菲語或英語。他們的結論是，菲語仍為菲國人加速其母語（家中使用語言）基礎，而英語仍為代表菲國的國際語言。這其中除了反映了菲律賓被英國殖民後使用英語，受殖民壓迫之外，在菲國獨立之後，仍將英語視為重要語言，一部分受到後殖民勢力影響，一部分也受到全球化的影響，但是對菲國的居民來說，其本土語才是學生最常使用的語言。方永泉（2002，頁136-140）認為，後殖民主義在國際比較教育有幾項啟示：(1)擴展了國際比較教育研究領域，提醒國際比較教育研究者應更加重視殖民教育（colonial education）等殖民主義帶給前殖民地影響的問題；(2)對於早期的外國教育文獻中的東方主義深入的檢討與反省；(3)加強對於西方主流國家以外的前殖民地國家或第三世界的教育研究；(4)後殖民主義的興起，代表在 1970 年以後，除了盛行依賴理論之研究觀點之外，還有後殖民主義的選擇；(5)後殖民主義與依賴理論最大的不同在於，它是從文化觀點出發，而依賴理論則是從經濟或政治的角度來論述。

總之，雖然後殖民主義與後現代主義在論點上有些接近，但是後殖民主義強調殖民主義帶給前殖民地影響的問題，並對於弱勢及非主流與各國本土語言

的重視。這對於國際比較教育研究仍是開啟另一扇窗,對於國際教育現象有多
一項的詮釋觀點。

參考文獻

中文部分

王岳川（主編）（1999）。**後殖民主義與新歷史主義文論**。濟南市：山東教育出版社。

方永泉（2002）。**當代教育思潮與比較教育研究**。臺北市：師大書苑。

沈姍姍（2000）。**國際比較教育學**。臺北市：正中。

洪正華（2000）。**Lyotard 後現代思想及其在比較教育上的意義**（未出版之碩士論文）。國立暨南國際大學，南投縣。

范惠美（1999）。**柏恩斯坦之文化再製論及其在比較教育上的意義**（未出版之碩士論文）。國立暨南國際大學，南投縣。

張京媛、劉禾（2007）。**後殖民理論與文化認同**。臺北市：麥田。

張芳全（2007）。國家現代化指標建構：教育對現代化的影響。**教育研究與發展期刊，3**（3），127-164。

郭方、夏繼果、顧寧（譯）（1999）。**近代世界體系**（第一卷至第三卷）（原作者：I. Wallerstein）。臺北市：桂冠。（原著出版年：1974）

陳儒晰（1998）。**新馬克斯主義與比較教育之研究**（未出版之碩士論文）。國立暨南國際大學，南投縣。

黃碧智（1999）。**I. Wallerstein 的世界體系理論及其在比較教育上的應用**（未出版之碩士論文）。國立暨南國際大學，南投縣。

劉佛年（主編）（1990）。**當代教育新理論叢書**。上海市：華東師範大學。

魏媛真（1996）。**結構主義及其在比較教育上的應用**（未出版之碩士論文）。國立暨南國際大學，南投縣。

羅華美（1998）。**依賴理論及其在比較教育上應用之研究**（未出版之碩士論文）。國立暨南國際大學，南投縣。

英文部分

Adams, D. (1990). Analysis without theory is incomplete. *Comparative Education Review, 34*(3), 381-385.

Altbach, P. G. (1978). *The university as center and periphery*. Paper presented at the Conversations in the Disciplines: Universities and the new international order. State University of New York, Buffalo, March 24-26.

Althusser, L. (1993). *Louis Althusser essays on ideology*. London, UK: Verso.

Apple, M. W. (1993). The politics of official knowledge: Does a national curriculum make sense? *Teachers College Record, 95*(2), 222-241.

Arnove, R. F. (1980). Comparative education and world-systems analysis. *Comparative Education Review, 24*(1), 47-62.

Bhabha, H. (1991). *Nation and narration*. London, UK: Routledge and Kegan Paul.

Becker, G. S. (1964). *Human capital: A theoretical and empirical analysis, with special reference to education*. New York, NY: National Bureau of Economic Research.

Benhamida, K. (1990). The Arab states. In W. Halls (Ed.), *Comparative education: Contemporary issues and trends* (pp. 291-317). Paris, France UNESCO, and London, UK: Jessica Kingsley.

Bernstein, B. (1996). Pedagogy, symbolic control and identity. London, UK: Taylor & Francis.

Bollen, K. A., & Jackman, R. W. (1985). Political democracy and the size distribution of income. *American Sociological Review, 50*, 438-457.

Bowles, S., & Gintis, H. (1976). *Schooling in capitalist America*. New York, NY: Basic Books.

Brady, W. (1997). Indigenous Australian education and globalisation. *International Review of Education, 43*(5-6), 413-422.

Chiswick, B. R., & Miller, P. W. (2003). The complementarity of language and other human capital: Immigrant earnings in Canada. *Economics of Education Review, 22*(5), 469-480.

Crossley, M., & Tikly, L. (Eds.) (2004). Postcolonialism and comparative education. *Special Issue of Comparative Education, 40*(2), 147-156.

Daun, H., & Arjmand, R. (2002). Arab countries: Oil boom, religious revival, and non-reform. In H. Daun (Ed.), *Educational restructuring in the context of globalization and national policy* (pp. 205-225). New York, NY: Routledge Falmer.

Dougherty, C. (2003). Numeracy, literacy and earnings: Evidence from the national longitudinal survey of youth. *Economics of Education Review, 22*(5), 511-521.

Fagerlind, I., & Saha, L. J. (1989). *Education and national development: A comparative perspective*. Oxford, UK: Pergamon Press.

Ginsburg, M. B., Cooper, S., Raghu, R., & Zegarra, H. (1990). National and world-system explanations of educational reform. *Comparative Education Review, 34*(4), 474-499.

Giroux, H. (1991). *Postmodernism, feminism and cultural politics*. Albany, NY: SUNY Press.

Hossain, S. I., & Psacharopoulos, G. (1994). The profitability of school investments in an educationally advanced developing country. *International Journal of Educational Development, 14*(1), 35-42.

Inkeles, A., & Smith, D. (1974). *Becoming modern: Individual change in six developing countries.* Cambridge, MA: Harvard University Press.

Kraft, R. H., & Nakib, Y. (1991). The "new" economics of education: Towards a "unified" macro/micro-educational planning policy. *International Review of Education, 37*(3), 299-318.

Lee, K.-H., & Psacharopoulos, G. (1979). International comparisons of educational and economic indicators, revisited. *World Development, 7,* 995-1004.

Lewin, K. M. (1994). British bi-lateral assistance to education: How much, to whom, and why? *International Journal of Education Development, 14*(2), 159-176.

Little, A. W. (2003). Motivating learning and the development of human capital. *Compare, 33* (4), 437-452.

Luisa, G.-C., & Psacharopoulos, G. (1990). Earnings and education in Ecuador: Evidence from the 1987 household survey. *Economics of Education Review, 9*(3), 219-227.

Marx, K. (1976). *Capital.* London, UK: Penguin.

McLean, M. (1983). Educational dependency: A critique. *Compare, 13*(1), 25-42.

Paulston, R. (1977). Social and educational change: Conceptual framework. *Comparative Education Review, 21*(2/3), 370-395.

Phillips, D., & Schweisfurth, M. (2007). *Comparative and international education: An introduction to theory, method, and practice.* London, UK: Continuum International Publishing Group.

Psacharopoulos, G. (1981). Returns to education: An updated international comparision. *Comparative Education, 17,* 321-341.

Psacharopoulos, G. (1994). Returns to investment in education: A global update. *World Development, 22*(9), 1325-1340.

Rama, G. W. (1985). Dependency theory and education. In T. Husén & T. N. Postlethwaite (Eds.), *The international encyclopedia of education.* London, UK: Pergamon Press.

Rust, V. D. (1991). Postmodernism and its comparative education implications. *Comparative Education Review, 35*(4), 610-626.

Schultz, T. W. (1961). Investment in human capital. *American Economic Review, 51*(1), 1-17.

Schultz, T. W. (1963). *The economic value of education.* New York, NY: Columbia University

Press.

Smolicz, J. J., & Nical, I. (1997). Exporting the European idea of a national language: Some educational implications of the use of English and indigenous languages in the Philippines. *International Review of Education, 43*(5-6), 507-526.

Tikly, L. (1999). Post-colonialism and comparative education. *International Review of Education, 45*(5/6), 603-621.

Wallerstein, I. (1979). *The capitalist world economy*. Cambridge, UK: The University Press.

Walters, P. B. (1981). Educational change and national economic development. *Harvard Educational Review,51*(1), 94-106.

Welch, A. (1993). Class, culture and the state in comparative education: Problems, perspectives and prospects. *Comparative Education, 29*, 7-27.

Willis, P. (1977). *Learning to labour: How working class kids get working class jobs*. London, UK: Saxon House.

Young, R. (1997). Comparative methodology and postmodern relativism. *International Review of Education, 43*(5-6), 497-505.

CHAPTER 6

國際比較教育研究方法

　　國際比較教育研究方法有質化與量化取向之分。馬利科娃及傅利福松在《比較教育學》（鍾宜興譯，1997）指出，比較教育學常用的方法包括檔案資料研究（如UNESCO會議資料、各國課程標準、教科書及教師手冊）、統計資料研究（如UNESCO的教育統計年鑑）、文獻資料研究（如教學、心理學及社會學的專業期刊、有關教育專書）、觀察法、訪談與訪問法、比較法（運用教育資料，如教育經費、學生在學率、文盲率等進行比較）。沈姍姍（2000）將比較教育研究方法分為兩類：一是學科本位研究法，例如，I. L. Kandel（1881-1965）、N. Hans 及 F. Schneider 採用社會、歷史與文化研究取向；實證主義研究取向代表人物則為 G. Z. F. Bereday、B. Holmes、Noah 與 Eckstein（1969）；二是社會科學研究法，包括歷史研究法、調查研究法、實驗研究法與民族誌法。邁向科學化國際比較教育以邏輯實證論的嚴謹研究方法，來找出教育發展規律，而為了讓讀者對國際比較教育方法有更完整瞭解，本章說明質化與量化取向的研究方法。

第一節　質化取向研究法

　　國際比較教育的研究方法借用自社會科學，社會科學方法分為定量與定性法。前者強調以科學方法研究國際教育現象，它透過客觀的資料及合理假說，來建立社會現象的原理原則。這類的研究法如實驗研究法、問卷調查法與相關

分析法。後者強調社會現象的特殊性與獨特性，就如各國教育現象殊異，因而在研究過程不重視研究假設建立，也不是運用統計資料來解釋國際教育現象，它不在建立理論與規則；相對地，對社會現象的個別深入解釋，其研究方法，如文件分析法、比較分析法與歷史研究法。質化取向研究法，說明如下。

壹、文件分析法

重要教育文件分析是瞭解教育現象的重要取向。在國際比較教育研究之中，各國的教育法令、教育章程、教育規劃報告書、教育統計、教學大綱、教科書、會議紀錄、研究報告書、官方統計資料、國際組織的統計資料等，都是文件分析的資料。研究者設定研究議題之後，找尋有關的文件，經過篩選適切及可用的文件之後，再評閱與整理相關文件內容，最後撰擬報告。篩選文件應瞭解文件的屬性，文件資料可以區分為第一手資料（first hand data）與第二手資料（second hand data），前者是官方與組織所發布的原始統計或文件資料，透過這些資料分析之後，可以瞭解國際教育現象。國際比較教育學者撰寫的教育專著，或某位教育思想家文稿、札記與相關文件也是第一手資料。國際組織發布的統計資料、期刊論文對當事人的介紹，也可以視為第一手資料。國內外有關各國教育專業論著、經過他人詮釋與組織整理之資料，屬於第二手資料。國際的文獻資料及統計資料也是文件分析之一。蒐集國際統計資料，篩選所要的資料及變項，並依檢定過程統計分析獲得結論，又稱為次級資料分析，它以現有統計資料做為研究問題分析資料。為求研究結果的準確性，研究應以第一手資料為主。

Gordon與Jallade（1996）運用歐盟的統計資料分析十二個會員國的留學生情形發現：(1)1993年至1994年英國及法國接受歐盟國家留學生最多，不過留學到這兩個國家的原因迥異，較多學生留英的主因是英國學制提供工程及商業類科的三年學習，而法國在這方面較少；(2)接收留學生較少的國家為丹麥、荷蘭及葡萄牙，主因是這些國家的母語較少在歐盟國家的中等教育中被使用，因

而影響三個國家接收學生人數；(3)德國及西班牙往海外留學的學生很多，可是兩國的大學卻很少接收他國留學生，主因是語言與入學方式、學習時間與課程組織無法滿足外籍生的需求或學生入學的困難度較高。

Geissinger（1997）蒐集巴布亞紐幾內亞的相關文件分析指出，巴國的女生就學狀況受到地理、心理社會及經濟因素影響，1996 年女學童僅有 68% 進入國小就讀，而這些學童並無法完成六年級學業；多數女學童無法就學原因是政府預算欠缺，人事費用不足，更不用說學校建築費用，所以 1996 年約有 30% 學童無法進入小學就讀，此外，經費受限，學生沒有基本的學習必需用品，如教科書、粉筆、鉛筆及黑板；因為多數女學童居住在遙遠鄉間，無法瞭解現代女性的角色以及沒有強烈的動機想要接受教育，更不用說要接受教育訓練以獲取有薪資的工作，加以傳統巴國的社會及文化價值觀有保男捨女觀念，女性接受教育機會更少。

Buchmann 與 Hannum（2001）評論了開發中國家教育不公平（inequality）之相關研究，歸納過去實證研究對於教育機會不公平因素，包括鉅觀的結構力量可以影響教育與階層的因素、家庭背景與教育結果因素、學校因素，以及教育可以影響經濟及社會流動因素，該研究整理許多實證研究，包括對於非洲、亞洲及拉丁美洲國家的教育與社會階層及理論的觀點，最後再歸納出研究發現。

上述例子說明，國際比較教育研究運用了相關的文件資料、過去研究及報告或官方的統計數據（並未涉及推論統計，僅屬描述性），在整理與分析之後，對於國際教育現象的發展進行說明。

貳、比較分析法

比較分析法（comparative analysis method）是把客觀事物與社會現象，選用相同項目，設定相同標準，加以比較，以達到認識事物與社會現象本質和規律，並做出正確的價值判斷。國際比較教育研究分為縱向比較與橫向比較。縱向比較是一個國家（或地區）的教育發展，在不同歷史時期表現的比較，也可

以是兩個或兩個以上國家或（地區）的教育發展，在不同歷史時期表現的交叉比較。這是對於教育現象發展比較，藉以分析教育發展變化的規律。例如，比較 1960 年與 2000 年世界地理區（亞洲、美洲、歐洲、大洋洲、非洲）的中等教育在學率擴充，需要對於中等教育在學率給予操作型定義，再界定世界各地理區域範圍，接著研究者蒐集 1960 年及 2000 年各國教育在學率分析，從跨年代中瞭解中等教育在學率變化情形，甚至瞭解中等教育在學率擴充變化的背後意義。然而，橫向比較是對同時共存的國際教育現象與事物比較。它是對兩個國家（或地區）、多個國家（或地區）的某個教育現象與教育指標，甚至整個教育體系做比較，分析教育現象與事物的異同，發現各國教育共同規律與受各國社會與文化表現的特殊教育現象。

　　比較分析法有其具體的步驟。洪雯柔（2000）以 Bereday 在比較教育研究方法──描述、解釋、併列與比較的步驟進行修正，她認為比較分析法步驟如下：(1)鎖定問題：辨識與釐清問題，揭示問題面向；(2)描述：依據問題性質進行教育資料的分類、蒐集與整理歸檔；(3)解釋：運用與主題之社會脈絡相干的其他學科來解釋資料；(4)併列：將已解釋資料加以並列，凸顯比較所賴以進行的基礎；(5)提出假設；(6)檢驗假設與比較異同：從比較分析中檢驗假設，並提出依據「共同點」建立的通則或依差異點而劃分類型；(7)反省與建議：在比較之後，對本國教育發展提出反省與建議。上述的比較方法是傳統國際比較教育採用的方法之一。

參、歷史研究法

　　歷史研究法是從歷史資料，如官方文件、日記或資料，研究過去所發生的事件，從錯綜複雜的歷史，歸納相關事件之關係與找出事件發展的規律，做為現在借鏡和預測未來的基礎，所以歷史研究具有鑑往知來的功能（郭生玉，1987）。進行歷史研究著重於幾個重點：(1)史料的鑑定，判斷史料的真偽。史料為真，史料的解釋扮演重要角色──為使研究達到客觀和科學，盡量避免個

人偏見影響研究結果；(2)批判的精神，它是歷史研究歷程的重要特徵——研究者對史料必須擁有充份證據，加以客觀鑑定，接續對文件內容進行合理的批判。歷史研究過程如下：選定問題、蒐集史料、鑑定史料、建立假設、解釋和報告研究的發現。歷史研究法的研究價值取決於研究者是否有能力批判歷史資料的真偽、其內容意義與可靠性，所以歷史資料的鑑定很重要。

在國際比較教育研究上，Sweeting（2005）指出，比較方法的歷史研究，係對一個比較任務追蹤過往的想法和知識的概念化，在不受時空限制下，進行研究的方式。它能夠以多元學術性的過程描繪比較研究的理論框架。在研究中從各地區的教育史出發，奠基在不同時間和地點，對地區的社會、文化和教育進行論述。以歷史研究法進行國際比較教育分析的例子不少。Cárceles（1990）運用 UNESCO 統計資料分析 1970 年至 1985 年世界各地理區及國家的文盲率及識字率，發現幾個現象：至 1985 年止全球有 23 億 4,600 萬人識字，而有 8 億5,700 名文盲，約占全球的 26.8%，其中男性為 3 億 4,200 萬名，女性為 5 億1,500 萬名；在這些文盲人口中居住於開發中國家者有 2,000 萬名；若以世界地理區域來看，非洲有 1 億 6,200 萬名、拉丁美洲與加勒比海為 4,400 萬名；女性比男性文盲率高，尤其是非洲及亞洲的兩性差距更大；在 1985 年人口超過 1,000萬名文盲的國家為印度（該國文盲人口率為 56.5%）、中國大陸（30.7%）、巴基斯坦（70.4%）、孟加拉（66.9%）、奈及利亞（57.6%）、印尼（25.9%）、巴西（22.3%）、埃及（55.5%）、伊朗（49.2%）。在年齡層的分布上，1970年非洲、拉丁美洲與加勒比海、亞太地區以三十五歲至三十九歲以上的人口群較多，1985 年則以四十五歲至四十九歲以上的人口群較多。Koucky（1996）以中歐國家在國家發展轉型為例，深入分析中歐國家的教育發展史，接著對教育發展變化分析與比較發現，1989 年至 1994 年中歐國家的轉型之中，教育參與率、教育經費需求及教育經費支出都隨著年度的推移而有明顯增加。

Belle（2000）分析拉丁美洲國家的非正規教育（non-formal education）之演進指出，1920 年代拉丁美洲就有非正規教育活動方案，推動方式包括以社區為基礎方案、識字活動、基礎教育、社區發展、技術職業教育、擴充教育、民

意提高、大眾化教育與社區學校來進行；自 1950 年代至 1980 年代拉丁美洲與加勒比海國家對非正規教育有許多創新的方案，例如古巴與尼加拉瓜有改革運動、墨西哥與玻利維亞有社區為基礎的管理、巴西與智利在民意高漲下努力識字方案的推行、哥倫比亞與厄瓜多有以收錄音機來提高識字率；1940 年代至 1950 年代哥倫比亞運用天主教教堂以收音機傳達學習內容來教導人民識字；1960 年代及 1970 年代拉丁美洲國家受到各國經濟發展影響，也提高了人民所得，在此基礎上，有許多國家更提倡識字教育，如巴西在 1967 年提出識字方案，要求 86% 國民要有識字課程的學習；巴西的教育學家 Freire 更在其國家的東北貧困地區運用戲劇、影片及收音機來替代學校，教導人民識字，提高政治參與及社會關懷。自 1980 年代之後，非正規教育被視為社會經濟發展的一部分，各國以學校正規教育為優先，加以經費不足，拉丁美洲的非正規教育活動受到不良影響；不過 1980 年代也有很多非營利組織對於非正規教育投入資源及人力。上述的分析方式透過過去史料及資料對於教育發展深入分析，也是歷史研究例子之一。

肆、俗民誌法與批判俗民誌法

俗民誌研究法（ethnomethodology method）在社會科學已有一段發展歷史，然而自 1980 年開始，人類學與社會學的詮釋學逐漸和新馬克斯及女性主義理論交融，在教育領域中形成「批判俗民族誌」（critical ethnography）（李嘉齡，2002）。批判俗民族誌是批判社會理論（critical social theory）和俗民族誌方法（ethnographic methods）的結合，一方面表達對傳統社會學理論向來忽視行動者的結構論述（如階級、父權……等）不滿，另一方面凸顯出詮釋現象學方法無法展現社會結構的限制（social structure constraints），這些限制如何對當事人眼中或口述的真實（即俗稱的故事）發生作用（夏林清，1999，頁109）。批判俗民誌在教育領域試圖在鉅觀與微觀之間走出第三條路（方永泉，2002），一方面強調意識型態與政治、歷史、經濟等鉅型分析的重要性，一方

面又無法放棄行動者的主體性與教育本身蘊含的解放潛能。

　　過去國際比較教育研究採取結構功能論為依據較多，主因是重視價值中立，強調統計數據、科學法則，執著於線性觀點，吸引許多研究引述及參照，形成國際比較教育發展高潮（吳麗君、李錦旭，1993）。然而，以宏觀思考國際比較教育研究，未能瞭解微觀現象也受批評。過於瞭解學校制度，甚至國家教育制度差異，無法瞭解學校教育實際運作過程，更無法掌握學校內部實際活動與師生內心真實感受。這代表國際比較教育發展必須逐步採取「主觀認定」的相對主義，重視研究主體的地位與價值（李嘉齡，2002）。傳統俗民誌研究做法，在於個案研究使得比較教育的「比較」特色無法彰顯，讓國際比較教育與其他教育學科的界限模糊不清（楊思偉，1996）。批判俗民誌論點強調的重點如下（甄曉蘭，2000，頁 375-376）：重視研究對象（本地人／當事人）對於他們所處生活世界的「觀點」，以發覺「局內人取向」（emic）語言或行為結構的特殊意義，而不是探詢語言或行為表面特性的「局外人取向」（etic）觀點，對所蒐集的資料，諸如田野札記、錄音與文件資料進行深入解析，以深度描述（thick description）方式處理所有的認知線索、隱喻和意義，而非表面的事實陳述或浮光掠影似的描述。它重視整體文化的情境與結構，從整體觀點（holistic view）看待社會現象，並掌握研究對象在生活世界的重要儀式、表徵系統、文化意涵、社會結構與價值體系。批判俗民誌要去除研究者個人的「我族中心主義」，體察研究者的歷史、文化與研究傳統及其對自身與對他人的概念在研究過程中可能產生的影響，以及反省研究目的與研究過程中可能衍生的倫理課題與政治議題。Crossley（1990）、Crossley 與 Vulliamy（1997）、Troman 與 Jeffrey（2007）、Rust（2003）就認為，在解釋許多開發中國家的社會，國際比較教育應以質化研究以及俗民誌方法來研究，而非以量化及統計檢定的研究。Ames（2012）對於秘魯的國小原住民學生權利提出批判，以兩年時間觀察兩位貧窮的原住民學童分析教育的不公平發現，原住民學生在其語言及文化中被抽離，對原住民學生學習表現產生負面影響。總之，俗民誌強調研究對象的主觀性及微觀透視研究對象心靈及內在特性的重要性，這與功能主義的

論點大異其趣。

第二節　實證取向研究法

壹、實驗研究法

自然科學研究幾乎都應用實驗研究法，藉由操弄自變項來觀察依變項發生系統性變化，再確定變項之因果關係。實驗研究法是最可能確定因果關係的研究方法，也是最能達到解釋、預測和控制行為（或現象）的科學研究方法。實驗研究有幾項特徵：(1)隨機化：即隨機抽樣與隨機分配（分派樣本於實驗組及控制組之中），讓母群體中每一個單獨樣本被挑中的機會均等，以及隨機分配於不同實驗情境的組別，被挑中的每一個單獨樣本接受任何一種實驗處理機會均等；(2)控制變項：實驗研究透過控制變項來增加實驗變異量、排除無關變異量、減低誤差變異量；(3)強調因果關係：實驗研究強調投入的自變項對依變項之影響，也就是強調變項之間的因果關係。實驗研究法目的在於：實驗變異量的控制，在實驗過程中讓實驗變項的變異量最大、控制干擾因素造成的變異量、使誤差變異數變為最小。

國際比較教育的實驗研究，可以透過選取不同教學方法或實驗設計，對有相同起點行為的兩組學生進行實驗處理，以瞭解實驗組與控制組別在研究結果是否有明顯差異。倘若有明顯不同，代表實驗處理有效，反之則否。然而，進行跨國的實驗研究不容易，因而這種研究方法較易執行於同一個國家、學校或班級的實驗方案。接著瞭解實驗組與控制組的差異情形。

在國際比較教育研究中，實驗研究法可運用於比較不同的教學方法對於學生數學成就的影響程度。在此，分析單位為不同的兩個班級，一班為實驗者所要操弄的教學方法（如建構式數學），另一班為控制組，即為控制在某一種教

學法，如實施傳統數學教學方法。研究者在經過一學期實驗之後，來瞭解這兩個班在數學成就是否有明顯不同。在跨文化研究中，實驗研究法有其困難：(1)各國的文化與民族性不同，縱然對於一組實驗，一組為控制組，也很難將其研究發現推論到不同的文化之中；(2)若是兩組來自於不同文化的學生，此時就很難進行跨文化比較，畢竟不同文化的受試者，在實驗起點行為不一，或實驗過程所使用的相關實驗活動或器材，也會有跨文化的認知差異。Rust、Soumaré、Pescador 與 Shibuya（1999）分析 1985 年代至 1995 年發表於國際比較教育期刊論文發現，在其歸類的九種國際比較教育研究類型之中，並沒有實驗研究所形成的文章發表；雖然國際比較教育研究者認為，此類型研究有其重要性，但是無法真正讓學生來實驗，他們指出，世界銀行（World Bank）於 1980 年代在巴西設立實驗情境來瞭解鄉村居民接受教育方案的識字改善程度，實驗過程有控制組及實驗組分配，被實驗處理與被視為控制組的樣本都不願被實驗，後來也宣告實驗失敗，就可見其困難度。

總之，國際比較教育要進行實驗研究有其困難，若要以實驗研究法來進行比較分析，應遵守實驗研究法的隨機化、精確的實驗設計（要有實驗組與控制組），以及讓實驗處理效果愈大愈好，實驗誤差愈小愈好的原則。

貳、問卷調查法

問卷調查法是國際比較教育研究中常使用的方法之一。國際比較教育應用問卷調查法的步驟如下：首先確認國際比較教育研究問題，其次確定研究目的。當研究問題與目的設定之後，接著要有研究工具，其工具可有標準化及非標準化者。如果為非標準化者，研究者必須要有設計問卷的能力。在設計具有信度及效度的研究工具之後，進行施測蒐集資料，最後再對資料進行統計分析。

而設計研究工具必須掌握幾個重點：(1)確定研究目的與要蒐集的資料，即研究工具究竟目的何在？要瞭解哪些研究問題；(2)決定問卷形式，要用開放題型或是封閉題型，它要考量問卷調查方式（郵寄或面談方式）、資料分析（多

變項統計或單變項統計），以及研究樣本屬性（不易蒐集或易蒐集）；(3)擬定問卷題目，除了正式題目之外，也試著擬定幾題反向題，並瞭解這些反向題的可用性及可以監測有無亂填寫者；(4)修正問卷，透過專家及學者意見修正問卷內容；(5)預試，根據專家學者給的意見修正問卷進行預試，以瞭解問卷可行性；(6)檢定問卷性能，運用因素分析、信度分析或有關統計方法檢定問卷性能；(7)編輯問卷及實施說明（張芳全，2014）。

當研究工具信度及效度確立之後，就可以大規模調查。問卷調查第一步驟應先界定母群體，瞭解母群體特性及母群體大小；接著宜思考要運用哪一種抽樣方法，抽樣方法包括隨機抽樣與非隨機抽樣方法，前者包括系統抽樣、簡單隨機抽樣、叢集抽樣及分層抽樣，這些抽樣方法都讓母群體的樣本均有抽中的可能，抽中樣本宜具有代表性。後者是研究者有特定研究目的所抽取的樣本。問卷調查法將蒐集到的資料進行統計分析，最後獲得研究結果。在跨文化的調查研究更應瞭解，研究工具所調查內容是否在不同文化下為相近內容，否則調查之後的分析結果難以比較。

Konstantinovskiy（2012）運用 1963 年、1983 年、1994 年、1998 年及 2004 年問卷資料，每年約有 1,000 筆樣本，受訪包括九至十年級學生及家長，以分析俄羅斯的社會不公平與高等教育可接近性（access to higher education）情形；生活機會公平是蘇聯重要的意識型態之一，但這卻是外界對蘇聯的迷思。傳統上，孩童是特權團體，其可以獲得教育及專業訓練較多，這對於他們後來的生活及生涯有助益；其研究顯示，在後蘇聯時代，並沒有縮減社會差異，這可以從是否可接近高等教育情形清楚看出，家庭經濟不良及居住鄉間的中等教育學生不公平持續增加，使得中等教育學生要進入高等教育及職業訓練產生困擾，就是很明顯的情形。

Kwon（2003）比較英國及南韓幼兒教育特性時，設計以問卷調查九十一位英國學前教育教師及八十四位南韓學前教育教師，調查發現如表 6-1 所示，表中看出，英國教師比較強調學童發展；而南韓教師則強調內在動機的學習、教師是協助者角色、強調學童競爭與運用學習單、自由選擇遊戲，以及工作與遊

表 6-1　英國與南韓的學前教育教師在教育理念的調查

| 項目 | 國家 | 非常同意 | | | | 非常不同意 |
		1	2	3	4	5
強調學童發展	英國	35.2	54.9	6.6	3.3	
	南韓	10.7	56.0	16.7	14.3	2.4
強調學童內在動機學習	英國	20.9	29.7	25.3	24.2	
	南韓	35.7	34.5	17.9	8.3	3.6
讓學童自由選擇遊戲方式	英國	37.4	36.3	15.4	6.6	4.4
	南韓	58.3	25.0	14.3	2.4	
強調統整學習	英國	40.7	47.3	6.6	5.5	
	南韓	44.0	25.0	21.4	8.3	1.2
教師扮演協助者角色	英國	18.7	68.1	7.7	1.1	4.4
	南韓	36.9	46.4	4.8	8.3	3.6
運用競爭方式強調學習	英國	-	6.6	22.0	27.5	44.0
	南韓	2.4	48.8	23.8	13.1	11.9
遊戲時間與工作時間分開	英國		16.5	4.4	37.4	41.8
	南韓	11.9	27.4	22.6	16.7	21.4
運用學習單	英國		9.9	29.7	29.7	30.8
	南韓	1.2	32.1	28.6	15.5	22.6

資料來源："A comparative analysis of preschool education in Korea and England", by Kwon, Y.-I., 2003, *Comparative Education, 39*(4), 479-491.

戲分離；而兩國都強調學童的統整學習。

　　其實，國際比較教育研究運用問卷調查法者不少。IEA 主導的 PIRLS 與 OECD 主導的 PISA 為兩大國際閱讀測驗，PIRLS 聚焦於國小教育後期（國小四年級）閱讀成就，PISA 著重於國中教育（十五歲），兩者給予受測國家對其國民教育在閱讀教學之完整描繪，但是都透過問卷調查對參與會員國進行施測，評量的對象包括學生、教師、學校與家長，對這四類受試樣本均設計出問卷，接著再進行調查。跨國的問卷調查研究之問題在於：各國文化、社會結構與經濟發展不同，設計的問卷題目對於不同國家之受試樣本填寫，會有資訊不對稱

情形。例如,有些國家為內陸國家,有些為四面環海國家,有些國家在南半球,有些國家在北半球,也有些國家教育制度為中央集權,有些是地方分權,因為國情不同,所設計的問卷題目,難以對不同國家樣本施測。面對此問題,研究者宜瞭解各國的文化背景及社會結構與教育制度,再設計問卷;或者找相同發展類型的國家及地區,再進行問卷設計,從事調查會更具說服力。

參、次級資料分析法

次級資料分析法(secondary data analysis method)是指研究者從國際、官方或相關組織中所發布的統計資料,進行蒐集與篩選,接著研究者配合研究所提出的理論模式或研究架構,以所蒐集資料來檢定所建構的模式,獲取結論及提供建議等研究過程。在國際比較教育研究中,運用次級資料法來對現有資料分析具有不少優勢:(1)研究資料可以重複操作,不會受到時空環境的限制,就如TIMSS、PISA、PIRLS等資料庫,研究者可以在不同國家,從網路取得各國資料與分析資料;其他研究者若對於某一研究有疑慮,亦可以重複地操作該份資料,來獲得驗證;(2)它具有便利性,可以透過次級資料庫選擇與研究有關的變項分析,研究資料不需要再進行問卷調查(設計問卷、抽樣及進行施測)或實驗設計,在資料蒐集時間上有其便利性;(3)它具有比較性,可以將資料庫所擁有的國家或個人資料納入分析,結果可以有意義地比較;(4)大型資料庫具有樣本大、施測一致性,可以運用叢集取樣來抽取同一學校與班級學生調查;(5)透過次級資料分析可以驗證學理,尤其透過大型資料庫擁有大樣本來驗證學理,其研究結果準確度比較高,這有別於研究者自行編製研究工具,所進行的問卷調查與實驗方法蒐集資料。然而,次級資料分析法限制是:它僅能從現有資料中,挑選出適合資料分析,無法完全依據研究者所要的研究設計蒐集資料,倘若研究者所要的資料,在次級資料庫沒有,就僅能運用替代變項,做為估計的變數,其準確度可能會受到限制。

Orr(2003)使用 1979 年美國的年輕人縱貫調查資料庫(National Longitudinal Survey of Youth, NLSY），樣本數為 3,000 名，對於影響黑人與白人學習成就的因素研究發現，家庭中子女數愈少、母親已婚的年數愈長（代表母親經驗較為豐富）、母親育兒態度愈積極、家長職業聲望愈好，以及家庭經濟所得愈高，其子女的學習成就愈好；在控制相關的家庭經濟所得、家長教育程度、文化資本及家中子女數之後，黑人子女學習成就仍然明顯低於白人。Marjoribanks（2004）運用澳洲年輕人縱貫調查資料庫（Longitudinal Survey of Australian Youth），該資料庫是從 1995 年對於九年級學生追蹤到 2000 年，其男生樣本有 4,213 名，女生為 3,676 名，運用迴歸分析找出影響學生學習成就的因素發現，亞洲籍、中東國家籍與南歐國家籍學生數學成就明顯較高，而英國血統的澳洲籍與英國籍則明顯比起其他族群低；社會階層愈高，先前的學習成就愈高，學術型自我概念、教育期望愈高，其學習成就愈好，而女生的數學成就明顯低於男生。McDaniel（2010）運用 HLM 對二十九個國家參與 PISA 2003 資料進行分析，共有 18,07 名學生，依變項為學生最想完成最高學歷，自變項包括性別、家長教育程度、家長職業、學習能力及對學校態度；國家層次的變項為教育分化程度（level of differentiation）、高等教育就學率變化（change in tertiary enrollment）與女性高等教育在學率（female tertiary enrollment）。研究發現，有十九個國家的女學生期望完成高等教育顯著高於男生，例如，匈牙利期望完成高等教育的比率最大，女生期待完成學術型的高等教育比起男生多出 150%，然而美國在此比率僅有 21%；而奧地利、丹麥、芬蘭、德國、盧森堡、荷蘭、紐西蘭與瑞士在這變項關係為正向，但沒有顯著影響，只有日本是男生顯著高於女生。

　　再如，Wang（2004）以香港和美國學生 TIMSS 2003 調查資料分析學生家庭背景對數學成就之影響，迴歸分析顯示，香港與美國學生家庭背景對數學成就有顯著影響如表 6-2 所示，模型因素可以解釋香港和美國數學成就變異量各為 32% 及 34.9%，而對於結果發現的討論如下。

　　首先，就香港來說，有六個因素對數學成就有正向影響。母親對孩子有高期望、有特定的目標希望孩子進入資優班、豐富的家庭資源、家中藏書量多、

表 6-2　家庭背景因素對數學成就影響

變項／國家	香港		美國	
	b	*β*	*b*	*β*
母親一般期望	3.72	.04*	1.83	.02*
母親特定期望	3.61	.03*	9.31	.09*
家長教育程度	−0.69	−.01	7.58	.08*
家庭教育資源	6.65	.06*	6.05	.07*
家中藏書量	4.10	.05*	9.82	.14*
家長出生地	−1.90	−.05*	1.48	.01
與生父居住	4.58	.02*	4.00	.05*
與生母居住	3.34	.03*	1.33	.02*
與祖父母居住	−0.36	.00	−13.76	−.05*
手足數	−1.85	−.02	1.13	.01
課後學習時間	9.33	.09*	−0.86	−.01
課後補習	−3.14	−.03*	−8.03	−.08*
數學／科學社團	−4.01	−.02	−1.38	−.01
看電視時間	−5.79	−.06*	−6.18	−.07*
缺席率	−4.00	−.14*	−1.65	−.07*
蹺課	−9.85	−.04*	−4.95*	−.03*

*$p < .05$

資料來源："Family background factors and mathematics success: A comparison of Chinese and US students", by Wang, D. B., 2004, *International Journal of Educational Research*, *41*, 40-54.

與生父居住、與生母居住。學生家長出生地不是香港，其數學成就比家長出生地為香港的學生好。家長教育程度與家中手足數似乎沒有影響香港學生數學成就。花時間在課後學習能提高香港學生數學成就，但是參加課後補習反而對香港學生數學成就有不利影響。看電視時間與學生數學成就為負相關。學生花大量時間看電視與錄影帶、玩電腦遊戲、與朋友聊天玩耍、經常蹺課和較高缺席率者，數學成就較低。

其次，就美國來說，有七個變項對美國學生數學成就有正向影響。學生得到較高的數學分數是當學生的母親對他們有較高期望、學校表現較好且會進入

資優班。同樣地，學生家長有較好的教育程度、豐富的家庭教育資源與藏書量，且與親生父母住在一起，而不是與繼父母同住，獲得較高的數學分數。花時間在課後學習似乎沒什麼區別。參加課後補習與美國學生的數學成就為負相關。學生花大量時間看電視和影片、玩電腦遊戲、與朋友聊天和玩耍、蹺課和有更多的同儕一起缺席，傾向於得到較低的數學分數。

最後，對於香港與美國之比較來說，家庭環境是共同解釋影響數學成就的重要因素。兩地在六個家庭環境因素呈現正向影響，一個沒有影響。香港與美國的母親期望高、其學校表現較好且會進入資優班、豐富的家庭教育資源與藏書量，和與生父母而不是繼父母住一起的學生數學成績較好。而美國學生，與祖父母一起住，其數學表現呈現負向影響，香港學生則不然。家長教育程度高是影響美國學生數學成就表現的重要因素，香港則不然。父母親出生地對美國學生的數學表現不是重要因素。然而，香港學生家長若非本地出生，其數學傾向較高成績。課後學習時間有助於提昇香港學生數學成就，但是未能影響美國學生數學成就。香港與美國學生參加數學社團（club）沒有影響數學成就，而香港和美國學生參加課外補習則有較低的數學成就。至於在三個校外時間因素：看電視時間、蹺課和學生缺席率對兩地都會阻礙學習成就。香港和美國有相同的正面與負面預測變項數，雖然這些相同因素在預測數學成就有不同結果。簡言之，香港和美國學生在數學成就的預測變項中，七個變項有正面影響，四個沒有影響，有五個為負面影響。

總之，上述說明國際比較教育研究方法，當然還有其他社會科學的研究方法不在介紹之列，這不代表國際比較教育沒借用這些方法。就如 Crossley 與 Vulliamy（1984），以及 Lawrence（1979）強調運用個案研究法於國際比較教育研究之中，就是一個明顯例子。

第三節　統計在國際比較教育研究之應用

　　雖然實證主義在國際比較教育研究受到許多爭論（樊秀惠，1998），但是它所獲得的知識較為科學與可以驗證。實證研究方法以邏輯實證論（logical positivism）為主，它包括形式邏輯分析和辯證邏輯分析，運用數據及科學研究論證來形成知識。形式邏輯分析包括分析、綜合、抽象、概括、判斷、推理（歸納與演繹）等，對社會現象探討，並以理性及客觀的事實進行邏輯推論；而辯證邏輯分析包括運用辯證法的規律與範疇分析，來探究知識。邏輯實證論強調對研究問題宜運用客觀資料，在合理假說檢定下獲得結果。邏輯實證論檢定過程需要統計方法檢定，才易獲得客觀知識。Noah 與 Eckstein（1969）強調科學化國際比較教育研究係運用有系統及科學的觀念分析。雖然此取向也受批評，但是它有益於國際比較教育研究科學化。Noah 與 Eckstein 論點見陳慧璇（1999）的《H. J. Noah 與 M. A. Eckstein 比較教育理論與方法之探析》。統計是國際比較教育研究在尋求科學化的很好途徑之一。以下說明統計在國際比較教育研究的應用。

壹、統計檢定步驟

　　社會科學所提出要檢定的問題，其統計假設檢定步驟相當科學。首先明確界定研究問題，接著蒐集大量文獻評閱，來釐清研究問題可行性。在文獻評閱之後，發現研究問題沒有價值，此時宜重新思考研究方向。若在文獻評閱之後發現，所設定的研究議題具有價值與值得分析，可以找出過去研究有哪些發現、哪些研究結果有爭議，或哪些研究發現仍有存疑。接著經由評閱這些文獻之後，推導出研究假設。當研究假設成立之後，必須思考研究對象，以國際比較教育研究來說，就是分析單位的確立、確定納入的研究樣本數及研究範圍設定。易

言之，過程中對母群體界定，接著抽取代表性樣本，運用研究工具蒐集資料，再將蒐集資料透過統計分析以獲得結果。最後對研究結果深入討論與詮釋。此種過程又稱為假設檢定過程。統計假設檢定步驟如下。

步驟一：感受值得研究的問題與確定問題

研究是對於問題尋找合理解決方案的過程。因此，第一個步驟要有具體可以研究的問題，並以此問題為依據，對於研究問題進行研究設計。在國際比較教育研究上，讓研究問題可以具體化操作、文獻蒐集與評閱，並從文獻評閱中釐清研究問題。確定研究問題的標準在於：研究問題所呈現的研究變項明確性、可比較性及可操作性；題目明確性是指研究變項與研究構念明確，例如，研究問題為各國高等教育擴充、所得分配及經濟發展之研究。上述的題目有三個構念（變項）：可以對於高等教育擴充、所得分配及經濟發展明確界定與測量，以及可以找到相同年度的跨國資料分析。若上述兩項問題都可以解決，統計分析及詮釋資料能力與時間和研究人力配合，其研究題目是具體可行的。

步驟二：提出研究假設並轉化為統計假設

實證科學研究提出的假設分為研究假設和統計假設。研究假設不涉及統計符號陳述，而是運用文字來敘述變項之間的假設關係，而統計假設則以統計符號來陳述變項之間的假設關係。統計假設包括虛無假設（null hypothesis）和對立假設（alternative hypothesis），前者是研究者所不期待的假設，後者是過去研究所發現的與事實相接近者，是研究者期待支持的假設。接著要分辨檢定是單側檢定（one-tailed test）或雙側檢定（two-tailed test），確立單側或雙側檢定之後，再提出對立假設 H_1 與虛無假設 H_0。若假設的符號中不含「＝」的就是對立假設。撰寫假設形式如下。

如果研究假設是具方向性的，其寫法如下：

$H_0：\mu_1 \leq \mu_2$

$H_1：\mu_1 > \mu_2$

如果研究假設是沒有方向性的，其寫法如下：

$H_0 : \rho = 0$

$H_1 : \rho \neq 0$

步驟三：依據樣本之特性決定統計方法

　　研究者根據 σ（母群體的標準差）已知或未知，決定適當統計方法。此時研究者對於母群體的特性應先掌握。國際比較教育研究在樣本的取得就依研究者是以國家、地區、學校、班級、學生、族群之特性，來決定統計方法。以國家為樣本來說，目前全球不分國家人口數多寡及地域大小，約有二百個國家。受到跨國資料不完整的影響，許多國家部分變項缺失，因此跨國研究不太可能將所有樣本都納入分析。最多僅能從這二百個國家抽出部分樣本或立意取樣，如依國民所得高低、國家現代化程度或某一項國家發展指數高低來篩選國家，或依據資料的完整性分析，此時就沒有涉及到抽樣的問題。

　　統計學原理指出，若母群體在某一個變項具常態分配，代表母群體的標準差已知，或是在大樣本之下（樣本數超過三十筆以上）也算具有常態分配特性。就如在分析各國經濟發展與高等教育在學率之關聯，此時納入的國家最好有三十個國家以上。在社會科學研究，如調查研究常為大樣本，因而納入分析的樣本假設具有常態分配，所以母群體的標準差視為已知。在樣本數決定之後，就要決定資料處理方法。此時就應依研究目的、納入的研究變項屬性（類別變項、等級變項、等距變項及比率變項）、研究變項數（單變項統計或多變項統計），以及研究層面的多寡（例如分為單一層、兩層或三層的資料，就運用不同統計方法，若超過兩層可以運用多層次模型來分析）來選用統計方法，這部分見張芳全（2022）的《統計就是要這樣跑》（第五版）。

步驟四：宣稱願冒錯誤大小與劃定拒絕區

　　實證研究的統計檢定，將犯第一類型錯誤概率以 α 表示，α 又稱為顯著水準（significance level）以下的拒絕區域（rejection region），它代表可以容忍犯

錯程度，通常採用 .05 或 .01，α 設為 .05，表示若 H_0 是真實的情形，一百次出現五次的機會，若研究要更為嚴謹，也可以將顯著水準訂得更低。然而，α 顯著水準如果訂得愈寬鬆，第二類型錯誤的犯錯機會也會提高，研究的價值與推論降低。實證取向的國際比較教育研究需要對於統計推論的犯錯機率予以劃定，才可以做為裁決統計分析結果的依據。

步驟五：據統計檢定結果進行裁決與解釋

針對上述劃定的犯錯機率值做為裁決的依據，如圖 6-1 為單尾檢定（或單側檢定）以 .05 做為臨界值。此時就要判斷是接受對立假設或虛無假設，圖 6-1 (a)、(b)灰色地區為拒絕虛無假設區，白色區域為接受虛無假設區，如果落入拒絕區，代表要拒絕虛無假設，接受對立假設，最後再針對統計檢定的研究結果進行解釋。

若是不強調要比較研究變項的方向性，只強調是否有差異的假設檢定，即雙測檢定，其拒絕區及接受區如圖 6-2，拒絕區（$\alpha/2 = .025$），較難達到顯著水準，也較不容易拒絕 H_0。

在國際比較教育研究中，對上述統計檢定的裁決結果進行解釋相當困難，它需要統計的專業知識與對於分析議題深入掌握，尤其跨國研究涉及到各國教

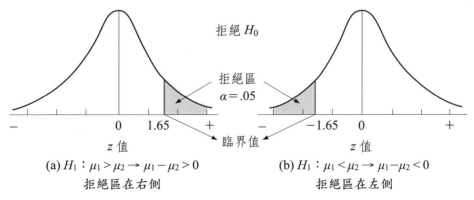

(a) $H_1 : \mu_1 > \mu_2 \rightarrow \mu_1 - \mu_2 > 0$
拒絕區在右側

(b) $H_1 : \mu_1 < \mu_2 \rightarrow \mu_1 - \mu_2 < 0$
拒絕區在左側

圖 6-1 單側檢定的拒絕區與接受區

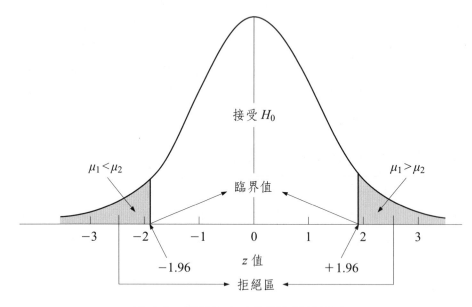

$$\text{接受 } H_0$$

$$\mu_1 < \mu_2 \qquad \mu_1 > \mu_2$$

臨界值

$-3 \qquad -2 \qquad -1 \qquad 0 \qquad 1 \qquad 2 \qquad 3$

$-1.96 \qquad z\text{ 值} \qquad +1.96$

拒絕區

圖 6-2　雙側檢定的拒絕區及接受區

育發展的歷史、政治、經濟、文化及社會結構的影響，所以對於上述的因素要能掌握，才能對於研究結果深入地解釋。研究結果的比較及詮釋之要領如下。

　　第一，跨國資料的統計分析結果之解釋需要適當的理論依據，並應考量所選用的各變項之背後原因深入的討論。研究者所獲得的發現，可能僅有幾項數據，但是要對於所獲得數據依各國納入的變項來解釋，卻需要對於教育、政治、經濟及社會結構等脈絡深入討論，否則很容易淪為統計操作，而沒有國際比較教育的研究精神。

　　第二，應結合分析單位及研究變項深入說明脈絡性的討論。假若所進行的並非以國家而是以行政區、地理區、學校、班級等亦應結合這些分析單位的脈絡特性進行討論與說明；如果是以個人為分析單位，此時應說明個體在教育或家庭或相關脈絡環境下，所產生的效果，如此將結果與脈絡結合的討論，詮釋及分析才算是國際比較教育。

　　第三，國際比較教育強調的是比較與詮釋，得到研究結果之後的比較頗為

困難，有些研究僅有實證結果的資料發現，難以運用歷史、文化、經濟、政治或國家的相關脈絡來深入比較與詮釋，即它並無法進行比較，此時就不要淪於為比較而比較，相對地，可以運用相關的理論及過去相關的研究結果，來與實證結果深入討論對話，讓研究結果發現更具有意義及價值，這也是在科學化國際比較教育研究中應正視的。

　　總之，統計資料處理是科學化國際比較教育的重要方式，然而分析國際教育發展現象的資料之後，應如何讓研究結果與理論及過去研究結果產生對話與聯結，這才是國際比較教育的研究重點，否則容易淪為統計操作，以及無法形成有意義的國際比較教育研究的論述了。

貳、國際比較教育研究的實證例子

一、例子

　　國際比較教育的科學重要性之一在於建立嚴謹的統計檢定過程。然而，此科學驗證過程，並不是科學化國際比較教育的全部。在國際比較教育建立科學比較的前提，宜有相同比較之教育指標或變項，對於變項進行操作型定義，以及對國際比較教育的科學命題辯證。此種辯證是一種邏輯思考，也是一種科學態度表現。而統計檢定是國際比較教育科學化研究的途徑之一，透過它可以瞭解客觀數據在不同變項之間的關聯性。茲以下列的例子來說明國際比較教育研究的統計檢定過程。

例子：研究者想瞭解 OECD 國家自 1991 年至 2003 年高等教育獲得率擴充情形，因而以每隔一段觀察時間來瞭解，高等教育獲得率改善程度，即1991 年與 1995 年、1995 年與 2000 年、2000 年與 2003 年OECD 國家高等教育獲得率在三個年代是否有差異？資料如表 6-3 所示。

表 6-3　1991／1995／2000／2003 年 OECD 國家高等教育獲得率

（單位：%）

國家／年度	1991 年	1995 年	2000 年	2003 年
澳洲	21.8	24.3	27.5	31.3
奧地利	6.7	7.9	13.9	14.5
比利時	19.6	24.6	27.1	29
加拿大	29.9	34.9	40	44
捷克	.	10.6	11	12
丹麥	18.3	20.4	25.8	31.9
芬蘭	25	27.7	32	33.3
法國	15.2	18.6	22	23.4
德國	20.5	22.2	23.5	24
希臘	.	17.4	17.6	18.3
匈牙利	.	.	14	15.4
冰島	.	.	23.2	26.3
愛爾蘭	15.9	19.9	21.8	26.3
義大利	6.1	7.9	9.4	10.4
日本	.	.	33.4	37.4
南韓	14.4	18.6	23.9	29.5
盧森堡	.	18.1	18.3	14.9
墨西哥	.	11.9	14.6	15.4
荷蘭	19.6	22	23.4	24.4
紐西蘭	22.9	25.3	28	30.9
挪威	24.8	28.6	28.4	31
波蘭	.	9.9	11.4	14.2
葡萄牙	6.7	11	8.9	10.8
斯洛伐克	.	11.1	10.4	11.8
西班牙	9.9	16.1	22.6	25.2
瑞典	25.2	28.3	30.1	33.4
瑞士	20.3	21.1	24.2	27
土耳其	6.3	8.4	8.3	9.7
英國	16.3	21.9	25.7	28
美國	30.1	33.3	36.5	38.4

註：. 代表資料缺失。

資料來源：*Education at a glance*, by OECD, 2007, Paris, France: Author.

二、檢定過程

其檢定過程如下。

步驟一：針對例子之論述內容設定研究問題

研究者要瞭解 OECD 國家在 1991 年與 1995 年、1995 年與 2000 年、2000 年與 2003 年高等教育獲得率在年代之間是否有差異。研究者好奇後來年度各國教育獲得率是否比先前年度還高。

步驟二：根據相關研究及理論提出研究假設

研究者經過文獻分析及理論評閱之後，其內心期待支持的假設是：OECD 國家後來年度的高等教育獲得比率愈高，代表各國隨著年代推移有人力資本投資。因此，μ_1 代表後來的年度高等教育獲得率，μ_2 代表先前的年度高等教育獲得率。本例要比較的時間點有三個年段，照理來說，研究者需要提出三組研究假設（即每組都需要提出一個虛無假設及對立假設），為節省篇幅，以下僅提出 1991 年與 1995 年高等教育獲得率差異的研究假設，如下：

H_0：$\mu_1 \leq \mu_2$

H_1：$\mu_1 > \mu_2$

步驟三：選定檢定的統計方法

在本例中，OECD 國家的高等教育獲得比率（母體標準差）未知，問題是在檢定不同年度（前一個年度與後一個年度）的資料。因此本例的統計方法選擇為相依樣本平均數 t 檢定。

步驟四：確定研究結果錯誤推論的風險

本例將犯第一類型錯誤的概率以 $\alpha = .05$ 為顯著水準。代表若 OECD 國家的後來年度高等教育獲得率均高於先前年度是正確的，在推論上還有 5% 犯錯的機會。

步驟五：經過統計分析檢定與進行解釋

　　分析結果如表 6-4，表中看出，三個年度之間的高等教育獲得比率有明顯差異，後來的年度都高於先前的年度，因而都是拒絕虛無假設，接受對立假設。簡言之，OECD 國家的後來年度高等教育獲得率均高於先前年度。就人力資本理論及現代化理論來說，教育投資與國家現代化有密切關聯，各國政府為了提高國家的經濟生產力，不斷地經由人力資本投資來改善人力素質，OECD 國家更是如此。這些國家從 1980 年代就不斷地擴充高等教育，讓兩性可以接受教育，提高人民接受高等教育的機會，後來也使得 OECD 國家的國民高等教育獲得率提高。表 6-4 看出，1991 年平均高等教育獲得率為 17.88%，2003 年達到 24.07%，十二年來增加 6.19 個百分點，可見這些國家的人力資本素質已有改善。雖然 OECD 國家高等教育獲得率改善，符合人力資本理論與現代化理論論點，但是各國高等教育獲得率仍有差距，這是各國未來要擴充高等教育在學率應努力的方向。

　　總之，統計檢定較為科學，它從研究資料蒐集、研究假設確定及檢定過程，都遵守著科學化步驟。雖然傳統上的文獻或歷史的辯證論述，可以將議題深入討論，但是科學化資料處理強調精確的統計數據，以及對於變項或指標的操作型定義，其研究過程需要態度嚴謹、資料客觀、分析過程系統化、分析結果正確解釋，乃至於研究發現的合理推論，都是科學方法所要求。

表 6-4　1991 年至 2003 年 OECD 國家高等教育獲得率差異情形

年度／統計量	平均數	標準差	兩性差異	t 值	自由度
1991	17.88	7.48	−3.21	−10.06**	20
1995	21.10	7.70			
1995	19.33	7.71	−2.38	−5.67**	26
2000	21.71	8.57			
2000	21.90	8.53	−2.17	−6.63**	29
2003	24.07	9.42			

** $p < .01$

參考文獻

中文部分

方永泉（2002）。**當代教育思潮與比較教育研究**。臺北市：師大書苑。

吳麗君、李錦旭（1993）。比較教育方法論。載於賈馥茗、楊深坑（主編），**教育學方法論**（頁 245-283）。臺北市：五南。

李嘉齡（2002）。批判俗民誌與比較教育研究。**國立臺北師範學院學報，15**，211-232。

沈姍姍（2000）。**國際比較教育學**。臺北市：正中。

夏林清（1999）。實踐取向的研究方法。載於胡幼慧（主編），**質性研究：理論、方法及本土女性研究實例**（頁 99-120）。臺北市：巨流。

張芳全（2014）。**問卷就是要這樣編**（第二版）。臺北市：心理。

張芳全（2022）。**統計就是要這樣跑**（第五版）。臺北市：心理。

陳慧璇（1999）。**H. J. Noah 與 M. A. Eckstein 比較教育理論與方法之探析**（未出版之碩士論文）。國立暨南國際大學，南投縣。

楊思偉（1996）。**當代比較教育研究趨勢**。臺北市：師大書苑。

甄曉蘭（2000）。批判俗民誌及其在教育研究上的應用。載於中正大學（主編），**質的研究方法**（頁 369-393）。高雄市：麗文。

樊秀惠（1998）。**比較教育中實證主義的論爭**（未出版之碩士論文）。國立暨南國際大學，南投縣。

鍾宜興（譯）（1997）。**比較教育學**（原作者：馬利科娃及傅利福松）。高雄市：復文。

郭生玉（1987）。**心理與教育研究法**。臺北市：精華。

洪雯柔（2000）。**貝瑞岱比較教育研究方法之探析**。臺北市：揚智。

英文部分

Ames, P. (2012). Language, culture, and identity in the transition to primary school: Challenges to indigenous children's rights to education in Peru. *International Journal of Educational Development, 32*, 454-462.

Belle, T. J. La. (2000). The change nature of non-formal education in Latin America. *Comparative Education, 36*(1), 21-36.

Buchmann, C., & Hannum, E. (2001). Education and stratification in developing countries: A review of theories and research. *Annual Review Sociology, 27*, 77-102.

Cárceles, G. (1990). World literacy prospects at the turn of the century: Is the objective of literacy for all by the year 2000 statistically plausible? *Comparative Education Review, 34* (1), 4-20.

Crossley, M. (1990). Collaborative research, ethnography and comparative and international education in the South Pacific. *International Journal of Educational Development, 10*(1), 37-46.

Crossley, M., & Vulliamy, G. (1984). Case-study research methods and comparative education. *Comparative Education, 20*(2), 193-207.

Crossley, M., & Vulliamy, G. (Eds.) (1997). *Qualitative educational research in developing countries: Current perspective*. New York, NY: Garland.

Geissinger, H. (1997). Girls access to education in a developing country. *Compare, 27*(3), 287-295.

Gordon, J., & Jallade, J.-P. (1996). "Spontaneous" student mobility in the European union: A statistical survey. *European Journal of Education, 31*(2), 133-151.

Konstantinovskiy, D. L. (2012). Social inequality and access to higher education in Russia. *European Journal of Education, 47*(1), 9-24.

Koucky, J. (1996). Educational reforms in changing societies: Central Europe in the period of transition. *European Journal of Education, 31*(1), 7-24.

Kwon, Y.-I. (2003). A comparative analysis of preschool education in Korea and England. *Comparative Education, 39*(4), 479-491.

Lawrence, S. (1979). Case study in comparative education: Particularity and generalization. *Comparative Education, 15*(3), 5-10.

Marjoribanks, K. (2004). Families, school, individual characteristics, and young adults' outcomes: Social and cultural group difference. *International Journal of Educational Research, 41*, 10-23.

McDaniel, A. (2010). Cross-national gender gaps in educational expectations: The influence of national-level gender ideology and educational systems. *Comparative Education Review, 54*(1), 27-50.

Noah, H. J., & Eckstein, M. A. (1969). *Towards a science of comparative education*. London, UK: Collier-Macmillan.

OECD (2007). *Education at a glance*. Paris, France: Author.

Orr, A. J. (2003). Black-white differences in achievement: The importance of wealth. *Sociology of Education, 76*, 281-304.

Rust, V. D. (2003). Method and methodology in comparative education. *Comparative Education Review, 47*(3), iii-vii.

Rust, V. D., Soumaré, A., Pescador, O., & Shibuya, M. (1999). Research strategies in comparative education. *Comparative Education Review, 43*(1), 89-109.

Sweeting, A. (2005). The historical dimension: A contribution to conversation about theory and methodology in comparative education. *Comparative Education, 41*(2), 25-44.

Troman, G., & Jeffrey, B. (2007). Qualitative data analysis in cross-cultural projects. *Comparative Education, 43*(4), 511-525.

Wang, D. B. (2004). Family background factors and mathematics success: A comparison of Chinese and US students. *International Journal of Educational Research ,41*, 40-54.

CHAPTER 7

科學化國際比較教育概念

　　社會科學學科研究有實證研究與質化研究取向之分。前者以邏輯實證論與實用主義（pragmatism）為基礎，在研究過程中，強調以科學、數據、研究假設、理論、客觀與具體數字、資料蒐集與分析等，企圖從實證性的研究過程中，建立學科的原理原則；後者以現象學（phenomenology）與象徵互動論（symbolic interactionism）為依據，象徵互動論主張研究者進入社會情境研究，由情境的當事人詮釋其社會現象，藉以瞭解社會現象，它在學科強調研究對象的主體性，不強調數字、不建立研究假設、沒有統計檢定，也不在於原理原則建立，而是對研究對象深入描述，透過對話與省思，合理及完整地描述研究對象，簡言之，它著重現象意義及價值陳述。這兩種取向在建立知識的研究過程均遵循其所屬的研究步驟，然而，在研究推論及理論建立，實證研究的結果具有類推性。以下說明科學化國際比較教育目的、困難與必要性。

第一節　科學化國際比較教育目的

壹、傳統國際比較教育問題

　　傳統上，跨國比較僅從某一國家與少數國家教育現象進行描述、解釋、併排與比較，最後獲得結論。此種目的為獲得跨國之間某些教育現象之異同，並

從這些教育發展建議，做為國家教育發展或未來研究參考。然而，這種國際比較教育研究方式，存在幾項重要問題。

一、國際發展變動快速，單學習少數國家經驗過於狹隘

國際發展變動快速，單學習個別國家經驗太過於狹隘。這種狹隘在於跨文化差異與國家發展經驗無法完全地複製。少數國家比較僅能找出跨國之異同，若僅以這些比較結果，做為國家教育發展經驗與政策制定參考，其問題不少。他國教育發展經驗不一定適合單一國家需求與發展，國家發展經驗無法完全複製，所以此跨國政策經驗學習有其限制。文化相對論認為，各國文化、社會結構與歷史發展有其獨特性，在相異文化之間不可能找到普遍通則（Epstein, 1990, p. 7），何況國際情勢變化多端，要準確掌握少數先進國家教育發展的短期政策及其現象困難度高，同時跨國的經濟、社會與文化存在落差，要透過模仿與借取他國經驗應不可採。他國現階段教育發展經驗如此，一年後、二年後、五年後或未來並非如此；短期的教育政策執行經驗難以複製，長期教育發展不一定循固定軌跡，所以要借取少數國家教育發展經驗困難度重重。因此，傳統上的國際比較教育限定於單一、少數國家教育經驗的研究與學習太過狹隘，若以此來研究國際比較教育更無法掌握國際現象的規律及完整性。

二、跨國教育發展表面數據相同，但其發展內涵迥異

傳統上的比較教育，以單一數據對少數國家的現象進行描述與比較，無法掌握國際比較教育現象的科學定律。各國文化、社會及政治與經濟發展歧異，比較各國教育制度異同難以形成定論。倘若各國在教育制度、課程及教育理念具有相近現象，也難以推究其細部內涵就是相同。就如日本的學校制度為六三三，臺灣也是一樣，然而日本小學學生在六年的學習內容，與臺灣六年小學學習內涵不同。表面上看起來臺灣與日本的學校年數一樣，但是兩國教育制度的形成背景、文化、經濟制度，乃至於學生學習內涵、教師教學信念、教師的教學哲學觀、學生學習方式、學生學習動機，甚至民族性及國家發展與經濟型態

不同。如單以單一數字或片段文字說明其異同，甚至做了價值判斷，推論其研究結果，是相當危險的。甚至，若僅以國家整體數據來分析比較，並沒有考量國家內部的地理或行政區的發展差異，更會失去比較的意義。在國際比較教育研究過程，要把比較變項的內涵界定清楚並不容易。若透過科學化國際比較教育研究，從具體界定研究問題、提出合理的研究假設、蒐集客觀的統計資料、對於變項進行操作型定義、運用統計原理檢定，以及有意義地解說結果發現、歸納與詮釋研究結果，比起以少數國家資料或單一國家數據來說明其異同，會更有意義。所以，以科學方法來掌握影響各國教育發展因素的異同是較為準確的做法。

三、少數國家的描述與研究結果發現無法建立科學原則

自 1960 年以來，有不少國際比較教育學者就明確地強調要以科學方法分析國際教育現象，這種發展趨勢有別於傳統的比較教育，例如旅行者時期的說故事對於各國教育制度的經驗分享，因個人有限思考理性或個人主觀臆測，難以建立科學法則。國際教育現象變化多端，教育與經濟、社會及人口結構關係密切，以邏輯實證觀點分析國際教育現象，可以避免個人主觀、臆測、過多價值涉入的問題。為了避免國際比較教育現象，僅以少數國家論述與少數人主觀詮釋，造成無法獲得教育發展規律與建立科學法則，因而科學化國際比較教育研究有其必要。

貳、科學化國際比較教育的目的

科學化國際比較教育研究，不僅可以使研究結果更客觀及準確，而且更可以掌握國際現象的規律、定理及原則。楊深坑（1999）指出，科學方法的比較可以從類型學來發現社會現象，可以建立因果法則，接著可以運用實驗設計等步驟來找尋社會現象的規律。這過程無疑是在掌握國際教育現象的規律。質言之，科學化的國際比較教育的目的如下。

一、建立學科理論

國際比較教育自 1960 年代以來有學科認同危機。所謂學科認同危機是比較教育研究無法在研究方法及研究對象有明確設定，更重要的是沒有一套完整的比較教育的理論學說。理論（theory）是運用語言及符號對社會現象做有意義及精簡的描述。學科理論的形成需要長時間研究，不斷地檢定與驗證研究結果，最後累積、修改、創新、沉澱與歸納知識，才會有嚴謹的理論。國際比較教育的專屬理論仍欠缺，這方面尚待努力；相對地，國際比較教育研究者在解釋教育現象引用論述的理論，如功能論、衝突論、現代化理論、馬克斯理論、依賴理論、新馬克斯理論、世界體系理論、後現代化理論、後殖民理論等，均借用社會科學理論，國際比較教育沒有屬於學科自己所創建的理論。

國際比較教育學者提出的比較教育方法或研究形式，例如：Bereday 提出的比較教育研究步驟為描述、解釋、併列與比較；Holmes 對科學方法及教育計畫的立論；King 的比較教育理論（沈姍姍，2000），這些學科本位的理論，能否為社會科學的學術社群接受有其爭議。這些論點是否為科學，運用這些方法於國際比較教育之中，是否能建立科學化國際比較教育仍受質疑。一項理論產生來自於過往實證研究、實際現象、經驗與觀察或其他理論推演。科學化國際比較教育找尋教育現象的規律與通則，需要實證研究累積與國際教育現象的長期觀察，才能掌握國際教育的規律。而從國際教育發展的規律來推演國際比較教育理論，這是邁向科學化國際比較教育所應追尋。

二、具體客觀比較

科學化國際比較教育建立原理，它從研究問題界定之後，納入分析的國家數確定，依理論選定有意義的研究變項之後，再對變項進行操作型定義。在研究變項定義明確之後，研究歷程較能具體操作，能得到客觀研究結果，後續研究可以重複操作，獲得相近的研究結果。這種研究結果不僅對後來研究具有引導作用，而且可以讓研究結果更具有系統性、客觀性、原則性及可重複操作性，

而不會形成沒有共識地解釋國際比較教育現象。

　　若要瞭解 OECD 國家的教育經費占國民生產毛額比率之跨國現象的規律性，可參見OECD各國教育經費投資情形如表 7-1。雖然表中的指標標準相同，都是國家整體（aggregate）教育經費支出，但是OECD各國的文化、經濟及人口結構不同，若單以此一變項或少數變項分析，無法瞭解其背後的歷史原因及解釋其意義。然而，無可否認，計算國家教育經費占國民生產毛額比率，已將可以接受教育人口所需的經費納入考量。同時各國在編列年度教育經費，也應有考量各政事別（如交通、經濟、政治、社會福利、文化產業、國防、科技等）的政府支出經費，在經過縝密分析，才會有教育經費預算，也才有教育經費占國民生產毛額比率指標產生。這意味著，此教育指標已將其他因素納入思考。這樣的國際比較教育研究也不少，如下所述。

　　Schultz（1988）分析 1960 年至 1980 年的八十九個國家的初等與中等教育的相關因素（教育在學率、生師比、教師薪資、資本多寡與每位六歲至十一歲學童整體教育經費支出）對於每人國民所得的影響發現，除了資本多寡沒有影響之外，其餘四個因素對於每人國民所得都有正向顯著影響，其中以每位六歲至十一歲學童整體教育經費支出影響力最大；若是以學齡人口數為依變項，則初等教育在學率為正向顯著影響，而生師比、教師薪資與整體教育經費支出為負向顯著影響，代表了教育在學率愈高，學齡人口數愈多；而生師比愈高、薪資及經費愈少、教育經費費愈少，是學齡人口數愈多造成。

　　Lewin（1996）採用 120 個開發中國家研究每人國民所得、文盲率、初等教育在學率、中等教育在學率、教育經費占國民生產毛額比率、政府教育經費比率、中等教育占國民生產毛額比率以及中等教育生師比發現，國民所得愈高，初等與中等教育在學率愈高；教育在學率愈高，初等與中等教育單位學生成本愈低；然而與預期不同的是，1990 年政府教育經費平均支出，在國民所得低於1,000 美元的六十一個國家為 15.9%、國民所得在 1,000 至 5,000 美元的四十四個國家為 15.2%、國民所得超過 5,000 美元的十五個國家為 13.8%，換言之，在開發中國家中，國民所得較高者，政府教育經費支出比率並沒有比較高。

表 7-1　OECD 國家的教育經費占國民生產毛額比率

（單位：%）

年度 國家／面向	1995			2002		
	公立	私立	總計	公立	私立	總計
澳洲	4.5	1.2	5.7	4.4	1.5	6.0
奧地利	5.9	0.3	6.2	5.4	0.3	5.7
比利時	..	..	..	6.1	0.3	6.4
加拿大	6.2	0.8	7.0	..	..	..
捷克	4.7	0.7	5.4	4.2	0.2	4.4
丹麥	6.1	0.2	6.3	6.8	0.3	7.1
芬蘭	6.2	..	6.3	5.9	0.1	6.0
法國	5.9	0.4	6.3	5.7	0.4	6.1
德國	4.5	1.0	5.5	4.4	0.9	5.3
希臘	3.1	..	3.2	3.9	0.2	4.1
匈牙利	4.9	0.6	5.5	5.0	0.6	5.6
冰島	..	..	..	6.8	0.6	7.4
愛爾蘭	4.7	0.5	5.3	4.1	0.3	4.4
義大利	4.7	..	..	4.6	0.3	4.9
日本	3.5	1.1	4.6	3.5	1.2	4.7
南韓	..	..	..	4.2	2.9	7.1
墨西哥	4.6	1.0	5.6	5.1	1.1	6.3
荷蘭	4.5	0.4	4.9	4.6	0.5	5.1
紐西蘭	4.8	..	..	5.6	1.2	6.8
挪威	6.8	0.4	7.1	6.7	0.3	6.9
波蘭	5.7	..	..	5.5	0.7	6.1
葡萄牙	5.3	0.0	5.3	5.7	0.1	5.8
斯洛伐克	4.6	0.1	4.7	4.0	0.2	4.2
西班牙	4.5	0.9	5.4	4.3	0.5	4.9
瑞典	6.1	0.1	6.2	6.7	0.2	6.9
瑞士	5.4	..	..	5.7	0.5	6.2
土耳其	2.3	0.0	2.3	3.4	0.4	3.8
英國	4.8	0.7	5.5	5.0	0.9	5.9
美國	5.0	2.2	7.2	5.3	1.9	7.2
OECD 平均	..	..	..	5.1	0.7	5.8

註：..代表資料缺失。

資料來源：*Education at a glance: OECD indicators,* by OECD, 2004, Paris, France: Author.

上述 Schultz 與 Lewin 的研究就是以國家整體的資料分析,數據明確,所以能進行科學化的分析比較。所以,表 7-1 的 OECD 國家教育經費占國民生產毛額比率分為公立部門及私人部門經費是標準一致,此時 OECD 國家的表現可以看出幾種現象:(1)1995 年及 2002 年公立的教育經費高於私人投入;(2)1995年及 2002 年各國增減不一,例如澳洲、丹麥、匈牙利、墨西哥、荷蘭等為增加,而捷克、奧地利、德國等為減少,可以看出 OECD 國家減少教育經費比率的國家不少,比增加比率的國家還多一些;(3)先進國家的教育經費占國民生產毛額比率,即包含公私立教育經費,1995 年及 2002 年在 6% 以上的國家不少,例如:丹麥、法國、挪威、瑞典及美國。需指出的是,它僅是一個數值的分析,並未與其他社會、政治及教育面向的指標共同考量,其分析仍有其侷限性。

上述例子可看出,國際比較教育運用數字及客觀資料分析,容易掌握不同國家的教育發展現象,也可以瞭解多數國家的教育發展趨勢。這種以客觀資料進行科學化的國際比較教育分析,較能具體掌握教育脈動及教育發展。

三、易於瞭解比較的內涵

科學化的研究資料具有客觀性與可驗證性,其變項可以具體操作,分析結果易於比較,獲得結論,建立科學原則,例如:2005 年世界各國的平均高等教育在學率為 40%,智利的高等教育在學率為 25%,它低於各國平均水準有15%;又如 2010 年 OECD 國家國民所得與高等教育在學率具有.50 顯著正相關,代表高等教育在學率與國民所得具有正向關聯,它有具體數據,在解釋時較為明確客觀。

長期以來,學生家庭社經地位、學業成就與學校教育之關係備受關注(Coleman, 1966, 1988; Coleman, Campbell, Hobson, McPartland, Mood, Weinfeld, & York, 1966),但是要以跨國資料分析影響跨國的學習成就因素為難事,主因在於跨國資料難以取得。1990 年代中期,IEA 投入調查蒐集各國資料,後續有很多研究來瞭解國家發展、家庭社會經濟地位、學校資源和學生學業成就之關係。Baker、Goesling 與 Letendre(2002)運用 TIMSS 的資料分析影響三十六個

國家學生數學及科學學習成就的因素，其中以 HLM 將資料區分為國家層（國民所得）、學校層（如學校資源及教師年資與學生缺席情形等）、學生層（如社會階層、性別與語言）發現，家庭及學校對於學習成就都是重要因素，除了香港、新加坡、荷蘭、瑞典、以色列等國家的學校資源對學習成就的影響高於家庭，其餘國家則是家庭背景因素高於學校資源。此種國際教育發現是一種學理建立的基礎。

上述說明，科學化國際比較教育透過客觀研究資料，在嚴謹科學研究過程之後，所得到研究結果發現。這種結果可以具體與明確比較，也易於瞭解比較的內涵。這是邁向科學化國際比較教育所要追求的方向之一。

四、提供未來預測

科學化研究結果容易將研究發現轉換為知識體系，提供後續研究參照，讓後續研究持續對國際比較教育議題追蹤研究。科學化國際比較教育研究獲得的發現，不僅可以做為學理建立依據，而且也可以做為未來趨勢的預測。例如，國際比較教育要掌握各國未來高等教育量擴充（如 2020 年）情形，若從相關研究及學理，選用具有影響高等教育在學率預測力的變項，接著運用數據資料（如2005 年資料），把所選定變項，投入設定的理論模式（以投入—產出模式，即生產函數），再投入國際資料（人口、經濟、教育及相關變項）之後，接著進行統計分析獲得結果，做為高等教育發展參考。以多元迴歸分析模擬生產函數，其方程式如下：

Y（高等教育在學率）＝ƒ（人口成長率、生育率、國民所得、教育經費支出占生產毛額比率、中等教育在學率……）

式中以各國高等教育在學率為依變項，以各國人口成長率、生育率、國民所得、教育經費支出占生產毛額比率與中等教育在學率為自變項，分析年度為 2005 年，運用多元迴歸分析法對 2020 年各國高等教育在學率進行預測。多元迴歸分析檢定自變項對依變項之影響，並對自變項之間的多元共線性檢定，檢定標準

以 $VIF = 1/(1-R_j^2)$ 做為判定，VIF 在 4 以下，表示自變項之間重疊性不高，大於 4 以上，自變項可能有重疊問題。

　　Palafox、Prawda 與 Velez（1994）觀察，2000 年拉丁美洲國家初等教育普及化已大有改善，然而初等教育一、二年級學生的重讀率相當高，學生學習表現不良，因此以墨西哥從 1978 年建立的學生學習資料庫研究進行分析，將影響學生學習成就因素區分為學生（性別與年齡）、家庭（父親教育程度、母親教育程度、與雙親同住、家庭大小）、學校（學生上學制度——上午與下午制、就讀幼稚教育有無、都會區與否及能力）對於 20,856 名樣本，以生產函數——學習成就為依變項，上述因素為自變項進行迴歸分析發現，男生、父親與母親教育程度較高、與雙親同住（相對於單親）、家庭子女愈少、就讀上午學制者、有就讀幼稚園經驗以及能力愈好的學生在國語文、數學的學習成就表現較好；若學生重讀初等教育者，其年齡雖然較長，但是學習成就較差。他們進一步指出，初等教育重讀會傷害學生的學習動機；而家長教育程度愈高，學生學習表現愈好，代表了家長會更重視學生的學習，會提供更多的文化資源及較多的閱讀材料給子女學習；而都會區學生的學習表現較好，更讓他們認為，政府應對於鄉間地區提供圖書設備，以改善學生學習；至於家庭愈大對子女學習成就表現不佳，更反映出子女多會稀釋教育資源，建議家長應重視更多資源給子女學習；而就讀上午制的學生學習表現高於下午制，代表就讀下午制的學生需要協助家庭工作，更反映了家庭低社經地位無法就學的問題，政府應對這些學生提供更好的學習幫助；而就讀幼稚園對於學生學習的延續及助益，反映出落後地區及低社會階層子女無法接受學前教育的困境。

　　總之，上述以多元迴歸分析瞭解國際教育發展現象，然而對國際教育現象的分析，不僅此種方法而已，多層次模型或稱為階層線性模式（HLM）、時間數列分析（time series analysis）也是可行方式。簡言之，國際比較教育研究，不僅要描述及解釋國際教育現象的背後原因而已，它還有預測教育未來發展的目的。

第二節　科學化國際比較教育困難

國際比較教育在 1960 年代產生學科自我認同危機（Noah & Eckstein, 1969），其主因是國際比較教育沒有專屬的學科理論及研究方法（楊思偉，1996）。國際比較教育沒有專屬的科學化方法，研究對象多元複雜，重要的是過去國際比較教育研究以少數國家檔案描述為取向有關。這種取向是研究者對實證研究方法及學理掌握不足，未能對實證研究深入探究，沒有大量累積研究結果發現有關。長期以來，國際比較教育研究以文獻評閱、描述資料與資料堆積，來研究國際比較教育。然而，國際現象瞬息萬變，使得單以文獻堆積與歷史文件做為研究基礎，也影響科學化國際比較教育建立。科學化國際比較教育建立的困難說明如下。

壹、研究方法未能創新

國際比較教育研究方法未能創新在於國際比較教育研究停留於過去文獻、國家個案探討，以及運用歷史研究為方法分析國際教育現象者居多。傳統上，國際比較教育以文件分析法、歷史研究法、個案研究法或以國家資料檔案分析各國教育發展，少以各國發展的客觀數據，運用邏輯實證論的觀點，提出研究假設與建立檢定的模型分析。Rust、Soumaré、Pescador 與 Shibuya（1999）以《比較教育評論》（*Comparative Education Review*, CER）、《比較教育》（*Comparative Education*, CE）與《國際教育發展期刊》（*International Journal of Educational Development*, IJED）在 1985 年、1987 年、1989 年、1991 年、1993 年及 1995 年的 427 篇文章統計發現，CER、CE 與 IJED 實證取向的論文各有 21 篇（占該期刊 4.9%）、15 篇（3.5%）、38 篇（8.9%）；而質化取向文章各為 98 篇（23.2%）、107 篇（25.0%）、99 篇（23.2%）；若整體來看，量

化研究的文章僅有 74 篇（17.3%），而質化的文章為 304 篇（71.2%）。此外，若以國家發展程度區分，在上述的研究年代，刊載於上述期刊討論先進國家的文章有 12 篇（總篇數為 427）約占 28%，相對地，討論低度發展國家論文僅有 69 篇，占 16% 而已，這表示國際比較教育研究對各國教育制度與學校制度描述與解釋較多，且僅限於少數先進國家或少數特定國家檔案文獻整理，無法看出全球教育發展型態。歷史文獻檔案有窮盡之時，而各國教育發展千變萬化。國際教育現象不是獨立於單一空間及時間的發展，各國教育發展與政治、經濟、文化、社會因素有交互關聯，而且應考量國際比較教育資料長期追蹤的效果。若沒有運用嚴謹的科學化之研究方法，對於國際的研究問題建立研究假設，找尋適當資料進行分析，很難進行科學研究成果累積及新知識的產生。若沒有實證研究成果的知識累積，勢必無法讓國際比較教育發展科學化。相對地，僅從過去文獻堆積，對教育發展史、文化及過去事件的因素探究，或許僅能看到過去的部分教育現象，無法預測未來的教育現象，更無法讓科學化的國際比較教育扎根。

貳、研究人員素養尚待提昇

教育學是否為科學有其爭議，此爭議在於研究方法未能脫離社會科學的研究方法。以臺灣來說，遷臺之後至 1990 年的教育學門研究以教育史、教育哲學、教育心理學與教育行政學為主，在國際比較教育仍以各國文獻檔案的評閱及介紹為主，少有以科學化的實證方法分析國際比較教育議題。教育研究人員停留於歷史、哲學或文獻堆積的文獻評閱，易停留於文獻整理、拾人牙慧與原地踏步，無法從次級資料或問卷調查的實證資料進行研究，來歸納教育現象，最後常看到對於國際比較教育的論述僅有一些已開發國家的教育制度改革或政策變化，因而讓國際比較教育仍在原地打轉，難以脫離文獻堆積的國際比較教育。

造成上述主因在於國際比較教育研究人員在培養階段，其課程設計及學習

方向，太過偏於質化取向的研究、歷史研究與哲學思想研究取向有關。當然，國際比較教育人力培育機構的師資，以質化研究取向為專業的組成密不可分。國際比較教育研究專業人員養成階段的課程內容，未能搭配實證取向的課程內容，更是限制了科學化國際比較教育的發展出路。科學方法的培育課程包括實證取向研究方法的深入介紹，如問卷調查法、實驗研究法、實證科學的研究設計；而在跨國資料處理，也未能以統計方法來分析，也就是未能以高等統計學、多變項統計學、多變項統計專題研究（如結構方程式模型、階層線性模式、時間數列分析）進行研究。從事國際比較教育人員未能在統計方法的相關課程學習，就無法將科學與統計方法應用於國際比較教育研究。因此，學士、碩士與博士班學生畢業之後，再教育機會較少，後來從事教職者，承襲質化研究取向，複製到其他研究單位，無疑是國際比較教育的研究模式或研究人力再製。因而，要讓國際比較教育研究者從質化研究取向，轉換為量化研究取向的困難提高。這是國內要邁向科學化國際比較教育的一大瓶頸。

總之，要讓科學化國際比較教育扎根，長期做法在培育人力機構的課程內容重新設計，宜考量科學化比較教育所需要的研究工具及研究方法，同時引進實證取向的專業師資並長期耕耘，科學化國際比較教育研究才有機會成型。

參、科學化國際比較教育研究不被重視

在國際中，科學化的國際比較教育研究較少受重視，可以從這學科的專業期刊發表研究類型來看，以具有代表性的《比較教育評論》（*Comparative Education Review*）來檢視。從它 1957 年創刊以來的各期內容來看，運用調查研究、官方統計或相關統計資料進行分析的論文很少，它大多以文獻評閱、文件分析及個案觀點分析跨國的研究比較多（Rust, Soumaré, Pescador, & Shibuya, 1999）。雖然，後來有許多新的專業期刊，如 *Research in Comparative and International Education*、*Compare: A Journal of Comparative and International Education*、《國際教育期刊》（*International Journal of Education*）等刊載內容與

文章類型，實證研究取向仍不多。這也是國際比較教育研究邁向科學化不易的原因之一。

以臺灣來說，不僅培養國際比較教育研究人力的專業機構成立較晚，而且科學實證的國際比較教育研究也不多。就前者來說，臺灣比起其他的先進國家在比較教育研究努力緩慢，比起中國大陸還晚。中國大陸於 1949 年起，在高等教育有比較教育學門的大學授課及建立學系，有系統地培育各種外國語人才，提供他們到國外進修。然而，臺灣在比較教育學的發展努力，1970 年代僅有少數大學將比較教育列為選修課程，其學科不被重視，國際比較教育的科學研究人力培育受限。1994 年暨南大學成立比較教育研究所，才有比較教育的專門研究機構，相較於其他國家的國際比較教育研究年代慢了許多。就後者來說，暨南大學成立研究所碩士班，以及後來的博士班，其學位論文傾向質化研究居多，少有實證研究論文（這方面從臺灣博碩士論文加值系統看出，各年度畢業生碩博士論文性質）。此外，中華民國比較教育學會自刊行《比較教育》以來，多以評論式、文獻整理、歷史性與質化研究文章居多，邏輯實證研究少，這更看出，臺灣在邁向科學化國際比較教育研究仍需努力，尤其是在邏輯實證論的研究更應提昇。

總之，科學化國際比較教育之所以發展較為緩慢，除了專業人力培育機構沒有相關實證取向的課程之外，在專業研究期刊所論述的內容又都以評閱式及文獻堆積的內容為主。因為不重視國際比較教育的實證研究，在科學化國際比較教育研究受到發展限制。

肆、國際比較教育以質化研究居多，實證研究不足

1960 年之前的國際比較教育研究以歷史研究、文件分析或文獻評閱的文章居多，邏輯實證的研究不足，主因在於未能以科學化或實證科學方法來研究。過去國際比較教育研究，以實證研究者少，多數研究僅以國外見聞、以文獻整理評閱進行國際比較研究，有如拾人牙慧。這種研究雖然能將教育發展做個案

式的描述，但是未能以科學化進行實證分析，獲得客觀的論點。1960 年以來，國際比較教育學研究受到社會科學影響，國際比較教育的實證研究有較多作品出現。Noah 與 Eckstein（1969）提出假設驗證法之後，對於國際比較教育研究的影響不少，加上 UNESCO、OECD、World Bank、IEA 等國際組織的統計資料陸續出現，提供實證研究的基礎。雖然國際或區域資料提供比較教育實證研究明顯增加，但是比起文獻評閱、歷史研究法、文件分析、內容分析、訪談研究的國際比較教育研究少很多。臺灣有實證研究過少與質性研究居多的情形，蔡清華（1989）以中華民國比較教育學會自 1975 年至 1988 年的出版年刊進行分析發現，歷史研究就有 174 篇，占所有的 97.8%，而以量化研究者僅有 4 篇。同時臺灣國際比較教育的專業書籍，多以國家檔案介紹，或僅以少數國家的教育發展、行政制度及少數議題論述，並沒有專門介紹國際比較教育的實證方法論者。上述原因，讓科學化國際比較教育的研究成果受限。

　　總之，國內外的國際比較教育研究，科學化的國際比較教育研究量較少，論述性、評閱性及歷史研究較多，科學化國際比較教育未能有大量實證取向的研究，也是科學化國際比較教育發展的瓶頸。

伍、科學化國際比較教育資料準確性不足

　　國際比較教育科學化困難的原因是受到國際比較教育的研究對象複雜，以及研究資料與方法的困難，而難以科學化。細部分析其原因如下。

　　第一，國際統計資料蒐集、建置及公開有其困難。二次大戰後，UNESCO 及許多國際性組織才有系統地建置資料庫，建立了蒐集各國統計資料的技術。然而國際資料建置不易與各國資料蒐集困難，主因在於國際組織對於跨國資料庫的建置技術仍為草創階段，沒有專業經驗、人力及技術的引導。另一方面許多國家發展水準低落，統計及專業建置資料人員欠缺，因此無法配合國際組織的要求如期送達正確的資料進行統計。二次大戰後，甚至 1960 年代，許多國家統計資料仍為欠缺，無法進行大規模有意義的研究。

第二，許多落後國家的資料造假與不切實際。縱然 1970 年代之後，有不少國家將國際資料送往 UNESCO、聯合國（UN）等國際組織彙整，然而，送出資料仍有不少問題，如資料造假、資料的年代與界定範圍及內涵不同，或統計資料年度界定不一、某些統計資料缺失，就影響國際比較教育研究有意義的分析。落後國家的專業統計單位缺乏，常因戰亂、政權更替、饑荒、貧窮落後、統計專業人員不足，無法提供詳實統計資料，造成國際組織無法完整建置。

第三，各國統計資料的界定難以具體明確。科學化國際比較教育不僅研究的國家數要足夠，而且對於研究變項或指標的界定要明確，更重要的是變項或指標宜有理論依據。然而跨國資料庫難以建立，因而資料取得不易，使得科學化國際比較教育研究受到阻礙。許多先進國家大型資料庫在 1980 年代才有建置，開發中國家在 1990 年代，甚至 2000 年才有資料。若運用不同年代資料，納入同一個分析的數學模型探究，是不合於科學研究的規範。相對地，若要在各國分析變項的年度相同的條件下，往往可以納入分析的國家數就相當有限。雖然國際組織對於統計變項界定有其規範，然而有些國家建置的指標及統計資料無法依據國際的規範，落後國家送到國際組織的統計資料在指標界定與國際組織所界定者不同，造成科學化國際比較教育研究的困難，讓科學化研究的腳步減緩。

陸、建立國際比較教育學理的困難

雖然國際比較教育學借用社會科學研究方法，但是國際比較教育學的研究對象是以各國、跨國、跨區域、不同團體的特性區分。若能夠借用社會科學研究方法研究國際比較教育，便能讓研究成果增加，專業知識提高，建立原理原則。例如，國際發展的現象是國家國民所得愈高或經濟愈發達，其高等教育在學率愈高，但是在國民所得或經濟發展之後，高等教育在學率無法再增加，這在國際間仍是現象之一。此種教育現象若未經實際資料蒐集與社會科學方法分析，無法瞭解兩者的確切關聯。

建立科學化國際比較教育原理宜掌握科學化內涵。科學（science）是有系統的研究過程，以獲得客觀的研究結果。它具有明確的研究步驟與嚴謹的研究設計，透過操作變項，甚至重複操作研究設計，得到相同的知識。科學化是研究者在某一研究領域中，運用科學方法與研究操作歷程所進行的研究，而讓這些研究結果具有準確性。科學化國際比較教育強調研究的系統性、研究變項具有可操作性，並獲得客觀知識。國際比較教育研究符合科學方法及研究操作歷程，所形成的國際比較教育知識會具有系統性。例如，TIMSS 2007 年發布各國資料，臺灣的研究者從參加國家之學生資料進行數學成就分析，以瞭解學生家庭因素（如文化資本，即家中藏書量、電腦資源、學習參考書）與數學成就之關聯。若是一位美國、英國或南非的國際比較教育研究者，要瞭解亞洲四小龍在這方面之表現，也可以在國際上得到此筆資料，運用相同變項及統計方法，獲得相同研究結果。類似這樣的國際比較教育建立原理原則較為容易，主因是客觀資料已在國際相關組織之中，只要符合科學程序及步驟，以相同方法可以獲得同樣的研究結果。國際比較教育社群可以獲得相同的研究結果發現，要建立原理原則較為可行。

第三節　科學化國際比較教育之必要性

基於上述，科學化國際比較教育必要性的原因包括：自我認同的危機、傳統研究比較教育的限制、電腦科技發明增加龐大資料處理的有效性、國際組織對統計的重視、國際資料的完整性與取得便利性。說明如下。

壹、自我認同危機持續存在為科學化所要突破

國際比較教育在 1960 年代就有學科的自我認同危機，其危機在於，國際比較教育是否是一門學科，還是一個研究領域（Noah & Eckstein, 1969）。此種爭

論也導因於國際比較教育缺乏自身的研究方法及理論。社會科學若為成熟學科的前提包括：(1)宜有學科專屬的研究方法；(2)研究對象或範圍明確；(3)研究成果豐富，包括有專屬的學術研究期刊，定期傳達專業性的發現，可以提供為實務參考，以及有學科專屬的研究理論；(4)學科對於社會及國際社群及人民的貢獻。

　　國際比較教育欠缺研究方法與研究理論的建立。國際比較教育研究方法來自於社會科學的研究方法，例如問卷調查法、實驗法、個案訪談法、文件分析法或次級資料法等。雖然沈姍姍（2000）指出，國際比較教育有其學科領域的研究方法，即比較教育學者提出的研究方法，但是這些研究方法在社會科學運用少，有些是結合社會科學研究方法，其研究方法成熟度相當不足。從 1960 年之後，國際比較教育研究不僅沒有專屬的研究方法，也少有學科本位的理論，現階段的國際比較教育研究方法仍依附於社會科學，其相關研究理論借取其他社會科學，如現代化理論、人力資本理論、衝突論、功能論、依賴理論、世界體系理論、後現代理論、後現代化理論、後殖民理論、後結構論、文化資本理論等。總之，國際比較教育認同危機主因在於欠缺研究方法與理論，這是科學化國際比較教育需要邁進的重要原因之一。

貳、傳統上比較教育教學內容限制需要科學化知識

　　傳統上，大學的國際比較教育課程常有幾種授課方式：(1)介紹各國教育發展，但所引導學生閱讀的國家數不多，並僅以少數層面論述先進國家之異同；(2)以英、美、法、德、日等先進國家為主，沒有納入開發中國家、非洲國家、大洋洲國家或共產國家；(3)國際比較教育研究方法介紹不足，一方面是比較教育或國際比較教育學的教科書不多，另一方面這些學習用書對於科學化國際比較教育研究方法介紹太少，甚至欠缺，因此學生學習資料來源有限，能引發讀者後續研究動機有限；(4)未能對國際教育現象之相關因素深入分析，例如對政治、經濟及國際發展深入說明；(5)國際比較教育的學習無法與社會科學研究方

法聯結，上述論述指出，國際比較教育教學及學習內容僅限於主要國家的檔案資料，欠缺以跨國統計資料應用社會科學方法分析的介紹。授課者未能將社會科學方法如何應用於國際比較教育研究做有效的引導，使得學習者亦未瞭解其重要性。這導致學生在科學化國際比較教育研究產生學習問題。國際比較教育多以研究不同國家在教育制度及學校制度之異同，主因在「比較」一詞的認知，以及大學教科書提供的國際比較教育的學習內容有關。比較僅限定於「比較」兩個國家在教育制度及學校制度之異同。就如南韓的學校制度為六三三制，美國的學校制度有四四四制、五四三制、六三三制等。

傳統的比較教育授課範圍限於少數國家的教育制度比較。由於比較步驟限於描述、解釋、分析、併排與比較，這種對「比較教育」的狹隘解釋，限定了比較教育的學習，更窄化了對學科研究的認識。教學者提供的比較教育僅對少數先進國家（如美國、英國、法國、日本、德國）教育制度比較，瞭解其異同。國內外許多比較教育或國際比較教育的專書都是依循Kandel（1933）的《比較教育研究》（*Studies in Comparative Education*）與林清江（1983）主編的《比較教育》編寫方式。這種編寫引導了學習者學習方向及內容，除非有不同觀點的授課者予以導正。因而在比較教育學科的教材內容，單以先進國家教育現象說明，少以科學化研究主題融入國際比較教育。甚至沒有對於開發中國家、第三世界、非洲、大洋洲、中東地區或拉丁美洲國家的教育現象進行分析。當然，在國際比較教育的教學，以單一國家教育制度及教育現象為主，大量內容說明主要國家的教育制度及其歷史演變，忽略了對於國際經濟、社會及政治或文化之關聯性深層描述與解說，也是國際比較教育未能科學化的原因之一。

總之，長期以來，國際比較教育學的教材內容提供素材，學習者認知的國際比較教育以少數國家教育制度為主，來獲得教育制度與發展現象之異同，或從先進國家的教育發展做為學習借鏡。這種學習方式及教材內容，狹隘了國際比較教育的學習。

參、網際網路科技發明促使龐大資料需要科學化處理

　　國際比較教育無法科學化的原因之一是電腦科技發明較晚所致。1960 年代後電腦才發明，後續逐年改善其記憶體及容量，才可以處理大量的數據資料。1980 年代先進國家的電腦網路建置，才提供研究者取得各國資料的便利，這也是無法更早科學化研究的主因之一。國際比較教育科學化的前提，需要分析各國大量資料，從實證資料獲得專業知識，藉著研究者不斷地生產及發現知識，以獲得國際比較教育的知識沉澱與知識擴充等。無可否認，電腦科技發明之後，分析資料可以擴充與增加，也有大規模研究與調查建置的資料庫，大量資料分析之後，掌握更明確的國際教育現象。1960 年代發明電腦，後續年代逐年改善電腦功能、擴充記憶體容量、提高資料處理速度，增加國際比較教育研究效率。從事國際比較教育研究，雖然有 UNESCO、World Bank、IEA、OECD 等組織建置資料庫，但是國際資料蒐集不易完整，尤其第三世界、落後國家或低度開發國家的電腦軟硬體設備更新緩慢，無法提供正確資料給國際組織，讓科學化的國際比較教育腳步無法大步邁進，也是限制國際比較教育科學化的主因之一。

肆、國際組織建置大量資料庫需要科學化研究統整資料

　　邁向科學化國際比較教育的重要基礎是國際組織對於各國統計資料的蒐集、整理、統計、發布與分析。二次大戰後，國際組織陸續成立，例如：World Bank、OECD、UNESCO、IEA、IBE 等，一方面從事國際教育發展的相關事務合作，一方面也加強各會員國的統計資料蒐集與整理。從事國際比較教育研究，擁有可靠的研究資料就能不斷地研究，而這些研究結果發現可以對國際教育現象深入描繪。跨國資料分析使得各國的統計資料，從雜亂無章的資訊，透過統計及科學方法將它們有意義地呈現，成為有價值的知識與理論。IEA 於 1960 年代成立之後就進一步調查幾個國家的學生學業成就，企圖掌握這些國家之間學

生學習成就差異因素。1995 年的 TIMSS 對於三十餘個國家的國二及小四生進行數學及科學成就，並對學校及家庭因素進行調查，以及 2000 年 OECD 所主導的 PISA 對於學生的閱讀及數學成就調查就是明顯例子。

伍、國際資料的完整性與取得便捷性促進科學化研究條件

國際比較教育邁向科學化的重要原因之一在於主要國際組織對於各國的統計資料蒐集的完整性，資料的完整性包括了各個國家的人口指標、經濟、社會、教育、政治、文化等指標都能完整地蒐集，尤其教育指標的蒐集更是比 1960 年代的變項更為完整。就以 UNESCO 為例，其統計資料包括了識字率、文盲率、初等教育（粗）在學率、中等教育（粗）在學率、高等教育（粗）在學率、初等教育生師比、中等教育生師比、政府教育經費占國民生產毛額比率、初等教育輟學率等。

國際統計資料取得的便利性促使國際比較教育研究資料蒐集更為方便、省時、經濟、準確與有效。這歸因於國際組織對於各國蒐集資料，建置於該組織所屬的電腦系統之中，呈現於組織網頁。國際組織不定時從各國蒐集資料予以更新，不斷地累積過去資料，成為有系統的長期資料庫，讓國際比較教育研究者隨時上網查詢，抓取資料進行分析。資料取得便利，不需要龐大研究經費支持獲得寶貴資料，促使國際比較教育研究有系統與科學化進行。

總之，邁向科學化國際比較教育是未來必走之路，為了讓科學化國際比較教育研究成為重要發展趨勢，應從科學化研究來消除自我認同危機、從科學化的知識內容來突破傳統上比較教育教學內容限制、配合網際網路的電腦科技增加龐大資料更需要科學化研究處理，同時國際組織建置大量資料庫需要科學化研究統整資料，當然國際資料的完整性與取得便利性，是促使科學化國際比較教育研究的必要性。

參考文獻

中文部分

林清江（主編）（1983）。**比較教育**。臺北市：五南。

楊深坑（1999）。**知識形式與比較教育**。臺北市：揚智文化。

沈姍姍（2000）。**國際比較教育學**。臺北市：正中。

楊思偉（1996）。**當代比較教育研究趨勢**。臺北市：師大書苑。

蔡清華（1989）。臺灣地區比較教育研討的檢討。**比較教育通訊，20**，8-19。

英文部分

Baker, D. P., Goesling, B., & Letendre, G. K. (2002). Socioeconomic status, school quality, and national economic development: A cross-national analysis of the "Heyneman-Loxley effect" on mathematics and science achievement. *Comparative Education Review, 46*(3), 291-312.

Coleman, J. S. (1966). *Equality of educational opportunity*. Washington, DC: U.S. Government Printing office.

Coleman, J. S. (1988). *Equalty of educational opportunity*. New Hampshire, UK: Ayer.

Coleman, J. S., Campbell, E., Hobson, C., McPartland, J., Mood, A., Weinfeld, F. D., & York, R. (1966). *Equality of educational opportunity*. Washington, DC: Department of Health, Education & Welfare U.S.

Epstein, E. H. (1990). The problematic meaning of "comparison" in comparative education. In J. Schriewer & B. Holmes (Eds.), *Theories and methods in comparative education* (pp. 3-23). New York, NY: Peter Lang.

Kandel, I. L. (1933). *Studies in comparative education*. Boston, MA: Houghton Mifflin.

Lewin, K. M. (1996). The costs of secondary schooling in developing countries: Patterns and prospects. *International Journal Educational Development, 16*(4), 367-378.

Noah, H. J., & Eckstein, M. A. (1969). *Towards a science of comparative education*. London, UK: Collier Macmillan.

OECD (2004). *Education at a glance: OECD indicators*. Paris, France: Author.

Palafox, J. C., Prawda, J., & Velez, E. (1994). Primary school quality in Mexico. *Comparative Education Review, 38*(2), 167-190.

Rust, V. D., Soumaré, A., Pescador, O., & Shibuya, M. (1999). Research strategies in comparative education. *Comparative Education Review, 43*(1), 89-109.

Schultz, T. P. (1988). Expansion of public school expenditures and enrollments: Intercountry evidence on the effects of income, price, and population growth. *Economics of Education Review, 7*(2), 167-183.

CHAPTER 8

多層次國際比較教育研究

　　國際比較教育研究分析單位不能單以一個國家或少數幾個先進國家為滿足；相對地，國際比較教育研究的分析單位應以多層次的觀點來分析。本章說明科學化國際比較教育的多層次觀點。

第一節　Bray 與 Thomas 多層次觀點

　　傳統上，國際比較教育以國家及地理區域為分析單位，然而，國際比較教育研究範圍是多層次及多面向。邁向科學化國際比較教育研究應朝此方向努力。所謂多層次是指研究層面不僅以一個單一面向，而是不同層級都應在研究中加以考量，例如：一個國家的地理及行政區（如美國的州、德國的邦、加拿大與中國大陸的省）、學區（如美國）、學校類別、班級與個人在教育現象的分析比較；以及各地方行政區之下的學校（如公立、私立／天主教學校與非宗教型學校；升學型學校與非升學型學校；普通高中與職業學校），以及每所學校內的班級等，都可能形成不同的脈絡文化（context culture）。在不同層級之下，學生及家長與地區所形成的脈絡特性不同，學生表現與學校經營成效也會有差異，所以應將不同層級因素及文化納入考量。因此，Bray 與 Thomas（1995）提出多層次比較的教育研究（multi-level of comparison in educational studies）就是很好的例子，他們將比較教育範圍區分為三個向度，第一個向度為地理或地區性（geographic/locational level），包括七個層次，即世界地理區域（含跨國

性研究）（world regions/continets）、國家（countries）、州／省（states/provinces）、學區（districts）、學校（schools）、班級（classrooms）及個人（individuals）。第二向度為非地區的人口團體（nonlocation demographic groups），它包括種族團體、年齡團體、宗教團體、性別團體、其他團體及整體人口。第三為教育與社會面向（aspects of education and society），包括課程、教學方法、教育財政、管理結構、政治變遷、勞動市場及其他。國際比較研究類型如圖 8-1，說明如下。

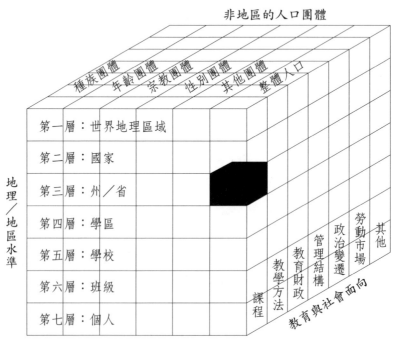

圖 8-1　Bray 與 Thomas（1995）多層次觀點

資料來源："Level of comparison in educational studies: Different insights from different literatures and the value of multilevel analyses", by Bray, M., & Thomas, R. M., 1995, *Harvard Educational Review, 65*(3), 472-489.

壹、第一層為以世界地理區域為比較單位

以世界地理區域進行研究是假定每一個世界地理區域特性不相同，包括：區域環境、使用語言、政治制度、學校組織與經營、殖民史、經濟制度、國家的民族性或文化差異等，例如：歐洲共同體、加勒比海地區、拉丁美洲、南太平洋與北非洲，其地理區域、政治制度、經濟發展型態、過去發展的歷史因素不同。因而在進行世界地理區域比較，應掌握地理區域人民共有的特質，不同區域的特性有明顯差異，當然這種異同必須在教育上有意義，比較分析才有價值。以國家為分析單位在國際比較教育的教科書常見到，其內容呈現方式以英文字母A、B、C……等來排列，並依此提供相關的教育發展現象。這種國際比較教育在強調跨國之異同，所進行的國際比較教育可以追溯到Kandel（1933）之論述。

Campos（1999）以東亞與拉丁美洲國家來分析政府治理（分別以官僚制度品質、政府決策透明度、執行績效、市民社會—人民參與權及政府治權、法律規則）分別對於每人國民所得、嬰兒死亡率與文盲率的迴歸分析發現：(1)就拉丁美洲國家來說，官僚制度品質愈好、法律規則愈好，文盲率愈低；法律規則愈好，嬰兒死亡率愈低；官僚制度品質愈好，每人國民所得愈高；(2)就東亞國家來說，官僚制度品質愈好、法律規則愈好，文盲率愈低；官僚制度品質愈好，嬰兒死亡率愈低；市民社會愈民主，每人國民所得愈高。Dale 與 Robert-son（2002）運用歐盟（European Union）二十五個會員國、北美自由貿易協定（North American Free Trade Agreement），以及亞太經合會（Asia-Pacific Economic Cooperation）二十一個會員國的經濟區域進行全球化的學校教學發展，以及國家教育制度的分析就是一例。

Beech（2006）指出，雖然以國家為分析單位自比較教育研究開始就有其重要性，但是世界多變化，教育發展在此環境相當複雜，所以超越國家（supranational）或次於國家層級研究（sub-national research）變得相當重要。超越國

家層級可以從全球地理區域來比較分析，例如，比較亞太地區、美洲地區與歐洲國家的高等教育在學率，又如北半球國家與南半球國家國二學生數學成就比較——以 TIMSS 2007 為例；也可以運用意識型態做為超越國家層級分析，如共產主義國家與資本主義國家的教育投資比較。超越國家的國際比較教育亦可從國際組織會員國的教育現象比較，例如比較 OECD 國家與非 OECD 國家國民的文盲率、識字率與高等教育在學率。當然，以經濟發展水準做為超越國家層級的國際比較教育研究也是一種方式，如已開發國家與落後國家國民接受教育年數比較，已開發國家為高度國民所得國家，落後國家為低度國民所得國家。超越國家層級的國際比較教育的優點在於以地理區域，比起以少數幾個國家來瞭解教育現象更為完整，再者運用此種方式讓國家發展的類型（如經濟、政治、文化或地區性）相近者歸類為一群，相異屬性為另外一群，如此可以在相同指標下，對不同屬性地理區域的教育發展進行分析。但是此種方式有其限制，例如：難以界定是何種情境才是超越國家層級，是兩個國家、三個國家或更多數國家整合為一個地理區呢？或是以經濟發展型態或政治意識型態，如計畫經濟／資本主義或其他標準可以做為參照區分依據呢？全球國家數有限，而劃分某些層級標準或指標會讓分析的國家數減少，統計分析會受限。此外，同一地理區、政治、經濟及文化組織會員國，不一定有相近的文化型態、經濟發展，甚至政治體系與教育制度，因此，若以區域整體資料分析比較與詮釋，仍無法瞭解地理區各國真實發展情形。

貳、第二層為以國家為比較單位

以國家為分析單位仍為國際比較教育研究或學習內容的常態（Broadfoot, 2000）。國際比較教育研究結果常以表格呈現各國統計資料，接著進行比較，這種跨國比較分析的結果論述，以及表格中的數據是採用各國整體資料，容易陷入迷思。若以不同國家土地規模大小併列，例如：美國、法國、德國、日本、中國大陸、馬其頓、馬爾他、瓜地馬拉、喀麥隆、斐濟、牙買加等，很容易造

成資料的不對稱。前五個國家是大國，而馬其頓、馬爾他、瓜地馬拉、喀麥隆等為小國，若在各國的總人口數、土地、自然資源、經濟發展、國家歷史發展不對等、教育制度不相同，甚至政治體制度不相似前提下，就任意比較，因而有研究結果發現，並對相關內容詮釋，很容易陷入錯誤的比較。尤有甚者，常以大國與小國的教育資料進行比較，表格或分析發現僅呈現整體數據，沒有看出細部資訊（如該國各地理區發展程度），其比較起點行為不對等前提下，比較結果有問題，更不用說是推論之準確性。這種不僅在實證的國際比較教育研究有此現象，質化研究也有此問題。在歷史文化及社會環境脈絡差異大的情形下，比較單位與主體受到生態環境影響而有不同，若運用訪談或深入觀察，對於受訪者或觀察者的發現，進行比較也不妥。

很多國際比較教育教科書常見的論述：美國有補償教育、英國有教育優先區、法國國民小學為五年、德國的基礎教育為四年、日本的社會教育機構以公民館為主要場所、澳洲為聯邦制的教育系統國家等，因此，臺灣應要如何借鏡上述國家等。這種單以一個國家與臺灣教育制度相比，進而提出研究建議及政策方案，更是相當危險。尤其，各國的經濟發展、歷史文化、社會結構不同，政治制度不一，人民素質差異極大，甚至民族性及國家發展方向亦不同，任意運用一個國家的教育制度來比較是相當不可取的。

若單研究一個國家，可以從這個國家的內部行政區與地理區分類或分層進行研究，接著運用相關的資料進行描述，在相同標準與項目之下，再加以比較與歸納。就如研究美國中學生之學習成就表現，可以從五十個州來分析，或以美國可以獲得的中學生學習表現及相關影響因素，選取相同分析變項，以及具有相同的變項測量，再進行分析獲得結論，會是好的研究。Palafox、Prawda 與 Velez（1994）以 20,856 名學生之實證資料，研究影響墨西哥學生學習成就（區分為認知能力、西班牙文與數學成就）的因素，研究發現男生、父母教育程度愈高、與家長同住、家庭子女愈少、上早上班制（社會階層較高的子女）、有上幼稚園經驗的學生，其認知能力、西班牙文及數學成就明顯較高，就是很好的例子。

除了上述是以單一個國家為分析單位，此層面還有另一個意義是以國家為單位，但是有很多的國家共同納入分析，這種情形是以國家整體資料為分析數據，若將一個國家的國民所得、各級教育在學率、人口成長率或政治發展等納入分析，此時可能有數十個國家在一個研究之中。Hannum（2005）採用 70 至 150 個國家不等，以各國整體失業率、每千人網路擁有數、預期壽命、總生育率、嬰兒死亡率、政權指數及民權指數為依變項，而以高等教育在學率、中等教育在學率、初等教育在學率、國民所得及人口進行迴歸分析發現如下：(1)各國高等教育與中等教育在學率愈高，失業率愈高；(2)各國高等教育在學率與國民所得愈高，每千人網路擁有數愈高；(3)各國的高等教育、中等教育、初等教育在學率愈高及人口愈多，國民壽命愈長；(4)各國中等教育與初等教育在學率愈少及人口愈多，生育率愈少；(5)中等教育與初等教育在學率愈高，嬰兒死亡率愈少；(6)各國的高等教育、初等教育在學率愈高，國家的政治民主化（政權及治權愈高）愈好。上述例子是以多個國家為分析單位，以相同變項一起納入分析，所得到的研究結果。

參、第三層為以省或州為比較單位

Bray 與 Thomas（1995）指出的第三層是許多國家行政體制是以有省、州或邦為單位，而研究者以這些單位來進行研究。印度、澳洲、加拿大、美國、德國的教育權限主要在省、州或邦，這些行政區擁有決定教師資格、課程內容、教科書選用、財政分配，甚至教師薪資等的權力，例如：澳洲的聯邦政府對於各州教育發展沒有實權控制，所以要以各州的教育發展情形進行比較，才有意義，這種情形大多產生在聯邦制度的國家。Lawton（1987）研究加拿大教育財政分配，因為加拿大為各州（省）分權，教育財政分配具多樣性。他觀察加拿大的十個省及兩個特區的初等教育與中等教育的經費支應發現，僅有愛德華王子島（Prince Edward Island）所有教育經費由省支應，其他省及特區由地方學區支應。Lawton 發現，省政府對於天主教及其他教會學校的經費分配分歧，多

數省的教學使用英語，而魁北克主要是使用法語，類似這樣省之間的背景差異沒有深入探究，就依此描述與解釋其分配現象，最後對各省併排與比較，很容易有錯誤結果。Janmaat 與 Mons（2011）指出，國土的分化性（differentiation）會影響國民價值觀的差異，聯邦制的國家在跨省（州／邦）之間會有較大差異性，各邦（州／省）行政當局有較大的自主性，在教育影響上，如課程綱要多樣性，科目、學習材料、學期授課時間數、教師教學自主性，以及教師薪資差異等會有不同規範。臺灣的東、西、南、北部的發展有差距，若僅以臺灣的整體資料說明教育發展現象，不考量地區發展差距，其研究結果會有錯誤推論。美國為地方分權國家，教育的管轄權主要在五十個州政府，各州的所得稅率不一，因而各州教育投資不同。Webb、McCarthy 與 Thomas（1988, p. 139）估計1983 年美國五十州的稅收對於教育投資的努力，以每人平均國民所得做為衡量財政能力發現，財政能力最好的五個州——阿拉斯加、蒙大拿、奧瑞岡、密西根、新墨西哥州高於最差的五州——加州、佛羅里達、密蘇里、懷俄明、佛蒙特州兩倍。

上述看來，國家若有地方行政區劃分，或其地理區原本就已有發展差異，在進行國際比較教育研究時，不能僅以國家整體資料來比較分析，若要求其準確性，應將各地理或行政區特性納入考量，如此會有更準確的研究結果發現。

肆、第四層為以學區為比較單位

Bray 與 Thomas（1995）指出的第四層為以學區為單位的研究。以學區為單位的研究比起以全國整體性的資料比較還要精確。就以中國大陸來說，若僅以某一年度的整體高等教育在學率是 10%，就來規劃未來高等教育在學率，而沒有考量各省的地區性差異，此時很容易造成以偏概全或無法滿足各省高等教育在學率的水準。Lewin 與 Wang（1994）就指出，國家對於基礎教育的統計不確實，全國性的整體資料無法滿足中國大陸政府在對各省（縣）進行政策決定的參考。看起來，整體的基礎教育統計數字令人滿意，然而國家層級的整體數

字常不可信賴。這種統計數據不可信的主因在於，不同地理區域差異很大，如以整體的加總計算，有其技術困難，若資料蒐集過程不明確，加上許多統計數據不明確，整體計算就會有疑慮存在。國家層級的統計數字僅提供某種程度觀點，或執行基礎教育政策品質的部分現象而已。政策執行效率需從地區層級深入對個案分析。在地區層級要掌握影響學生就學率、輟學、重讀、資源分配、教學品質及學生成就等，若從國家層級來分析，無法細部掌握地區的因素，因此以這些因素來評估政策執行成效，仍以學區層級較為可信。Lewin 與 Wang（1994）選擇中國大陸三個省的學區資料進行比較，即鄰近北京、文化不利學區與窮鄉僻壤的弱勢學區發現，若整體來看教育發展，並無法看出它們之間的差異性，然而若就個別來看，三個學區均需要個別提出政策，才能改善基礎教育的問題，所以不能單以整體資料來分析，否則無法掌握要如何提出解決策略。

伍、第五層為以學校為比較單位

以學校為單位來分析也是國際比較教育研究常見的方式之一。以學校為單位的研究與以國家、省、學區的方式差異很大。以國家層級分析在於瞭解哪些國家教育在學率較高，哪些則否？此時沒有將學校因素納入分析，無法掌握教育真相。若運用學校為單位來分析，也需要考量學校文化及其脈絡（context）特性，對於學校文化關注，更不同於以國家層級來考量文化因素。Rutter、Maughan、Mortimore 與 Ouston（1979）在所著《一萬五千個小時：中等學校與它對孩童的影響》（*Fifteen Thousand Hours: Secondary Schools and Their Effects on Children*）一書中，以學校為分析單位，研究者要瞭解，究竟哪一種學校是學生喜歡就讀的，以及這些學校在學生學業成就與社會發展的差異情形。他們選擇內倫敦的十二所學校，檢視了學生與教師、行政人員的目標、設備以及與每一所學校有關的多樣生態因素發現，每所學校有其特色，此特色是建立在教育行政人員、教師及學生的期待。此外，學校文化型態對於教育特質與塑造社會為重要的因素。以學校為研究單位，重點在呈現學校中的個人特質，而以國家、

省、學區為單位的研究，重點在於特定的政策決策者有哪些影響，但是以國家、省／邦／州或學區為單位為單位的研究，無法深入瞭解教育人員或學生的個別差異。學校有充足樣本讓研究者隨機抽樣進行研究，這是以跨國、省／邦／州、學區為單位之研究無法進行的，因為全球的國家數最多不超過二百個，若再進行隨機抽樣，可以分析的樣本會更少，難以運用統計中央極限定理來分析研究樣本。

陸、第六層為以班級為比較單位

以班級為分析單位的研究在社會學、教育社會學或教育心理學研究較多，主要在瞭解學生與教師、學生與學生之互動情形。Jackson（1968）的《班級生活》（*Life in Classroom*）一書就是明顯例子，雖然該書強調不同班級之間的相似性，但是班級之間有明顯差異。他指出，學校班級老師努力試著把班級整理像是家一樣，國小老師常把大量時間運用在教室安排布置。教師對公布欄、新掛圖、座位安排（每幾週就轉變一次）相當投入，雖然這樣看起來表面有調整，但是學校公布欄也許改變，沒有扔掉，仍會擺在學校某個角落，只是位置重新安排而已；在班級中的三十個位置的學生仍然交談著；教師的桌子雖然有粉刷，他（她）仍坐在該位置；板擦、掛圖、削鉛筆機也依然放在牆角邊。這些內容是班級中的現象之一。還有以班級為單位來研究師生互動情形，由於不同班級的學生背景不一，縱然相同班級的學生，其背景也不同，有些是社會階層較高，有些是較低者。社會階層高的學生擁有較多的文化資本，對於老師傳達的教學內容較容易吸收，學業成就比較好，與老師互動，甚至學生間的互動也較社會階層低者好。以班級做為分析單位者讓研究者理解學生在班級的互動情形，不僅可以瞭解學生個人行為、教師行為，而且深入瞭解師生互動與學生之間互動情形。

Pong 與 Pallas（2001）以 HLM 分析九個國家班級大小與數學成就之關聯性，其中美國、加拿大、澳洲（為地方分權制）、新加坡、南韓及香港（為中

央集權制），以及介於兩者之間的法國、德國與冰島，結果發現：(1)家中藏書數、家長教育程度對於美國、加拿大、澳洲、法國、冰島、南韓都是正向重要影響因素，而其他國家則否；(2)僅有加拿大、澳洲及冰島男女學生數學成就不明顯，其餘國家都是女生明顯低於男生；(3)班級之間的差異可以解釋影響數學成就的變異量，美、加、澳、法、德、冰島、新加坡、韓國及香港各為51.7%、18.8%、41.7%、28.0%、44.8%、11.7%、41.5%、6.4%、45.0%，可見韓國的班級同質性較高，而其他國家的班級差異性大；(4)若將各國班級大小區分為五等級，韓國的班級人數最少者，其數學成就表現最好，但是新加坡是班級數最大者，數學成就最好，這說明了班級學生人數多寡與學習成就不一定呈現規律性；(5)若將學校及班級因素控制之後，各國班級學生數多寡對於數學成就就沒有明顯影響效果，其中為班級學生平均的社會階層愈高，其數學表現愈好，而愈是低社會階層者，其數學成就愈低，此外，在控制上述變項之後，香港與新加坡學生在愈大班級者，其數學表現比在小班級者還要好。簡言之，不同班級間的特色比較、不同班級間的文化或學生表現，也是國際比較教育分析的單位之一，試想，美國、英國、日本、法國的小學班級型態、特色、擺設、師生互動情形、學生互動情形也是值得分析的議題。

柒、第七層為以個人為比較單位

　　國際比較教育研究的分析單位可以將焦點集中於教育情境中的個體，包括：校長、教師、家長、學生及其他人員。其研究面向很多，例如：學生的學習態度、興趣、動機、學習風格、學習成就、學生回家寫作業時間、教師教學投入、家長學校參與、校長領導、行政監督等，但是它強調以個體的心理層面因素為主。以學生來說，不同學生的學習風格有別，有些學生學習動機強、有些學生動機較弱、有些學生是場地獨立型、有些為場地依賴、有些學生智商高、有些則否。因而學生在校學習過程就會有以下現象：不同學生在學校學習的感受不同、每位學生感受要如何學及解決問題方式有別，若考量學生個別差異，

就不能以整個班、整個學校或整個國家某一表現數值來代表學生表現。張芳全（2010）以臺灣參加 TIMSS 2007 資料分析影響臺灣新移民與非新移民的國二生數學成就因素發現，非新移民的女生的數學成就明顯高於男生。父親教育程度愈高、家中擁有電腦與字典、自我抱負愈高、數學興趣及數學價值愈高對數學成就有正向影響，其中學習興趣及自我抱負對數學成就影響最大。而影響臺灣新移民國二生數學成就因素：在家中常說國語、自我抱負與數學興趣為正向顯著因素，其中自我抱負對於數學成就的影響最大。顯然，影響臺灣新移民與非新移民學生數學成就因素，有其共同性及差異性。

Fejgin（1995）對美籍以色列裔、亞裔、黑人、西班牙、白人學生（參照組）分析影響學生成就因素，其中背景因素（包括家庭所得、家長教育程度、族群及性別）、家長因素（教育期望、學習資源提供、聲望，以及是否常討論學校活動）、學生行為（自我期望、內外控性、每天看電視時數、寫家庭作業時間）、學校因素（就讀非宗教私立學校、宗教的私立學校、天主教學校）發現：(1)家庭所得及家長教育程度對於數學成就有正向顯著影響；(2)亞裔及以裔表現明顯高於白人學生，而黑人及西班牙人則表現較低，女性比男性低；(3)家長教育期望、學習資源、家長討論學校事務及聲望愈高，學生表現愈好；(4)學生自我期望、自我控制信念愈高、寫作業時間愈多，數學成就愈好，而看電視時間愈多，表現愈不好；(5)就讀非宗教的私立學校學生，其數學表現比就讀其他學校還好；(6)而家庭所得愈高、家長教育程度愈高，家長教育期望愈高；同時亞裔、黑人比起白人家長對子女的教育期望還高，而家庭學習資源則以裔、亞裔、黑人與西班牙裔比起白人學生明顯較少；而寫作業時間則是亞裔比白人多，黑人則比白人少。上述研究，就是以學生個人為分析單位。

捌、跨層級的研究分析

跨層級的分析是將兩個層面以上的資料進行分析。這種分析方式認為樣本結構具有巢套（nested）特性，例如：一所學校中有許多班級，每個班級中有

數十名學生,學生巢套在班級,同一班學生有其共同特性,而同一學校不同班學生,在相同的學校文化,也有其共同特性,如明星學校具有競爭的升學壓力、學生學習較為積極、學生來自的家庭社會階層較高等。O'Dwyer（2005）以二十三個參與 TIMSS 1995 及 TIMSS 1999 的國家進行 HLM 分析,將資料區分為學生及學校層次因素,前者包括學生家庭背景指數、使用電腦情形、回家作業次數、校外活動情形、家長給學生的壓力、自我壓力、數學學習態度（含動機、學習興趣）,以及數學課堂的氣氛;而學校層次包括了學校教學資源、平均教師提供回家作業次數、學校平均班級大小、平均學生家庭背景、學校所在地區、平均學生自我壓力,以及平均學生的學習態度。該研究主要發現:(1)各國學生學習成就的差異有 10% 至 70% 不等的變異量是由學校之間的差異所造成;(2)學校層次的平均學習態度（動機）與家庭背景在所有國家中,大多數都呈現正向顯著影響;(3)學校與學生層次的回家作業對學習成就的影響呈現兩極化現象;(4)多數國家愈都會區學校,學生學習成就愈好。

　　Thorpe（2006）以英國參與 PISA 2000 的資料運用 HLM 分析發現,女生的閱讀素養明顯高於男生,約高出 20 分,同時學生層次及學校層次的學生家庭社經地位對於閱讀素養都有正向顯著影響,這不僅反映出英國的學生社經地位對於閱讀成就有正向影響之外,也反映出家庭社經地位愈高的學生,愈聚集在同一所學校,因而也讓整個學校反映出學生社經地位較高,因而整體影響學校整體表現。Detetmers、Trautwein 與 Lüdtke（2009）運用 HLM 分析 PISA 2003 資料的四十個國家共 9,791 所學校、231,759 名學生的回家作業時間與學習成就之關聯發現:(1)四十個國家之中,學校整體的學生寫回家作業時間對數學成就有正向顯著影響,然而如果將學生的社經地位及學生的分流情形控制之後,學生寫回家作業的時間對於數學成就的影響明顯下降,這表示學生寫回家作業仍受到學生社經地位與學生的教育分流所影響;(2)在四十個國家之中,各國學生寫回家作業時間多寡對於數學成就之影響,沒有明確關聯;(3)若是學制傾向於教育分流的國家,如奧地利、比利時、德國、日本及南韓,顯示出學生寫回家作業時間的校際差異對數學成就解釋量比起傾向實施綜合高中的國家,如丹麥、

芬蘭、冰島、挪威及瑞典還要高；(4)奧地利的文法中學、芬蘭的普通高中、美國的學生選擇幾何與代數二（進階）的學生，其數學成就比較高，相對地，南韓的學生選擇職業教育者，其數學成就比較低。

　　總之，上述的國際比較教育研究以多層級觀點分析，值得國際比較教育研究在邁向科學化方向參考。關於多層級模型分析的應用見本書第十二章。

國際比較教育研究層級應用

　　國際比較教育研究可以區分為宏觀研究及微觀研究。前者為跨國或區域性的研究，即以國家為單位進行跨國分析或地理區域研究，而後者以一個國家內部的不同層面分析，例如：不同分析單位——如不同地理區域（如不同縣市、省／邦／州、城鄉分析）、不同校別（公私立學校）、不同班別（如男生班與女生班學習成就的差異）、不同學生或族群（新移民子女與非新移民子女）等。

壹、世界地理區域分析比較

　　世界地理區域分析比較研究係指，分析單位是世界地理區域，它運用世界地理區域——歐洲、美洲、亞洲、大洋洲、非洲等區域，從中挑選出分析的地理區域，接著再搭配研究議題及變項進行分析（可能提出研究假設及統計檢定），獲得研究結果的研究。它僅以地理區域的教育現象進行分析，不以單一國家來分析。Kazem（1992）以阿拉伯國家的大學擴充分析指出，這些國家陸續擴充大學教育在學率乃受到西方現代化觀念的影響，即大學應提高就業機會與改善生活品質，因此阿拉伯國家的大學擴充要掌握與人民生活結合為宜。Bennell（2002）分析撒哈拉非洲國家的初等教育在學率指出，1998 年初等教育在學率低於 40% 的有尼日與索馬利亞、40% 至 50% 的有布吉納法索、衣索比亞、幾內亞及蘇丹；50% 至 60% 的有蒲隆地、厄利垂亞及馬利，而也有十二個國家

初等教育在學率超過 100%，研究者將 1990 年至 1998 年撒哈拉非洲國家初等教育在學率成長率、重讀率、輟學率、愛滋病比率、婦女生育率、兩性初等教育在學率差距、政府教育經費占國民生產毛額比率與政府於初等教育經費支出比率納入分析之後發現，撒哈拉非洲國家初等教育尚未普及者，考量上述因素之後，2015 年前要擴充兩倍，才可以普及初等教育。

　　Daun（2000）分析三十二個撒哈拉非洲國家的初等教育擴充究竟受經濟因素影響，還是宗教信仰影響，統計資料分析發現，多數貧困的撒哈拉非洲國家都與回教有關，初等教育也以古蘭經及阿拉伯學校為主；然而，有不少國家，如賴索托及馬拉威受到歐洲國家天主教及殖民的影響，讓這些國家的教育擴充更快；天主教對於撒哈拉非洲南部、東部及海岸地區影響較大；而受回教影響較深的是茅利塔尼亞、索馬利亞，以及波札納、加彭、南非及薩伊；經過數據分析發現，傳統上認為經濟因素是解釋撒哈拉非洲的識字率及教育在學率擴充主因。然而這說法不必然正確，因為撒哈拉非洲國家的教育發展與宗教因素交互影響所產生的教育發展差異非常大，若以國家受到回教及天主教影響程度，以及經濟因素交差分析，再將過去殖民經驗納入考量，1960 年至 2000 年之四十年間，具有強烈天主教信仰的撒哈拉非洲國家，擁有較高識字率與初等教育在學率，而信仰回教的國家則不是如此。上述就是很典型地以地理區域為研究的例子。

　　再以 1970 年與 1997 年世界各地理區域的教育在學率情形為例，如表 8-1。表中看出幾個現象：(1)1970 年全球的初等教育在學率近 90%，但是男生高於女生，而中等教育在學率僅為 36.4%、高等教育或稱第三級教育（tertiary education）在學率僅有 9.2%，也都是男性高於女性；1997 年初等教育在學率增加為 102%、中等教育與高等教育在學率各為 60.1% 及 17.4%，也都是男性高於女性，二十七年來中等教育在學率增加 23.7 個百分點最多；(2)以 1970 年各地理區域的初等教育在學率，歐洲與大洋洲都超過 100% 最多，最少者為非洲僅有 56%；在中等教育在學率方面，大洋洲最高，非洲最低，其中男生與女生是一樣情形；高等教育在學率方面，以美洲最高，非洲最低，男女生也是一樣；(3)

表 8-1　1970 年與 1997 年全球三級教育在學率

	初教			中教			高教		
	全部	男性	女性	全部	男性	女性	全部	男性	女性
全球									
1970	89.9	97.5	81.9	36.4	41.8	30.7	9.2	11.2	7.1
1997	102	107	96.4	60.1	64	56	17.4	18.1	16.7
改變	12.1	9.5	14.5	23.7	22.2	25.3	8.2	6.9	9.6
非洲									
1970	56.0	66.9	44.9	10.2	13.9	6.5	1.6	2.4	0.7
1997	80.7	88	73.3	34	37.3	30.7	6.9	8.6	5.2
改變	24.7	21.1	28.4	23.8	23.4	24.2	5.3	6.2	4.5
美洲									
1970	99.1	100	98.1	49.4	49.9	48.9	24.2	28.9	19.5
1997	110	113	108	74.8	72.8	76.9	37.1	34.9	39.4
改變	10.9	13	9.9	25.4	22.9	28	12.9	6	19.9
亞洲									
1970	83.5	93	73.5	26.5	33.8	18.7	3.5	4.9	2
1997	106	112	100	56.9	62.8	50.5	11.1	12.9	9.1
改變	22.5	19	26.5	30.4	29	31.8	7.6	8	7.1
歐洲									
1970	106	107	106	67.5	69.9	65.1	14.4	17.7	11
1997	105	105	104	99.2	97.2	101	42.8	39.5	46.3
改變	－1	－2	－2	31.7	27.3	35.9	28.4	21.8	35.3
大洋洲									
1970	104	106	102	68.7	73.3	64	13.7	17.7	9.5
1997	100	102	98.5	111	110	112	57.7	54.9	60.7
改變	－4	－4	－3.5	42.3	36.7	48	44	37.2	51.2

資料來源：作者整理自 *World development report*, by World Bank,1975, 2000, Washington, DC: Author.

1997 年初等教育在學率，僅有非洲未達 100%，各地理區域都已達 100%，中等教育在學率方面，大洋洲最高，非洲最低；在高等教育在學率方面，仍以非洲最低，大洋洲最高。要說明的是，若以洲別而不以國家個別分析，宜思考不同地理區域組成的國家數不一，有些地理區域太多，有些則國家數很少，例如大洋洲，研究描述及推論都應小心。

貳、多國的實證分析研究

　　科學化國際比較教育的重要研究方式是：透過許多國家的資料與變項蒐集，在相關理論為依據的前提下，運用科學方法，探討變項間之關係。從資料處理中來瞭解變項之間的重要發現，以獲得有意義及價值的知識。其重要前提要有理論依據，以及相關研究支持，接著要有多數國家納入分析，所得到的研究結果。如僅以少數國家──少於十個，僅五、六個國家分析，其結論代表性不足。跨國的比較研究需要透過國際組織的統計資料做為分析的基礎，在蒐集資料過程宜掌握相同變項，即不同國家在此一變項下，要有相同的操作型定義，倘若變項意義不同，就不可以納入分析。多國國際比較教育研究常為橫斷面，它運用同一個時間點，但是有多數國家納入分析。其優點包括：(1)若資料完備可以有較多的樣本數或國家數納入分析，可以更全面掌握教育發展現象；(2)研究過程較為省時、經濟與容易執行，研究者不需要對於某些變項長期觀察，就可以獲得研究結果發現。其缺點包括：(1)僅一個年度觀察資料，無法類推其他年度資料，研究結果推論受限；(2)對於變項的因果關係的推論宜審慎，畢竟僅是一年度資料而已，若以因果關係來推論研究結果發現，會有過度解釋疑問。以多國為分析對象的實證分析研究如下。

　　Fuller（1986）以四十多個第三世界國家來分析影響學校教育品質的因素，自變項包括國家財富（從農業獲得的每人平均國民所得、從製造業獲得的每人平均國民所得）、國家大小（以中央政府經費支出占國民總生產毛額比率替代）、教育因素（教育經費占國民生產毛額比率、初等教育在學率），而依變

項分別有 1970 年的每生學校經費支出、1980 年各國每生教學材料費用支出、1980 年的生師比，以及學生的初等教育完成率，研究結果發現：(1)在 1970 年及 1980 年各國每人從農業、製造業獲得的國民所得、教育經費占國民生產毛額愈多，對於每生學校經費支出有正向顯著影響，而初等教育在學率則為負向顯著影響，可見第三世界國家初等教育擴充對於學校品質有負面影響；(2)每人從農業、製造業獲得的國民所得對於各國每生教學材料費用支出有正向顯著影響，其餘變項則否；對生師比則僅有製造業獲得的每人國民所得有正向顯著影響，這代表國家的經濟發展對於教育品質有正面貢獻；(3)教育經費占國民生產毛額比率愈高，學生完成初等教育比率會愈高，可見教育經費投資對於初等教育發展有正面影響。

Poirier（2011）指出，撒哈拉非洲國家過去幾十年受到戰爭衝突影響，他以時間數列橫斷面（time-series cross-sectional, TSCS）資料，分析四十三個撒哈拉非洲國家從 1950 年至 2010 年教育受到戰爭的影響；研究所指的衝突是以國家的內戰次數及時間為衡量，研究發現戰爭對於教育發展及表現有負向顯著影響，如孩童無法上學，在此分析期間的中等教育在學率明顯下降；若沒有戰爭，政府支出於社會部門費用（含教育支出）是正向提高學生就學的重要因素，然而，在戰爭期間，軍事費用支出顯著負面影響教育經費支出，使得學生就學率下降；進一步分析，教育經費占國民生產毛額比率只要額外增加一個百分比，學童無法就讀情形會下降 1.7 個百分點，初等及中等教育完成率各可增加 4.4 與 2.6 個百分點；若以性別來看，在教育經費提供下，女生有更多完成學業的機會。Benavot（1992）以 1960 年至 1987 年的六十個國家，包括四十三個開發中國家的課程內容、教育擴充與經濟成長之研究，該研究認為各國各學科教學時數、教育在學率與國家特性（是否為輸出石油的國家）對國民所得有顯著影響，尤其初等教育與中等教育在學率擴充對國民所得有正向顯著影響，初等教育的科學教學時間對國民所得有正向顯著影響。

Akiba、LeTendre 與 Scribner（2007）運用四十六個參與 TIMSS 2003 的國家分析教師素質（取得合格證書、數學主修、數學教育主修、教學經驗年數）、

教育經費占國民生產毛額比率，以及每人國民所得為自變項，而分別以各國的
平均數學成就，以及高一低社經地位的學習成就差距為依變項，研究結果發現：
(1)取得合格證書、數學主修、數學教育主修、教學經驗年數與整體的教師素質
（前述幾項的總和），以及每人國民所得對於學生數學成就都是正向顯著影響，
教育經費占國民生產毛額比率則否；(2)僅有教師為數學主修者對於高一低社經
地位的學習成就差距有正向顯著影響，其餘變項則沒有明顯影響。

　　再舉一個例子，其資料如表 8-2。表中以 1970 年、1980 年及 1990 年 OECD
國家的國民所得與國民預期壽命的研究發現。此研究假設：國民所得水準代表
一個國家的現代化程度，國民所得愈高，國民預期壽命愈高，即現代化國家國
民壽命較長。表中看出，1970 年、1980 年及 1990 年 OECD 國家的國民所得對
於國民預期壽命為正向影響，國民所得愈高，國民預期壽命愈長。表中看出，
國民所得對於預期壽命的解釋力都在 43%以上。

表 8-2　OECD 國家國民所得與預期壽命的迴歸分析

變項	b	估計標準誤	β	t	F 值
1970 年壽命（$n=26$）					
常數	61.09**	1.87		32.71	$F_{(1, 24)} = 28.1$**
國民所得	.00**	.00	.73**	5.30	
$Adj - R^2$	.52**				
1980 年壽命（$n=26$）					
常數	63.34**	1.67		37.99	$F_{(1, 24)} = 37.2$**
國民所得	.00**	.00	.78**	6.10	
$Adj - R^2$	.59**				
1990 年壽命（$n=26$）					
常數	70.10**	1.27		55.22	$F_{(1, 24)} = 20.1$**
國民所得	.00**	.00	.68**	4.49	
$Adj - R^2$	.43				

**$p < .01$

參、少數幾個國家的研究

少數幾個國家的研究係指分析單位仍是國家，但是納入分析的國家數可能是一個、二個、三個或五、六個等。透過少數國家的資料分析變項之關係，並獲得結論，也是一種國際比較教育研究方式。

就以一個國家的研究例子來說，Joan 與 Morrison（1998）指出，受到新自由經濟理論影響，全球化及市場化在各國蔓延，它強調藉由市場化提昇公平，並運用市場來提供公共財，讓教育更有效率、增加多元選擇及多樣性、更為公平及平等、增加自由、強化民主、滿足消費者需求、增加動機、發展新的產業、增加績效責任與回應性；這些觀念影響澳門的學校教育經營；在分析澳門在學校受市場化影響之後發現，雖然澳門的公立學校與私立學校不是兩極端或互斥，學校受市場化影響，然而上述情形並沒有產生，但是對學校經營來說，國家管制還比起開放市場更有效率，甚至建議澳門當局，未來教育政策應融合市場化與政府監督，不能太樂觀地以市場化導向來經營，否則學校會沒有效率。

再以兩個國家的研究為例，Munin（1998）分析拉丁美洲的秘魯及智利實施自由化及市場化之下的學校經營效率，他先指出兩個國家的教育發展背景，接著說明新自由主義觀念從美國及英國或東歐國家而來，它強調學校自主、分權、私有化等觀念，後來有許多拉丁美洲國家跟進，秘魯及智利就是其中兩個國家，但是研究結果發現，自由化的組織及教育財政並沒有正向地對於教育、分權及教育多樣性有正面影響，也未能提高教育品質與教育效率，Munin 認為，這種比較結論發現，提供拉丁美洲國家是否仍要以新自由主義觀點來執行教育政策的思維。

此外，以一個國家，但是以該國內部的學生為分析單位來說，Shrestha、Lamichhane、Thapa、Chitrakar、Useem 與 Coming（1986）研究影響尼泊爾鄉間地區學生就學率的因素，其自變項為家庭因素（包括了文化及家長職業與經濟地位），以及學校因素（包括教師特性及學校設備等），而依變項為學生就

學率，納入 4,613 名學生進行迴歸分析發現：(1)家中使用尼泊爾語、家庭具有現代化觀念、家庭中成年人接受的教育年數愈長，其子女就學年數也會愈高，而家長的職業類別為農業、商業、專業服務者，學童就學年數愈高，而家長為勞工及畜牧業者，學童就學年數較低；此外，家庭經濟所得愈高、家庭中孩童外出賺錢者少，其小孩就學年數較長；(2)學校教師具有教師資格、獲得良好教師職前訓練、女性教師、教師具有的族群身分與教學班級學生愈接近，學童就學年數愈長，至於教師教學年資長，對於學童學習年數有負面影響；學校空間及每生教育經費支出愈多，反而學童學習年數愈少；若體育的教學品質愈好，學童的學習年數會愈長。

肆、國家內部的比較教育議題研究

國際比較教育研究還可以針對國家內部某一項議題進行分析比較。雖然不是國際性的比較，但也是比較教育研究之一。國內的比較教育議題研究係指對於某一個國家之內的不同地理區域（例如：臺灣各縣市、東西南北區域、本島與離島）、不同族群別（原住民學生與一般生；非洲裔的黑人與歐美的白種人、西班牙裔、亞裔）、不同國籍（新移民與本國籍學生）、校際間（臺北市與高雄縣小學）、班別（甲、乙、丙、丁班）、學校屬性（公私立、宗教型學校／非宗教型學校）、性別之相關議題，蒐集資料，建立合理假說，並以嚴謹分析方法得到研究發現，建立學術理論的研究。這種比較教育研究的優點是在研究資料掌握較為容易，它不需要透過跨國資料進行比較，其研究執行較為可行；其缺點為僅一個國家內部議題的分析比較而已。但要說明的是，從國際視野來看，一個國家內部的教育發展比較，也是國際比較教育的一環。

Mehran（1997）以伊朗女性無法接受初等教育的原因進行研究發現：文化、經濟與教育因素影響了伊朗女性接受初等教育的機會，其中文化因素以傳統觀念認為女性接受教育無用、文化貧窮及男性教育優先於女性的觀念為主要因素；在經濟因素則以家境貧窮、母親需要女孩在家協助家務、家庭需要女性

負擔家計而投入工作為重要因素；在教育因素方面，以學校輟學率高無法引起女性就學意願、女性教師缺乏、缺乏有責任的行政官員監督家長送女學童就學是主因。

　　國家內部的地理區域研究，如馬信行（1992）分析臺灣地區近四十年來教育資源分配情況發現，臺灣愈都會區的縣市，其每校學生數愈多，學校經費愈多，同時他以每生所得稅、每校教育經費與各縣市人口加權之後的高等教育學校數為變項進行集群分析，分出高資源區及低資源區各有九及十四個縣市，低資源區縣市都是中小學學校數與大學校院數少、每生教育經費較低；若觀察各縣市平均每校教育經費排名，四十年來雖有變動，但是高雄市、臺北市、基隆市與臺南市一直都排在前面，而花蓮縣一直都排在後面。

　　Palafox、Prawda 與 Velez（1994）研究影響墨西哥學生學習成就表現發現，居住在教育發展較完備（educationally developed stares）──如墨西哥市、Aguascalientes、Baja California、Baja California Sur、Estado de Mexico 區域的學生在認知能力、西班牙文及數學成就明顯高於教育發展開發區（educationally developing stares）──如 Durango、Guanajuato、Hidalog、Queretaro、Tabasco、Zacatecas 區域。Behr、Christofides 與 Neelakantan（2004）研究美國五十個州自 1980 年至 2000 年教育發展對所得分配的影響發現：(1)各州公共教育經費支出費用愈高，可以減少各州所得分配不均；換言之，教育經費支出愈多，可以增加教育公平性；(2)教育經費支出對於各所得分配組別的影響力都是正面的，即教育經費支出愈多，可以增加各所得組別之子女教育年數，而這種情形對於低所得家庭影響力明顯高於高所得者；(3)各州教育經費支出增加之後，已讓 1970 年代所規定的貧窮線（poverty line）在 1995 年明顯改善，也就是貧窮線往下修，貧窮人口數減少；(4)1970 年美國整體、白人及黑人的吉尼指數（Gini coefficient）各為 .394、.387、.422，2000 年各為 .456、.460 及 .463，明顯看出美國所得分布不均有惡化現象，不過雖然黑人有增加，但比起白人惡化情形較少；(5)如以美國各州來看，1980 年至 2000 年的吉尼指數增加最多的前五州分別是哥倫比亞區、康乃狄克州、紐約州、加州及麻州，各增加 22.3%、22.0%、

19.1%、16.4% 及 16.3%。若是最高所得組與最低所得組之倍數，以哥倫比亞特區的 29.8 倍最高，其次紐約州的 19.6 倍，第三為路易斯安那州的 18.4 倍。

上述看出，臺灣的教育資源分配以及美國的教育發展對所得重分配影響，確實有城鄉與地區差異，這也是國際比較教育研究值得分析的類型。

伍、跨國的地區性比較

國家之間的地理區域比較，也是國際比較教育研究的一個趨勢。它的重點是以兩個國家以上對於相近發展的地理區或行政區進行研究比較。這種方式有時比起僅以整體（aggregate）或跨國（cross-nation）分析更有意義。Fry 與 Kempner（1996）就以巴西及泰國的東北部區域進行比較，他們指出，雖然這兩個國家為新興工業化階段，國家經濟發展比起過去已有進步，然而這兩個國家的東北區域發展相當不利，若沒有以次國家區域（sub-nation）分析，會對兩個國家教育發展有過度推論，甚至有錯誤結論。Fry 與 Kempner 指出，兩個國家的東北地區在經濟發展、醫療（如每位醫生負擔的病人數、嬰兒死亡數）、識字率、人口結構、文化特性、族群、宗教、平均教育年數、教育在學率等都比其他地理區表現不佳，若沒有以次區域方式分析，而是以整體國家資料分析比對，無法看出這些區域的發展特性與問題。

陸、縱貫面的比較教育研究

縱貫面的國際比較教育研究係指對於某一項國際比較教育問題或議題，提出研究假設，蒐集到一份時間數列資料或長期追蹤資料，接著對於這份資料中選出的變項做明確界定，再對於變項進行統計檢定，以獲得研究結果，甚至建立學術通則。縱貫面的國際比較研究之優點包括：(1)長期觀察研究樣本，對所要掌握的資料可以前後對照其發展趨勢，其研究結論較容易說服讀者；(2)長期觀察研究結果的因果關係，較能建立推論，對於研究結果發現的背後原因，可

以深入探討與詮釋。而其限制在於：(1)研究耗時、不經濟，研究執行較為不易，蒐集資料需要投入更多人力與資源才能建立資料庫，更需長時間投入才可以建置；(2)研究過程容易因某一年度資料缺失，就無法進行前後時期比較；(3)受追蹤的樣本或國家可能中途資料流失，影響資料庫建置的完整性；(4)跨國樣本的追蹤與比較有其跨文化及社會變遷的限制。

　　Ma（2002）運用美國青年縱貫性研究（Longitudinal Study of American Youth, LSAY）資料庫來瞭解學生數學發展，自尊（self-esteem）對學生在整個中等教育階段扮演角色。研究中將學生區分為三類（資賦優異、優等與正常），結果發現，就自尊對數學學習發展來說，資賦優異在早期具有加速發展情形、優等學生沒有在早期獲得好的助益，也沒有對他們的學習效果有加速效果，而正常學生早期受到影響，但沒有較好學習發展；縱貫研究看出，對於資賦優異男學生、資賦優異學生（不包括男生）及少數正常學生，愈早加速數學學習發展可以明顯提高自尊的成長；當學生有加速學習情形，學校整體在資賦優異及正常學生也有相同較好的自尊的平均成長，對優異學生來說，也有自尊對於數學表現影響的效果較大之情形。

　　以 1999 年至 2003 年 OECD 國家的研究與發展經費占國民生產毛額比率與國民所得之關聯分析為例。其論點為：國家的研究與發展經費占國民生產毛額比率愈高，可以帶動國家經濟成長，因而提高國民所得。其研究假設是：國家的研究與發展經費占國民生產毛額比率愈多，其國民所得會愈高。接著從 1999 年至 2003 年 OECD 國家蒐集到的研究與發展經費占國民生產毛額比率與國民所得如表 8-3。為分析兩者關係，在迴歸分析模式上，以國民所得為依變項，以研究與發展經費占國民生產毛額比率為自變項，結果發現如下。

　　第一，1999 年的自變項對依變項解釋力為 49.5%，迴歸方程式獲得支持，$F(1, 25) = 26.5$（$p < .01$），Y（國民所得，以下同）$= .717X$（研究與發展經費占國民生產毛額比率，以下同），它表示兩者為正向關聯。

　　第二，2000 年的自變項對依變項解釋力為 49.5%，迴歸方程式獲得支持，$F(1, 23) = 17.3$（$p < .01$），$Y = .656X$，它表示兩者為正向關聯。

表 8-3　1999 年至 2003 年 OECD 國家研究與發展經費與國民所得

（單位：%、美元）

國家	研究發展經費					國民所得				
	1999	2000	2001	2002	2003	1999	2000	2001	2002	2003
澳洲	.	1.56	.	1.69	.	24,511	25,666	26,730	27,900	29,243
奧地利	1.88	1.91	2.03	2.12	2.19	26,321	28,180	28,495	29,572	30,447
比利時	1.96	2	2.11	1.96	1.89	25,043	26,758	28,016	29,315	30,189
加拿大	1.82	1.93	2.08	1.97	1.95	25,821	27,306	28,089	28,779	29,692
捷克	1.16	1.23	1.22	1.22	1.26	13,605	14,212	14,955	15,787	16,553
丹麥	2.18	.	2.39	2.53	2.62	26,889	28,223	29,447	29,723	30,768
芬蘭	3.21	3.38	3.38	3.43	3.48	23,492	25,568	26,833	28,075	28,279
法國	2.16	2.15	2.2	2.23	2.18	24,788	26,323	27,594	28,085	28,432
德國	2.4	2.45	2.46	2.49	2.52	24,161	25,336	26,051	26,826	27,441
希臘	.67	.	.65	.	.62	15,415	16,429	17,361	19,129	20,463
匈牙利	.69	.8	.95	1.02	.95	10,269	11,369	12,525	13,568	14,329
冰島	2.39	2.76	3.08	3.14	2.97	26,785	27,785	28,659	29,357	29,351
愛爾蘭	1.19	1.14	1.11	1.12	1.19	22,374	24,597	25,761	26,915	27,922
義大利	1.04	1.07	1.11	1.16	.	23,596	24,797	25,520	26,113	26,471
日本	2.96	2.99	3.07	3.12	3.15	25,020	26,354	27,070	27,643	28,496
南韓	2.25	2.39	2.59	2.53	2.63	14,872	16,281	17,230	18,475	19,299
盧森堡	.	1.71	.	.	1.78	43,110	44,485	46,595	47,735	47,816
墨西哥	.43	.37	.39	.	.	8,172	8,880	8,985	9,205	9,382
荷蘭	2.02	1.9	1.88	1.8	1.84	25,614	27,445	28,930	29,515	29,987
紐西蘭	1.01	.	1.15	.	1.16	18,455	19,193	20,218	21,142	22,083
挪威	1.65	.	1.6	1.67	1.75	29,650	35,949	36,851	36,708	37,331
波蘭	.7	.66	.64	.58	.56	9,612	10,307	10,682	11,083	11,368
葡萄牙	.75	.8	.85	.8	.78	16,105	16,956	17,630	18,532	18,540
斯洛伐克	.66	.65	.64	.58	.58	9,972	10,715	11,477	12,587	13,155
西班牙	.86	.91	.92	.99	1.05	19,770	20,905	21,885	23,378	24,654
瑞典	3.65	.	4.29	.	3.98	24,855	26,718	27,075	28,071	28,982
瑞士	.	2.57	.	.	.	30,856	32,928	32,285	33,639	35,305
土耳其	.63	.64	.72	.66	.	6,202	6,871	6,068	6,460	6,911
英國	1.87	1.86	1.87	1.89	1.88	23,843	25,634	27,267	29,571	30,669
美國	2.66	2.74	2.76	2.65	2.68	33,243	35,162	35,776	36,321	37,582

註：.代表資料缺失。

資料來源：*Education at a glance: OECD indicators*, by OECD, 2004, Paris, France: Author.

第三，2001 年的自變項對依變項解釋力為 39.6%，迴歸方程式獲得支持，$F_{(1, 25)} = 18.1$（$p < .01$），$Y = .648X$，表示兩者為正向關聯。

第四，2002 年的自變項對依變項解釋力為 39.3%，迴歸方程式獲得支持，$F_{(1, 22)} = 15.9$（$p < .01$），$Y = .648X$，表示兩者為正向關聯。

第五，2003 年的自變項對依變項解釋力為 22.2%，迴歸方程式獲得支持，$F_{(1, 23)} = 7.8$（$p < .01$），$Y = .504X$，表示兩者為正向關聯。

上述分析來看，研究結果支持了研究假設說法，即一個國家的研究與發展經費占國民生產毛額比率愈高，其國民所得愈高，在五個年度的解釋力均不低。

總之，科學化國際比較教育研究在找尋國際教育發展規律與建立學術理論，在此過程中，其研究程序應系統化，而在科學化國際比較教育研究有不同的層級，其分析單位可從國家層級的跨國分析，也可以用地理區域的國際比較教育分析，也可以從縱貫性時間數列的國際教育現象分析，更可以在一個國家內來分析不同族群、校際、班別、公私立學校別、教師間、學生間的分析。簡言之，科學化國際比較教育在研究應以多變項及多層次分析，在國家數則應多國跨國分析，而不是少數幾個國家的分析，而其分析主題與內容可以多層級。

參考文獻

中文部分

馬信行（1992）。臺灣地區近四十年來教育資源之分配情況。行政院國家科學發展委員會獎助研究計畫。計畫編號 NSC-81-0301-H-004-13-JI。

張芳全（2010）。影響新移民與本國籍子女數學成就因素之研究：臺灣參加 TIMSS 2007 資料為例。論文發表於國立臺北教育大學舉辦之「新移民課程與教學」研討會，基隆市。

英文部分

Akiba, M., LeTendre, G. K., & Scribner, J. P. (2007). Teacher quality, opportunity gap, and national achievement in 46 countries. *Educational Researcher, 36*(7), 369-387.

Beech, J. (2006). The theme of educational transfer in comparative education: A view over time. *Research in Comparative and International Education, 1*(1), 2-13.

Behr, T., Christofides, C., & Neelakantan, P. (2004). *The effects of state public k-12 education expenditures on income distribution*. Washington, DC: National Education Association.

Benavot, A. (1992). Curricular content, educational expansion, and economic growth. *Comparative Education Review, 36*(2), 150-174.

Bennell, P. (2002). Hitting the target: Doubling primary school enrollment in Sub-Saharan Africa by 2015. *World Development, 30*(7), 1179-1194.

Bray, M., & Thomas, R. M. (1995). Level of comparison in educational studies: Different insights from different literatures and the value of multilevel analyses. *Harvard Educational Review, 65*(3), 472-489.

Broadfoot, P. (2000). Comparative education for the 21th century: Retrospect and prospect. *Comparative Education, 39*(3), 275-278.

Campos, N. F. (1999). Development performance and the institutions of governance: Evidence from East Asia and Latin America. *World Development, 27*(3), 439-452.

Dale, R., & Robertson, S. L. (2002). The varying effects of regional organizations as subjects of globalization of education. *Comparative Education Review, 46*(1), 10-36.

Daun, H. (2000). Primary education in Sub-Saharan Africa: A moral issue, an economic matter, or both. *Comparative Education, 36*(1), 37-53.

Detetmers, S., Trautwein, U., & Lüdtke, O. (2009). The relationship between homework time and achievement is not universal: Evidence from multilevel analyses in 40 countries. *School Effectiveness and School Improvement, 20*(4), 375-405.

Fejgin, N. (1995). Factors contributing to the academic excellence of American Jewish and Asian students. *Sociology of Education, 68*, 18-30.

Fry, G., & Kempner, K. (1996). A subnational perspective for comparative research: Education and development in northeast Brazil and northeast Thailand. *Comparative Education, 32* (3), 333-360.

Fuller, B. (1986). Is primary school quality eroding in the third world? *Comparative Education Review, 30*(4), 491-507.

Hannum, E. (2005). Global educational expansion and socio-economic development: An assessment of findings from the social sciences. *World Development, 33*(30), 333-354.

Jackson, P. (1968). *Life in classroom.* New York, NY: Holt, Rinehart & Winston.

Janmaat, J. A., & Mons, A. (2011). Promoting ethnic tolerance and patriotism: The role of education system characteristics. *Comparative Education Review, 55*(1), 56-80.

Joan, T. F. H., & Morrison, K. (1998). When marketisation does not improve schooling: The case of Macau. *Compare, 28*(3), 245-262.

Kandel, I. L. (1933). *Studies in comparative education.* Boston, MA: Houghton Mifflin.

Kazem, M. I. (1992). Higher education and development in the Arab states. *International Journal of Educational Development, 12*(2), 113-122.

Lawton, S. (1987). *The price of quality: The public finance of elementary and secondary education in Canada.* Toronto, Canada: Canadian Education Association.

Lewin, K. M., & Wang, Y. J. (1994). *Implementing basic education in China: Progress and prospects in rich, poor and national minority areas* (Research report no. 101). Paris, France: International Institute for Educational Planning.

Ma, X. (2002). Early acceleration of mathematics students and its effect on growth in self-esteem: A longitudinal study. *International Review of Education, 54*(3-4), 319-336.

Mehran, G. (1997). A study of girls' lack of access to primary education in the Islamic Republic of Iran. *Compare, 27*(3), 263-276.

Munin, H. (1998). "Freer" forms of organization and financing and the effects of inequality in Latin American educational system: Two countries in comparison. *Compare, 28*(3), 229-243.

O'Dwyer, L. M. (2005). Examining the variability of mathematics performance and its correlates using data from TIMSS '95 and TIMSS '99. *Educational Research and Evaluation, 11*(2), 155-177.

OECD (2004). *Education at a glance: OECD indicators*. Paris, France: Author.

Palafox, J. C., Prawda, J., & Velez, E. (1994). Primary school quality in Mexico. *Comparative Education Review, 38*(2), 167-190.

Poirier, T. (2011). The effects of armed conflict on schooling in Sub-Saharan Africa. *International Journal of Education Development, 32*(2), 341-351.

Pong, S.-L., & Pallas, A. (2001). Class size and eighth-grade math achievement in the United States and abroad. *Educational Evaluation & Policy Analysis, 23*(3), 251-273.

Rutter, M., Maughan, B., Mortimore, P., & Ouston, J. (1979). *Fifteen thousand hours: Secondary schools and their effects on children*. London, UK: Open Books.

Shrestha, G. M., Lamichhane, S. R., Thapa, B. K., Chitrakar, R., Useem, M., & Coming, J. P. (1986). Determinants of educational participation in rural Nepal. *Comparative Education Review, 30*(4), 508-552.

Thorpe, G. (2006). Multilevel analysis of PISA 2000 reading results for the United Kingdom using pupil scale variable. *School Effectiveness and School Improvement, 17*(1), 33-62.

Webb, L. D., McCarthy, M. M., & Thomas, S. B. (1988). *Financing elementary and secondary education*. Columbus, OH: Merrill.

World Bank (1975). *World development report*. Washington, DC: Author.

World Bank (2000). *World development report*. Washington, DC: Author.

CHAPTER 9

國際教育發展的規律性

科學化國際比較教育研究在找尋國際教育發展規律性（disciplines）。國際變動之中，各國教育發展常與經濟、社會、政治、文化現象有著關聯性、差異性及發展趨勢之規律性。國際比較教育研究由此規律現象建立科學化原理。國際教育發展的規律現象不少，例如：各國教育發展與經濟發展為正向關聯；生育率與教育在學率為負向關聯；各國中等教育在學率與高等教育在學率為正向關係；人口成長率與教育在學率有負向關係；各國的教育在學率擴充，國民知識水準提昇，國民預期壽命愈長，文盲率會隨著年代推移而減少；各國經濟發展與所得分配情形呈現倒 U 字形的發展關係等。找尋國際教育現象的規律有益於對未來國際教育現象的預測與控制。

 第一節 國際教育現象的規律

壹、國際教育現象的規律性

所謂規律係指發展的方向有一定的軌跡與趨勢，而教育發展規律是指教育發展有其發展軌跡與方向。用統計術語來說，X 變項與 Y 變項呈現相同方向，因而兩者在計算之後，會有正相關，反之，兩者為相反方向則會有負相關；還有一種是兩者沒有正與負相關，亦即沒有相關，這種情形代表 X 變項的變動，

與 Y 變項之變動沒有一定的規律性。若 X 變項與 Y 變項有正相關或負相關，此時更想要瞭解它們的關聯程度，易言之，是高度相關、中度相關，還是低度相關。若是高度相關，某種程度上，若在統計檢定達到顯著水準，代表兩者未來的發展較有可能具規律性，反之則否。

有很多國際教育發展現象呈現規律性。以人力資本理論來說，國家的教育投資愈多，其經濟發展或經濟生產力愈高，它代表教育投資之後，人力素質改善，增加個人及國家的生產力，促使經濟發展的機會增加，顯然，國家的教育投資與經濟發展為正向關聯。這種教育投資對於經濟發展有「正面」助益，就是一種教育發展的規律性。再以現代化理論來說，國家發展有階段性，當國家的人口成長速度太快，生育率過高，代表國家現代化程度低，因而人口增加快速，各級教育在學率擴充無法滿足國民需求，造成人口成長與教育在學率為負向關聯。此種人口成長過快會造成教育擴充緩慢，也是一種規律性。

各國隨著初等及中等教育普及化、義務教育年數延長、國民素質提昇、國民對於衛生醫療重視，形成各國國民預期壽命提高。教育增加國民的衛生觀念及生育計畫，並讓女性教育機會增加，使得兩性預期壽命增加，這也是一種規律性。若隨著時間推移，各國不斷地教育投資及教育擴充，使得初等教育普及、文盲率下降、義務教育年數延長、男女性教育就學機會差距縮小、各級教育在學率上升，而教育機會擴充促使所得重分配，也可能增加國民對社會信任感的增加，以及教育擴充之後，提昇國民的民主素養，這都是教育發展的規律性。Nie、Junn 與 Barry（1996）研究發現，美國國民若接受較多的教育，更可能會投入政治，主因在於他們增加認知能力，促使他們對政治議題參與更有效率，同時他們擁有較高的教育程度，也有較好的工作，能在工作及社會網絡中擁有比較中心或重要地位，因此提高他們參與政治機會。Ilon（1998）分析 120 個國家的性別教育平等發現，政府經費支出、人口成長及每人國民所得對於性別平等有顯著影響；政府經費支出多、人口成長緩慢及所得高，性別教育愈平等。

Dupriez 與 Dumay（2006）探討歐洲國家的社會公平與教育機會公平之關聯性，以吉尼指數做為社會公平指標，以歐洲國家參與 PISA 2000 的閱讀素養

為依變項,而以學生的母親教育程度、家中使用語言及家庭經濟地位為自變項,對依變項所獲得的解釋量,再以此解釋量視為依變項,而以吉尼指數為自變項分析發現,兩者為零相關,即教育機會公平無法從社會公平獲得解釋;進一步分析學校教育分流與教育機會公平之關聯,教育分流測量方式是將每個國家的教育分流程度轉換為指數,若愈強調綜合高中的國家,其分數愈低,而高中多樣分流的國家,其分數愈高;研究結果發現,國家愈是採教育分流,教育機會不公平性愈高,兩者為 .5323 顯著相關。最後,若愈早教育分流的國家(如在學生十二歲或更早)比起在十六歲才分流的國家,有很明確差異反映在縮減教育機會不公平。Gorard 與 Smith(2004)以 PISA 2000 資料分析也發現,綜合高中型態教育制度的國家,傾向於會縮減社會差距的發生及社會差距的結果。上述可以證實,教育分流愈多的國家,其教育機會不公平性愈高,也可能是一種國際教育發展趨勢與規律。

Green(2011)以 OECD 國家的教育公平性(education equality)與人民信任感(general trust)為變項進行分析發現,教育不公平性與人民信任感為顯著負相關($r = -.592$),代表了國家的教育愈不公平,人民的信任感愈低(其研究所界定的信任感是人民分享價值及規範、對於社區產生認同分享程度、對社會有持續性及穩定感程度、集體分享風險及提供集體福利的程度、公平分配權利、機會與所得、擁有強烈市民社會及積極參與感的程度)。Green、Preston 與 Sabates(2003)設計一個學習影響社會信任感的模式,認為學習會影響個人的學習成果及社會化,而學習成果會影響所得分配,社會化及所得分配會影響社會信任感,據他們納入十六個國家分析後發現,若扣除德國及挪威之後,社會信任感與教育不公平性為 -.765 顯著相關,它代表了各國的教育愈公平,國民之間的信任感愈強。這也是一種教育發展的規律性。

Carnoy 與 Marshall(2005)就以拉丁美洲的阿根廷、玻利維亞、巴西、哥倫比亞、智利、古巴、墨西哥等國,分析影響小四學生學習成就因素(每個國家樣本數在 1,200 名至 3,500 名不等),以學生家庭因素(如性別、學生自信、家長教育程度、家長陪讀、家長對子女期望、家中圖書數)、教師及學校特性

（包括班級教學材料、學生有無數學教科書、教師大學畢業與否、教師受訓課程、班級情境、校長自主性、學校所在城鄉、公私立學校）、社會脈絡（如學生有無上幼稚園、需要在外打工、在家協助工作、班級中打架情形、學校整併後的社會階層指數），分析結果發現：(1)除了古巴之外，其餘六個國家都是女生數學成就明顯低於男生；(2)學生自信、家長教育程度、教育期望愈高，學生數學成就愈好；(3)在學校因素方面，僅有少數國家在某幾個變項達統計顯著水準之外，其影響力比家庭因素還低，如阿根廷城市學生學習成就較好，哥倫比亞為鄉間地區學習較好，其餘國家沒有明顯不同；智利的公立學校學生表現較好，其他國家沒有公私立差別；巴西與智利的教師擁有大學文憑，其學生數學成就較好，其他國家在此變項沒有明顯不同；(4)在社會脈絡因素，阿根廷、巴西及智利的班級社會階層較高，學生表現較好，而其他國家沒有明顯差異；阿根廷、玻利維亞、哥倫比亞與古巴的學生在班級中打架愈多，其學生數學成就較差。上述大致看出，女生數學成就比男生低；學生自信、家長教育程度、教育期望愈高，班級中打架愈少，學生數學成就愈好；社會脈絡愈好，學習成就也愈好。

上述看出，國際教育發展規律不少，然而這些規律是正向、負向關聯，或是其過去、現在及未來的發展趨勢及走向的幅度是否一致，是國際科學比較教育應深入探究的。

貳、國際教育現象規律性的重要

國際比較教育研究若能找到教育發展與政治、經濟、社會、人口發展之間的規律性，就很容易建立客觀知識與學理。在客觀的學理下，可以準確地描述、解釋、控制與預測未來的國際教育現象，甚至可以建立嚴謹的國際比較教育理論。科學化國際比較教育研究在追尋國際教育發展現象的規律性。社會科學研究對於社會現象規律性的找尋，透過歸納法（inductive method）或演繹法（deductive method）來進行。前者以多個不同的案例歸納出原理原則，由嘗試錯誤

方式，不斷地分析、歸納社會現象的規律性；後者是以理論與原理原則來說明社會現象，它以原理原則來解釋社會現象。科學化國際比較教育以邏輯實證論（logical positivism）為基礎，在研究的問題確定之後，提出合理的研究假說，蒐集客觀與精確資料分析，最後獲得研究結果，並歸納國際教育現象規律性。科學化國際比較教育規律性找尋需要多次嘗試錯誤，不斷地從實際資料來探索與驗證，不是一次資料分析就可以獲得教育現象的規律。

國際教育現象規律性找尋的重要性在於：(1)可以精確描述（description）國際教育發展的現象：從過去與現階段的國際教育資料及發展現象，有意義地解釋教育發展趨勢。各國教育發展與政治發展、經濟發展或社會發展的關聯性如何？關聯程度為何？如果無法掌握教育發展的規律性，教育現象紛雜，政策制定與研究者難以有意義地掌握國際發展，很難對國際教育現象精確描述；(2)可以深入解釋（explain）教育發展現象背後的歷史或脈絡環境的原因：若能掌握國際教育現象規律性，例如：從各國教育發展對於政治、經濟、文化及社會結構或人口變遷的關係與差異性分析，透過規律性的發現，更能深入解釋國際教育現象背後的政治、經濟或社會與教育發展原因；(3)可以預測未來的國際教育發展現象：國際教育現象規律性的掌握，可以讓研究與政策制定者，從過去的國際教育發展趨勢規律性，預測未來教育發展，做為政策制定參考；(4)從國際教育現象規律性的歸納中，建立國際比較教育的學理：國際比較教育研究者，可以從國際教育發展，以及政治、經濟、社會結構及文化面向來瞭解其關聯性，同時也可以瞭解教育發展的規律性，如此可以建立國際比較教育的知識體系及建構理論的依據。

參、國際教育現象規律性的例子

國際教育現象規律性不少，可以從不同的教育層級發展與社會、經濟、文化及人口的關係與差異性，掌握國際教育發展趨勢。茲舉例說明國際教育發展現象的規律性。

一、教育、國民所得與學生閱讀素養之關係

　　人力資本理論認為，教育投資之後，國民的閱讀素養會提高；現代化理論也認為，國家現代化程度愈高（國民所得愈高），學生閱讀素養表現愈好。一位國際比較教育研究者以 2000 年及 2003 年 OECD 國家的 PISA 閱讀素養（read literacy）、高等教育獲得率（代表人力資本存量）及國民所得（代表國家現代化程度）分析變項之關聯。因此提出兩項研究假設：

　　研究假設一：國家教育發展程度愈高（以下以高等教育獲得率為替代教育
　　　　　　　　發展程度高低），其學生閱讀素養愈好。

　　研究假設二：國民所得愈高的國家，其學生閱讀素養愈好。

　　對於上述的研究假設檢定都是以 OECD 國家的閱讀素養為依變項，並分別以國民所得及高等教育獲得率為自變項。研究對象選擇是以 OECD 國家於 2000 年及 2003 年參與 PISA 調查，分析單位為國家。在變項的測量上，國民所得為平均每位國民在一年內的賺取所得，以美元為單位。高等教育獲得率是指十八歲至六十五歲人口中有接受高等教育人口數占總人口比率。分析資料如表 9-1 所示，四個模式迴歸分析，結果發現如下。

　　第一，以 2000 年閱讀素養為依變項，以高等教育獲得率為自變項分析發現，解釋力為 39.4%，迴歸方程式獲得支持，$F(1, 25) = 17.9$（$p < .01$），散布圖呈現如圖 9-1，圖中的直線為這些國家在兩個變項所形成的最適迴歸線。圖中看出，兩者為正向關係（正向斜率），在最適迴歸線上方的國家，如芬蘭、愛爾蘭、英國、法國、捷克等，代表這些國家在這樣的高等教育獲得比率前提下，其閱讀素養高於國際平均水準，而低於最適線的國家則是這些國家在這樣的高等教育獲得率前提下，未能達到各國閱讀素養的平均水準，這些國家如美國、德國、希臘與盧森堡等。

　　第二，以 2003 年閱讀素養為依變項，以高等教育獲得率為自變項分析發現，解釋力為 40.4%，整體迴歸方程式獲得支持，$F(1, 27) = 20$（$p < .01$），

表 9-1　OECD 國家的閱讀素養、高教獲得率與國民所得

（單位：分、%、美元）

國家	2000 年閱讀	2003 年閱讀	2000 年高教	2003 年高教	2000 年所得	2003 年所得
澳洲	528	525	27.5	31.3	25,666	29,243
奧地利	507	491	13.9	14.5	28,180	30,447
比利時	507	507	27.1	29	26,758	30,189
加拿大	534	528	40	44	27,306	29,692
捷克	492	489	11	12	14,212	16,553
丹麥	497	492	25.8	31.9	28,223	30,768
芬蘭	546	543	32	33.3	25,568	28,279
法國	505	496	22	23.4	26,323	28,432
德國	484	491	23.5	24	25,336	27,441
希臘	474	472	17.6	18.3	16,429	20,463
匈牙利	480	482	14	15.4	11,369	14,329
冰島	507	492	23.2	26.3	27,785	29,351
愛爾蘭	527	515	21.8	26.3	24,597	27,922
義大利	487	476	9.4	10.4	24,797	26,471
日本	522	498	33.4	37.4	26,354	28,496
南韓	525	534	23.9	29.5	16,281	19,299
盧森堡	441	479	18.3	14.9	44,485	47,816
墨西哥	422	400	14.6	15.4	8,880	9,382
荷蘭	.	513	23.4	24.4	27,445	29,987
紐西蘭	529	522	28	30.9	19,193	22,083
挪威	505	500	28.4	31	35,949	37,331
波蘭	479	497	11.4	14.2	10,307	11,368
葡萄牙	470	478	8.9	10.8	16,956	18,540
斯洛伐克	.	469	10.4	11.8	10,715	13,155
西班牙	493	481	22.6	25.2	20,905	24,654
瑞典	516	514	30.1	33.4	26,718	28,982
瑞士	494	499	24.2	27	32,928	35,305
土耳其	.	441	8.3	9.7	6,871	6,911
英國	523	.	25.7	28	25,634	30,669
美國	504	495	36.5	38.4	35,162	37,582

註：.代表沒有資料。

資料來源：*World development report*, by World Bank, 2006, Washington, DC: Author.

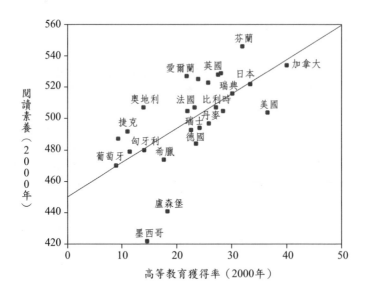

圖 9-1　2000 年 OECD 國家的高等教育獲得率與閱讀素養散布圖

散布圖呈現如圖 9-2，圖中的直線為這些國家在兩個變項形成的最適迴歸線，圖中的墨西哥的高等教育獲得率太低，因而其閱讀素養也較低，表示其人口中的人力資本存量不足，相對地影響了學生的閱讀素養。

　　第三，以 2000 年閱讀素養為依變項，以國民所得為自變項分析發現，解釋力為3.8%，整體迴歸方程式未獲得支持，$F_{(1,25)} = .99$（$p > .01$），如圖9-3。

　　第四，以 2003 年閱讀素養為依變項，以國民所得為自變項分析發現，解釋力為 17.2%，整體迴歸方程式獲得支持，$F_{(1, 27)} = 6.28$（$p < .05$），如圖 9-4。

　　上述看出，OECD 國家的高等教育獲得率對於閱讀素養為正向顯著影響，高等教育獲得率的預測力在 40% 左右，這支持研究假設一，也就是支持人力資本理論的論點，也就是說，OECD 國家一直以來持續地擴充教育，提高人民教育素質之後，因而也提高學生閱讀素養。相對地，2000 年 OECD 國家的國民所得對閱讀素養沒有正向顯著影響，而 2003 年有正向顯著影響。因此，現代化理論不一定可以解釋「現代化程度愈高的國家，學生閱讀素養愈好」的現象。換

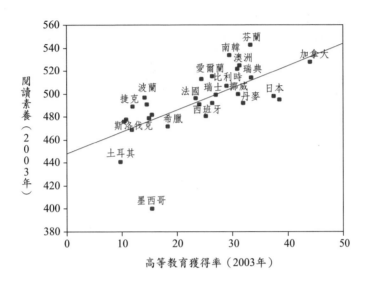

圖 9-2　2003 年 OECD 國家的高等教育獲得率與閱讀素養散布圖

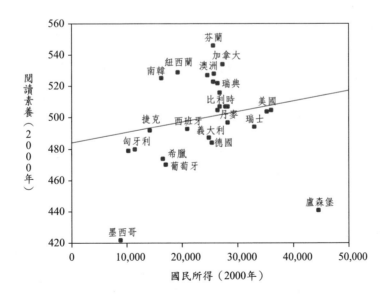

圖 9-3　2000 年 OECD 國家的國民所得與閱讀素養散布圖

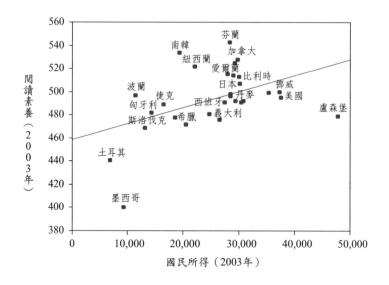

圖 9-4　2003 年 OECD 國家的國民所得與閱讀素養散布圖

言之，研究假設二的說法不一定獲得支持，尚需要後續的資料論證才可以。這說明 OECD 國家的高等教育獲得率愈高，其學生閱讀素養愈好，相對地，OECD 國家的國民所得高低，不必然影響學生的閱讀素養。但這種說法僅是一個年度分析而已，要找出國際教育現象的規律性，仍須後續年度資料的分析。

二、教育收益率的規律性

　　國際上，各國教育投資收益有其規律性。人力資本理論認為，個人接受教育之後，國民所得增加。若將個人教育年數、工作經驗及工作經驗平方對於個人賺取所得進行分析之後，可以計算個人（私人）教育投資報酬率（returns to education）或稱教育收益。國際上以 Mincer（1974）公式估計教育收益率的研究不少。Mincer 公式將各級教育、工作經驗與工作經驗平方對薪資所得投入迴歸分析，其中將各級教育做為虛擬變項，分別對各級教育估算對薪資所得之影響，接著運用各級教育的迴歸係數，分別以上一等級教育（如大學），與下一等級（如高中）之差距的教育年數相除，即可以獲得該等級的教育收益。其公

式如下：

$$\text{In } y = b_0 + b_1 s_1 + b_2 s_2 + b_3 s_3 + b_4 e + b_5 e^2$$

式中的 y 為個人每月的薪資所得、b_0 為常數項、e 為工作經驗、e^2 為工作經驗平方，而 s_1、s_2、s_3 分別代表初等教育、中等教育、高等教育，b_1、b_2、b_3 分別是各級教育對薪資所得估算出的迴歸係數；b_4、b_5 分別代表個人的工作經驗及工作經驗的平方。若計算教育收益應將迴歸係數除以該層級教育年數，例如：計算初等教育收益，即 b_1 除以初等教育年數（如臺灣的小學六年就除 6），中等教育收益為 b_2 除以 6（臺灣的國中三年及高中三年）；其他教育層級的教育收益率，依此類推估算。

在國際上，能將各國教育收益率整合分析，並歸納出教育收益率規律的學者以 G. Psacharopoulos 最典型。Psacharopoulos（1981）研究各國教育收益率發現：(1)初等教育收益率，不管是社會或個人都高於其他層級的教育收益率；(2)私人或稱為個人的教育收益率高於社會收益率；(3)開發中國家的教育收益率高於先進國家。Psacharopoulos（1994）又針對全球各國教育收益率重新計算發現各國教育收益率如表 9-2，其趨勢如下：(1)社會及私人教育收益率較過去低；(2)女性的教育收益率高於男性；(3)普通教育收益率高於職業教育；(4)高等教育在物理、科學類科的社會收益較低，在工程、法律及經濟類科的私人教育收益率最高；(5)在各層級教育收益中，開發中國家以初等教育最高，次為中等教育與高等教育；(6)個人的教育收益高於社會收益。

然而，Bennell（1996）對於 Psacharopoulos 在教育收益率的整合分析有兩項批判：第一，Psacharopoulos 的教育收益率在區域性整體數值（regional aggregations）有問題，因為個別國家研究沒有包含每一層級教育及各類型教育，而且蒐集到每個國家的研究年度不同，跨年度的資料沒有相同基準，難以比較，所以其分析結果受質疑；第二，其整合研究沒調整教育收益率，意味著讓教育年數與薪資所得之關聯性過於簡化，加以未考量其他影響薪資所得的因素，如智力、族群、婚姻狀況、勞動人口就業情形、勞動者的社經地位、勞動者居住

表 9-2　各國的教育收益率

國家	年代	個人收益			社會收益		
		初等教育	中等教育	高等教育	初等教育	中等教育	高等教育
阿根廷	1989	10.1	14.2	14.9	8.4	7.1	7.6
澳洲	1976	-	8.1	21.1	-	-	16.3
玻利維亞	1989	9.8	8.1	16.4	9.3	7.3	13.1
波札納	1983	99.0	76.0	38.0	42.0	41.0	15.0
巴西	1989	36.6	5.1	28.2	35.6	5.1	21.4
加拿大	1985	-	20.7	8.3	-	10.6	4.3
智利	1989	9.7	12.9	20.7	8.1	11.1	14.0
哥倫比亞	1989	27.7	14.7	21.7	20.0	11.4	14.0
香港	1976	-	18.5	25.2	-	15.0	12.4
印度	1978	33.4	19.8	13.2	29.3	13.7	10.8
印尼	1989	-	11.0	5.0	-	-	-
牙買加	1989	20.4	15.7	17.7	7.9	-	-
日本	1976	13.4	10.4	8.8	9.6	8.6	6.9
南韓	1986	-	10.1	17.9	-	8.8	15.5
馬來西亞	1978	-	32.6	34.5	-	-	-
紐西蘭	1966	-	20.0	14.7	-	19.4	13.2
尼泊爾	1982	-	15.0	21.7	-	-	-
巴基斯坦	1975	20.0	11.0	27.0	13.0	9.0	8.0
巴布亞紐幾內亞	1986	37.2	41.6	23.0	12.8	19.4	8.4
巴拉圭	1990	23.7	14.6	13.7	20.3	12.7	10.8
秘魯	1990	13.2	6.6	40.0	-	-	-
菲律賓	1988	18.3	10.5	11.6	13.3	8.9	10.5
塞內加爾	1985	33.7	21.3	23.0	8.9	-	-
新加坡	1966	-	20.0	25.4	6.6	17.6	14.1
南非	1980	22.1	17.7	11.8	-	-	-
斯里蘭卡	1981	-	12.6	16.1	-	-	-
臺灣	1972	50.0	12.7	15.8	27.0	12.3	17.7
泰國	1970	56.0	14.5	14.0	30.5	13.0	11.0
英國	1978	-	11.0	23.0	-	9.0	7.0
美國	1987	-	10.0	12.0	-	-	-
辛巴威	1987	16.6	48.5	5.1	11.2	47.6	－ 4.3

註：- 表示資料缺失。

資料來源："Returns to investment in education: A global update", by Psacharopoulos, G., 1994, *World Development, 22*(9), 1325-1343.

地、工作地、行職業類別、公私立部門，甚至失業率等；Bennell 調整菲律賓、臺灣、泰國、巴基斯坦及印度的教育收益率卻發現比 Psacharopoulos 的教育收益略低一些。

總之，雖然 Bennell 對於 Psacharopoulos 的各國教育收益率之估算有所批判，但是 Psacharopoulos 在 1981 年及 1994 年從各國資料歸納出教育收益率發展規律，代表在這方面可以做為未來國際比較教育研究分析及建立學理的依據。

三、高等教育與經濟發展之關係——縱貫的規律性

就人力資本理論來說，高等教育投資對於經濟發展有正向貢獻。這種關係常以橫斷面資料分析結果來推論，若長時間追蹤各國在這方面情形是否有相同結果呢？作者以 1975 年、1980 年、1985 年、1990 年、1995 年、2000 年、2005 年的六十個國家之高等教育在學率與國民所得進行分析。六十個國家為澳洲、奧地利、孟加拉、比利時、貝南、波札納、保加利亞、布吉納法索、蒲隆地、喀麥隆、中非共和國、智利、中國大陸、哥倫比亞、剛果、賽普勒斯、丹麥、薩爾瓦多、芬蘭、法國、希臘、匈牙利、冰島、印度、印尼、愛爾蘭、以色列、義大利、日本、南韓、賴索托、馬達加斯加、馬拉威、馬來西亞、馬利、馬爾他、摩里西斯、墨西哥、摩洛哥、莫三比克、荷蘭、紐西蘭、挪威、巴拿馬、巴拉圭、秘魯、菲律賓、葡萄牙、盧安達、沙烏地阿拉伯、西班牙、史瓦濟蘭、瑞典、瑞士、泰國、突尼西亞、土耳其、英國、美國與臺灣。納入六十個國家主要是這七個追蹤年代，其高等教育在學率與國民所得均有完整資料，為避免每一年代納入的國家不同，造成研究發現解釋的困難，所以七個年度六十個相同國家，以讓研究發現更具合理推論，讓跨國比較更具客觀性。以 1975 年為觀察起點是考量國際資料從 1975 年才有完整的高等教育在學率，故以此年代為基準，而資料係取自 World Bank（1976, 1981, 1986, 1991, 1996, 2001, 2006）的《世界發展報告》（*World Development Report*）。從這些國家來看，包括先進國家與落後或開發中國家；從地理區域來看，它涵蓋世界各地理區；從國民所得來看，其分布也包括不同國民所得的國家，臺灣也在分析之中。

在迴歸分析模式設定，以國民所得為依變項，高等教育在學率為自變項。所持研究假設是：各國各年度高等教育在學率對於國民所得有正向顯著影響。檢定分析結果如表 9-3。表中看出，從 1975 年至 2005 年每五年的迴歸方程式，高等教育在學率對國民所得都達到 .01 顯著水準，各個年度的高等教育對國民

表 9-3 六十個國家國民所得與高等教育在學率的迴歸分析

($n = 60$)

變項	b	β	t	F 值	$Adj\text{-}R^2$
1975 年					
常數	367.46		1.01	$F_{(1,58)} = 66.06^{**}$	.52
高等教育在學率	200.52**	.73**	8.13		
1980 年					
常數	406.92		.56	$F_{(1,58)} = 66.84^{**}$	.50
高等教育在學率	324.96**	.72**	7.80		
1985 年					
常數	-311.35		$-.49$	$F_{(1,58)} = 82.88^{**}$	.58
高等教育在學率	291.97**	.77**	9.10		
1990 年					
常數	-704.75		$-.52$	$F_{(1,58)} = 75.06^{**}$	.56
高等教育在學率	490.79**	.75**	8.66		
1995 年					
常數	-1070.80		$-.67$	$F_{(1,58)} = 87.85^{**}$	.60
高等教育在學率	461.00**	.78**	9.37		
2000 年					
常數	-1298.10		$-.82$	$F_{(1,58)} = 87.51^{**}$	.60
高等教育在學率	371.52**	.78**	9.35		
2005 年					
常數	-2464.76		$-.99$	$F_{(1,58)} = 84.80^{**}$	.59
高等教育在學率	475.38**	.77**	9.21		

$^{**}p < .01$

所得的解釋力在 50% 至 60% 之間，並隨著年代往後推移，高等教育在學率對國民所得的解釋力愈高。因此，縱貫性分析各國高等教育在學率對國民所得為正向顯著影響，支持人力資本理論說法，高等教育擴充會提高國家經濟發展。各國高等教育在學率對國民所得解釋力在 50% 至 60% 之間，這是國際教育現象的規律，可做為後續預測經濟發展現象參考。

為了更清楚掌握 1975 年至 2005 年之間，各國高等教育在學率與國民所得之關聯，將這些年度資料以散布圖來呈現，如圖 9-5 至圖 9-11。圖中的直線均為最適迴歸線，這些圖看出幾個重要現象：(1)最適迴歸線均為正向數值的斜率，代表高等教育在學率與國民所得為正向關係；(2)各年度在最適迴歸線以上的國家代表高等教育在學率低於國際平均水準，但是其國民所得高於國際平均水準，例如 1975 年瑞士的高等教育在學率僅 15%，但是其國民所得約為 9,000 美元；相對地，在最適迴歸線以下的國家，代表高等教育在學率高於國際平均水準，但是其國民所得沒有達到國際平均水準，也就是有過量高等教育在學率情形，例如：1975 年的美國高等教育在學率為 52%，相對地，其國民所得應有 10,000 美元以上的水準，但是美國僅有 7,900 美元；(3)臺灣在三十年之中都屬於高等教育在學率高於世界平均水準的國家（此世界平均水準以這六十個國家估算出來），尤其在 2005 年臺灣所在位置，比起其他年代距離最適迴歸線還要遠；(4)芬蘭 1975 年的高等教育在學率低於世界發展水準，1980 年高等教育在學率與國民所得剛好在最適迴歸線上，代表是最好的人力資本投資，並沒有高等教育在學率過量與不足情形；在 1985 年又低於世界平均水準，之後的年度高於世界平均水準，因為芬蘭的位置已落在最適迴歸線之右邊；(5)南韓從 1975 年之後都是高等教育在學率高於世界平均發展水準，至 2005 年距最適迴歸線的距離更遠，代表過量高等教育在學率情形相當嚴重。

上述分析發現，1975 年至 2005 年三十年國際教育發展之中，六十個國家的高等教育在學率對國民所得有正向顯著影響，β 在 .72 至 .78 之間，其解釋力在 50% 至 60% 之間，它說明了各國高等教育投資與高等教育量擴充對於經濟發展有正面提昇效果。各國高等教育在學率對國民所得影響的規律性從上述分

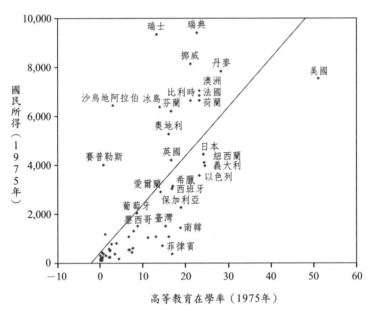

圖 9-5　1975 年六十個國家國民所得與高等教育在學率散布圖

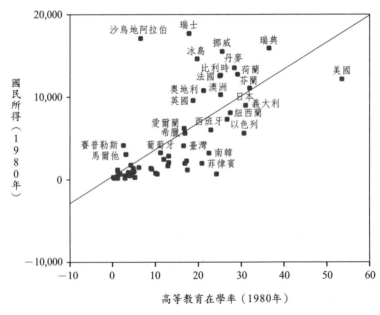

圖 9-6　1980 年六十個國家國民所得與高等教育在學率散布圖

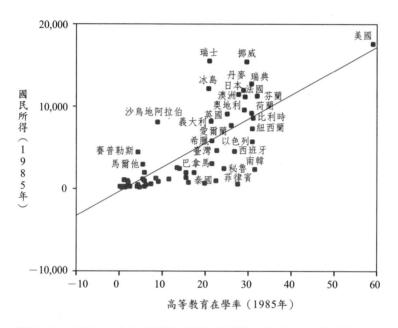

圖 9-7 1985 年六十個國家國民所得與高等教育在學率散布圖

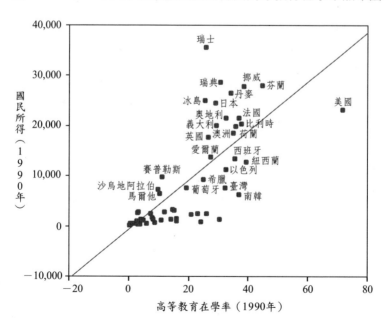

圖 9-8 1990 年六十個國家國民所得與高等教育在學率散布圖

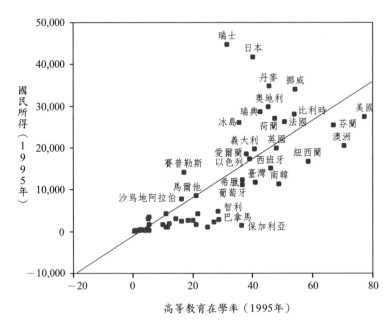

圖 9-9　1995 年六十個國家國民所得與高等教育在學率散布圖

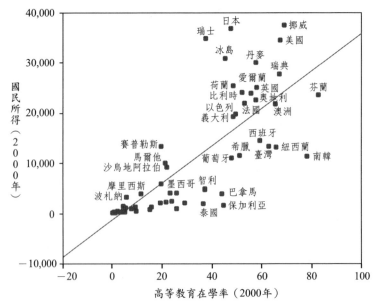

圖 9-10　2000 年六十個國家國民所得與高等教育在學率散布圖

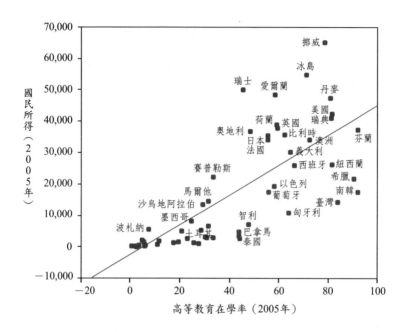

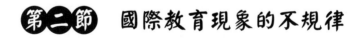

圖 9-11　2005 年六十個國家國民所得與高等教育在學率散布圖

析來理解，更證實了人力資本理論的說法，高等教育對於經濟發展有正向貢獻。
而這樣的結果是從 1975 年至 2005 年共三十年來的各國之間發展，正是國際教
育現象規律的最好說明。

第二節　國際教育現象的不規律

壹、國際教育發展的不規律情形

國際教育現象也有很多不規律情形。短期與長期的教育發展不規律現象都
有可能，主因是受到國際環境變遷、各國人口結構、經濟發展、政治體制轉變、

教育投資改變及宗教信仰的影響，改變其教育發展的軌跡、規律及發展的型態。因此，國際比較教育研究不僅要從國際教育現象掌握其規律性，更應瞭解其不規律的背後原因來進行解釋。這有益於掌握國際教育現象。國際教育現象不規律情形很多，說明如下。

其一，班級學生人數與學習成就之關係有其爭論，一種論點認為，班級學生人數愈少，教師比較好進行班級經營與教學，學生問題也較少，所以可以有更多的時間與學生互動，因而學生學習表現應該比較好；另一種論點認為，班級學生人數如果太少，無法讓學生有更多的互動，所以學生學習成就應比較差，因而班級學生人數應較多一些比較好。上述兩方論點，都有其正確性，然而Harbison與Hanushek（1992）評閱了三十篇這方面的研究指出，持正向關係與負向關係的各有八篇，而沒有關聯的有十四篇；看起來班級學生人數與學習成就之關係沒有一定規律。Hoxby（2000）就認為，上述會有不一致情形的重要原因是提供給教師的誘因不足，在許多開發中國家，尤其是拉丁美洲國家，支持這樣的論點，成功地改善班級學習環境，增聘合格教師及提供老師協助，也提供新的教師績效機制，因而提高了學生學習表現。

再如，學校規模與學生學習表現之關係，如同班級規模的論點一樣。學校規模小，學校經營較易掌握，相對地規模大，學生學習成就應該較好，然而這樣的說法也有爭議。易言之，先前研究分析學校規模（school size）與學生學習成就之關係有不同結果。有些研究結果呈現兩者為正向關聯，也有研究結果發現為負向關聯；傳統上，過去研究沒有考量學生學習能力，在不同的學校規模下，對於學習成就的影響。Borland與Howsen（2003）檢定兩者關聯性，研究中考量學生學習能力及其他變項，研究發現學校規模與學習成就並非線性關係（nonlinear relationship），因此應有最適學校規模（an optimal school size）伴隨著有學生最好的學生學習成就表現，他們進一步分析最好的規模是760名學生。張芳全（2012）就以二十個參與TIMSS 2003國家的資料進行分析，以二次迴歸方程式瞭解學校規模與學生學習成就之關係，以學校規模為投入變項，以學生學習成就為依變項，納入的二十個國家包括高度所得、開發中與亞洲四

小龍，其目的在掌握學生學習成就與學校規模之關係是否有一致趨勢。二十個國家之中，學校規模與學習成就呈現四種關係：(1)兩者之間具 U 形關係者僅有比利時、匈牙利及印度；(2)學校規模大小與學業成就之間是線性關係，即學校規模愈大，學生學習成就表現愈高，這個情形發現於臺灣、南韓、澳洲；(3)學校規模愈大及愈小，學生數學成績愈好，這種情形發現在新加坡；(4)不管學校規模大小都不會影響學生學習成就，這樣的國家包括美國、英格蘭、紐西蘭、挪威、約旦、菲律賓、馬來西亞、突尼西亞。

此外，公立中小學的學生學習成就會比私立中小學好嗎？在國際教育發展上也沒有一定的規律性。Riddell（1993）歸納開發中國家研究指出，泰國、多明尼加、菲律賓（英語學習成就）、坦尚尼亞與哥倫比亞的私立中等教育學生學習成就明顯高於公立；而肯亞、坦尚尼亞與哥倫比亞的公立普通高中學生學習成就明顯高於私立高職學生。上述看來私立學校學生學習成就高於公立學校，但仍沒有一致性的見解。Jimenez 與 Lockheed（1995）研究影響哥倫比亞、坦尚尼亞、菲律賓及泰國的公私立學校學生學習成就的因素，其中哥倫比亞與坦尚尼亞以數學及語文成績、菲律賓與泰國以數學成績為依變項，經過迴歸分析整理如表 9-4。表中看出學生語言態度及先前的學習成就、男性、教師薪資較多及班級人數愈少，傾向於學生學習成較高，然而影響公私立學校的因素略有不同。他們也指出，哥倫比亞及菲律賓就讀私立學校學生的家庭經濟所得指標高於公立學校學生兩倍、泰國的私立學校學生多來自於母親教育程度較高以及父親為白領階級者。

雖然，上述例子看出來自家庭背景較好的學生傾向就讀私立學校較多，但是影響學生就讀公私立學校以及其學習成就因素，若要進行比較，仍應考量研究者蒐集的資料屬性（自行調查、國家調查或研究機構調查）、學校是否受政府補助、學生家長的社經地位、學校類型（綜合、普通或職業學校）、學校所在的城鄉，以及估計的統計方法。

表 9-4　影響開發中國家公私立學校的學習成就比較

國家 自變項／公私立	哥倫比亞 私	哥倫比亞 公	坦尚尼亞 私	坦尚尼亞 公	菲律賓 私	菲律賓 公	泰國 私	泰國 公
家庭所得	○	○	○	○	n.s.	+*	○	○
語言態度	+**	+**	+**	+**	○	○	○	○
過去學習成就	○	○	○	○	○	○	+**	+**
母親教育程度	○	○	○	○	n.s.	n.s.	n.s.	+*
教育期望	○	○	○	○	○	○	n.s.	+**
男女分班	○	○	○	○	○	○	—**	—**
量化的態度（素養）	○	○	+**	+**	○	○	○	○
男性（性別）	+**	n.s.	+*	+**	—**	—**	○	○
心智能力	○	○	○	○	+**	+**	○	○
教師薪資（愈多）	+**	+**	+**	+*	○	○	○	○
生師比（愈小）	+**	+**	—**	+**	○	○	○	○
R^2	.23	.55	.67	.42	.49	.35	.61	.49
N	582	422	311	713	144	144	527	2,738

註：* $p < .05$，** $p < .01$
　　○表示該資料沒有此變項，所以沒有估計。
　　n.s.代表不顯著。
　　＋代表對學習成就有正向影響，－代表對學習成就有負向影響。
資料來源：整理自 *Public and private secondary education in developing countries: A comparative study*. World Bank discussion papers 309, by Jimenez, E., & Lockheed, M. E., 1995, Washington, DC: The World Bank.

貳、經濟發展的顧志耐曲線

經濟學一個有名的例子也是不規律的情形，它是顧志耐曲線（Kuznets curve），其意義是：各國的經濟發展與國民所得分配呈現倒 U 字形的關係（Kuznets, 1955）。這曲線意思是：國家的國民所得分配不均或經濟不公平（economic inequality）會隨著經濟發展而改變其所得分配，當經濟發展到一個重要階段之後，如平均國民所得到一定水準，所得分配不均會隨著經濟發展程

度下降（Ahluwalia, 1976; Brenner, Kaelble, & Thomas, 1991）。落後或第三世界國家，平均國民所得不高，其所得分配不均不會很嚴重，但是隨著經濟發展，平均每人國民所得增加，接著會造成國民所得分配不均愈嚴重；當經濟發展到一定水準之後，每人國民所得再提高，國民所得分配將會較為均等。這就是經濟發展與所得分配呈現倒 U 字形的關係。

解釋上述的原因是，低度發展國家屬於工業生產落後、人民以農業或漁業等生產性低的職業為主，加以就業機會少，每人國民所得普遍不高，並沒有將所得集中於少數人手中；然而隨著經濟型態及產業結構改變，低度發展國家逐漸改變生產方式，加上政府對於教育投資及醫療衛生制度改變，使得這些國家的國民教育機會增加、謀職能力提高，配合經濟型態改變、生產方式變化，形成了雙元經濟，傳統部門的勞動人口收入少；相對地，工業化或現代化部門的勞動者收入者多。因而，平均每人國民所得也有改變，至此若有經濟能力及背景者，擁有的賺取所得機會及條件增加，最後造成富者愈富，貧者愈貧，形成了高低所得者之所得分配倍數增加，形成了所得分配不均；而在經濟發展過程中，所得分配不均，促使開發中國家的政府注意到所得分配不均拉大的問題，即未能將所得分配於低社會階層或低度所得者，反而形成更多社會問題。例如，貧窮、搶劫、暴動、沒有醫療及社會福利制度，造成社會對立；因而在邁向現代化國家中，開發中國家的政府會運用社會機制，例如社會福利制度、所得稅制度改革、醫療體制建立、教育投資與教育機會擴充，尤其擴充高等教育給更多無法接受教育者，讓這些生活於低社會階層者有社會階層流動機會，讓他們有更多賺取所得機會，以提高其國民所得。因此，現代化國家或高度所得國家的所得分配會較為均等。綜合上述，各國經濟發展與所得分配之關係會呈現倒 U 字形關係。

上述為國際發展的一種規律及其解釋，而過去已有不少研究驗證兩者確實呈現倒 U 字形的關聯（Anand & Kanbur, 1993; Deininger & Squire, 1996; Matyas, Konya, & Macquarie, 1998; Paukert, 1973），其中包括教育擴充會影響所得公平分析（Glomm & Ravikumar, 1998），過去驗證資料有以全球國家為樣本，也有

僅以 OECD 國家的國民所得及所得分配均等指數分析（Atkinson & Brandolini, 2001）。Psacharopoulos（1977）運用四十九個國家的教育不公平、國民所得及平均教育水準對於國民所得分配的分析發現，教育不公平對於國民所得分配為負面影響，當教育不公平在迴歸模式的自變項之後再加入平均教育水準，則會對於國民所得分配有惡化的效果；僅有教育不公平的變項省略之後，對於國民所得分配的公平才會產生效果。Winegarden（1979）以三十二個國家進行分析發現，愈高的教育發展水準可以讓國民所得分配愈均等，而教育愈不公平會產生國民所得分配不均。Park（1996）以五十九個國家進行國民教育獲得年數、國民所得對國民所得分配不均的影響發現，國民所得、國民所得平方確實與國民所得分配，以吉尼指數代替指標，呈現倒 U 字形的關係，若將國民教育獲得年數納入模式之後，國民所得對國民所得分配的影響力降低，反而是國民教育獲得年數愈高，國民所得分配愈公平；若僅以國民教育獲得年數與國民所得分配不均呈現倒 U 字形關係，它代表國民接受教育年數愈多，國民所得分配愈均等。不過，Ram（1984）以二十八個國家進行分析的結果，以及 Ram（1991）以 1947 年至 1988 年美國的每人國民所得取對數對於吉尼指數分析發現，美國沒有呈現倒 U 字形，反而呈現正 U 字形；進一步以 1949 年、1959 年、1969 年及 1979 年美國各州經濟發展及所得分配分析發現，前三個年度呈現正 U 字形，1979 年的五十一個州則沒有 U 字形，換言之，無法獲得與 Kuznets（1955）、Park（1996）的結果發現一樣。

　　總之，1960 年代學者提出顧志耐曲線之後，有不少研究支持這樣的論點，但是也有不少研究則持不同的論點，類似顧志耐曲線的不同發展現象，算是國際發展中的一種不規律性，待後續更多研究來證實。

參、教育擴充與所得重分配的不規律性

　　從上述來看，經濟發展不一定呈現顧志耐曲線情形。若運用在各國教育發展也值得探究。近年來，各國教育擴充與國民所得分配之關係有兩種爭論：一

是教育擴充與國民所得重分配呈現倒 U 字形，二是它們之間並不是呈現倒 U 字形的發展關係。若將此議題運用於國際比較教育研究，可以提出兩個問題：一是各國教育擴充，會減少國民所得分配不均嗎？二是各國教育擴充，反而增加所得分配不均嗎？於是蒐集到一筆國際資料如表 9-5。表中的吉尼指數代表一個國家所得分配均等程度，其數值愈高，代表所得分配愈不均等，反之則愈均等，表中的 OECD 國家，墨西哥為 48，為所得最不均等；丹麥為 22.5，為國民所得最均等。為了瞭解教育擴充與國民所得分配均等之關係，以高等教育獲得比率做為教育發展替代變項，經濟發展以國民所得為替代變項。經過統計檢定及分析結果如下。

問題一：2000 年 OECD 國家經濟發展與所得分配不均是否呈倒 U 字形關係？

迴歸分析結果如表 9-6。表中看出，國民所得對吉尼指數為負向影響，國民所得平方對吉尼指數為正向影響關係，並都達到統計顯著水準，代表國民所得與所得分配（吉尼指數）為正 U 字形關係，並沒有如過去研究所指出的倒 U 字形關係。這代表國際現象原本為人接受的經濟發展與所得分配不均呈現倒 U 字形的說法，在 OECD 國家不是如此，如圖 9-12。然而，此項研究結果僅為一年度資料，過去年度資料與未來是否如此，還需要後續驗證才可以瞭解。

問題二：2000 年 OECD 國家教育發展與所得分配不均是否呈倒 U 字形關係？

經過二次迴歸分析之後，結果如表 9-6。表中看出，高等教育獲得率對所得分配（吉尼指數）為負向影響，高等教育獲得率平方對吉尼指數為正向影響，均達到統計顯著水準，代表教育發展與所得分配為正 U 字形關係，這無法與 Kuznets（1955）的倒 U 字形之說法相同。代表 OECD 國家教育發展與所得分配之關係為正 U 字形，易言之，這些國家的教育擴充，並沒有減少所得分配不

表 9-5　OECD 國家的吉尼指數、高教獲得率與國民所得

（單位：%、美元）

國家	吉尼指數	國民所得	高教獲得率	所得平方	高教平方
澳洲	30.5	25,666	27.5	6.59E+08	756.25
奧地利	25.2	28,180	13.9	7.94E+08	193.21
加拿大	30.1	27,306	40	7.46E+08	1,600
捷克	26	14,212	11	2.02E+08	121
丹麥	22.5	28,223	25.8	7.97E+08	665.64
芬蘭	26.1	25,568	32	6.54E+08	1,024
法國	27.3	26,323	22	6.93E+08	484
德國	27.7	25,336	23.5	6.42E+08	552.25
希臘	34.5	16,429	17.6	2.70E+08	309.76
匈牙利	29.3	11,369	14	1.29E+08	196
愛爾蘭	30.4	24,597	21.8	6.05E+08	475.24
義大利	34.7	24,797	9.4	6.15E+08	88.36
日本	31.4	26,354	33.4	6.95E+08	1,115.56
盧森堡	26.1	44,485	18.3	1.98E+09	334.89
墨西哥	48	8,880	14.6	78,854,400	213.16
荷蘭	25.1	27,445	23.4	7.53E+08	547.56
紐西蘭	33.7	19,193	28	3.68E+08	784
挪威	26.1	35,949	28.4	1.29E+09	806.56
波蘭	36.7	10,307	11.4	1.06E+08	129.96
葡萄牙	35.6	16,956	8.9	2.88E+08	79.21
西班牙	32.9	20,905	22.6	4.37E+08	510.76
瑞典	24.3	26,718	30.1	7.14E+08	906.01
瑞士	26.7	32,928	24.2	1.08E+09	585.64
土耳其	43.9	6,871	8.3	47,210,641	68.89
英國	32.6	25,634	25.7	6.57E+08	660.49
美國	35.7	35,162	36.5	1.24E+09	1,332.25

註：表中的 E 之後的數字代表要乘以位數的個數，如 12E+8 代表 120,000,000。

均，如圖 9-13。然而此研究結果，僅為一年度資料，未來是否如此，仍需後續驗證，才可以瞭解 OECD 國家所得分配與教育發展之關係。

表 9-6　OECD 國家的國民所得、教育與吉尼指數的迴歸分析

變項	b	β	t	P	F 值	Adj-R²
吉尼指數（n＝19）						
常數	49.52**		10.38	.00	$F_{(2, 16)}=11.0$**	.445
國民所得	.00**	－1.87**	－3.11	.00		
國民所得平方	.00**	1.29*	2.14	.04		
吉尼指數（n＝26）						
常數	47.59**		7.48	.00	$F_{(2, 25)}=3.9$*	.191
高教獲得率	－1.44*	－2.11*	－2.37	.03		
高教獲得率平方	.03*	1.80*	2.02	.05		

*$p < .05$；**$p < .01$

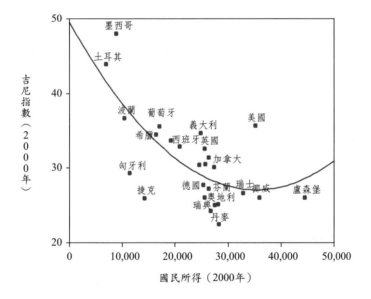

圖 9-12　OECD 國家 2000 年的國民所得與吉尼指數

　　上述兩個問題經過資料檢定之後發現，它與先前論證相反，即 OECD 國家的經濟發展及國民所分配沒有呈現倒 U 字形，它是國際整體現象的不規律性之一；若以高等教育獲得率視為教育發展的替代變數，分析發現教育與國民所得

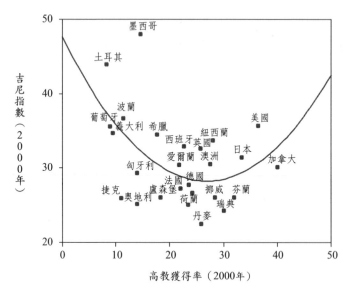

圖 9-13　OECD 國家 2000 年的高等教育獲得率與吉尼指數

分配沒有呈現倒 U 字形，而是 U 字形。這代表 OECD 國家的教育擴充沒有縮減國民所得分配均等，反而增加所得分配不均，這可能為國際教育發展不規律現象之一。會有這情形的主因是，OECD 國家較為高度所得及高度教育投資國家，以顧志耐曲線來說，兩個向度座標較屬於偏向右邊的國家，即國民所得或高等教育獲得率會是負向斜率情形，而會有此現象。

肆、HL 效應的不規律性

在國際比較教育研究上有一個不規律的情形——究竟影響學生學習成就的是校外因素（out-of-school factors）與校內因素（in-school factors），哪一項比較重要？前者如出生年齡、性別、智商、社經地位、營養、居住、住家周邊環境、接近圖書館程度等，後者包括：經費部分為每生教育經費、每生教科書多寡、圖書館藏書量、教師薪資等，以及管理部分為回家作業、親師互動情形、教師素質、學校資源等。為了瞭解兩者的重要性，Heyneman 與 Loxley（1983）

蒐集 1970 年代各國家資料分析發現,學校投入的因素對於開發中國家,尤其是第三世界國家學生學業成就的影響力大於學生家庭的社經地位;相對地,已開發國家學生的家庭社經地位對於學習成就的影響高於學校因素。而 Fully(1987)對於第三世界的開發中國家研究結果也是如此。這對當時教育資源普遍缺乏的第三世界國家而言,學校教育投資對於子女的學習效應大於家庭因素,而此一效應更可以促進落後國家的經濟發展,因此這些國家對教育有更多教育投資,後來對於 Heyneman 與 Loxley 的結果發現簡稱為 HL 效應。該效應揭示了教育對社會層級的力量,闡明國家社會發展和家庭社經地位、學校品質、學業成就的依賴關係,第三世界國家的學生學業成就受到學校資源、品質的影響力,比起家庭環境的影響還來得大,反之,先進國家的家庭因素對於子女學習成就表現影響高於學校教育的投入。

　　然而,上述研究結果發現為後來許多研究所討論與爭辯。Zhao、Valcke、Desoete 與 Verhaeghe(2012)以多層次模式(multi-level analysis)分析中國大陸的 10,959 位小學生家庭社經地位與數學表現發現,家庭社經地位對於數學成就表現影響力不大,同時它們之間不是線性,而是二次曲線(quadratic curve)的關係,這意味著來自於社經地位不利與特別有利的學生傾向有較好的數學表現,此種現象可以解釋中國大陸的文化對教育的信念、考試及社會階層流動的影響;然而整體學校社經地位(aggregated socioeconomic status at the school level)調節了個人社經地位與學習表現。換言之,對中國大陸學生之學習表現,家庭社經地位不一定具完整的解釋力。Smith(2011)以南非所建立的 SACMEQ 第二波資料,共有 167 所學校 3,163 名小六生參與調查,後來納入分析學生人數為 2,472 位,其依變項各為數學成就及閱讀成就表現,且將學生區分為四個學習成就等級,而影響自變項包括學校及學生個人因素,HLM 分析發現:(1)在影響數學成就因素上,在百分等級 25、50、75 及 100 的學生個人因素解釋量各為 72%、57%、58%、79%,而在學校因素可以解釋整體變異量各為 28%、43%、42% 及 21%;而校際之間的差異可以解釋影響數學成就表現各為 56.4%、50.8%、59.7% 及 79.5%;(2)在影響閱讀成就因素上,在百分等級 25、50、75

及 100 的學生個人因素解釋量各為 80%、69%、53%、78%，而在學校因素可以解釋整體變異量各為 20%、31%、47% 及 22%；而校際之間的差異可以解釋影響閱讀成就表現各為 79.8%、65.7%、64.0% 及 85.8%。可見影響南非學生的學習表現在校內及校外因素的解釋量各有不同，最高及最低分組都以校內因素解釋最小，而中等程度組則是學校因素解釋量較大。

Baker、Goesling 與 Letendre（2002）運用 HLM 來檢定學校、家庭及國家對於學生學習成就的影響，他們以 TIMSS 1999 的資料，以國家的平均國民所得視為國家經濟發展水準程度，而以學生的數學及科學成就為依變項，在學生層次中納入變項包括性別、家中使用的語言、年齡及社會階層；而學校層次變項包括教學時數、學校資源短缺程度、教師教學經驗（年資）、學生缺席情形，以及學生畢業率。經過分析之後，影響數學成就因素結果如表 9-7。表中總解釋量為學校層級與學生層級因素對於學習成就的解釋力，表中看出，國家發展程度為開發中國家者（拉脫維亞、羅馬尼亞、哥倫比亞等）或現代化國家（如美國、瑞士、比利時、英格蘭），各國學生家庭背景變項對於數學成就解釋力明顯高於學校資源的變項。他們也以 Heyneman 與 Loxley（1983）的學校效應、家庭背景及平均學習成就與國民所得的積差相關發現，1970 年代二十九個國家的家庭、學校效應、平均數學成就與國民所得有顯著正向相關，然而在 1990 年代 TIMSS（以上三位研究者）所進行分析的相關係數卻是不顯著。

上述說明了，究竟是家庭因素影響學生學習表現較重要，還是學校投入因素比較重要，隨著時代推移，哪一項因素對於開發中國家或已開發國家的影響力比較重要，仍無法呈現規律性。

總之，國際教育發展的不規律性代表各國教育的發展有其差異性，這也是國際比較教育研究所要找出差異的情形，然而現階段國際教育發展的不規律性，不代表未來的發展也是不規律性，相對地，很有可能轉變為規律性的，因此，應透過科學化的研究方法，不斷地對於國際教育發展現象進行持續性的研究，如此才可以掌握哪些教育發展具有規律性，以及哪些規律性的現象已轉為不規律，或者不規律的已轉為規律了。

表 9-7　多層次分析家庭與學校因素對學習表現結果

國家	平均成績 (1)	總解釋量 (2)	家庭因素 解釋量(3)	學校資源 解釋量(4)	(4)/(2) =(5)	1994 年 國民所得(6)
拉脫維亞	493	.111	.093	.018	.162	3,362
羅馬尼亞	482	.146	.101	.045	.308	3,977
立陶宛	477	.163	.121	.042	.258	3,985
俄羅斯聯邦	535	.130	.084	.046	.354	4,502
泰國	522	.067	.014	.053	.791	5,827
斯洛伐克	547	.145	.102	.043	.297	6,274
匈牙利	537	.234	.202	.032	.137	6,448
哥倫比亞	385	.139	.078	.061	.439	6,492
捷克共和國	564	.160	.124	.036	.225	9,351
斯洛維尼亞共和國	541	.134	.096	.038	.284	10,204
韓國	607	.129	.121	.008	.062	11,150
希臘	484	.108	.085	.023	.213	11,500
葡萄牙	454	.142	.128	.014	.099	12,419
西班牙	487	.143	.127	.016	.112	14,210
愛爾蘭	527	.244	.144	.100	.410	15,532
紐西蘭	508	.137	.091	.046	.336	16,647
以色列	522	.284	.117	.167	.588	16,701
瑞典	519	.110	.040	.070	.636	18,083
賽普勒斯	474	.085	.052	.033	.388	18,334
英格蘭	506	.302	.185	.117	.387	18,360
澳洲	530	.181	.114	.067	.370	18,782
荷蘭	541	.255	.117	.138	.541	18,943
德國	509	.248	.152	.096	.387	19,494
法國	538	.205	.169	.036	.176	20,185
冰島	487	.065	.044	.021	.323	20,207
奧地利	539	.198	.115	.083	.419	20,385
比利時（法蘭德斯語）	565	.284	.153	.131	.461	20,704
比利時（法語）	526	.214	.153	.061	.285	20,704
加拿大	527	.100	.050	.050	.500	20,937
丹麥	502	.091	.069	.022	.242	20,941
挪威	503	.071	.056	.015	.211	20,952
香港	588	.228	.050	.178	.781	22,200
新加坡	643	.185	.088	.097	.524	22,880
瑞士	545	.192	.117	.075	.391	24,099
科威特	392	.126	.084	.042	.333	26,016
美國	500	.146	.109	.037	.253	26,153

資料來源："Socioeconomic status, social quality, and national economic development: A cross-national analysis of the 'Heyneman-Loxley effect' on mathematics and science achievement", by Baker, D. P., Goesling, B., & Letendre, G. K., 2002, *Comparative Education Review, 46*(3), 291-312.

參考文獻

中文部分

張芳全（2012）。中等學校規模與學生數學成就之關係研究。載於國家教育研究院（主編），永續教育發展：創新與實踐論文集（頁47-69）。新北市：國家教育研究院。

英文部分

Ahluwalia, M. S. (1976). Inequality, poverty and development. *Journal of Development Economics, 3*, 307-342.

Anand, S., & Kanbur, S. M. R. (1993). The Kuznets process and the inequality-development relationship. *Journal of Development Economics, 40*, 25-52.

Atkinson, A. B., & Brandolini, A. (2001). Promise and Pitfalls in the use of "secondary" datasets: Income inequality in OECD countries as a case study. *Journal of Economic Literature, 39*, 771-799.

Baker, D. P., Goesling, B., & Letendre, G. K. (2002). Socioeconomic status, social quality, and national economic development: A cross-national analysis of the "Heyneman-Loxley effect" on mathematics and science achievement. *Comparative Education Review, 46*(3), 291-312.

Bennell, P. (1996). Using and abusing rate of return: A critique of the World Bank's 1995 education section review. *International Journal Educational Development, 16*(3), 233-248.

Borland, M. V., & Howsen, R. M. (2003). An examination of the effect of elementary school size on student academic achievement. *International Review of Education, 49*(5), 463-474.

Brenner, Y. S., Kaelble, H., & Thomas, M. (Eds.) (1991). *Income distribution in historical perspective.* New York, NY: Cambridge University Press.

Carnoy, M., & Marshall, J. (2005). Cuba's academic performance in comparative perspective. *Comparative Education Review, 49*(2), 230-261.

Deininger, K., & Squire, L. (1996). Measuring income inequality: A new data base. *The World Bank Economic Review, 10*, 565-591.

Dupriez, V., & Dumay, X. (2006). Inequalities in school systems: Effect of school structure or of society structure? *Comparative Education, 42*(2), 243-260.

Fully, B. (1987). What factors raise achievement in the Third World. *Review of Educational Research, 57*(3), 255-292.

Glomm, G., & Ravikumar, B. (1998). Increasing returns, human capital and the Kuznets curve. *Journal of Development Economics, 55*, 353-367.

Gorard, S., & Smith, E. (2004). An international comparison of equity in education system. *Comparative Education, 40*, 15-28.

Green, A. (2011). Lifelong learning, equality and social cohesion. *European Journal of Education, 46*(2), 228-243.

Green, A., Preston, J., & Sabates, R. (2003). Education, equality and social cohesion: A distributional approach. *Compare, 33*(4), 453-470.

Harbison, R., & Hanushek, E. (1992). *Educational performance of the poor: Lessons from rural northeast Brazil*. New York, NY: Oxford University Press.

Heyneman, S., & Loxley, W. (1983). The effects of primary school quality on academic achievement across twenty-nine high and low income countries. *American Journal of Sociology, 88*, 1162-1194.

Hoxby, C. (2000). The effects of class size and composition on student achievement: New evidence from natural population variation. *Quarterly Journal of Economics, November*, 1239-1285.

Ilon, L. (1998). The effects of international economic trends on gender equity in schooling. *International Review of Education, 44*(4), 335-356.

Jimenez, E., & Lockheed, M. E. (1995). *Public and private secondary education in developing countries: A comparative study*. World Bank discussion papers 309. Washington, DC: The World Bank.

Kuznets, S. (1955). Economic growth and income inequality. *American Economic Review, March*, 1-28.

Matyas, L., Konya, L., & Macquarie, L. (1998). The Kuznets U-curve hypothesis: Some panel data evidence. *Applied Economic Letters, 5*, 693-697.

Mincer, J. (1974). *Schooling, experience, and earnings*. New York, NY: Columbia University Press for National Bureau of Economic Research.

Nie, N., Junn, J., & Barry, K. (1996). *Education and democratic citizenship in America*. Chicago, IL: University of Chicago Press.

Park, K. H. (1996). Educational expansion and educatuonal inequality on income discribution.

Economics of Education Review, 15(1), 51-58.

Paukert, F. (1973). Income distribution at different levels of development: A survey of evidence. *International Labour Review, 108*, 97-125.

Psacharopoulos, G. (1977). Unequal access to education and distribution. *De Economist, 125*, 383-392.

Psacharopoulos, G. (1981). Returns to education: An updated international comparison. *Comparative Education, 17*(3), 321-341.

Psacharopoulos, G. (1994). Returns to investment in education: A global update. *World Development, 22*(9), 1325-1343.

Ram, R. (1984). Population increase, economic growth, educational inequality and income discribution. *Journal of Development Economics, 14*, 419-428.

Ram, R. (1991). Kuznet's inverted-U hypothesis: Evidence from a highly developed country. *Southern Economic Journal, 57*, 1112-1123.

Riddell, A. R. (1993). The evidence on public/private educational trade-offs in developing countries. *International Journal Educational Development, 13*(4), 373-386.

Smith, M. C. (2011). Which in- and out-of-school factors explain variations in learning across different soco-economic groups? Findings from South Africa. *Comparative Education, 47*(1), 79-102.

Winegarden, C. R. (1979). Schooling and income distribution: Evidence from international data. *Economica, 46*, 83-87.

World Bank (1976). *World development report.* Washington, DC: Author.

World Bank (1981). *World development report.* Washington, DC: Author.

World Bank (1986). *World development report.* Washington, DC: Author.

World Bank (1991). *World development report.* Washington, DC: Author.

World Bank (1996). *World development report.* Washington, DC: Author.

World Bank (2001). *World development report.* Washington, DC: Author.

World Bank (2006). *World development report.* Washington, DC: Author.

Zhao, N., Valcke, M., Desoete, A., & Verhaeghe, J. P. (2012). The quadratic relationship between socioeconomic status and learning performance in China by multilevel analysis: Implications for policies to foster education equity. *International Journal of Educational Development, 32*, 412-422.

CHAPTER 10

科學化研究步驟與陷阱

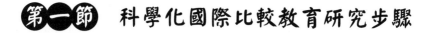

　　國際比較教育研究的科學實證過程與社會科學一樣，需要有明確的研究問題、合理的研究假設、完整的資料蒐集及嚴格的科學程序檢驗，才可以獲得具有客觀性的結論。進行國際比較教育常受到個人對於他國的文化、政治、經濟、社會的不夠瞭解，而誤解他國教育制度及政策或相關資訊，因而有錯誤比較，這也是國際比較教育的陷阱。本章說明國際比較教育的規律與步驟，以及科學化國際比較教育的陷阱。

第一節　科學化國際比較教育研究步驟

壹、學者的論點

　　在社會科學研究過程上，郭生玉（1988）認為，研究步驟包括認定問題、提出假設、設計方法、蒐集資料及提出結論。然而，進行科學化的國際比較教育研究與社會科學研究的步驟相近。謝文全（2006）認為，比較教育研究步驟為：選擇研究主題、界定研究主題、選擇研究樣本、蒐集資料與分析資料、分析與解釋形成的背景、分類併排資料、進行比較研究與下結論。Rossello（1963）認為，進行比較研究應掌握幾個步驟：(1)確立研究主題，如應先確定要研究教育制度、課程或教育理論比較等；(2)訂定要比較的範圍，如應確定要

研究的領域為跨國或區域性比較，有明確的研究空間，才能確定要蒐集的資料；
(3)比較角度的選擇，如屬於靜態情境的比較，或是縱貫性的動態教育發展研
究，確定研究的角度之後，再進行資料的蒐集分析與比較。Noah 與 Eckstein
（1969）指出，國際比較教育研究的科學步驟為：提出研究問題、建立假說、
蒐集資料、考驗假說、針對考驗的結果進行說明、比較或分析。Phillips
（2006）認為，比較教育探究有幾個步驟：(1)將問題概念化，就是將研究問題
明確地陳述；(2)脈絡化，對於所要分析的議題與地區背景做描述；(3)差異的獨
立性（isolation of difference），它針對變項予以分析、解釋，此階段對研究假
設的發展情形加以解說；(4)再概念化，對所發現的現象進行脈絡的說明，脈絡
的說明應運用所納入國家的經濟環境、社會變遷、教育政策改革、政治制度及
文化因素納入整合的說明；(5)歸納研究發現及做結論，也就是將研究發現進行
推論或將研究結果推介於政府當局做為政策研究之參考。

貳、本書論點

科學化國際比較教育研究過程為研究問題界定、針對研究問題提出研究假
設、蒐集可靠的研究資料、研究變項的明確測量、選擇與運用適當理論、進行
資料檢定，最後對研究發現進行歸納與分析解釋。茲將科學化國際比較教育研
究過程，說明如下。

一、提出具體可行的國際比較教育研究問題

科學化研究一定要先提出具體可行、有價值與有意義的研究問題。國際比
較教育的研究面向多元，對於研究議題不易聚焦。要提出具體可行的研究問題
宜多閱讀國內外的學術研究期刊、向有經驗者請益、參與國際比較教育學術研
討會或工作坊，或從國際統計資料中發現問題所在。閱讀國內外國際比較教育
學術研究期刊可以掌握近年來國際比較教育研究的趨勢及研究發現，同時可以
從期刊文章的研究建議中找出可以進行的研究問題。而向有經驗者請益可以向

經常在學術期刊發表文章的研究者或在大學教授國際比較教育者請益,它可以面對面地討論,讓研究問題的焦點集中。而參與學術研討會也是獲得研究議題的方式,可以從他人的發表內容及發現,獲得啟發,找出可以研究的問題。若從國際組織及相關單位所發布的統計資料歸納其發展現象,再建立研究假設,進行研究假設檢定,也是一種研究議題的設定方式。

研究議題設定宜思考個人的研究興趣、研究可行性、跨國資料可取得性、研究時間與研究價值。研究者可以進行跨國的教育、經濟與社會變項之關係探討,也可以以世界地理區域或個別國家之內部的跨地理區域做分析,以瞭解跨國或跨區域在各種教育現象之異同與規律性。若運用跨國資料長期追蹤研究,應掌握分析年度,例如:是針對 1980 年至 2000 年,或 1990 年至 2000 年,或 2000 年至 2010 年各國高等教育擴充分析。研究時間點的掌握很重要,應找出以某一年度為分析起始年的重要性、其歷史背後的意義,以及以某一年度為最終年度亦應有代表與象徵意義及價值。此外,還可以運用橫斷面國際資料進行跨國的議題研究。這不僅可以從國別,也可以以世界各地理區域、行政區、學校、班級情境,或以一個國家之內的不同地理區域進行教育議題分析。在橫斷面或長期追蹤研究,國際比較教育研究問題一定要具體可行。所謂具體可行係指研究問題可以在一定時間內(如一年、二年)、經費足以支應、研究人力可以負擔和語言及研究能力可以進行的研究。若是研究者在時間、能力與經濟都無法得到實際成果,則要考量是否研究該主題。

國際比較教育研究問題宜有意義及具有研究價值。此種有意義及價值的研究有四項條件:(1)對於學術的理論與研究成果累積具有創新與深入剖析;(2)對於實務的教育政策有具體且明確的方向,其研究發現可以提供政策決定參考或者做為學術理論建立的依據;(3)要有具體可行的研究問題,而不是一個形而上的研究問題,研究問題所涉及的變項內涵透過變項的界定,可以具體地操作,使研究問題具體化。當然,研究方法及研究設計應可以具體操作,若是研究者無法提出合理的研究設計,國際比較教育研究就不易實施;(4)研究問題解決之後可以供教育政策制定、教育政策學習,乃至於提供人類社會福祉參考,而不

會僅限於象牙塔式的研究。當然,若能建立國際比較教育的理論更好。

要提出可行的國際比較教育研究問題有幾種具體方式:第一,向有比較教育專業背景者請益諮詢,透過他們對國際比較教育的專業領域認識與經驗,找出可以研究的國際比較教育研究問題。第二,依據個人經驗或體悟,提出可行且具體的國際比較教育研究問題。研究者可能已有國際比較教育的專業知識,修習過相關的國際比較教育科目或參訪過其他國家教育制度的經驗等,發現許多值得研究的國際比較教育議題,因而找出比較重要的國際比較教育問題,經由個人經驗與體悟,提出國際比較教育研究問題也是好方式。第三,找尋比較教育學術期刊,閱讀有興趣及新穎的主題,歸納出議題。國際比較教育專業期刊不少,例如:*Comparative Education Review*、*Comparative Education*、*Compare*、*International Review of Education*、*International Journal of Educational Development*、*Harvard Educational Review*、*Economics of Education Review*、*World Development*、*The Journal of Human Resources*、*Research in Comparative and International Education* 等。研究者可以從專業學術期刊的文章歸納出過去研究主題偏重的研究領域,或這些學術期刊在現階段的主題重點,或者過去國際比較教育研究在重要議題的研究方法、研究設計、研究對象或研究理論等,有哪些缺陷或尚待改進者,從先前研究不足之處,找出研究題目。由於不同的國際比較教育期刊在其研究領域有其特色,所以應以多元與廣闊視野進行文獻整理、歸納分析與建構適當的國際比較教育研究問題。第四,從專業機關組織(如OECD、World Bank)蒐集研究報告,找出研究問題。大學圖書館都有 ERIC 提供學術電子期刊檢索,很多期刊都還可以與國外大學聯結合作,可以從中找到有興趣的國際比較教育研究問題。最後,參與國際比較教育學術研討會,透過參與研討會過程,瞭解目前研究的重要議題,以及從發表者與評論者對話,來掌握最新的國際比較教育議題。

二、建立合理的研究假說

科學化國際比較教育第二個步驟應提出合理與具體的研究假說。假說是對

問題推演的一種合理猜測，而不是漫無章法或盲目猜測。為了合理猜測，宜對於過去相關文獻深入評閱，提出合理假設。研究假設可以引導研究者要蒐集資料的方向、資料分析的方向及對研究結果的預期。合理的研究假設引導研究者在進行國際比較教育資料蒐集、國際比較教育分析方法、比較教育的分析觀點，以及最後結論都有實質助益。經由合邏輯的分析，更可以提出具體建議。

有合理的研究假設之後，接著宜將研究假設轉換為統計假設。統計假設包括對立假設與虛無假設，前者是過去研究者之研究議題的發現，要與研究者目前所提出來的假設預期一樣，若與先前研究問題及研究資料進行分析都可能得到該研究結果，即預期研究結果與先前研究的研究結果一致。後者是一種與先前研究結果相反的情形。研究者先提出與先前研究假說不一樣的推論，隨後進行研究資料蒐集，來對研究假說進行檢定，此過程讓研究結果更為科學。

建立研究假說在國際比較教育研究過程非常重要：第一，它可以培養國際比較教育研究者對於國際教育現象的初步瞭解，對於教育現象掌握更多元與多觀點的分析，例如：運用不同學門，如社會學、心理學、教育學的相關理論及研究來建構合理的假設；第二，研究假說的建立必須要有國際比較教育的專業基礎或對比較教育研究問題的體認。建立研究假設的前提為：(1)研究者對研究變項掌握明確。即研究假設是對自變項或依變項之關係說明，研究者應瞭解何者造成研究假說中自變項對依變項的影響？研究假設中，有無涉及中介變項？(2)研究者應瞭解研究假說中變項的先後順序，即時間在前者為原因，時間在後者為結果，研究者應掌握時間先後的關係；(3)研究假說中的變項具有操作性的，即研究者能對於變項客觀解釋，並且對變項具體的操作，如此才不會在研究假說中造成不當的誤解；(4)研究假說應以陳述句做為說明，即研究者應簡單且明確說明哪一變項對某一變項的影響，例如：經濟發展對於教育經費投資有正向顯著影響、教育投資有益於政治民主化、人口成長過快對於教育投資有負面影響。

在國際比較教育議題中的研究假設不少，隨著國際教育變化、各國教育發展及歷史因素，可以提出很多合理的研究假設。Noah 與 Eckstein（1966）提出

三十項比較教育議題的假設供參考與檢定，列舉幾項供參考：

1. 愈極權的政治制度，學校課程愈早專業化；中等學校較少為綜合型，教育行政愈極權。

2. 愈以男性為中心的教育制度，教育愈為中央集權。

3. 愈低的生師比，有較高的國民生產毛額。

4. 愈多國民生產毛額投資教育，教育制度愈極權；愈是計畫式的國家教育，有愈高的教育品質。

5. 提供國民愈高的教育品質，國民的所得差距愈小。

6. 愈投資於初等／中等／高等教育／技術教育／博雅教育，國家經濟水準愈高。

7. 愈限定中等教育或高等教育機會，社會階層流動愈低，社會階層間的距離愈大。

再舉三個例子供參考：

例一：家庭環境較有經濟基礎者，其孩童接受教育的機會愈多。看起來，它是一個較為微觀的研究問題：國民所得較高者接受高等教育的機會高於國民所得較低者。研究重點為：家庭可支配所得愈高，其家庭成員接受教育機會愈高。如把此分析問題層次提高為國家，就可以分析，國家的國民所得與高等教育機會的關係研究。

例二：近年來各國的教育發展較快，因而也對國家發展有明顯影響，如對於政治、經濟及人口結構。Poot（2000）研究指出，在十二個國家中有十一個國家的政府教育經費支出影響教育擴充。然而，高度、中度與低度所得的教育擴充對於國家發展有不同程度的影響。此時要瞭解，不同發展程度國家教育擴充對於國家發展的影響，此時宜先對於哪些是高度所得、中度及低度所得國家進行明確定義，接著再選取這些國家的高等教育或其他教育投資分析。例如，國民所得高於 20,000 美元的高度所得國之高等教育在學率是否比 10,000 元以下的國家在教育量擴充還要快？

例三：各國人口成長與所得重分配（redistribution）之關係。各國人口成長

快，可能造成資源被稀釋，即人口成長快速，國家無法提供更多資源給相對應的人口。因此，人口成長快會造成所得分配不均。然而究竟兩者之間的關係為何？其論證的情形如下：Bollen 與 Jackman（1985）指出，根據世界系統理論，人口的控制是相當重要的；高度人口成長率增加所得分配不均，主因在於國家內部的不同所得組群會有不同成長率，低所得國家組群會經驗到一個相當快速的人口自然成長率（Ahluwalia, 1976）。易言之，高度人口成長率會造成所得分配不均更為嚴重，造成原因是低所得組群人口成長率太快所致。因為高度生育率與低度嬰兒死亡率，導致社會形成年輕化的人口結構，尤其在低所得組群更為嚴重。年輕人口在低所得組群中沒有生產力之下，促使所得分配不均更為嚴重。長期來看，這些低所得組群，大家庭居多，縮小代間所得的轉移。因此，人口適當性對於所得分配不均似乎受人口成長及人口年齡結構的影響。為了先初步釐清這個問題，從 World Bank（2006）找出九十一個國家（也包括臺灣）的吉尼指數及人口成長率，試著繪製兩者的散布圖如圖 10-1，圖中看出兩者為正向關係，人口成長率對所得分配均等解釋力為 28.8%，迴歸方程式獲得支持，$F（1, 89）= 26.33（p < .01）$，即各國人口成長愈快，吉尼指數愈高，代表各國人口成長愈快，所得分配愈不均。

三、確定分析單位與範圍

國際比較教育研究宜考量分析單位與範圍。若分析單位與範圍確定之後，資料蒐集更為容易。國際比較教育研究的分析單位及對象多元。Bray 與 Thomas（1995）提出，多層次比較的教育研究將分析的層次分為七層，每一層都涉及研究對象（見第八章）。研究者應先確定分析層級與範圍，接著再來確定要納入的研究對象。若為國家層級，就應確認其範圍，哪些國家要納入分析（要運用哪些標準來分類國家）；研究範圍包括世界地理區域（洲別）、全球國家、學區、學校與班級等，但是要考量到資料可取得性、分析單位的研究變項是否有缺失或遺漏；若相關變項缺失，就無法納入分析。例如開發中國家（developing counties）與已開發國家（developed counties），應明確指標區分標準，而

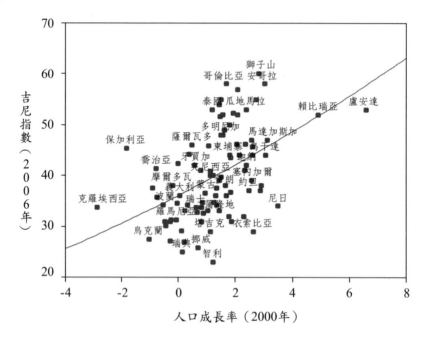

圖 10-1　九十一個國家 2000 年人口成長率與 2006 年的吉尼指數

常見的是以國民所得劃分，但它常受批評。Harber 與 Davies（1997）建議以人口脈絡（開發中國家的人口成長快、嬰兒死亡人數多）、經濟環境的脈絡（開發中國家國民所得低、經濟成長慢）、資源脈絡（開發中國家的學校教育資源欠缺及教育投資不足）、暴動產生的環境脈絡（如國家是否常戰爭、常有人民暴動）、健康環境的脈絡（如國民壽命長短）、文化環境的脈絡（開發中國家傾向混雜傳統與現代文化）。張芳全（2006）對於國家現代化指標的建構分析，以九十六個國家為研究對象，以教育、經濟、社會等六個面向建構國家現代化指標，接著進行跨國比較，同時具備這六個面向指標的國家才納入分析，包括開發中國家及已開發國家。跨國比較研究很容易資料缺乏，無法有更多國家納入分析。

　　若以學生為分析單位，此時就涉及抽樣方法與樣本大小問題。Palafox、Prawda 與 Velez（1994）研究影響墨西哥小學生學習成就的因素，從墨西哥的

小學生樣本母群中抽出 20,856 名小學學生研究，其自變項包括性別、年齡、家庭背景（父親教育程度、母親教育程度、雙親是否離婚、家庭大小）、學校因素（就學時間——上午制與下午制，上午制為較高社會階層的子女就學較多，反之，下午制為社會階層較低的子女就學較多；有無就讀幼稚園經驗；學校所在區域——城與鄉）等，以數學成就及西班牙語為依變項研究發現，男性學童、父母教育程度愈高、家庭人數愈少、就讀上午制、有就讀幼稚園經驗與住在城市地區學生，其西班牙語及數學成就表現愈好。

四、蒐集客觀與完整的資料

　　對於國際比較教育的資料蒐集應全面性，資料來源可以從國際組織、官方資料或自行編製研究工具來蒐集。研究者依其研究主題，而有不同蒐集資料方式。若要取得國際資料，世界銀行（World Bank）自 1972 年起幾乎每年都會出版一本《世界發展報告》（*World Development Report*），近年來也出版《世界發展指標》（*World Development Indicator*）；UNESCO 幾近每年出版《統計年報》（*Statistical Yearbook*）；聯合國發展方案（UNDP）自 1990 年起每年都出版的《人力發展報告》（*Human Development Report*），在其報告的附錄提供各國統計資料。聯合國（United Nations）不定年代出版的《世界圖表》（*World Ttable*）、OECD 自 1992 年起幾乎每年出版的《教育要覽》（*Education at a Glance*）。上述資料可以上網檢索，如 OECD 國家可以上 http://www.oecd.org。這些國際組織的統計資料詳實，對各國的教育、經濟、社會結構、文化或資訊傳播統計值得採用。第四章指出的國際大型資料庫，也是可以運用的資料來源。

　　若要瞭解一個國家的初等教育、中等教育與高等教育的私人及社會收益率，有幾種方式來蒐集資料：(1)針對該國的官方調查資料進行蒐集，有些國家設有相關單位長期蒐集及建置家庭收支資料庫，這種資料庫的研究結果較為可靠；(2)官方提供的資料若無法解決研究問題，此時研究者宜自行設計研究工具以做為蒐集工具。研究者蒐集管道可從政府官方、國際組織所發布的年度統計年報或從其網頁取得相關資料，這是國際比較教育研究常見的方式。若自編研

究工具調查，研究工具必須要有信度及效度，如為跨國蒐集更需要翻譯他國文字，而在設計此研究工具更需要掌握跨國文化之間的落差問題。

在資料蒐集之前，應先確定分析單位與研究對象，即應納入的國家、班級或學校，若以國家為分析樣本，國家發展水準常以國家經濟發展（如國民所得與經濟成長率）區分成先進國家（可以定為國民所得 20,000 美元以上）、開發中國家（5,000 美元至 20,000 美元）、低度開發國家（5,000 美元以下）；或者以不同指標來分類，如人力發展指標（見第十三章）、政治指標、社會指標等。納入分析對象的發展程度不同，研究發現會不同。研究者應施以大數法則，即納入更多國家分析，才可以讓樣本在變項的屬性具有常態分配，其推論較為準確；相對地，僅以先進國家為樣本分析，研究發現僅能推論於先進國家，不能推論到開發中國家或低度開發國家之發展。如以學校或班級為單位，更應考量校際與班際之間的差異性。雖然是同一個國家的學校，但是不同學校學生的學習成效有別，造成學生學習差異，除了學校所在的環境，如城鄉、教育資源之外，更有學生形成的脈絡文化或環境可能影響學習成效，此時就應重視研究對象的層級問題。

五、研究變項的明確測量

實證觀點的社會科學研究之特色在於研究所納入的研究變項可以明確測量，也就是研究中對於蒐集的資料，應該界定變項內涵，使得變項可以操作、可以測量及可以重新檢驗。為了讓科學化國際比較教育累積研究結果及專業知識，並建立理論，科學研究的變項測量方式應明確界定。變項界定包括概念型定義（conceptual definition）及操作型定義（operational definition），前者在說明社會科學研究有很多現象較為抽象，難以具體測量或觀察到，此時透過文字將抽象的學理或概念做為研究溝通依據。在概念界定方面應對研究變項清楚明確界定，並對變項內涵有其限定；後者是將概念型定義轉為可以測量、可以操作及可以重複執行的變項形式。以國民所得來說，概念型是指一位國民所賺取到的收入；以操作型定義來說，它是一位國民在其投入勞務與非勞務之後每年

　　總收入的平均值，其中包括國民勞務的薪資所得與年終紅利，以及非勞務的投資於其他工作以外的報酬之總和。科學化國際比較教育研究在進行操作型定義之後，即可以明確測量相關的研究變項。

　　Cummings（1996）在探討亞洲價值、教育及發展的文章中，為了分析亞洲國家的文化價值、教育與發展，蒐集及評閱很多文獻，並建立了一個亞洲國家發展模式；他歸納亞洲文化價值，包括亞洲國家的中央政府穩定、政府有效率的傳送服務、穩定的家庭相當普遍、教育受到家庭及政府支持，亞洲國家比起其他地區較少提供社會福利、亞洲國家的家庭與社區為主要負擔解決社會福利機制、公共衛生僅受到政府中度支持、家庭及社區擔負提供支持健康方案的責任、高度教育擴充協助國家發展、較不強調社會福利的國家發展。Cummings對上述價值，將它轉換為教育、健康及社會福利等三個面向，其中教育以教育經費占國民生產毛額比率、政府教育經費比率、初等教育在學率、中等教育在學率、高等教育在學率、低犯罪率、低的政治暴動、識字率及學習成就為測量指標，而健康是以健康人口比率、每位醫生照顧病人數、每位護士照顧病人數、嬰兒死亡率及國民預期壽命為測量指標，社會福利則是以房舍與社會福利適宜比率、離婚率為測量指標。

　　張芳全（2010）以2005年全球的146個國家資料評比各國國民健康情形，他運用各國國民健康變項分析，包括國民的健康資源投入、健康環境及健康結果，在健康投入包括每人總體健康經費支出、私人健康經費占國民生產毛額比率、政府健康經費占國民生產毛額比率；健康環境包括衛生設備普及率、乾淨水比率、每千人口中的病床數、每千人口中的醫生數；國民健康結果包括出生嬰兒死亡率、五歲以下的嬰兒死亡率、女性成年人口的死亡率、男性成年人口的死亡率、女性的預期壽命、男性的預期壽命、六十五歲以上人口占總人口比率。其變項之界定與測量如表10-1。表中可以看出對於變項的界定能指出它的測量內涵及尺度（單位），這對於後續的分析有很大助益。

表 10-1　各變項的操作型定義及測量

變項	定義	單位
每人總體健康經費支出	政府及私人在一個年度內支出於有關健康的經費除以總人口數,以得到平均每位國民健康醫療費用,它包括了個人的預防或治療的健康服務、家庭計畫活動、營養活動,以及有關提供個人精力補充以提高健康的經費,但不包括衛生及水的經費提供	美元
私人健康經費占國民生產毛額比率	個人或私人單位在一個年度投入於有關醫療衛生的經費總額,除以該國國民生產毛額,得到的數值,這樣的經費是指直接運用於家庭健康支出、私人保險、慈善團體的捐助	%
政府健康經費占國民生產毛額比率	中央與地方政府在一個年度投入有關醫療衛生的經費總額,包括經常門及資本門經費、外在借貸與補助(如從國際組織與非營利組織中獲得的捐款)與社會保險金,除以該國的國民生產毛額,所得到的數值	%
衛生設備普及率	每百位人口中在衛生有關的設備(可以有效避免人類、動物、飛蠅等排洩物的公共設施,如公共廁所、環境機構)普及率	%
乾淨水比率	每百位人口的乾淨水(有乾淨水可以喝)擁有比率,取得方式包括家庭用水、公共供水管所取得的水、水井、山泉水、雨水中蒐集到可以飲用的比率	%
每千人口中的病床數	某一國的醫療院所(包括公立、私人、一般或特約醫院)提供的病床數,除以國民人口數所得到的數值,再乘以 1000	千分比
每千人口中的醫生數	以該國公私立總醫生數除以總人口數所得的數值	千分比
出生嬰兒死亡率	每千位一歲以下的嬰兒出生之後死亡的人數	千分比
五歲以下的嬰兒死亡率	每千名五歲以下的孩童死亡的人數	千分比
女性成年人口的死亡率	十五歲至六十歲的女性中,每千人死亡人數	千分比
男性成年人口的死亡率	十五歲至六十歲的男性中,每千人死亡人數	千分比
女性的預期壽命	女性從出生至死亡,在社會可以生長的歲數	年
男性的預期壽命	男性從出生至死亡,在社會可以生長的歲數	年
六十五歲以上人口占總人口比率	六十五歲以上人口占總人口比率,屬於國家國民老化程度	%

資料來源:張芳全(2010)。影響各國國民健康的國際評比因素:以教育、經濟、人口因素為主。
　　　台東大學教育學報,**21**(1),57-92。

六、依據嚴謹理論進行研究假設檢定

經過資料蒐集之後，需要經由得到的資料，來檢定研究假設，這是研究問題檢定過程。檢定之前需要評閱先前的研究及理論，最後從相關文獻找出理論觀點，做為實證資料分析的理論依據。理論是運用抽象的符號對於社會現象進行合理及嚴謹描述。理論的形成需要長時間對於社會現象進行驗證，才可以成為理論。科學化國際比較教育研究，若沒有理論支持及相關研究聯結，研究結果發現是真空的，無法與國際比較教育社群對話，同時其研究結果亦無法做為沉澱知識之基礎，更無法做為形成理論之依據。因此，在研究過程中，理論的說明與對話相當重要。科學化國際比較教育研究需要有理論依據，建立研究假設及操作資料才會有明確依據，若沒有理論依據與支持，充其量僅是一種數據資料的統計操作。

驗證過程要選擇適當的統計分析方法，來檢定所蒐集到的資料。統計分析方法包括參數統計與非參數統計，若變項屬於連續尺度（等距尺度與比率尺度），則統計方法為參數統計。參數統計方法包括皮爾遜積差相關、獨立樣本或相依樣本平均數 t 考驗、多元迴歸分析、因素分析、典型相關、驗證性因素分析、主成分分析、集群分析、區別分析、單因子變異數分析、多因子變異數分析、共變數分析、結構方程模式（SEM）、階層線性模式（HLM）。假若分析的變項為不連續尺度（即類別尺度與等級尺度），則使用非參數統計，它包括卡方考驗、點二系列相關與二系列相關等。

檢定假說的前提宜提出統計可能犯錯的機率。國際比較教育研究很多採取樣本抽樣之後，接著才對於樣本進行統計假設檢定。若分析單位以國家為單位，在全球僅有 200 個國家及地區之下，所納入的國家可能會不多，而且所選取的國家不一定是隨機抽樣而來，相對地，可能是因資料完整性的考量，才會納入研究進行檢定。易言之，此時沒有所謂的抽樣問題，而是可以研究樣本多寡而已。

統計假設檢定宜對所要檢定的問題，提出合理的犯錯機率。若經由統計方

法檢定，接受虛無假設或對立假設之後，可能犯錯機率應予說明。檢定假設常以 .05 或 .01 做為顯著水準，代表拒絕虛無假設，接受對立假設，在一百次統計檢定中，會有五次或一次的錯誤。若研究要求更嚴謹，犯錯機率選擇可以小一些。

七、詳實地解釋、比較與分析研究結果

經過嚴謹的統計檢定分析之後，獲得了研究結果。此時，對於結果的解釋與討論極為重要。此階段除了說明研究結果與過去研究發現比對之外，更重要的是運用理論對於結果發現的解釋（explain），研究者更需要對於納入國家之變項所涉及的環境脈絡（context）深入說明，甚至應該指出這些變項在國際教育現象的規律情形，或其重要發現內容應包括：教育現象異同對研究者、教育政策與國際比較教育學理的何種啟示。國際比較教育研究於統計檢定後發現，當拒絕虛無假設，即表示該研究應接受對立假設。此時就應回應研究問題，究竟本研究問題是否與預期結果一致。此外，研究結果可能發現，變項之間是正向、負向之關聯程度或者教育發展的差異性。研究者應解釋該研究發現的意義及價值——學理價值及應用價值。

如果拒絕虛無假設，代表研究資料可以驗證對立假設的說法，但是拒絕虛無假設仍有犯錯機率。國際比較教育研究對結果推論應小心。如一項研究是在瞭解，2000 年 120 個國家的高等教育在學率與 1970 年 120 國高等教育在學率的平均數差異檢定，如果 2000 年確實高於 1970 年的高等教育在學率，此時仍有統計推論犯錯的機率，因為這兩個年度的資料，納入分析單位（國家）不同或國家數不一，會造成兩個年度的高等教育在學率沒有差異，研究發現的推論宜審慎。

在國際比較教育研究發現，宜對結果做有意義的詮釋，將研究發現做深入及有意義的討論，這些研究結果與理論一致情形、與先前研究一致情形、研究結果與理論的主張內涵是否相同？若與理論不同，有哪些不同？宜深入探究原因。國際比較教育研究發現可以提供哪些政策處方，或者這些發現在國際教育

現象有哪些背後的意義及價值。尤其，對研究結果意義詮釋，一方面要掌握跨文化之差異性，避免文化相對論造成對研究結果誤解，因而對研究結果誤用。易言之，研究發現的解說宜避免過度推論及不必要解釋。另一方面，研究結果要進行比較，例如：以各國某項教育指標分析某些特定國家在此方面之表現，此時應在相同基準比較，如在同一年度、比較項目之標準與定義一致；當然，對於某一項教育現象表現高低，應不急於涉及價值判斷，以避免有「我族中心」及本位主義現象。最後，對於研究結論，不宜任意解釋為因果關係，許多國際教育現象僅是關聯而已，並非有因果關係，不可以任意有因果關係推論。

第二節　科學化國際比較教育陷阱

壹、共通性的陷阱

　　進行國際比較教育的論述及研究應當審慎與小心。黃政傑（1987）指出，量化即科學可能造成幾項的謬誤：將教育當做暗箱、教育成了孤立的實體、測量工具不完整、專注於容易測量的特質、以方法引導研究的本末倒置論述、數字遊戲——統計愈深愈好、不當的分析和比較、受研究架構主宰以及研究結果應用的困難。而王家通（1988）對比較教育研究指出，從事比較教育研究容易陷入以偏概全、東施效顰、喜新厭舊、自卑心理及我族中心。楊思偉（1996）認為，進行比較教育應掌握避免我族中心主義、注意以偏概全的問題、審慎選定比較基準、類推適用必須適當。這是對於國際比較教育研究的通病，是進行國際比較教育的陷阱。國際比較教育者，容易陷入幾種情境：(1)對於跨國的文化、政治、經濟及社會未能完全掌握，就任意進行跨國比較；(2)對於所要比較的範圍、內涵並未能限定，就進行跨國分析與比較，而有錯誤結果產生；(3)對字義及教育發展斷章取義任意進行比較，因而失去了國際比較的意義；(4)任意

推論國際教育現象的因果關係。為了避免比較教育的錯誤比較及落入陷阱，宜
掌握幾個方向。

一、文化相對性產生了誤解

在進行國際比較時，不可用研究者的觀點，分析或研究他國的教育現象、
教育制度、教育問題及教育問題的形成原因，否則會歪曲他國的教育事實及教
育的相關發展。因而對於他國文化的實質掌握是必要的，否則很容易陷入跨文
化差異的陷阱，而有不當比較的產生。

為了避免文化不當的掌握，研究者應掌握以下幾項重點：(1)多方面及深入
地瞭解他國文化、政治、經濟及社會發展情形，尤其應對於他國歷史有深入的
掌握，不可以單一角度與時間點來掌握社會及教育現象。可以多閱讀比較教育
專業期刊來獲得訊息；(2)對於教育發展的數字分析，也要瞭解他國教育史及教
育政策的發展情形，甚至國家歷史、文化、社會與經濟發展情形，讓研究者更
深入發現他國教育發展背後的原因；(3)掌握他國教育制度的形成過程，對於他
國的教育制度及政策制定應瞭解前後脈絡，如此才不會妄下斷言；(4)瞭解他國
教育問題的形成因素，也就是對於他國的教育政策變革，應掌握這些政策如何
形成，其背景與社會脈絡的關聯又是如何？

二、我族中心主義強烈產生偏見

我族中心是國際比較教育研究容易犯的歧見或文化偏見。我族中心係指，
個體容易以個人主觀見解，認為自己的國家或所屬族群最為優越，而其他國家
或族群是劣等。研究者對於某些族群、種族及文化存有成見或對其他文化有特
定價值體系與偏好，在進行國際比較教育研究，會指出我國的教育表現優於他
國、他國教育發展比我國差，這在國際比較教育研究是很不恰當的。如經由訪
談與觀察他國制度，而研究者報告的主觀意識型態偏頗。目前國際比較教育研
究過度重視北半球國家，而忽視南半球國家現象，一來北半球國家的國家數較
多，較為比較研究所青睞，二來它是比較教育我族中心下限定研究範圍的一種

現象。

為避免此種情形，宜掌握：(1)議題設定階段：不宜對於落後國家、小國家或中東國家（因為較為神秘）有先入為主的印象，認為是不值得研究的分析單位；(2)資料蒐集階段：對於上述所提的國家，不可以從國際組織中蒐集到資料，就認為落後國家教育發展一定落後，所以不可能有較好的教育投資；有很多開發中國家的經濟發展較為落後，但其教育投資卻不差，因此不可以有先入為主的設限；(3)描述階段：應瞭解所得到之資料是否已經受到文化偏見的影響，例如：有些國際統計數字因國與國之間之差異，或統計者對於他國文化的不瞭解，因而統計出來公諸全球，造成此資料在還沒有進行比較研究就已有偏見在其中。其次，若統計數字無疑義，研究者進行描述，應先放棄先入為主、主觀、偏差或我族優越的價值體系；(4)解釋階段：研究者必須針對一種教育現象的歷史、文化、地理、經濟或社會及政治等方面加以瞭解，也就是要有宏觀的思維。此外，對於不同國家有其特殊的發展經驗，或應以特定的觀點深入瞭解其特定的經驗；(5)併排及解釋階段：研究者更應拋開武斷及主觀見解，讓結論具有學術及實用的價值；或者在統計分析的結果上應依據科學研究過程進行檢定，對於研究結果解釋應依據數據發現來詮釋。總之，科學化國際比較教育研究在進行資料分析過程，研究者對於數據資料的解讀應拋開我族中心主義，才能有客觀的解釋。

三、文字符號解讀錯誤影響正確推論

進行國際比較教育過程常發現對他國統計資料意義掌握不詳實。此種情形常發生在以下幾種情形：(1)在重要名詞的字義誤解。例如，吾人要瞭解各國的高等教育在學率發展趨勢，然而在國際統計資料中高等教育在學率有兩種定義方式，一是粗在學率（gross enrollment ratio），一是淨在學率（net enrollment ratio）。前者所指的是十八歲至二十一歲的人口或涵蓋所有的高等教育人口，只要在中等教育後段的學生就是高等教育學生，當然也含有補習教育及進修補校等非正規的就學人口；後者僅以高等教育就學年齡為分母，而僅以就學者人

數為分子所計算出來的數值。這種情形若沒有明確定義會將有錯誤解釋；(2)欠缺國際比較教育知識。研究者對研究結果無法有合理的解釋，也就是變項測量內容不同，因而有錯誤的解釋與推論；(3)研究者未能深入瞭解他國的教育現象，例如：未能掌握比較國家的歷史、文化及社會經濟發展的歷史背景及發展，很容易產生盲目的跨國比較分析。

為了避免錯誤比較的產生，進行國際比較教育研究應掌握幾個重點，一是對於所要比較的字詞、單位及研究單位應該掌握內涵的正確性，如有必要可以請教該國的人士深入瞭解；二是對於所要比較的範圍或統計數字應審慎地檢查，避免有過度描述及解釋的情形；三是對於變項的統計數字應先瞭解統計單位對於相關變項的界定；四是對於研究變項的資料屬性應明確掌握，社會科學的變項區分為名義變項、等級變項、等距變項與比率變項，不同的變項屬性，應運用不同的統計方法，若研究變項選用不當的統計方法進行分析，容易產生垃圾進、垃圾出的研究結果。這部分可以參考張芳全（2022）的《統計就是要這樣跑》（第五版）一書第一章。

四、比較結果過度推論產生以偏概全

國際比較教育的陷阱之一是在分析他國教育現象與制度之後，就貿然期待對於他國教育政策與制度完全移植，並期待他國教育發展經驗對本國一定有正向助益。這種情形是研究者將得到的結果一廂情願地移植，而未能以審慎、小心及宏觀視野來瞭解他國教育制度的背景。草率借取他國教育發展經驗相當可議。在國際比較教育分析與比較發現之後，他國的教育政策及教育發展經驗，對本國而言不必然具有絕對的可行性及可運用性。

進行國際比較教育研究之後的研究發現，應瞭解比較結果的適用性。這種適用性包括人民可以接受的程度、政策面、文化面、經濟面、政治面，甚至歷史、宗教、地理及世俗因素的適用性。他國的教育發展經驗對於我國，可能僅有幾項價值思考：(1)他國的教育發展現象及制度不一定可以做為我國未來發展的預測或政策參考，而僅是發展經驗類型之一而已，一味移植不僅增加本國教

育問題複雜性，也增加更多教育問題產生的可能；(2)他國教育經驗只可做參考，不可以完全直接移植，全部移植是不可行與荒謬的；(3)我國的教育發展經驗，不必然應與他國的教育經驗相符，每個國家都有國家發展的特色及經驗，教育發展不能單獨存在於每一個國家的政治、經濟與社會發展之外，如果兩國或跨國文化差異很大，貿然借取他國的教育發展經驗，會製造更多的教育問題。

貳、科學化國際比較教育之陷阱

上述是國際比較教育應掌握的陷阱，然而在進行科學化的國際比較教育，更應避免以下現象。

一、不當的因果關係推論

科學化的國際比較教育研究，容易有因果關係推論的誤解。科學化的國際比較教育研究，常運用橫斷面資料分析，它沒有操弄自變項來瞭解依變項的反應，就以因果關係來推論，容易對變項的因果關係產生誤解。對於教育與政治、經濟及社會現象之關聯，若沒有充足論證及合理邏輯推演與辯證，貿然對於一些統計數據進行因果關係推論是不當的。然而，科學化國際比較教育研究過程，容易對蒐集的數據分析，未能瞭解變項之前因後果，就對研究結果發現有因果關係推論。此種任意對數據及變項之因果關係推論，容易對國際教育現象產生誤解。

社會科學研究法的實驗研究法可以區分為實驗組（experimental group）或控制組（control group），並在相關實驗設計下，操弄實驗處理，最後所得到的研究結果可以做因果關係推論，是比較可以接受的。然而在其他的研究方法中，如果做因果關係推論宜審慎。White（1994）認為，社會科學研究發現的因果關係推論需符合以下幾種情境。

第一，某一變項的改變會造成另一個變項的變化。就如先進國家的國民所得愈高，將會影響他們的高等教育在學率愈高。這種情形需要合於邏輯、經驗

與理論，反之則無法做此推論，例如：天下雨，所以地潮濕，是合理且合邏輯的；相反地，「地潮濕，就是天下雨」的說法，則太過於牽強，原因不外乎地潮濕的可能原因有很多，可能是有人潑水在地上、也可能是自來水管破了造成水溢出來，或是有人清洗地板讓地板濕了。

第二，推論的因果關係，其變項之間有時間先後。自變項與依變項之間，自變項發生時間在前，依變項發生時間在後。就如1970年各國人口成長率影響1975年初等教育在學率。1970年人口成長快速，在1975年應擴充初等教育，才可滿足人口成長對教育的需求。因為時間先後造成現象之間有原因與結果關係，就可能產生研究的因果關係推論。

第三，教育現象的因果關係應合於邏輯的可能性。若因果關係推論不合於邏輯，且現實情況也不合理，則無法形成因果關係。就如「國民預期壽命高低是政府執行海洋政策造成的」，這個命題不合理。國民壽命高低是政府普及教育、重視醫療衛生、健康經費支出提高、社會醫療設備增加、醫生數增加或空氣改善所致，或者相關遺傳基因改善所造成。是否因為政府執行海洋政策沒有明顯關聯，所以如此推論無法形成合理的因果關係。

第四，教育現象的因果關係合於過去的證據與事實。若過去有前例可循，前例可以做為合理推論因果關係的前提，若過去沒有前例，又不合於事實，其因果推論就無法接受。但是這種因果推論方式應小心，主因是這種前例如僅是一種機率巧合，或是一種穿鑿附會造成的，則例子就不一定準確。若以先前例子、研究結果做為因果關係的論證依據，仍應算是一種探索性，而非驗證性。當很多例子都產生相同結果，此時在研究變項之間的因果關係，才可以運用驗證性探究。

第五，教育發展的因果關係宜思考現象背後原因。因果關係不一定是社會或教育發展表面原因所致，深入探討其深層原因或背後導致因素之後，才能有具體結論。教育發展或社會現象之因果關係的產生可能是多重因素所致，國際比較教育研究需要此觀念，而非單一因素使然。而導致結果之原因，有其優先順序，應釐清最主要因素，而非含混地認定所有變項都很重要。此外，在變項

間之關係獲得證實後,要解釋相關原因,如此推論才會準確。例如,在多元迴歸分析的逐步篩選變項中,沒有理論基礎找出哪一個自變項對依變項的影響最重要,此時逐步找出的變項,仍無法證實自變項就是造成依變項的原因。

二、跨國資料準確性掌握不足

科學化國際比較教育研究的陷阱之一是,對於分析的資料沒有準確掌握。研究資料沒有準確性、定義不清,以及資料來源與年度未先行求證,就草率納入分析,並對結果盲目解釋。若研究者沒有準確掌握資料,代表對資料來源不確定、變項操作型定義不明、對資料內涵無法掌握。

就第一項來說,分析的資料來源不明確,各國教育統計資料,在不同國際組織界定就有不同意義。資料來源不明,就無法瞭解其資料範圍、蒐集的時間、統計指標或變項的定義。國際資料常看到同一個變項或統計指標名稱,卻有不同內涵,例如教育經費占國民生產毛額比率,但是資料來源為不同國際組織,此時易陷入不同組織發布資料有不同定義,就不可以任意將它們納入分析。

就第二項來說,很多教育統計資料,其操作型定義不同,就如 World Bank 的高等教育在學率有粗在學率與淨在學率,前者是以十八歲至二十一歲的年齡層為分母,分子是以凡是接受高等教育者,即不限於十八歲至二十一歲的學齡人口,而後者的分母也是一樣,但是分子限定十八歲至二十一歲就讀高等教育的學生人數,前者的高等教育在學率有可能超過 100%,而後者一定不會超過 100%,進行比較教育研究時,界定兩者資料為:在一些國家使用淨在學率,一些國家使用粗在學率,這就會造成研究發現的錯誤。再如,人口成長率、經濟成長率、教育經費占國民生產毛額比率的成長率等,這些以成長率為變項者,其成長率計算是以每一年、每五年,或者以每十年來計算,應該有明確說明,否則成長的年度範圍不同,所計算出的成長率一定不同,研究發現一定有問題。

就第三項來說,資料內涵無法掌握在於資料內涵誤解、錯誤使用資料,就如 college 在英文的字義為學院,在英美系的國家,它屬於高等教育的一環,然而,法國的 college 是一種中學的教育制度,並非高等教育,若研究者蒐集資料

過程，沒有將這字義弄清，僅將相同英文字的資料進行統計，可能會有不同意義的數字分析，而容易產生錯誤的推論。

三、少數國家對多數國家推論的以偏概全

另一項科學化的國際比較教育陷阱之一是，容易以少數國家的研究結果來對多數國家推論，而此推論會受到質疑。受質疑原因不外乎是少數國家或樣本不能代表全體、少數國家的文化與社會脈絡無法適當地聯結教育發展現象。這種以偏概全的例子，即以先進國家來推論開發中國家，或開發中國家來推論先進國家的教育發展現象就可能會有問題。

就研究樣本的代表性來說，以偏概全、以管窺天使科學化的國際比較教育容易陷入迷思。以國家為分析單位，受到資料限制，無法有多數國家納入研究者分析模式，從研究中獲得的結果無法類推於其他未納入不同類型或發展程度（如高度經濟發展、中度經濟發展及低度經濟發展）國家。少數國家研究結論，不能代表各國教育現象，先進國家的研究結果，更不能推論於低度發展國家。

就少數國家的政治、經濟、文化及社會結構差異來說，因為少數國家的政治、經濟、社會及文化所構成的教育制度及教育發展，無法以其得到的發現，來類推於其他國家，尤其是以開發中國家或低度發展國家所得到的研究結果，無法類推到先進國家，同樣地，以先進國家為研究對象分析的結果，亦不可以將其研究結論類推於開發中國家或低度發展國家，甚至要從先進國家的發展經驗做為開發中國家的借鏡。畢竟不同發展程度的國家（如國民所得高低、現代化與否、民主國家與共產國家、資本主義國家與計畫經濟國家），其跨文化差異相當大，國際變化相當大，沒有長時間觀察，一味類推研究結果是不合理的。

四、過於相信實證科學研究結果

科學化的國際比較教育研究，雖然採取嚴謹的態度、客觀的資料蒐集及合於邏輯推演的統計檢定，然而再精良的研究方法，難免百密一疏，無法全方位地掌握教育發展，簡言之，各種社會科學的研究方法都有其限制。若研究者運

用錯誤的資料，建立不合宜的研究假設，以及選用錯誤的資料處理方法，會有錯誤的研究結論。以問卷調查法的研究來說，抽取代表性樣本以及研究工具的信度與效度，都是研究過程中應仔細掌握的重點，尤其問卷調查對象是否為當事人填答，在跨國問卷調查研究就有其困難；而抽樣方法、抽樣代表性與抽樣人數都是問卷調查關注的重點。以國際比較教育來說，跨國的問卷調查，問卷題目的設計內容很容易受到限制。如南北半球國家的學生就學季節不同，學生感受的學校、社會及生活經驗不同，若要填答同一份問卷，勢必應考量跨文化差異；再如天氣及地理環境不同，有些國家四面環海，有些為內陸國家，學生的食、衣、住、行等不同；經濟發展型態差異，如工業化國家、服務型國家、農業生產導向國家，學生的生活感受必有差異，所以要設計分析各國的相同問卷題目，進行跨國資料蒐集與分析，再比較有其難度。因此，要運用國際比較教育研究的實證研究結論做為政策制定之依據，務必要瞭解整個研究內容，包括對於整個資料所涵蓋環境的脈絡性。

再以實驗研究法來說，教育現象與自然科學不同，教育的對象是以人為主，學生不易控制他們的行為，實驗研究涉及到參與研究的研究倫理，這是比較教育應注意的。科學化國際比較教育研究受限於研究變項數多寡，可能是國際組織沒有完全蒐集，或落後國家未將統計資料送往國際組織建置，因而統計資料欠缺，無法將變項納入統計。在資料處理上，統計檢定因為變項及樣本數不足亦受到限制，無法多元化地掌握各國的教育及社會與經濟的變項，可以分析國家數減少，研究發現的推論受到限制。

由上述可知，科學化的國際比較教育研究應注意幾項重點：(1)國際比較教育研究的綜合性原則：即在分析各國教育發展的同時，也應瞭解各國教育與政治、經濟與文化之脈絡環境關係；(2)國際比較教育研究的整體性原則：即密切掌握各國的教育現象應與其他面向，以及對於資料長期追蹤觀察，例如研究學生的學習成就，應掌握學生的家庭、同儕、教師、學校及校外因素，或者瞭解學習成就與學校行政和各級各類學校的關係；又如研究影響學習成就因素，應長期追蹤樣本的學習表現，不能僅以橫斷面（cross-section）分析；(3)動態性原

則：即無論是區域研究或問題研究應以現階段的教育發展為主體，再深入瞭解過去的歷史發展，再進行分析；(4)國際比較教育研究的實證性原則：即國際比較教育應注意研究資料的客觀性與合理性，以及所提出研究假設可驗證性，當然對於國際比較教育研究結果的討論也應綜合性與客觀性，如此研究結果才能呼應教育發展規律的找尋。

參考文獻

中文部分

王家通（1988）。**比較教育論叢**。高雄市：麗文。

張芳全（2006）。國家現代化指標建構。**教育研究與發展期刊，3**（3），127-164。

張芳全（2010）。影響各國國民健康的國際評比因素：以教育、經濟、人口因素為主。**台東大學教育學報，21**（1），57-92。

張芳全（2022）。**統計就是要這樣跑**（第五版）。臺北市：心理。

郭生玉（1988）。**心理與教育研究法**。臺北市：精華。

黃政傑（1987）。教育研究亟須擺脫量化的支配。載於中國教育學會（主編），**教育研究方法論**。臺北市：師大書苑。

楊思偉（1996）。**當代比較教育研究趨勢**。臺北市：師大書苑。

謝文全（2006）。**比較教育行政**（第二版）。臺北市：五南。

英文部分

Ahluwalia, M. S. (1976). Inequality, poverty and development. *Journal of Development Economics, 3*, 307-342.

Bollen, K. A., & Jackman, R. W. (1985). Political democracy and the size distribution of income. *American Sociological Review, 50*, 438-457.

Bray, M., & Thomas, R. M. (1995). Level of comparison in educational studies: Different insights from different literatures and the value of multilevel analyses. *Comparative Education Review, 65*(3), 472-489.

Cummings, W. (1996). Asian value, education and development. *Compare, 26*(3), 287-303.

Deininger, K., & Squire, L. (1996). Measuring income inequality: A new data base. *The World Bank Economic Review, 10*, 565-591.

Harber, C., & Davies, L. (1997). *School management and effectiveness in developing countries*. London, UK: Cassell.

Noah, H. J., & Eckstein, M. A. (1966). A design for teaching comparative education. *Comparative Education Review, 10*, 511-513.

Noah, H. J., & Eckstein, M. A. (1969). *Towards a science of comparative education*. London, UK: Collier Macmillan.

Palafox, J. C. Prawda, J., Velez, E. (1994). Primary school quality in Mexico. *Comparative Education Review, 38*(2), 167-190.

Phillips, D. (2006). Comparative education: Method. *Research in Comparative and International Education, 1*(4), 304-319.

Poot, J. (2000). A synthesis of empirical research on the impact of government on long-run growth. *Growth and Change, 31*, 516-547.

Rossello, P. (1963). Concerning the structure of comparative education. *Comparative Education Review, 7*(1), 103-107.

White, L. G. (1994). *Political analysis: Technique and practice* (3rd ed.). Belmont, CA: Wadsworth.

World Bank (2006). *World development report*. Washington, DC: Author.

CHAPTER 11

回家作業與數學成就分析

　　學生回家作業對學習成就的影響是國際比較教育研究的議題之一。臺灣的學生回家作業對學業成就之影響常被忽視。學生回家作業對學生數學成就影響為何？教師提供較多回家作業或教師給學生回家作業頻率較高，學生數學表現會比較好嗎？亞洲四小龍的學生回家作業對數學成就的影響如何呢？四小龍參加 TIMSS 2003 不同程度的國二學生其回家作業量對數學成就之影響為何呢？亞洲四小龍數學成就表現優異，學生學業成就高於歐美國家（Stigler, Lee, & Stevenson, 1987），然而回家作業對數學成就的研究欠缺。四小龍國二學生是否因為寫回家作業時間與教師分配回家作業頻率高，學生的數學成就才提高呢？這四個國家的家長對子女教育期望較高、重視升學、重視文憑（Hong & Lee, 2000），因而與教師提供較多回家作業給學生練習有關。此外，教師及家長教育期望較高，教師要求學生在課堂練習數學作業，以及教師在課堂檢討數學作業，學生獲得檢討回饋，也會影響學生學業成就提高。為了分析上述情形，本章目的如下：首先，比較四小龍國二學生在回家作業（教師分配作業頻率、寫回家作業時間、完成數學作業時間、回家以電腦寫作業頻率）與數學學業成就之差異；其次，瞭解四小龍國二學生在不同數學組別（高、中、低能力）的回家作業對學生數學成就之影響情形。

第一節 回家作業的相關研究

壹、回家作業意涵及其功能

一、回家作業意涵

回家作業是學校用來輔助教師進行教學之重要媒介。學生寫作業是學生生活經驗的重要一環。近年來學生回家作業效用受到爭議。過去研究對回家作業沒有正式定義，回家作業對學習成就影響結果也沒有共識。Cooper（1989）認為，回家作業由學校教師提供給學生於非學校學習時間所要完成的任務，這定義不包括在校的課後輔導、非學術的課外活動（包括運動及社團活動），或透過網路及電視媒體提供給學生在家完成作業。學生回家作業是學校或教師為了延長學生學習所分配的任務，其意旨在讓學生有更多時間練習學校課業，讓學校在有限時間無法教授完的課程，在家有延續學習機會，以提高學生學習效果。Cooper、Robison 與 Patall（2006）認為，回家作業是學校教師分配給學生的學習任務，它意味著學生需要在校外完成該任務。回家作業也有以特定回家作業類型來說明。Lee 與 Pruitt（1979）指出，回家作業包括練習式（也就是重複與練習）、準備式（也就是為了進修學習做為基礎）、擴充式（應用學習技巧來學習新任務）、創造式（學習技巧的創新）。他們認為學生寫回家作業可提高對學習任務的參與度，同時回家作業練習可以提高學生責任心、時間管理與自信。

由上可知，回家作業是學校教師為了讓學生延續學校課業學習，因而分配給學生在課後學習的任務，其意旨在讓學生提高學習成就，讓學生學習自律、責任感與時間管理。

二、回家作業的功能

學生的回家作業有多種功能及效用，說明如下：Cooper 與 Valentine（2001）認為，學生回家作業有幾種正面效果：(1)對於學生學習保留提供即時效果；(2)理解教材內容；(3)回家作業改善學生學習技巧、改善對於學校之態度；(4)回家作業讓學生可以體會到學習不一定要在學校之中，也不一定要在上午八點至下午五點的時間才可以學習，下課之後也可學習。他們進一步指出，回家作業有幾種非學術性效果，例如：(1)可以提高學生的獨立性；(2)讓學生更有責任心的特質；(3)回家作業讓家長更投入學校，瞭解學校事務，提昇他們對學校的看法，並避免家長與學校衝突；(4)回家作業讓家長表達對學校及對學生成就的積極看法，讓家長更關心子女及學校事務。

水能載舟亦能覆舟，回家作業亦是如此。Cooper 與 Valentine（2001）指出，回家作業有幾項負面效應：(1)回家作業可能讓學生過多練習，增加學生厭倦。如果學生寫回家作業時間太長，將無助於學業成就表現；(2)回家作業影響學生休息及睡眠時間，也影響學生參與社區活動機會，損失參與社區活動將影響學生學業及非學業成就表現；(3)家長因學生回家作業而參與學校事務，而過度干擾學校事務運作；(4)學生回家作業讓學生培養獨立人格及時間管理，但是學生為了完成作業，可能請他人代寫或複製他人作業，甚至有作弊情形，這對學生不一定有益；(5)回家作業加速學生之間的不公平，貧窮家計子弟無法配合教師的回家作業，例如他們要花更多時間協助家計，沒有較多時間完成作業，相對地，富有家庭可以請家教教導學生完成回家作業，讓學生對於學校功課有更多理解。這種貧富學習差距對於學生學習將有負面價值。

Christenson 與 Cleary（1990）指出，回家作業可改善學生學業表現、學生態度會更支持學校、對於個人生涯更有方向。Corno（1996）指出，學生花費在課業時間愈長，是預測學生成就較高的重要因素，但是要瞭解學生回家作業是否對學業成就有正向影響，卻隨著學生家庭環境因素而有不同，縱使有相同作業分配量，對某些學生也可能無法完成作業來提高學業成就。因此，他認為運

用學生回家作業量來預測學生學業成就是有問題的。Warton（1998）認為，澳洲國小學生回家作業有助於他們的個人自我責任及時間管理。

上述看出，教師分配學生回家作業讓學生課後學習，其目的及效益多元。這些目的包括增加學生學習機會、讓學生有時間管理觀念、提高學生自律、讓學生提高學業成就表現、讓學生更瞭解學校教學內容。而對家長來說，更能讓家長瞭解學生在校表現及增加家長與學校溝通機會，讓家長參與校務機會提高。而回家作業也有其限制，例如回家作業增加貧富學生學習機會及學習成效的差距、回家作業將影響學生睡眠及休息時間、回家作業也讓學生無法參加社區活動，甚至造成學生與家長衝突。

貳、回家作業的歷史演進及相關理論

一、回家作業的歷史脈絡

學生回家作業有其歷史演進脈絡。亞洲國家資料不易蒐集，以下以美國的發展做說明。美國在蘇聯太空船登陸月球之前，中小學生回家作業較少受到關注，當時中小學教師提供較少回家作業給學生。1950 年代之後，蘇聯登陸月球，美國教育學者將學生回家作業視為加速學生知識取得的重要方式之一（Henderson, 1996）。這時，回家作業不是讓學生做為練習及記憶學校教育內容方式，相對地，是將學生回家作業視為學生解決問題能力的重要方法之一。1960年代，前述觀念受到修正，教育學者將學校教師分配回家作業，視為學生的壓力（Olympia, Sheridan, & Jenson, 1994），由於教師分配回家作業過多，回家作業剝奪學生校外休息及睡眠時間，將回家作業視為讓學生學習興趣降低及厭煩學校事務、不喜歡學校的媒介。Wildman（1968）就指出，回家作業過多阻擾學生社會經驗、校外娛樂、學生創造力活動及影響學生睡眠，所以他認為教師分配回家作業之後，無法滿足學生及成年人或家長在學生寫作業時的時間分配需求。

　　然而，1980 年代美國教育界對回家作業再次修正，它被視為補充教學重要內容之一，也成為教學評量方式之一（National Commission on Excellence in Education, 1983）。看到中小學生學業成就持續下降，1983 年美國政府提出《國家在危機中》（*A Nation at Risk*）報告書，該報告指出美國學生標準化成就測驗成績無法與先進國家相比，教育學者檢討回家作業對學生學習的重要性，並要求學生回家作業應成為學校教育重要的一部分（Cooper, 1998），此階段要求學校教師應講求績效，提高學校表現及成就，因而影響教師對學生回家作業的分配。

　　1990 年代，美國調查發現學生回家作業影響學生生活。Kralovec 與 Buell（2001）調查分析指出，學生無法完成回家作業，而經常熬夜、作息不正常，所以有不少學生因回家作業問題而輟學。他們指出，回家作業不僅打斷孩童與家長的家庭生活，也干擾家長教育孩童機會，尤其回家作業更無形中處罰貧窮家庭小孩，因為他們沒有更多教育資源及人力來協助孩童完成作業，反而造成這些學童學習的困擾。他們進一步發現，50% 的美國家長認為回家作業與孩童有衝突。近年來美國許多研究報告指出，美國社會有反對回家作業的趨勢（anti-homework trend）（Begley, 1998; Kralovec & Buell, 2001; Ratnesar, 1999）。簡言之，學生回家作業不一定能提高學業成就，反而增加學生壓力及學生沒有更多時間與家長共同參與社會活動。

　　上述看出幾個重點：第一，回家作業是學校提供給學生的重要例行任務，它可以讓學生在校外有更多時間，複習學校課業及做好學生時間管理；第二，不是所有教師都會分配回家作業給學生，也不是所有學生都有接受到教師所提供的回家作業；第三，回家作業是學校學習活動的重要延伸；最後，美國社會對於學生回家作業看法出現兩極，不認為學校回家作業對學生有益。

二、學習動機理論意涵

　　學生完成回家作業態度及能力可以視為學生學習成就動機之一。完成回家作業可視為學生學習動機的一部分。動機理論強調個體完成任務意願高低受個

體對任務期望而定，若個體對未來要完成的事務能抱持高度的期望，積極努力從事，達到任務目標的機會就會大增（張春興，1994）。回家作業是學校教師提供學生在校外應完成的學習任務之一，學生能否有效率地完成回家作業任務，與學生動機有關。Carroll 的學校學習模式（Carroll model of school learning）將回家作業視為學生持續性學習學校教育內容的一部分，也就是學生完成回家作業時間數多寡與學生動機高低有關（Carroll, 1963, 1989）。

教育生產理論（theory of educational productivity）認為，學生動機愈高，學生寫回家作業態度愈強（Walberg, 1984, 1986）。動機愈強的學生易完成教師分配的作業。回家作業與學習動機有關（achievement-related choice），學生放學回家之後，可能會看電視、休閒、參與社會活動、補習或寫回家作業等，當學生朝向提高學習效果，個人支持學業成就會提高，換言之，完成回家作業態度也是學生潛在動機之一（a potential component of motivation）（Wigfield & Eccles, 2002）。另外，回家作業是動機結果成分（outcome of a component of motivation），當學生將作業完成、精熟之後，就是一種目標導向（goal orientation）的完成（Linnenbrink & Pintrich, 2002），持此種說法者認為，如將教師分配的回家作業完成，代表個人對當天教師交待作業的自我實現，這種自我實現會提高學生學業成就或成為與同儕建立良好人際關係的象徵。

參、回家作業與學業成就的相關研究

過去已有不少研究顯示，回家作業對標準化測驗或非標準化測驗衡量學生表現都有正向影響（Foyle, 1984; Keith, 1982; Keith & Benson, 1992; Keith & Cool, 1992; Natriello & McDill, 1986）。整合分析（meta-analysis）也顯示，回家作業對國中生比高中生在學習成就上的效應來得低（Cooper, 1989）。過去對於回家作業與學業成就之間的關係研究，說明如下。

Strother（1984）指出，不能齊一式地要求所有學生應完成相同數量的回家作業，教師在分配回家作業應考量到學生個別差異。Weinstein、Paschal 與 Wal-

berg（1985）整合 1964 年至 1981 年在美國及加拿大的十五篇回家作業與學業
成就之間關係的研究，他們發現如果教師僅有分配回家作業而沒有給予回饋，
學生學業成就僅可由百分等級 50 提高到 60；但是教師如果給予回饋與檢討作
業機會，則學生學業成就可從百分等級 50 提高到 79。如果就所有分析的學生
來說，整體平均可以提高 .36 個標準差的學業成就效益。

　　Cooper（1998）整合分析探討 1962 年至 1987 年學生回家作業與學業成就
影響，他進行三類型問題比較：第一，在準實驗及實驗研究中有回家作業、沒
有回家作業對學業成就影響發現，在二十份研究之中有十四份研究是有回家作
業對學業成就的整體效應高於沒有回家作業者，其他六份則否；學生年級愈高，
回家作業對學業成就影響效應愈高，例如：四至六年級效應量為 .15、七至九年
級為 .31、十至十二年級為 .64。不過，回家作業對數學成就影響效應量僅有
.16。第二，比較回家作業與在課堂中教師監督下，哪一種情形對於學業成就較
有影響。他發現國小學生在課堂上完成作業比學生帶回家完成對學業成就影響
來得高。第三，是否回家作業量愈多，學業成就表現較好，他發現在五十個相
關係數之中，有四十三項顯示更多回家作業，學生學業成就表現較佳。

　　Paschal、Weinstein 與 Walberg（1984）認為，教師分配回家作業頻率對學
生學業成就有重要影響，即回家作業對於學業成就有 .36 的效應量，對數學成
就僅有 .23 效應量。這看出，若有回家作業給學生，相對於沒有回家作業者是
有較正向的影響。Cool 與 Keith（1991）對於回家作業量及時間是否會影響學
生則持保留看法。他們指出，如果將影響學生學業成就的相關因素控制之後，
回家作業效應量會減低。他們實證指出，回家作業時間及數量與學業成就有 .30
顯著相關，但是在控制學生動機、學生能力、教學品質、課程品質與學生背景
變項之後，回家作業時間數及數量對於學業成就不再為有意義的變項。

　　Cooper、Lindsay、Nye 與 Greathouse（1998）進行回家作業完成情形、學
生花在寫回家作業的時間與學業成就分析，他們發現，學生完成作業情形與花
在回家作業時間對學校分數影響高於標準化成就測驗。他們進一步分析學生自
我指出，寫回家作業時間（讓學生說出寫作業時間量）與標準化成就測驗分數

在六至十二年級則呈現零相關，而在二至五年級則呈現 −.04 的相關。

　　Trautwein、Koller、Schmitz 與 Baumert（2002）質疑是否回家作業愈多會提高學生學業成就說法，後來運用德國國一的 1,976 名學生分析回家作業時間與學業成就之關係發現：第一，受訪學生僅有 1.5% 指出從沒有接受過教師指派的回家作業；第二，有 43% 學生指出教師總是要求學生要完成回家作業；第三，西德的國中生接受到回家作業較東德國中生來得高，西德學生運用較多時間完成回家作業；第四，職業學校的學生較文法中學學生有更多的回家作業，這可能是因為德國較重視職業教育，教師分配給職業學業的學生作業較多；第五，教師提供作業頻率與學生回家作業應完成的時間呈現 .26 顯著相關。這證實教師分配回家作業確實影響學生回家作業的完成時間；第六，教師分配回家作業頻率與學業成就有 .26 的顯著相關；學生完成作業的時間與學業成就為 −.16 相關，兩者之間沒有顯著關係。進一步發現，文法中學中學業成就較低的學生，花費較多時間來寫回家作業；最後，以數學成就為依變項，則學生先前的先備知識、智商、作業練習、文法中學類型學校、東德區域、教師分配回家作業頻率愈高對數學成就有正向顯著影響，然而，過度練習回家作業則有負向（$\beta = -.08$）顯著影響。

　　Keith（1982）以 20,364 名中學生為對象，研究指出縱使在控制學生種族、學生家庭背景及學習領域之後，回家作業量是預測學生學業成就的重要變項，若增加學生寫回家作業時間，可以提高學生學業成就；不過，他認為回家作業分配與學生能力有關，他建議低能力學生應提供更多回家作業量或讓他們有更多時間寫回家作業，唯有這樣才可以讓這群學生能力與高能力學生相當。

　　Keith 與 Cool（1992）以美國國家教育統計中心（National Center for Educations tatistics）在 1982 年的 25,875 名高中學生資料，建立一個徑路分析模式，以種族、性別與家庭背景為投入變項；以學生動機、學生能力、教育品質、學校課程、回家作業為中介變項；以學業成就為依變項發現，學生能力、教育品質、學生動機、學校課程及回家作業對學業成就的總效應各為 .646、.083、.104、.312、.055，從這些數據看出，回家作業對學生學業成就影響力

最低，而學生能力對於學業成就影響才是關鍵。

　　Cooper 與 Valentine（2001）對於回家作業整合分析，整理十至十二年級、六至九年級及三至五年級生回家作業與學業成就之相關發現，年級愈高的學業成就與回家作業有正向關係，其相關係數在 .13 至 .37，而六至九年級，約在國中階段的回家作業與學業成就之間的關係在 .05 至 .12（但是也有三篇研究是負向關係，其中有二篇的相關係數為－.15 至－.17）；國小三至五年級生的回家作業與學業成就都在 .09 以下，甚至有三篇研究呈現負向關係。可以看出，回家作業量對小學三至五年級學生學業成就影響較低，有些研究更顯現沒有影響力，而回家作業對國中生，甚至高中生學業成就有正向影響。

　　Keith、Diamond-Hallam 與 Fine（2004）以美國國家教育縱貫研究（National Education Longitudinal Study）1990 年及 1992 年的資料，分析校內及校外作業量對學業成就之影響，建立 1990 年與 1992 年的模式，這兩個模式都以種族、學生家庭背景（包括家長教育程度、家庭收入及家長職業）、在校作業（包括十年級與十二年級學生在校寫作業時間）、先前學業成就（包括學生在八年級的閱讀、數學、科學及社會科學成績）、校外回家作業（包括十年級與十二年級學生在校外寫作業時間）為自變項，而依變項為學生學業成績（包括十二年級學生的英文、數學、科學及社會科學成績）。研究顯示，兩個模式估計結果頗為接近，校內作業對學業成就沒有顯著影響（兩個模式各為 $\beta = -.01$、$\beta = -.02$）、學生回家作業對學業成就各有 $\beta = .18$ 及 $\beta = .13$ 顯著影響力。而在校作業對回家作業各有 $\beta = .33$ 與 $\beta = .31$ 影響力，另外，先前數學成就對於在校所寫的作業與回家所寫的作業影響力各為 $\beta = .11$ 與 $\beta = .10$（1990 年），$\beta = .17$ 與 $\beta = .15$（1992 年）。上述看出，回家作業確實對於學業成就有正向顯著影響，但是在校作業則沒有顯著影響，更有負向關係。數學成就高低與回家作業量多寡宜考量學生差異。Keith、Diamond-Hallam 與 Fine 基於上述建議，學生回家作業研究應掌握不同學生族群、特性進行分析比較才易掌握兩者之關係。

　　上述歸納幾個現象。第一，學生回家作業量對學業成就影響呈現兩極，也就是對學業成就有正負向影響。第二，隨著年級愈高的學生，學生回家作業量

或讓學生寫回家作業時間較多,較易提高學生學業成就。第三,在校內的作業對於學業成就影響小於學生回家作業對學業成就影響。第四,將學生個人特質,如學習動機、能力及家庭背景納入分析之後,回家作業對於學業成就的影響力降低。

　　總之,本章分析亞洲四小龍 TIMSS 2003 學生回家作業對學習成就之影響,其中教師在課堂檢討數學作業頻率(瞭解學生回饋是否影響數學成就)、學生在課堂寫數學作業頻率(瞭解在校作業是否影響數學成就)、學生在家用電腦寫作業頻率(透過它掌握學生放學後在家使用電腦對數學成就影響)、學生花多少時間寫回家作業(瞭解學生花費寫作業時間對數學影響)、教師每週平均分配回家作業頻率(瞭解教師分配作業量對數學成就影響情形)、學生多少時間完成數學作業(瞭解學生花費數學作業時間對數學成就影響)等自變項,而以 TIMSS 2003 數學成就為依變項。此外 TIMSS 2003 將數學成就分為五組,究竟不同數學成就組別學生,教師在分配作業頻率、學生寫回家作業時數、學生完成數學作業時間不同,這些回家作業變項對不同數學成就組別是否有影響?從學生個別差異來掌握學生回家作業對數學成就影響,更能掌握回家作業對不同學生的需求性。

肆、分析設計

一、研究假設

　　基於上述分析,研究假設如下:

H_1:四小龍國二學生在回家作業(教師分配作業頻率、寫回家作業時間、完成數學作業時間、回家以電腦寫作業頻率)有明顯差異。

H_2:四小龍國二學生數學學業成就有明顯差異。

H_3:四小龍國二學生不同數學組別的回家作業對學生數學成就有正面影

響。

H_{3a}：四小龍國二學生高分組學生回家作業對學生數學成就有正面影響。

H_{3b}：四小龍國二學生中等程度組學生回家作業對學生數學成就有正面影響。

H_{3c}：四小龍國二學生低分組學生回家作業對學生數學成就有正面影響。

二、模式設定與變項測量

為檢定亞洲四小龍國二生的數學成就表現與回家作業的關係模式，多元迴歸模式之設定如下：

Mathematics Achievement

$$=a+\beta_1\,(X_1)+\beta_2\,(X_2)+\beta_3\,(X_3)+\beta_4\,(X_4)+\beta_5\,(X_5)+\beta_6\,(X_6)+e$$

模式中的 Mathematics Achievement 代表國二生數學成就，以「數學成就」表示。自變項選定包括教師在課堂檢討數學作業頻率（X_1），以「課堂檢討」稱之；學生在課堂寫數學作業頻率（X_2），以「課堂寫作」稱之；學生在家用電腦寫作業頻率（X_3），以「電腦寫作」稱之；學生花多少時間寫回家作業（X_4），以「花費時間」稱之；教師每週平均分配回家作業頻率（X_5），以「教師多久」稱之；學生多少時間完成數學作業（X_6），以「完成時間」稱之。e 項為誤差值，各個 β 值是要估計數值，以瞭解各變項對數學成就影響程度。各變項測量如表 11-1。

三、資料處理

在資料處理方法如下：(1)研究假設一及假設二以單因子變異數分析，瞭解四小龍的不同回家作業之變項與數學成就差異情形，如各國之間有顯著差異存在，再以 Scheffé 法進行事後比較；(2)研究假設二以多元迴歸分析檢定。在自變項多元共線性檢定標準以 $VIF = 1 / (1 - R_j^2)$ 做為判定標準，VIF 在 4 以下表

表 11-1　各變項的測量

變項	定義與計分方式
課堂檢討（X_1）	教師在數學課堂中檢討學生回家作業頻率。以 1 至 4 分轉換，1 代表從來沒有、2 代表有些課、3 代表約有一半的課程是這樣、4 代表幾乎每節課都是
課堂寫作（X_2）	學生在數學課寫數學作業頻率。以 1 至 4 分轉換，1 代表從來沒有、2 代表有些課、3 代表約有一半的課程是這樣、4 代表幾乎每節課都是
電腦寫作（X_3）	學生在家中運用電腦寫作業頻率。以 1 至 5 分轉換，1 代表從來沒有過、2 代表每年數次、3 代表每月做一至二次、4 代表每週至少做一次、5 代表每天做
花費時間（X_4）	學生平均每天花費在寫回家作業時間。以 1 至 5 分轉換，1 代表沒有、2 代表一小時以下、3 代表一至二小時、4 代表二至四小時、5 代表四小時以上
教師多久（X_5）	數學教師平均每週提供幾次作業給學生。以 1 至 5 分轉換，1 代表從來沒有數學作業、2 代表一週最多一次、3 代表一週一至二次、4 代表一週三至四次、5 代表每天
完成時間（X_6）	學生通常每天花多久時間來完成數學作業。以 1 至 5 分轉換，1 代表少於十五分鐘、2 代表十五至三十分鐘、3 代表三十一至六十分鐘、4 代表六十一至九十分鐘、5 代表超過九十分鐘

示自變項間重疊性不高；大於 4 以上，自變項有重疊問題。

四、研究對象及資料來源

　　分析對象是 TIMSS 2003 臺灣、南韓、香港及新加坡國二學生人數各有 5,379 名、4,972 名、6,018 名、5,309 名。TIMSS 將各國學生數學成就分為五組：第 1 組分數低於 400 分、第 2 組為 401 分至 475 分，這兩組數學成就較低，稱為低分組；第 3 組為 476 分至 550 分，為中等程度組；第 4 組為 551 分至 625 分、第 5 組為 625 分以上，為高分組。上述可以看出，分數愈高表示數學成就愈好。臺灣、南韓、香港及新加坡在第 1 組學生各為 115 名、48 名、36 名、20 名，這組樣本人數太少，所以將這組學生併入第 2 組，對於回家作業及數學成

就是以四組進行比較；而在回家作業影響學習成就，以三個組別來分析更為適切，即低分組（原來第 1 及第 2 組）、中等程度組（第 3 組）、高分組（第 5 組），第 4 組刪除不納入分析。相關文獻資料取自 TIMSS 2003 報告書（Martin, 2005）。

第二節　回家作業與學業成就發現

壹、亞洲四小龍的差異情形

　　亞洲四小龍國二學生數學學習相關內容在單因子變異數分析檢定發現，各變項都達到 $p < .01$，再以 Scheffé 法進行事後比較如表 11-2，說明如下。

　　首先，教師在課堂檢討數學頻率，新加坡顯著高於臺灣、南韓及香港；南韓及臺灣又顯著高於香港。可見新加坡的教師檢討數學頻率很高，其平均值為 2.89。其次，學生在課堂就寫數學作業來說，臺灣明顯高於南韓、香港及新加坡；香港及新加坡明顯高於南韓；而香港又顯著高於新加坡。可見臺灣學生在課堂寫數學作業頻率在亞洲四小龍中最高，南韓則最低。第三，學生以電腦寫數學作業比率，臺灣及南韓都分別顯著高於香港及新加坡；香港又顯著高於新加坡。第四，學生寫回家作業時間數，臺灣顯著高於南韓；香港及新加坡分別都高於臺灣及南韓；新加坡也顯著高於香港。可以看出南韓學生寫回家作業時間最少，新加坡最多。第五，教師分配學生回家作業頻率，新加坡及臺灣分別都顯著高於香港及南韓；新加坡顯著高於臺灣；南韓也顯著高於香港。新加坡的教師分配數學回家作業頻率最高，香港則最少。第六，學生寫作業完成時間來說，新加坡明顯高於臺灣、香港及南韓；香港又明顯高於臺灣及南韓；臺灣又明顯高於南韓。可見在亞洲四小龍之中，新加坡學生完成數學作業時間較長，南韓最少。最後，在數學成就方面，香港、新加坡及南韓都明顯高於臺灣。可

表 11-2　亞洲四小龍國二學生不同變項的差異情形

變項	國家	平均數	標準差	F 值	Scheffé 法事後比較
課堂 檢討	臺灣（1）	2.48	0.99	$F(3, 21536) = 447^{**}$	4 > 1** ; 4 > 2**
	南韓（2）	2.45	1.02		4 > 3** ; 2 > 3**
	香港（3）	2.26	0.80		1 > 3**
	新加坡（4）	2.89	0.91		
課堂 寫作	臺灣（1）	2.32	0.99	$F(3, 21539) = 369^{**}$	1 > 2** ; 1 > 3**
	南韓（2）	1.79	0.79		1 > 4** ; 2 < 3**
	香港（3）	2.24	0.85		2 < 4** ; 3 > 4**
	新加坡（4）	2.13	0.87		
電腦 寫作	臺灣（1）	2.73	1.20	$F(3, 21382) = 386^{**}$	1 > 3**
	南韓（2）	2.71	0.99		1 > 4** ; 2 > 3**
	香港（3）	2.47	0.89		2 > 4** ; 3 > 4**
	新加坡（4）	1.94	1.03		
花費 時間	臺灣（1）	2.66	0.93	$F(3, 21573) = 486^{**}$	1 > 2** ; 3 > 1**
	南韓（2）	2.49	0.79		4 > 1** ; 2 < 3**
	香港（3）	2.86	0.87		2 < 4** ; 4 > 3**
	新加坡（4）	3.10	0.95		
教師 多久	臺灣（1）	2.93	1.16	$F(3, 21440) = 1421^{**}$	1 > 2** ; 1 > 3**
	南韓（2）	2.56	1.08		1 < 4** ; 2 > 3**
	香港（3）	1.99	0.92		2 < 4** ; 3 < 4**
	新加坡（4）	3.22	0.89		
完成 時間	臺灣（1）	2.19	0.90	$F(3, 20541) = 589^{**}$	1 > 2** ; 1 < 3**
	南韓（2）	1.96	0.84		1 < 4** ; 2 < 3**
	香港（3）	2.47	0.90		2 < 4** ; 3 < 4**
	新加坡（4）	2.69	1.14		
數學 成就	臺灣（1）	586.14	98.08	$F(3, 21674) = 44^{**}$	1 < 4** ; 2 < 4**
	南韓（2）	587.54	82.93		3 < 4**
	香港（3）	587.13	70.08		
	新加坡（4）	601.31	78.18		

$**p < .01$

見新加坡的學生數學成就表現在四小龍最為優異。

　　為了掌握亞洲四小龍學生數學各組別表現，以圖示呈現。教師在課堂檢討數學作業頻率如圖 11-1，圖中橫座標為數學組別，其中 5 代表各國總平均值，1 代表數學成就低分組學生，4 代表高分組學生（圖 11-1 至圖 11-6 都是如此）。圖中看出，新加坡、臺灣及南韓隨著數學成就愈高，教師檢討數學作業頻率愈高，而香港各組學生的教師檢討數學作業頻率頗為接近。新加坡各組學生都比臺灣、香港及南韓來得高，臺灣及南韓在數學成就最高的組別高於香港。新加坡的數學教師約有一半課程檢討數學作業（平均值為 2.48）。上述顯示，亞洲四小龍的教師在成就最高組學生中，檢討作業頻率最高，較低學生成就組學生則否。

　　以亞洲四小龍各組學生在課堂寫數學作業的頻率來說，由圖 11-2 看出，新加坡、臺灣及香港隨著數學成就愈高，學生在課堂寫數學作業頻率愈低，從其數字來看，僅有一些課是讓學生在課堂就寫數學作業，而南韓各組學生在課堂寫作業頻率最低，且各組頗為接近。圖中看出，臺灣各組學生在課堂寫作業頻率高於香港、南韓與新加坡。

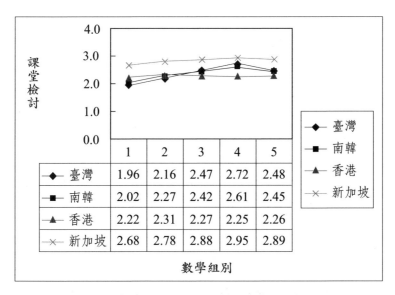

圖 11-1　各數學組別與教師檢討數學作業頻率的關係

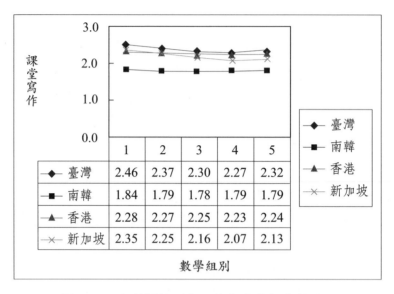

	1	2	3	4	5
◆ 臺灣	2.46	2.37	2.30	2.27	2.32
■ 南韓	1.84	1.79	1.78	1.79	1.79
▲ 香港	2.28	2.27	2.25	2.23	2.24
✕ 新加坡	2.35	2.25	2.16	2.07	2.13

圖 11-2　各數學組別與課堂寫作業頻率的關係

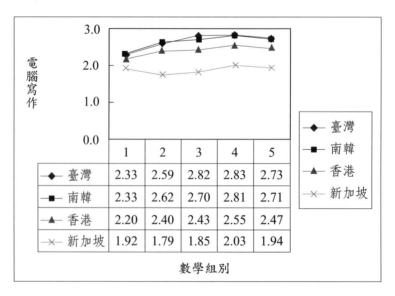

	1	2	3	4	5
◆ 臺灣	2.33	2.59	2.82	2.83	2.73
■ 南韓	2.33	2.62	2.70	2.81	2.71
▲ 香港	2.20	2.40	2.43	2.55	2.47
✕ 新加坡	1.92	1.79	1.85	2.03	1.94

圖 11-3　各數學組別與電腦寫作業頻率的關係

　　以各組學生在家用電腦寫數學作業頻率來說，由圖 11-3 看出，臺灣與南韓頗為接近，它表示學生約每月一至二次使用電腦寫作業，都高於香港及新加坡。臺灣、南韓及香港隨著數學成就愈高，學生在家用電腦寫數學作業的頻率愈高，而新加坡各組學生用電腦寫作業的頻率在亞洲四小龍最低。

　　以各組學生寫回家作業時間來說，如圖 11-4 看出，新加坡各組學生寫回家作業時間在四國中最高，代表每天約花一小時寫作業；臺灣與香港頗為接近，都高於南韓，臺灣學生也是每天約花一至二小時寫作業。臺灣、新加坡及香港隨著數學成就愈高，學生寫回家作業時間愈長，南韓各組學生寫回家作業時間最低。

　　以各組學生的教師分配回家作業頻率來說，如圖 11-5 看出，新加坡各組學生的教師分配回家作業頻率最高（一週約兩次）、香港各組都最低（一週約一次）；臺灣各組學生的教師分配回家作業頻率都高於南韓及香港，但也都低於新加坡。比較特別的是臺灣隨著學生數學成就愈高，教師分配作業頻率愈高，香港則相反。

　　以亞洲四小龍各組學生完成數學作業時間來說，如圖 11-6 看出，新加坡各組學生數學作業完成時間最高（約三十至四十五分），香港其次，臺灣第三（約十五至三十分），南韓則最低；新加坡、臺灣、香港隨著數學成就愈高，數學作業完成時間也愈高。比較特別的是南韓隨著學生數學成就愈高，學生完成數學作業時間愈低。

貳、臺灣的結果

　　經過多元迴歸分析之後，影響臺灣國二生數學成就的回家作業因素如表 11-3 看出，高分組學生的教師課堂檢討數學作業（$\beta=.10$）、寫回家作業時間數（$\beta=.11$）達到 .01 顯著水準，它們對學生數學成就有正向影響，解釋力為 .03。中等及低分組學生模式的自變項都沒有達到顯著水準。三個模式中的 *VIF* 值都在 2 以下。

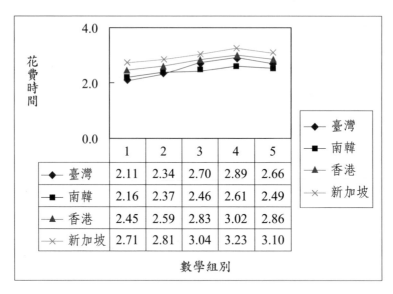

圖 11-4　各數學組別與學生寫回家作業時間的關係

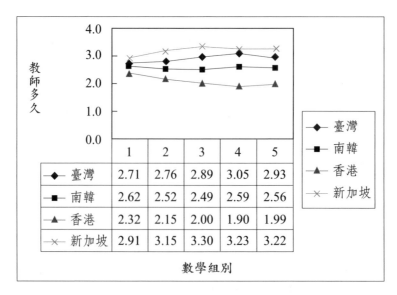

圖 11-5　各數學組別與教師分配回家作業頻率的關係

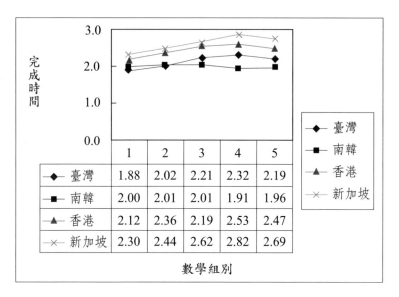

圖 11-6　各數學組別與學生完成數學作業時間的關係

　　其意義是，臺灣高分組學生，教師課堂檢討數學作業頻率愈高、學生寫回家作業時間較長，其數學成就較高。低分組及中等程度組學生，教師課堂檢討數學作業、教師分配作業頻率、學生寫作業時間數以及完成數學作業時間都沒有顯著影響數學成就；低分組學生學習動機較低，所以教師檢討作業及學生寫作業與完成數學作業未能影響數學成就。

參、南韓的結果

　　影響南韓的回家作業因素如表 11-4。高分組學生課堂寫數學作業（$\beta=.06$）、寫回家作業時間（$\beta=.07$）、完成數學作業時間（$\beta=-.07$）達 .01 顯著水準，表示這些變項都影響學生數學成就，但是完成數學作業時間與依變項呈負向關係，模式解釋力為 .02。中等程度組學生的課堂寫作業頻率與教師分配作業頻率分別達到 .01（$\beta=-.08$）及 .05（$\beta=-.08$）顯著水準。低分組學生模式，自變項都沒有達到顯著水準。其意義是，南韓高分組學生，課堂中教師檢

表 11-3　臺灣各組學生估計的結果

變項	高		中		低	
	b	β	b	β	b	β
常數	635.29**		498.9**		415.9**	
課堂檢討	5.12**	.10**	1.48	.07	0.28	.01
課堂寫作	0.60	.01	− 0.21	−.01	3.23	.07
電腦寫作	1.15	.03	− 0.66	−.04	0.69	.02
花費時間	5.97**	.11**	0.62	.03	1.13	.03
教師多久	− 1.08	−.02	0.54	.02	− 0.70	−.02
完成時間	− 0.80	−.01	0.57	.03	− 1.22	−.03
F 值	$F_{(6, 2389)} = 11.2**$		$F_{(6, 463)} = 1.1$		$F_{(6, 530)} = .70$	
$Adj - R^2$	.03		.01			.01
VIF	1.18		1.23		1.25	
N	2396		770		537	

$**p < .01$

表 11-4　南韓各組學生估計的結果

變項	高		中		低	
	b	β	b	β	b	β
常數	643.63**		509.71**		414.24**	
課堂檢討	0.32	.01	0.38	.02	0.46	.01
課堂寫作	3.09**	.06**	− 2.21	−.08**	3.20	.07
電腦寫作	1.25	.03	0.17	.01	0.96	.03
花費時間	3.84**	.07**	1.11	.04	1.19	.03
教師多久	− 0.25	−.01	− 1.55	−.08*	− 0.58	−.02
完成時間	− 3.82**	−.07**	0.29	.01	− 1.14	−.03
F 值	$F_{(6, 2409)} = 6.2**$		$F_{(6, 855)} = 2.4$		$F_{(6, 356)} = .45$	
$Adj - R^2$	.02		.011			.00
VIF	1.09		1.11			1.19
N	2416		862			363

$*p < .05$；$**p < .01$

討數學作業頻率高與學生寫回家作業時間較長,其數學成就較高。中等程度組則是學生課堂寫作業頻率高與教師分配作業頻率愈多,學生學業成就愈低;這組學生對教師分配作業愈多,以及在課堂寫作業愈高,其數學成就卻愈低。低分組學生,教師課堂檢討數學作業、教師分配作業頻率、學生寫作業時間數以及學生完成數學作業時間都沒有顯著影響數學成就,代表教師提供回家作業與學生寫作業時間及完成數學作業時間都無法顯著提高學生的數學成就。

肆、香港的結果

香港的回家作業因素如表 11-5。高分組學生用電腦寫數學作業($\beta = .06$)、寫回家作業時間($\beta = .05$)達到 .01 及 .05 顯著水準,表示這些變項都影響學生數學成就,但是教師分配作業頻率及完成數學作業時間對依變項為負向影響。中等程度組學生僅有寫回家作業時間達到 .05 顯著水準,這組學生回家寫作業

表 11-5　香港各組學生估計的結果

變項	高		中		低	
	b	β	b	β	b	β
常數	641**		502.70**		412.89**	
課堂檢討	0.28	.01	− 0.84	−.04	3.22	.08
課堂寫作	− 0.20	.00	− 0.83	−.04	1.10	.03
電腦寫作	2.37**	.06**	0.20	.01	0.82	.02
花費時間	2.07*	.05*	1.98*	.08*	− 0.53	−.01
教師多久	− 1.84*	−.05*	0.19	.01	− 4.55	−.12
完成時間	− 2.13*	−.06*	1.51	.07	4.23	.10
F 值	$F(6, 2312) = 5.3$		$F(6, 713) = 2.3$		$F(6, 217) = 1.4$	
$Adj - R^2$	.01		.01		.01	
VIF	1.12		1.18		1.17	
N	2319		720		224	

*$p < .05$;**$p < .01$

時間愈多，數學成就較高。低分組學生的自變項都沒有達顯著水準。其意義是，香港高分組學生，回家運用電腦寫作業頻率高及學生寫回家作業時間較長，其數學成就較高，但是教師如果分配回家作業比率愈少及完成數學作業時間少，其數學成就會較高，這看出此組學生的教師分配作業頻率較低，完成數學作業時間較短，但數學成就仍較高；這組學生運用電腦頻率高，其數學成就較高。中等程度組學生是寫作業時間較長，數學成就愈好。低分組學生，教師課堂檢討數學作業、教師分配作業頻率、學生寫作業時間數與學生完成數學作業時間都沒有顯著影響數學成就，代表教師提供回家作業與學生寫作業時間數及完成數學作業時間都無法顯著提高學生數學成就。

伍、新加坡的結果

新加坡結果如表 11-6 顯示，高分組學生回家用電腦寫數學作業（$\beta=.14$）、

表 11-6　新加坡各組學生估計的結果

變項	高		中		低	
	b	β	b	β	b	β
常數	644.15**		496.10**		428.29**	
課堂檢討	− 1.09	−.02	− 0.01	.00	1.04	.04
課堂寫作	1.05	.02	− 0.68	−.03	− 2.51	−.10
電腦寫作	5.83**	.14**	− 0.26	−.01	− 0.92	−.04
花費時間	2.21**	.05**	1.82	.09*	− 0.41	−.02
教師多久	− 3.66**	−.07**	1.69	.07*	3.13	.11
完成時間	2.66**	.08**	0.61	.03	− 0.71	−.02
F 值	$F(6, 3217)=19.6$		$F(6, 731)=1.95$		$F(6, 280)=.96$	
$Adj-R^2$	.033		.01		.00	
VIF	1.07		1.08		1.09	
N	3224		737		287	

*$p<.05$；**$p<.01$

寫回家作業時間（$\beta = .05$）、完成數學作業時間（$\beta = .08$）達到 .01 顯著水準，表示這些變項都影響學生數學成就，但是教師分配作業頻率（$\beta = -.07$）與依變項呈現負向關係，解釋力 .033。中等程度組學生寫回家作業時間與教師分配作業頻率愈高，數學成就愈高，兩者都達 .05 顯著水準。低分組學生的自變項都未達顯著水準。其意義是，新加坡高分組學生，回家運用電腦寫作業頻率高、學生寫回家作業時間較長與學生完成數學作業時間較長，其數學成就較高，但是教師分配回家作業頻率愈少，其數學成就較高，這看出該組學生的教師分配作業頻率較低，其數學成就仍高；這組學生運用電腦頻率高，其數學成就較高。中等程度組學生是寫回家作業時間愈長及教師分配作業頻率高，其數學成就愈高。低分組學生與其他三個國家一樣都沒有達顯著水準，代表教師提供回家作業與學生寫作業時間數及完成數學作業時間無法顯著提高學生數學成就。

第三節　綜合討論、結論與啟示

壹、綜合討論

　　過去以跨國比較研究學生數學成就與學生回家作業的研究相當少。其原因除了受跨國文化差異，不易掌握各國文化因素複雜之外，重要的是客觀的跨國資料少，無法比較。本章以亞洲四小龍國二學生的 TIMSS 2003 資料對數學成就分析，瞭解學生回家作業與數學成就差異及其關係。過去研究沒有考量學生個別差異，探討學生回家作業與學業成就之關係，樣本屬性不易掌握，考量各國不同數學能力組別區分，來瞭解它們的關係，更能看出回家作業對學業成就在不同組別的影響。

　　影響數學成就因素相當複雜，除了家庭、學校、學生個人特質、教師教學、外在環境或文化差異（Walberg, 1984）之外，重要的是與學生回家作業多

寡、學生寫作業時間數、學生完成數學作業時間，以及教師分配回家作業量有關（Cooper, 1998）。學生寫作業時間對學業成就影響沒有定論，有些研究認為回家作業愈多，對學生成就有正向影響（Epstein & Van Voorhis, 2001），有些研究發現沒有關聯，因為學生作業量還要考量學生特質及家長因素，或學生年級與年齡才能決定（Cooper, Robison, & Patall, 2006）。Trautwein、Koller、Schmitz 與 Baumert（2002）認為，低成就學生從回家作業練習提高學業成就比高成就學生來的高，但是他們也認為過多回家作業對高低成就學生都沒有正向效果。四小龍國二學生回家作業與數學成就之差異與關係，討論如下。

首先，亞洲四小龍在 TIMSS 2003 數學表現都排在 TIMSS 的五十個國家的前五、六名內，顯示四小龍學生數學表現相當優異，而香港、新加坡及南韓學生數學成就都顯著高於臺灣，新加坡學生數學成就在亞洲四小龍最優異。但是四小龍在學生回家作業差異不一。例如各個數學成就組別之中，新加坡教師在課堂中檢討數學作業頻率明顯高於臺灣、南韓及香港；南韓及臺灣又明顯高於香港，可見新加坡的教師檢討數學作業頻率很高，臺灣與南韓相當。而臺灣學生在課堂寫數學作業頻率明顯高於南韓、香港及新加坡；四小龍之中，臺灣學生在課堂寫數學作業頻率最高，南韓最低。而以學生用電腦寫數學作業頻率來看，臺灣及南韓分別明顯高於香港及新加坡，可見臺灣國二學生回家後，運用電腦寫數學作業頻率在四小龍頗高。

南韓學生寫回家作業時間最少，新加坡最多，臺灣學生寫回家作業時間顯著高於南韓；香港及新加坡分別都高於臺灣及南韓；新加坡也顯著高於香港。以教師分配學生回家作業頻率來說，新加坡及臺灣分別顯著高於香港及南韓；新加坡明顯高於臺灣；南韓明顯高於香港；可見新加坡國二教師分配數學回家作業頻率最高，香港則最少。最後，新加坡國二學生完成數學作業時間較長，南韓最少。新加坡學生寫完數學作業時間明顯高於臺灣、香港及南韓；香港又明顯高於臺灣及南韓；臺灣又明顯高於南韓。因此本研究支持 H_1 與 H_2。

其次，高、中與低數學成就組的學生回家作業對數學成就影響，摘要如表11-7。表中看出四小龍高分組學生傾向寫回家作業時間愈多，數學成就愈高，

表 11-7　亞洲四小龍各組別學生回家作業與學業成就的關係摘要

變項	臺	韓	港	新	臺	韓	港	新	臺	韓	港	新
組別	高	高	高	高	中	中	中	中	低	低	低	低
課堂檢討	+**	+	+	−	+	+	−	−	+	+	+	+
課堂寫作	+	+**	−	+	−	−**	−	−	+	+	+	−
電腦寫作	+	+	+*	+**	−	+	+	−	+	+	+	+
花費時間	+**	+**	+*	+**	+	+	+*	+*	+	+	+	−
教師多久	−	−	−*	−**	+	−**	−	+*	−	−	−	+
完成時間	−	−**	−**	+**	+	+	+	+	−	−	+*	−

*$p < .05$；**$p < .01$

這與 Cooper（1998）、Keith（1982）、Keith、Diamond-Hallam 與 Fine（2004）發現一致，但與 Keith 和 Cool（1992）研究不一致。在四小龍中學生課堂檢討數學作業對數學成就影響，高分組僅有臺灣有明顯影響，其餘則否，可見臺灣高分組學生的教師檢討作業對提高他們數學成就有效，而影響不明顯者和 Keith、Diamond-Hallam 與 Fine（2004）發現一致。在課堂寫數學作業，僅有南韓高分組有正向助益，與 Cooper（1998）整合分析發現結論一致；但是在中等程度組學生為負向影響，其餘國家組別都沒有明顯影響，則與 Cooper（1998）發現不一致。四小龍學生回家用電腦寫作業僅有新加坡及香港高分組有正向助益，其餘都沒有正向影響。特別的是，香港及新加坡高分組，教師分配作業頻率愈多，學生數學成就愈低，南韓中等程度組呈現相同情形，這和 Cooper、Lindsay、Nye 與 Greathouse（1998）研究一致，但是新加坡中等程度組則是教師分配作業頻率愈高，學生數學成就愈高，與上述學者發現不一致。最後，香港及南韓高分組學生完成數學作業時間愈短，數學成就愈高，這可以看出這兩個國家高分組學生完成數學作業時間少，其成就較高，但是新加坡學生要更多時間完成數學作業，才有更好表現。上述看出，亞洲四小龍不同數學組別學生，影響其數學成就的回家作業有不同，較為一致的是高分組的學生寫作業時間愈長，以及課堂檢討數學作業頻率愈高，愈能提高學生數學成就，因此支持 H_{3a}，而低分組則沒有明顯影響，所以無法支持 H_{3c}，而中等程度組雖然兩者為正負

向顯著都有，正向顯著較少，因此也無法支持 H_{3b}。

貳、結論

本章獲得以下的結論。

首先，亞洲四小龍國二學生在不同變項的差異如下：

1. 新加坡教師在課堂中檢討數學作業頻率明顯高於臺灣、南韓及香港；南韓及臺灣也明顯高於香港；新加坡的教師檢討數學作業頻率很高。

2. 臺灣學生在課堂寫數學作業頻率顯著高於南韓、香港及新加坡；香港及新加坡顯著高於南韓；而香港又顯著高於新加坡。臺灣學生在課堂寫數學作業頻率在亞洲四小龍中最高，南韓最低。

3. 臺灣及南韓學生用電腦寫數學作業頻率都分別明顯高於香港及新加坡；香港又顯著高於新加坡。

4. 臺灣學生寫回家作業時間明顯高於南韓；香港及新加坡分別都高於臺灣及南韓。新加坡明顯高於香港。南韓學生寫回家作業時間最少，新加坡最多。

5. 新加坡及臺灣教師分配學生回家作業頻率分別明顯高於香港及南韓；新加坡明顯高於臺灣；南韓明顯高於香港。新加坡國二教師分配數學回家作業頻率最高，香港則最少。

6. 新加坡學生寫完數學作業時間明顯高於臺灣、香港及南韓；香港又明顯高於臺灣及南韓；臺灣又明顯高於南韓。亞洲四小龍，新加坡國二學生完成數學作業時間較長，南韓最少。

7. 香港、新加坡及南韓學生數學成就都明顯高於臺灣。新加坡國二學生數學成就在亞洲四小龍最優異。

其次，亞洲四小龍學生的回家作業對學業成就之影響，結論如下：

1. 臺灣高分組學生，教師課堂檢討數學作業、寫回家作業時間對學生數學成就有正向顯著影響。中等及低分組學生，自變項都沒有明顯影響。

2. 南韓高分組學生，課堂寫數學作業、寫回家作業時間、完成數學作業時間對學生數學成就有正面助益，但是完成數學作業時間對數學成就為負面影響。中等程度學生在課堂寫作業頻率與教師分配作業頻率有明顯影響，但對學業成就則是負面影響。低分組學生模式的自變項都沒有明顯影響。

3. 香港高分組學生，回家用電腦寫數學作業、寫回家作業時間正向影響學生數學成就，但是教師分配作業頻率及完成數學作業時間與數學成就為負向顯著關係。中等程度學生寫回家作業時間對數學成就有正向明顯助益。低分組學生模式的自變項都沒有明顯影響。

4. 新加坡高分組學生，回家用電腦寫數學作業、寫回家作業時間、完成數學作業時間對數學成就有正向明顯助益，但是教師分配作業頻率對數學成就為負面影響。中等程度學生寫回家作業時間與教師分配作業頻率愈高，數學成就愈高。低分組學生都沒明顯影響。

參、啟示

學生回家作業對於數學成就影響的研究長期受到忽視。然而，此議題在國際比較教育研究是重要的。臺灣學生在課堂寫數學作業頻率與回家後用電腦寫作業頻率在四個國家最高，而在數學成就、課堂檢討數學作業頻率、學生寫回家作業時間、學生完成數學作業時間則是新加坡最高；亞洲四小龍學生回家作業花費時間較多，其數學成就傾向較高。基於上述，有以下的啟示。

首先，臺灣國二生的數學成就在四小龍仍顯著低於其他三個國家，顯示臺灣要借鏡他國，在這方面臺灣還有努力空間。可以從鼓勵學生數學興趣、老師多檢討學生數學回家作業、鼓勵學生多發問著手。

其次，臺灣的國中教師宜多檢討數學作業之外，讓學生運用電腦寫數學作業、略微提高寫作業時間（臺灣在整體平均是四小龍的第三，但是數學成績最好的為一至二小時，而低能力組學生學習成就很低，反觀新加坡及香港的三組學生則不差，但這仍要考量學生的相關因素較好）、鼓勵學生在課堂就練習數

學作業。臺灣在高分組學生使用電腦、課堂寫數學作業較顯著，而低分組學生在這方面因素雖然沒有顯著，但仍有正向關係，對臺灣的中等程度組學生來說，在課堂寫作業應較少，但是在課堂檢討、電腦寫作業及寫作業時間可以提高，這些變項雖然沒有達統計顯著，但仍有正向關係。至於老師分配作業頻率，臺灣的高分組學生可以較少，這可能是高分組學生較為主動，老師可以較少分配，但是在中等程度組學生，老師要提高分配作業頻率，而低分組學生因為數學程度較低，所以老師分配作業頻率較低。

第三，以回家作業探討與數學成就之關係是一種參考方向，學生回家作業分配及學生應花多少時間宜依學生差異而定。回家作業對學業成就有正向影響，就認為回家作業對後來學業成就有顯著影響，或強調要提供更多作業給學生，這觀點對學生學習不一定有助益。雖然以數學成就區分組別分析是個別差異考量，但是仍需考量學生動機、學習態度、對數學喜愛程度、家庭環境、家長教育程度等因素才能更完整的推論。

對於未來研究建議：(1)鼓勵跨文化的比較分析。TIMSS 在 1995 年、1999年、2003 年、2007 年都有資料，2011 年有一波調查，未來每四年有新資料釋出，在國際資料完整下，可避免個別研究進行問卷調查限制，所以跨文化與學業成就是未來研究方向；(2)運用 SEM 檢定回家作業與學生數學成就之模式，再運用亞洲四小龍國家資料分析，藉此來瞭解學生回家作業對數學成就的影響差異。或者運用各國不同數學成就組別，依 SEM 進行多樣本分析，瞭解每個國家不同組別的學生在回家作業對於學習成就的影響；(3)對於學生回家作業對學業成就之影響，可以運用縱貫面資料或實驗研究來瞭解它們之關係。實驗研究之中可以運用兩組以上學生，這些學生學業成就或背景資料相當，而有一些組別的回家作業較少，有些組別的回家作業較多，接著來瞭解回家作業對於學業成就之影響。在亞洲四小龍各組模式解釋力頗低，值得後續探究；(4)可以將智商或學生努力程度或對數學興趣等納入分析，在控制上述變項之後，更能瞭解回家作業對學業成就之影響；(5)可以運用 HLM 檢定，考量學生的學校、地區、家庭背景、學業成就高低，甚至老師教學經驗等層次，運用 HLM 來瞭解

前述變項與回家作業對於學業成就影響；(6)回家作業對於學業成就影響，在回家作業測量可以區分為不同年級的不同科目回家作業，以及不同科目的學業成就（例如：國小的國語、英語、社會與自然領域），因為學生回家作業對學業成就之影響會受到不同學習領域影響。

　　總之，雖然亞洲四小龍各數學組別學生回家作業對數學成就影響情形略有分歧，但是學生回家作業花費時間對數學成就傾向正向顯著影響較多，在教師分配作業頻率與在課堂寫作業、運用電腦寫作及花在寫回家作業時間，四小龍各組學生都有不同顯著影響。而對臺灣高分組學生來說，教師檢討數學功課對數學成就可以提高成效，對於其他國家沒有顯著影響，上述分析發現仍待TIM-SS 後續年度驗證。

參考文獻

中文部分

張春興（1994）。張氏心理學辭典。臺北市：東華。

英文部分

Begley, S. (1998, March 30). Homework doesn't help. *Newsweek*, 50-51.

Carroll, J. B. (1963). A model for school learning. *Teachers College Record, 64*, 723-733.

Carroll, J. B. (1989). The Carroll Model: A 25-year retrospective and prospective view. *Educational Researcher, 18*(1), 26-31.

Christenson, S. L., & Cleary, M. (1990). Consultation and the parent-educator partnership: A perspective. *Journal of Educational and Psychological Consultation, 1*, 219-241.

Cool, V. A., & Keith, T. Z. (1991). Testing a model of school learning: Direct and indirect effects on academic achievement. *Contemporary Educational Psychology, 16*, 28-44.

Cooper, H. M. (1989). Synthesis of research on homework. *Educational Leadership, 47*(3), 85-91.

Cooper, H. M. (1998). *Homework*. White Plain, NY: Longman.

Cooper, H. M., Lindsay, J. J., Nye, B., & Greathouse, S. (1998). Relationship among attitudes about homework, amount of homework assigned and completed, and student achievement. *Journal of Educational Psychology, 90*, 70-83.

Cooper, H. M., Robison, J. C., & Patall, E. A. (2006). Does homework improve academic achievement? A synetheis of research 1987-2003. *Review of Educational Research, 76*(1), 1-62.

Cooper, H. M., & Valentine, J. C. (2001). Using research to answer practical questions about homework. *Educational Psychologist, 36*(3), 143-153.

Corno, L. (1996). Homework is a complicated thing. *Educational Researcher, 25*(8), 27-30.

Epstein, J. L., & Van Voorhis, F. L. (2001). More than minutes: Teachers' roles in designing homework. *Educational Psychologist, 36*(3), 181-193.

Foyle, H. C. (1984). *The effects of preparation and practice homework on student achievement in tenth grade American history* (Unpublished the doctoral dissertation, Kansas State University, 1984). Dissertation Abstracts International, 45, 2474-A.

Henderson, M. (1996). *Helping your students get the most out of homework*. Chicago, IL: National Parent-Teacher Association.

Hong, E., & Lee, K. H. (2000). Preferred homework style and homework environment in high- versus low-achieving Chinese students. *Educational Psychology, 20*(2), 125-137.

Keith, T. Z. (1982). Time spent on homework and high school grades: A large-sample path analysis. *Journal of Educational Psychology, 74*, 248-253.

Keith, T. Z., & Benson, M. J. (1992). Effects of manipulable influences on high school grades across five ethnic groups. *Journal of Educational Research, 86*, 85-93.

Keith, T. Z., & Cool, V. A. (1992). Testing models of school learning: Effects of quality of instruction, motivation, academic coursework, and homework on academic achievement. *School Psychology Quarterly, 7*, 207-226.

Keith, T. Z., Diamond-Hallam, C., & Fine, J. G. (2004). Longitudinal effects of in-school and out-of-school homework on high school grades. *School Psychology Quarterly, 19*, 187-211.

Kralovec, E., & Buell, J. (2001). End homework now. *Educational Leadership, 58*(7), 39-42.

Lee, J. F., & Pruitt, K. W. (1979). Homework assignments: Classroom game or teaching tools. *Clearing House, 53*, 31-35.

Linnenbrink, E. F., & Pintrich, P. R. (2002). Motivation as an enabler for academic success. *School Psychology Review, 31*, 313-327.

Martin, M. O. (2005). *TIMSS 2003 user guide for the international database*. Chestnut Hill, MA: Boston College.

National Commission on Excellence in Education (1983). *A nation at risk: The imperative for educational reform*. Washington, DC: US Department of Education.

Natriello, G., & McDill, E. L. (1986). Performance standards, student effort on homework, and academic achievement. *Sociology of Education, 59*, 18-31.

Olympia, D. E., Sheridan, S. M., & Jenson, W. (1994). Homework: A natural means of home-school collaboration. *School Psychology Quarterly, 9*(1), 60-80.

Paschal, R., Weinstein, T., & Walberg, H. (1984). The effects of homework on learning: A quantitative synthesis. *Journal of Educational Research, 78*, 97-104.

Ratnesar, R. (1999). The homework ate my family. *Time, 153*, 55-56, 59-63.

Rhoades, M. M., & Kratochwill, T. R. (1998). Parent training and consultation: An analysis of a homework intervention program. *School Psychology Quarterly, 13*(3), 241-249.

Stigler, J. W., Lee, S., & Stevenson, H. W. (1987). Mathematics classrooms in Japan, Taiwan, and the United States. *Child Development, 58*, 1272-1285.

Strother, D. B. (1984). Homework: Too much, just right, or not enough? *Phi Delta Kappan, 28*, 423-426.

Trautwein, U., Koller, O., Schmitz, B., & Baumert, J. (2002). Do homework assignments enhance achievement? A multilevel analysis in 7th-grade mathematics. *Contemporary Educational Psychology, 27*, 26-50.

Walberg, H. J. (1984). Improving the productivity of America's schools. *Educational Leadership, 41*(8), 19-30.

Walberg, H. J. (1986). Synthesis of research on teaching. In M. C. Wittrock (Ed.), *Handbook of research on teaching* (3rd ed.) (pp. 214-229). New York, NY: MacMillan.

Warton, P. M. (1998). Australia mother's views about responsibility for homework in primary schools. *Research in Education, 59*, 50-59.

Weinstein, T., Paschal, R. A., & Walberg, H. J. (1985). Homework's powerful effects on learning. *Educational Leadership, 42*, 76-78.

Wigfield, A., & Eccles, J. (2002). The development of competence beliefs, expectancies for success, and achievement values from childhood through adolescence. In A. Wigfield & J. Eccles (Eds.), *Development of achievement motivation* (pp. 92-174). San Diego, CA: Academic Press.

Wildman, P. R. (1968). Homework pressures. *Peabody Journal of Education, 45*, 202-204.

CHAPTER 12

多層次模型分析閱讀成就

　　國際比較教育也研究一個國家校際間的差異，它在瞭解一個國家某一學校的學生學習、教師教學、教學資源或其他學校發展之差異。一個國家的學校發展或學生學習成果差異常受到忽略。然而，校際之間的差異是解釋學校發展的重要因素之一。本章以臺灣國小四年級學生在 PIRLS 2006 資料，分析影響學生閱讀成就的因素。本章運用多層次模型（multi-level modeling）或稱為 HLM 分析，運用此方法的主因是 PIRLS 調查抽樣先以學校為單位，再抽取整班學生施測。學校班級與學校學生來源具有同質性，或稱為巢套性（nested），因而學生會形成共同經驗，有所謂脈絡文化產生。例如城市學校學生，家庭經濟比較好、家長社會地位較高、學生擁有較多文化資本與學習資源，無形中讓學生學習機會增加，提昇學習成就。這種樣本結構自然形成的共同經驗，若以傳統迴歸分析無法獲得準確推論。本章以多層次模型應用在國際比較教育研究，亦可參考本書第八章的論點。

 分析動機與學習成就因素探討

壹、分析動機

　　臺灣小四生參與 PIRIS 調查資料具有巢套性，資料處理應審慎。本章以多

層次模型分析臺灣小四學生參與 PIRLS 2006 資料，分析動機如下。

首先，臺灣的小四生閱讀成就在PIRLS表現背後的原因值得關注。2006年臺灣參與促進國際閱讀素養研究（Progress in International Reading and Literacy Study, PIRLS）在閱讀成就的影響因素值得關注。PIRLS資料結構具有巢套性（若樣本抽樣以群組式抽取施測，此時被抽中樣本群具有巢套性）（Raudenbush & Bryk, 2002）。在同一所學校或班級，學生共同學習，如受到同一位教師風格與同一學校文化影響，群組樣本會有共同經驗存在。若同一所學校學生同樣都來自於高社會階層家庭，學生家庭擁有高度文化資源與學習環境，此時會因群組形成的脈絡，對整體學校的學習成效有影響。學生在同學校學習，受到相同學習氣氛而影響學習，某些學校氣氛不佳，某些學校氣氛良好，兩種不同氣氛的學校均影響學生學習。在這種樣本結構具有共同經驗或學習者在共同脈絡情境下，再加上不同層次的環境更有影響因素在其中是值得探究的。

其次，臺灣的學校所形塑的學習環境對於學習成就的影響不可忽視。影響學習成果因素的研究相當多（De Graaf, 1986; DiMaggio & Mohr,1985; Gardner, Ritblatt, & Beatty, 2000），這些研究受限於問卷調查、取樣對象無法大樣本與周延地完整取樣，或處理資料的方法未能考量資料的巢套性，造成型I誤差（type I error）過於膨脹，易發生結果解釋偏誤（林原宏，1997；邱皓政譯，2006；高新建，1997；溫福星，2006；Raudenbush & Bryk, 2002）。資料分析區分為學校與學生個人層次。就學校層次來說，臺灣教育資源具有明顯的城鄉差異（馬信行，1992），城市學校學生人數較多、居住城市子女的家長在教育程度與經濟收入比鄉村者高。都會區的家長教育程度及社會地位較高，家庭經濟環境較好，可以給予子女教育機會及文化資源較多，進入學校的班級有較高的社經地位，班級社經地位較高的脈絡環境，有益於子女學習成就提昇。張芳全（2008）以臺灣參與 TIMSS 2003 數學成就的城鄉差異分析發現，城市學生與鄉村學生之學習成就平均差距79分，差距相當大。陶韻婷（2006）以TIMSS 2003 資料分析發現，城鄉地區之學生科學成就表現明顯不同，城市明顯優於鄉村，就城市地區學生而言，與科學成績相關度最高的是家中資源，對科學成績

預測力最高的為學生學習科學的信心。因此，臺灣小四學生閱讀成就受到城鄉因素影響嗎？此為分析重點之一，本章目的為：

第一，分析臺灣小四學生參與 PIRLS 2006，個體層次因素影響閱讀成就情形。

第二，瞭解臺灣小四學生參與 PIRLS 2006，總體層次因素（即脈絡變項與組織變項）影響閱讀成就的情形。

貳、影響學習成就的因素多元

影響學習成就的因素多元。羅珮華（2004）以 TIMSS 1999 資料分析影響七個國家學生學習成就因素發現，學生特質在所有共同因素解釋的總變異量為54%；日本和韓國的前五個高相關項數相同，大致與學生家庭文化設備及學生個人特質有關，臺灣也頗為接近此現象。余民寧、趙珮晴、許嘉家（2009）以TIMSS 2003 資料分析發現，學校課程安排與教學是主要因素，然而在影響學習成就因素的解釋力偏低。House（2004）以學生數學信念來分析 TIMSS 1999 資料認為，學生數學學習動機為影響學習成就的重要因素。黃馨萱（2006）以班級觀點分析 TIMSS 資料發現，教師班級經營與教學對學習成就是重要影響因素。喬麗文（2007）以九個國家的學生課後學習對國中生閱讀成就的影響發現，課後學習對於學習成就有正向助益。鄭心怡（2004）以跨國觀點發現，經濟發展與教育發展為影響學習成就的關鍵因素。張芳全（2009）以TIMSS 2003 資料發現，子女雙親教育程度愈高，家庭文化資本愈豐富，文化資本愈多，愈能正向影響學生學習興趣，因而影響學習成就。臺灣四年級學生閱讀成就 PIRLS 2006 報告（柯華葳、詹益綾、張建妤、游婷雅，2009）指出，學生的閱讀成就、態度與行為和其所生長的環境有關，環境因素包含家庭、學校與教室。從上述來看，影響學生學習成就的因素相當多元。

參、文化資本理論與動機理論及其相關研究

有不少研究運用資本理論來解釋，文化資源對於學習成就及表現的關聯性。許多研究證實，雙親教育程度愈高、父親職業地位愈高、賺取所得愈多，家庭文化資本愈豐富（李文益、黃毅志，2004；李敦仁、余民寧，2005；黃毅志、陳怡靖，2005；謝孟穎，2003；Khattab, 2002; Lareau,2002）。Lee（1987）認為，教師特質、學校特性、校內情形對教學表現有影響，而學生行為及學生特質（如社經地位、價值、態度、期望、性別與學習風格）對學生學習成果有顯著正向影響。學生學習動機對於學習有正向關係，學生成就動機愈強烈，要提高閱讀成就機會愈容易。House（1995a, 1995b）研究指出，中學學生的學習動機愈高，對於學習成就有正向顯著影響，此代表學生學習動力愈強，學習成就表現愈好。

Gillian與Pong（2005）運用TIMSS的調查資料分析十四個歐洲國家指出，家中圖書數與文化資本有關，且家中的財務資本也與學生的科學成就及閱讀成就有正向顯著關係；相對地，新移民家庭缺乏文化資本與家庭資源，這兩個變項都與學業成就有負向關係。Lee（2004）以TIMSS 1999調查資料分析家長的教育程度、學生自信、班級學習氣氛與學習成就發現，家長教育程度對於學生信心以及學生對於學科的價值有正向影響，而且自信心以及對學科的價值與閱讀成就也有正向顯著關係；同時家長教育程度愈高，對於學生的班級氣氛也有正面助益，學習氣氛更對於學習成果有正向影響。

在學習自我概念方面，Huang（2007）透過抽取247位就讀七年級的臺灣學生為樣本研究發現，閱讀成就高的學生，在閱讀態度的評價、閱讀的自我效能與閱讀動機皆明顯高於閱讀成就低的學生。Gambrell（2001）指出，若能夠從認知、社會與情感等層面使學生增加閱讀的時間、分量與個人動力，對於學生閱讀成就影響非常顯著。Lau 與 McBride-Chang（2005）透過問卷調查香港國小二年級生的家庭閱讀成就、早期閱讀發展與閱讀成就的關係，運用 HLM

分析發現,小學生的閱讀自我效能對於閱讀技巧的解釋變異量有 19%。

　　Park(2008)運用二十五個參與 PIRLS 2001 的國家來分析早期素養活動、家長對於閱讀態度以及家中藏書數對於學生閱讀素養的影響進行分析發現:第一,早期閱讀活動對於閱讀素養的解釋力最高的五個國家為紐西蘭、挪威、希臘、加拿大與冰島。第二,所有國家的家中藏書量對各國學生閱讀素養都有正向顯著影響,其中以新加坡的解釋力 18% 最大,而俄羅斯的 5% 最小,可見家庭文化資本影響學習成就。第三,如果將二十五個國家的國民所得列為國家層次變項,而以早期閱讀活動、家長閱讀態度以及家中藏書量為學生層次的依變項,研究發現,它們分別解釋各國差異量為 19.7%、11% 及 6.4%,而各國國民所得與家中藏書量呈現倒 U 字形的關係,可見,影響學生學習成就的因素,還應包括國家層次的國民所得因素。

　　上述可看出,學生家庭文化資本愈多,學習成就愈好;學生學習態度愈積極,其學習成就比較好。總之,文化資本愈高、學習興趣愈好,以及對於學科自我概念愈為肯定,對於學習成就也有正向影響。

肆、性別與年齡影響閱讀成就

　　過去研究發現閱讀動機在性別與年級上對於閱讀成就影響有顯著差異:女生具有較高閱讀動機,自我信念較強,對閱讀評價較高,相較於男生在閱讀上更為正向(McKenna, Kear, & Ellsworth, 1995),代表閱讀動機具有性別差異,他們也發現,閱讀信念將直接影響閱讀態度,且自國小一年級開始,具有性別差異。Baer、Baldi、Ayotte 與 Green(2007)分析 PIRLS 2006 指出,除了盧森堡及西班牙之外,參與國家都是女生閱讀成就高於男生,美國女學生的閱讀成就高於男生 10 分之多(545 分與 535 分),而臺灣則女生高於男生 13 分;如果以國際平均來說,女生閱讀成就高於男生 17 分。

　　Chan(1994)發現,九年級的學生在認知策略、成就動機與信念和閱讀成就呈現顯著相關之外,進一步理解五、七與九年級學生閱讀動機與閱讀成就的

關係發現，年級不同，影響閱讀成就的中介變項也不同；九年級學生的閱讀動機透過閱讀策略中介影響閱讀成就，五、七年級學生的閱讀動機不受中介變項影響閱讀成就。由此可知，學生特質影響學習成就關係上，也會因年級的不同（即學生年齡）對於學習成就有影響。以下本章分析學生年齡是否會影響閱讀成就表現，不過運用的樣本雖然都是四年級生，但是學生就學年齡（含月數）略有不同。

伍、脈絡效果影響學習成就之相關研究

研究對象多為學生，研究者以學生個體的觀點對其屬性進行分析，然而研究對象不是真空個體，他們生活在群體或社會環境之中。如把研究對象的群體生活情境整體思考加進去，其影響力不一定比個體屬性的影響力還低。這種將個體屬性予以群體化思考或聚合分析，在社會科學稱為聚合變項（aggregated variable）。就如研究者對一所學校的班級學生所聚合的家庭社經地位、班級學生學習信念、先前學習經驗或學習成就，這些聚合變項可以視為學校脈絡的一部分（Kreft & de Leeuw, 1988）。這種聚合起來的脈絡經驗與情境，可以稱為脈絡變項或情境變項（Hauser, 1970, 1974）。社會科學研究處理跨層次的資料結構，個體層次的變項影響依變項，然而如果個體層次的變項所形成的共同經驗或脈絡情境也影響依變項，此時不可忽視脈絡變項，研究者應納入分析，不應忽略。

學生的家庭經濟環境影響學生學習成就。學生從家庭進入學校，學生家庭經濟環境塑造出的學生人格特質，也將它帶入學校班級。如果班級學生的家庭經濟愈不利，班級所形成的脈絡環境可能是學習動機較低、學生家長較無法關心子女學習，班級所形成的學習文化、同儕信念及興趣或價值觀較無法提昇學習成就。

Caldas 與 Bankston（1997）分析指出，一所學校整體的學生社經地位比起學生個人的社經地位更能預測學生的學習成就；他們更指出，種族的集中性對於學業成就的效果，不管黑白種族都有強烈的影響力。因為學生本身可以建構

自己的資源與文化情境，彼此互相學習。因此，家長所具有的特性，例如：種族、教育程度、家庭中的語言使用、家長對於學童的教育期望、家庭中的文化資本、教育資源以及家庭經濟與學習環境等，不僅是家長對自己的孩童有影響，同時學童的學習表現也受該校同儕的影響。Caldas 與 Bankston（1999）指出，學校同班同學可以創造他們所擁有的社會環境脈絡，此種脈絡是獨立於個人的背景變項，在這種社會脈絡下，強烈地影響學生的學習成就。Rossi 與 Montgomery（1994）就指出，這種歷程的適切解釋因素是學生們分享信念、嗜好、興趣及同儕壓力所帶來的結果。

為了避免個體層次提供資訊不足，如脈絡變項或組間與組內樣本差異過大，傳統迴歸分析無法解釋，HLM 將脈絡變項納入總體層次因素，並對於個體層次因素進行檢定。本章以學生的家庭文化資本、學習態度、閱讀自我概念、學生年齡及性別之聚合，以班級平均數來分析，列為總體層次的分析變項。

陸、學校組織環境對於閱讀成就的影響

學校環境與學生學習成就高低關係密切。而學校環境內涵不少，如學校所在的城鄉與學校圖書館中的雜誌與期刊數、教學資源、軟硬體設備及經費等。學校環境不可以忽略學校所在的城鄉與學校圖書館中的雜誌與期刊數多寡可能影響學生閱讀學習成就。

學校所在的城鄉與閱讀成就有密切關係。臺灣的國民中小學校規模在城鄉有明顯不同。都會區學校的人口較多與密集，學校規模比起鄉間學校的規模來得大。都會區學校規模較大，可以投入資源應比鄉間學校多，資源使用具有規模經濟效應下，都會區學校的師生所感受到的學習資源及教學資源，應相對地比鄉間學校還多。反觀，鄉間學校的規模較小，學校的閱讀與圖書資源較少，因而可能影響學生閱讀成就。國立臺灣師範大學數學教育中心（2005）就分析發現，臺灣的學生在學習成就表現具有明顯的城鄉差異。

Iatarola 與 Stiefel（2003）研究美國學區的教育資源分配及學習成就發現，

鄉間地區的學校教師薪資較低、合格教師比率較少、生師比較高（教育品質較低）、非白人人口數較多。分析指出，外來移民人口較多、英語能力較差的人口及學生較多、人口流動率高的地區，學生通過語言能力測驗比率較低。從其研究發現，美國學區教育資源分配不公平，鄉間地區因人口組成為非白人、外來移民及英語能力不佳者，因而地方學區沒有較多稅收，州政府提供給學區的教育資源受到限制。Lleras（2008）以美國的學校進行研究，將學校區分為高低比率弱勢族群，再以十年級學生數學成就為依變項，運用 HLM 檢定影響數學成就發現，非洲裔黑人子女有高比率在弱勢族群學校，又居住鄉間者，學習成就有不利影響；學生在八年級學習成就表現好，又居住在都會區，雖然就讀於高比率弱勢族群的學校，但其數學成就仍有正向表現。

　　總之，學校所在的地區愈為都會區，學生可以獲得的教育資源較多，對於學習成就也有正向的助益。

柒、分析設計

一、分析架構

　　依據文獻探討，建立分析架構如圖 12-1。圖中將影響閱讀成就因素區分兩個層次，個體與總體層次有一條線區隔。個體層次（階層一）包括學生背景與中介因素〔如文化資本、學習態度、閱讀自我概念（以下稱自我概念）〕及閱讀成就。總體層次（階層二）包括聚合脈絡變項及組織因素（學校所在的城鄉、學校圖書館雜誌與期刊數）。圖 12-1 中階層一與階層二線條，虛線代表分析背景因素對學生文化資本、學習態度與自我概念之影響，進而影響閱讀成就。實線部分為直接影響，如學習態度對於閱讀成就。

　　架構中的變項說明如下：在個體層次中，學生背景變項為學生年齡與性別；中介變項包括學生家庭文化資本、學習態度、閱讀自我概念等。以臺灣小四生參與 PIRLS 2006 閱讀成就表現為依變項。在總體層次以聚合的脈絡變項

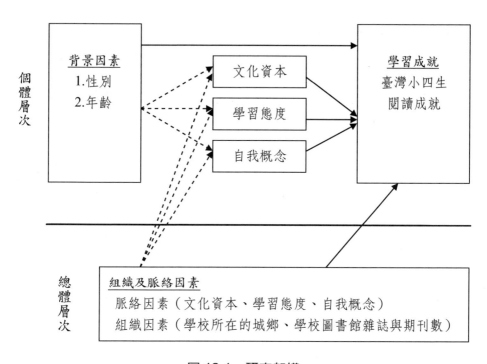

圖 12-1　研究架構

（學生家庭文化資本、學生學習態度、學習自我概念的平均數）及組織因素（學校所在的城鄉、學校圖書館雜誌與期刊數）等進行分析。

二、研究假設

研究假設及研究假設的依據如表 12-1。

三、變項測量

本章運用 PIRLS 2006 測驗進行資料分析，其測驗調查工具為本章研究工具，包括學生問卷與學校問卷（Mullis, Martin, Kennedy, & Foy, 2007）。變項測量說明如下。

首先，家庭文化資本係指家庭中擁有的圖書及有關的學習資源，它包括圖

表 12-1　研究假設及其依據

研究假設	理論與文獻依據
個體層次 H_1：臺灣小四學生個體層次的背景變項（性別與年齡）正向顯著影響閱讀成就。	McKenna、Kear 與 Ellsworth（1995）、Chan（1994）
個體層次 H_3：臺灣小四學生個體層次之中介變項（文化資本、學習態度與自我概念）正向顯著影響閱讀成就。	余 民 寧（2006）、Bourdieu（1977）、Lee（1987）、Ma（2000）、House（1995a, 1995b）、Pintrich 與 Schunk（2002）
總體層次 H_4：臺灣的學校總體層次變項（即聚合的脈絡變項、學校所在的城鄉、學校圖書館雜誌與期刊數）正向顯著影響閱讀成就。	Iatarola 與 Stiefel（2003）、Lleras（2008）、Mullis、Martin、Kennedy 與 Foy（2007）
個體層次 H_2：臺灣小四學生的背景變項，透過學生個體層次的中介變項（文化資本、學習態度與自我概念）正向顯著影響閱讀成就。	Brookhart（1997）、Elliot（1999）、Eccles 與 Wigfield（2002）、Whang 與 Hancock（1994）
總體層次 H_5：臺灣的學校總體層次變項，會透過學生個體層次的中介變項（文化資本、學習態度與自我概念）正向顯著影響閱讀成就。	Gardner、Ritblatt 與 Beatty（2000）、Park（2008）

書數、家中有無計算機、電腦、個人專用書桌。家庭中的圖書數是以 1 代表 10 本以下、2 代表 11 至 25 本、3 代表 26 至 100 本、4 代表 101 至 200 本、5 代表 200 本以上；家庭中的計算機、電腦、個人專用書桌、字典、百科全書等，1 代表有，2 代表沒有。這些是有益於學生學習的文化資本，將它列為文化資本一項中。上述資料進行加總，分數愈多，代表所擁有的文化資本愈多。

　　其次，學生學習態度（students' attitude toward reading）是指，學生閱讀的偏好及喜歡程度。PIRLS 2006 調查問卷詢問學生，包含「我有必要時才閱讀」、「我喜歡和別人談論書籍」、「我覺得閱讀是無聊的程度」、「我享受

閱讀」、「我喜歡閱讀自己選擇的課外書籍」、「我喜歡和家人一起閱讀」等題目。PIRLS 2006 的調查資料的題目，在 Cronbach's α＝.63（Martin, Mullis, & Kennedy, 2007, p. 206），並將上述題目整合為一個大題，並以這大題的分數區分為低、中與高學習態度的學生，以 1、2、3 來計分，分數愈高，代表學生的學習態度愈高，反之則愈低。

第三，學生閱讀自我概念（students' reading self-concept）是指學生感受到他們的閱讀能力。PIRLS 2006 調查詢問學生的問卷，包含「閱讀對我很容易」、「我無法和班上同學閱讀能力一樣好」、「當我自己閱讀時，我能理解我所閱讀的內容」、「我比班上的同學閱讀還慢」。這些題目均有四個選項，即非常同意、有點同意、有點不同意及不同意，均以 1 至 4 分做為計分標準。PIRLS 2006 的調查資料的題目，在 Cronbach's α＝.56（Martin, Mullis, & Kennedy, 2007, p.208），並將上述項目整合為一個題目區分為低、中與高度自我概念，並以 1、2、3 來記分，分數愈高，代表學生對於閱讀的自我概念愈高。

第四，學校所在的城鄉方面，本章是以 PIRLS 2006 調查資料詢問校長受測學校所在的城鄉，它將居住的人口數區分為 50 萬以上、10 萬至 50 萬人、5 萬至 10 萬人、15,000 至 5 萬人、3,000 至 15,000 人及 3,000 人以下等六個等級，分別以 1、2、3、4、5、6 計分。它的分數（原本為反向計分）轉換為正向，因此若分數愈高，學校所在地為城市，反之則為鄉村學校。

第五，學校圖書館雜誌與期刊數反映出一所學校的學習資源。本章以 PIRLS 2006 調查的學校問卷詢問校長，學校圖書館雜誌與期刊數，以 0、1 至 5、6 至 10、11 至 30、多於 30 種為選項，分別以 1、2、3、4、5 來計分，分數愈高，代表該校學校圖書館雜誌與期刊數愈多，代表學校閱讀資源較多；反之，則學校閱讀學習資源愈少。

第六，閱讀成就方面，以 PIRLS 2006 各國閱讀總分成績為估計方式，每項分數都有五個近似值，為了讓小四學生閱讀成就具一致性，從五個近似的估計值中取第一個數值，讓分數可以比較以避免偏差。本章所指的學習成就為閱讀成就。

表 12-2　研究樣本的描述

變項	人數	平均數	標準差	最小值	最大值
個體層次					
性別	3,966	.51	.50	.0	1.0
年齡	3,966	10.09	.32	9.0	12.17
文化資本	3,966	2.07	.36	1.0	8.0
學習態度	3,966	2.48	.58	1.0	3.0
自我概念	3,966	2.43	.56	1.0	3.0
閱讀成就	3,966	538.66	62.76	276.2	756.39
總體層次	校數				
組織變項					
學校所在的城鄉	139	4.31	1.21	1.0	6.0
學校圖書館雜誌與期刊數	139	3.52	.98	2.0	6.0
脈絡變項					
平均文化資本	139	2.05	.12	1.67	2.60
平均學習態度	139	2.47	.15	2.09	2.86
平均自我概念	139	2.41	.13	2.04	2.71

註：臺灣參與 PIRLS 2006 的資料庫中，以學校編碼（Idschool），共有 150 所學校，但納入本研
　　究僅 139 所，同時納入分析之後，有些學校樣本在變項缺失，所以樣本會由原先的 4,589 名
　　減為 3,966 名。

四、研究對象、資料來源與樣本描述

　　本章對象為臺灣小四生，PIRLS 2006 在每個國家以兩階段分層抽樣，樣本
大小必須符合研究的抽樣精確度（Martin, Mullis, & Kennedy, 2007）。以臺灣參
與 PIRLS 2006 來說，第一階段先抽出受測學校，第二階段再由學校抽出的班級
來進行樣本施測。本章對象為臺灣 2006 年參加 PIRLS 的 150 所國小，資料數
據全取自網路上國際官方組織公告的資料與報告書，資料來源為：http://timss.
bc.edu。納入分析的學校 139 所，樣本數為 3,966。描述統計如表 12-2。文化資
本為各個題目加總之後所得到的分數。閱讀成就平均分數為 538.66 分。學習態

度及自我概念在 2.48 與 2.43，都屬於中上程度，也就是臺灣學生閱讀及閱讀的自我概念為中上程度。總體層次變項中，學校所在的城鄉為 4.31，都會區較多樣本、學校圖書館中的雜誌與期刊數為 3.52，該選項上屬於中等層次。

五、資料處理

在資料整理上，先以 SPSS V25 for Window 進行資料整理，包括描述性統計，如百分比及次數分配，以描述樣本特性，接著再以 HLM 7.03 版本，以最大概式估計法進行疊估計，其估計係數是以具強韌的標準誤（with robust standard errors）來估計，分析影響臺灣小四學生閱讀成就之學校層次與學生層次所設定的相關理論模式。茲將資料分析方法說明如下。

首先，在描述統計方面，研究中運用到平均數、標準差、次數分配進行計算。

其次，在多層次模型觀點分析影響臺灣小四生閱讀成就因素，運用以下幾個模型進行估計。

1. 隨機效果的單因子變異數分析模式：又稱零模型（null model），或稱虛無模型，本章的目的為：(1) 瞭解 PIRLS 2006 各校的學習成就及其他變項差異；(2) 估計總變異量有多少變異由各校之間變異所造成；(3) 提供內在組別相關係數（intraclass correlation coefficient）ρ 做為跨層次效果存在依據。當 $\rho > .138$ 代表高度相關程度、$.059 < \rho < .138$ 代表中度相關程度、$\rho < .059$ 代表低度相關程度（Cohen, 1988），做為分析其他模式比較參考。當 $\rho > .059$ 就要考量，造成依變項的組間變異對各校學習成就之間差異是不可忽略的因素，必須將各校之間的差異情形納入階層線性模式考量。

2. 以平均數為結果的迴歸模型：本模式以臺灣小四生參與 PIRLS 2006 分析學校層級變項——學校所在的城鄉與學校圖書館雜誌與期刊數，解釋各校學生閱讀成就之差異情形。

3. 具隨機效果的單因子共變數分析模型：本模式在分析影響臺灣小四生參與 PIRLS 2006 閱讀成就，以學生性別、年齡、文化資本、學習態度、自我概

念解釋各學校學生閱讀成就差異情形。

4. 隨機係數的迴歸模型：本模式在瞭解個體層次變項解釋各校學生閱讀成就
   之差異情形，以及各校之間的個體層次變項對閱讀成就的影響是否有差
   異。

5. 脈絡模型：本模式在瞭解影響臺灣小四學生閱讀成就因素之脈絡變項對各
   校學生閱讀成就及其他變項是否有影響。其模式在階層一與階層二，如隨
   機係數的迴歸模型，但是比隨機係數的迴歸模型多了脈絡變項。

第二節　多層次模型的結果與討論

壹、零模型的結果與討論

一、資料檢查

本章將各校學生的平均閱讀成就分配情形以圖形來呈現，如圖 12-2。從圖
看出，最小值為 471.6 分，最大值為 595.6 分。圖中也看出線條高低起伏，代表
每一所學校的平均閱讀成就是明顯不同。從圖也看出，139 所學校閱讀成就平
均值不一。圖 12-3 以第二層模式迴歸係數的實證貝式（Empirical Bayes）所估
計的係數及其 95% 的信賴區間，圖中橫座標的排列以受施測學校號碼為順序，
可以看出各校的截距項高低起伏，代表 139 所學校平均閱讀成就不一。

二、零模型檢定

以零模型分析臺灣小四生在 PIRLS 2006 資料，以瞭解各校學生閱讀成就之
間是否具有差異，以估計影響小四學生閱讀成就因素的總變異量中有多少變異
是由校際之間的變異量造成。本模式的階層線性模式如下：

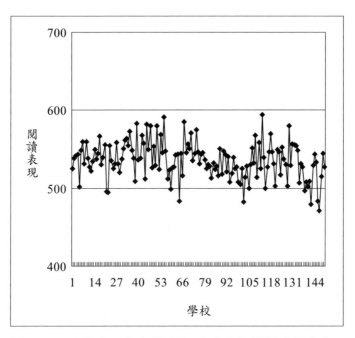

圖 12-2　臺灣小四生參與 PIRLS 之平均閱讀成就分布

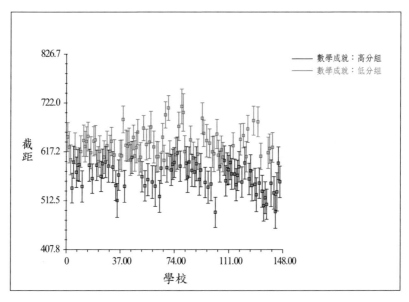

圖 12-3　以第二層模式迴歸係數的實證貝式之閱讀成就截距項分布

階層一模式：$Y_{ij} = \beta_{0j} + \varepsilon_{ij}$ $\quad \varepsilon_{ij} \sim N(0, \sigma^2)$

階層二模式：$\beta_{0j} = \gamma_{00} + u_{0j}$ $\quad u_{0j} \sim N(0, \tau_{00})$

混合模型：$Y_{ij} = \gamma_{00} + \beta_{0j} + \varepsilon_{ij}$

式中 Y_{ij} 代表第 j 所學校第 i 位學生閱讀成就，β_{0j} 為第 j 所學校的平均閱讀學習成就，ε_{ij} 為階層一之隨機效果（學生階層），γ_{00} 為各學校平均閱讀成就的平均數，u_{0j} 為階層二之隨機效果（學校階層），σ^2 是個體層次分數的變異數（ε_{ij}）（也就是校內變異量），τ_{00} 是總體層次分數的變異數（u_{0j}）（校際之間的變異量）。

經過檢定之後如表 12-3，可看出 139 所學校學生閱讀成就的平均數（r_{00}）為 537.6 分，標準誤為 1.90。HLM 跑出來的原始報表，零模型在學習成就的整體信度估計（reliability estimate）指標為 .746，表示以各校學生平均學習成就為估計值，做為真實各校學生平均學習成就指標的信度相當高。階層二隨機效果的 $\chi^2 = 546.4$，$df = 138$（$p < .001$），拒絕 τ_{00} 為 0 的虛無假設，它說明各校學生閱讀成就之間具明顯差異。

階層二的各校之間平均閱讀成就變異數 $\tau_{00} = 379.1$，組內平均的閱讀成就變異數 $\sigma^2 = 3574.2$，其內在組別相關係數（intraclass correlation coefficient）$\rho = 379.1/(379.1 + 3574.2) = .096$，$\rho > .59$，$\rho > .59$ 代表具有中度相關程度。組內相關係數為解釋力（R^2），代表各校之間的閱讀成就存在差異。以臺灣參與

表 12-3　學生閱讀成就在隨機效果的單因子變異數分析

固定效果	係數	估計標準誤	t 值
階層二　學校平均閱讀成就 r_{00}	537.6	1.90	282.1**
隨機效果	**變異數**	**df**	**χ^2**
階層二　校間的平均閱讀成就 u_{0j}（τ_{00}）	379.1	138	546.4***
階層一　校內的平均閱讀成就 ε_{ij}（σ^2）	3574.2		
離異係數（$-2LL$）	43888.9		

$**p < .01$; $***p < .001$

PIRLS 2006 的小四生來說，參與施測學校之間的閱讀成就差異大，運用零模型來比較各校之間的閱讀成就差異，就能夠解釋 9.6%（$p < .01$）。各校學生閱讀成就差異由各校之間差異所造成之外，還有其他相關變項，足以解釋校際之間造成學生閱讀成就差異因素。所以，分析影響臺灣學生閱讀成就因素，不能只用迴歸分析，必須考慮校際間的差異。表中還看出離異係數（deviance coefficient）用來反映估計模型後的適配度參考標準，是故，影響臺灣小四生閱讀成就分析可運用 HLM 來進行。

HLM 零模型檢定之後，臺灣參與 PIRLS 2006 調查的 139 所學校學生的閱讀成就，階層二的隨機效果達顯著水準，它說明各校學生閱讀成就之間的差異明顯不同。各校之間的閱讀成就存在差異，能解釋影響臺灣小四學生閱讀成就因素有 9.6% 由各校差異所造成。臺灣參與 PIRLS 2006 調查的校際間之學生閱讀成就差異，不能只用傳統迴歸分析模式，必須考慮校際之間差異。若僅使用傳統的迴歸分析，而沒有考慮兩層之結構關係，會造成型 I 誤差（type I error）過於膨脹，並容易發生分析結果解釋的偏誤（林原宏，1997；邱皓政譯，2006；陳正昌、程炳林、陳新豐，劉子鍵；溫福星，2006；劉子鍵、林原宏，1997）。

貳、個體層次變項影響閱讀成就之檢定

零模型分析發現，各校閱讀成就有明顯差異，以下就以隨機效果的單因子共變數分析模式和隨機係數的迴歸模型，分析個體層次的個人及中介變項對閱讀成就的影響情形。

一、隨機效果的單因子共變數分析模式

為了回答研究假設一與假設三，以隨機效果的單因子共變數分析模式檢定學生個體層次的背景變項與中介變項對各校學生閱讀成就之影響情形。模式的階層線性模式如下：

階層一模式：$Y_{ij} = \beta_{0j} + \beta_{1j}X_{1ij} + \beta_{2j}X_{2ij} + \beta_{3j}X_{3ij} + \beta_{4j}X_{4ij} + \beta_{5j}X_{5ij} + \varepsilon_{ij}$

$\varepsilon_{ij} \sim N\ (\ 0\ ,\ \sigma^2\ )$

階層二模式：$\beta_{0j} = \gamma_{00} + u_{0j}\quad u_{0j} \sim N\ (\ 0\ ,\ \tau_{00}\ )$

$\beta_{1j} = \gamma_{10}$

$\beta_{2j} = \gamma_{20}$

$\beta_{3j} = \gamma_{30}$

$\beta_{4j} = \gamma_{40}$

$\beta_{5j} = \gamma_{50}$

　　式中，Y_{ij} 代表第 j 所學校第 i 位學生閱讀成就、X_{1ij} 代表第 j 所學校第 i 位學生性別、X_{2ij} 代表第 j 所學校第 i 位學生年齡、X_{3ij} 代表第 j 所學校第 i 位學生家庭文化資本、X_{4ij} 代表第 j 所學校第 i 位學生學習態度、X_{5ij} 代表第 j 所學校第 i 位學生自我概念。

　　β_{0j} 為第 j 所學校的平均閱讀成就、β_{1j} 為第 j 所學校學生性別對閱讀成就影響的平均數（因為表達過於冗長，以下對「對閱讀成就影響的平均數」簡稱為「對閱讀成就影響」）、β_{2j} 為第 j 所學校學生年齡對閱讀成就影響、β_{3j} 為第 j 所學校學生家庭文化資本對閱讀成就影響、β_{4j} 為第 j 所學校學生學習態度對閱讀成就影響、β_{5j} 為第 j 所學校學生自我概念對閱讀成就影響。

　　ε_{ij} 為階層一之隨機效果；γ_{00} 為各個學校平均閱讀成就的平均數、γ_{10} 為各校學生性別對閱讀成就影響的平均數、γ_{20} 為各校學生年齡對閱讀成就影響的平均數、γ_{30} 為各校學生家庭文化資本對閱讀成就影響的平均數、γ_{40} 為各校學生學習態度對閱讀成就影響的平均數、γ_{50} 為各校學生自我概念對閱讀成就影響的平均數；u_{0j} 為第 j 所學校之閱讀成就與整體平均閱讀成就之間的差異，其變異數為τ_{00}。

　　估計之後如表 12-4。表中看出，在固定效果中，五個變項都達到 .05 以上的統計顯著水準。在模式中，性別對閱讀成就影響的平均數（r_{10}）為負值，即女生閱讀成就高於男生。各校學生年齡對閱讀成就影響的平均數（r_{20}）較高，

表 12-4　學生閱讀成就的隨機效果的單因子共變數分析

固定效果		係數	估計標準誤	t 值
β_0				
階層二	學校平均閱讀成就 r_{00}	145.90	29.69	4.9**
β_1				
性別 r_{10}		− 5.8	1.5	− 3.9**
年齡 r_{20}		21.4	2.9	7.5**
文化資本 r_{30}		37.2	2.4	15.5**
學習態度 r_{40}		12.8	1.6	7.9**
自我概念 r_{50}		29.0	1.7	17.0**
隨機效果		變異數	df	χ^2
階層二	校間的平均閱讀成就 u_{0j}（τ_{00}）	222.1	138	438.6***
階層一	校內的平均閱讀成就 ε_{ij}（σ^2）	2874.9		
離異係數（− 2LL）		42975.3		

**$p < .01$; ***$p < .001$

閱讀成就較高。更有意義的是，各校學生文化資本（r_{30}）、學習態度（r_{40}）愈高，學生自我概念（r_{50}）對閱讀成就影響的平均數愈高，學生閱讀成就愈好。從這些變項來看，學生文化資本影響閱讀成就程度最高，其次為自我概念，第三為年齡，第四為閱讀的自我概念，最後為性別。

　　在階層二的隨機效果中，$\tau_{00} = 222.1$，$df = 138$，$\chi^2 = 438.6$（$p < .001$），表示本章納入的個人層級五個變項對閱讀成就影響下，各校學生閱讀成就平均值有明顯不同。各校之間平均閱讀成就變異數 $\tau_{00} = 222.1$，零模型為 379.1，已下降很多。這代表在階層一加入解釋變項之後，能解釋學習成就變異的百分比或 R^2 為 (379.1 − 222.1) / 379.1 = 41.4%。組內平均的閱讀成就變異由零模型的 ε_{ij}（σ^2）= 3574.2，下降為 2874.9，表示在階層一加入五個解釋變項之後，能解釋學生學習成就變異百分比或 R^2 為 (3574.2 − 2874.9) / 3574.2 = 19.6%。離異係數由零模型的 43888.9 降為 42975.3，減少 913.6，顯示隨機效果的單因子共變數分析模型之適配度比零模型還好。

二、隨機係數的迴歸模型

為了回答研究假設一與研究假設三，以隨機係數的迴歸模型來檢定。其階層線性模式如下：

階層一模式：$Y_{ij} = \beta_{0j} + \beta_{1j}X_{1ij} + \beta_{2j}X_{2ij} + \beta_{3j}X_{3ij} + \beta_{4j}X_{4ij} + \beta_{5j}X_{5ij} + \varepsilon_{ij}$

$\qquad\qquad\quad \varepsilon_{ij} \sim N\ (\ 0\ ,\ \sigma^2\ )$

階層二模式：$\beta_{0j} = \gamma_{00} + u_{0j} \quad u_{0j} \sim N\ (\ 0\ ,\ \tau_{00}\ )$

$\qquad\qquad\quad \beta_{1j} = \gamma_{10} + u_{1j}$

$\qquad\qquad\quad \beta_{2j} = \gamma_{20} + u_{2j}$

$\qquad\qquad\quad \beta_{3j} = \gamma_{30} + u_{3j}$

$\qquad\qquad\quad \beta_{4j} = \gamma_{40} + u_{4j}$

$\qquad\qquad\quad \beta_{5j} = \gamma_{50} + u_{5j}$

式中符號與隨機效果的單因子共變數分析模式大致相同，相同者不再說明，要說明者是不同之處：u_{0j} 為第 j 所學校之閱讀成就與整體平均閱讀成就之間的差異，其變異數為 τ_{00}。u_{1j} 為第 j 所學校學生性別對閱讀成就的影響，與所有學校學生性別對閱讀能力影響的平均數之間的差異，其變異數為 τ_{11}。u_{2j} 為第 j 所學校學生年齡對閱讀成就的影響，與所有學校學生年齡對閱讀成就影響的平均數之間的差異，其變異數為 τ_{21}。u_{3j} 為第 j 所學校學生文化資本對閱讀成就的影響，與所有學校學生文化資本對閱讀成就影響的平均數之間的差異，其變異數為 τ_{31}。u_{4j} 為第 j 所學校學生學習態度對閱讀成就的影響，與所有學校學生學習態度對閱讀成就影響的平均數之間的差異，其變異數為 τ_{41}。u_{5j} 為第 j 所學校學生自我概念對閱讀成就的影響，與所有學校學生自我概念對閱讀成就影響的平均數之間的差異，其變異數為 τ_{51}。

PIRLS 2006 在資料結構具有巢套特性，每所學校估計出的迴歸方程式斜率應不一樣。本章以 139 所學校學生文化資本對學習成就為例，學校閱讀成就的迴歸方程式之斜率不一，如圖 12-4。圖中顯示，139 所學校學生文化資本對於

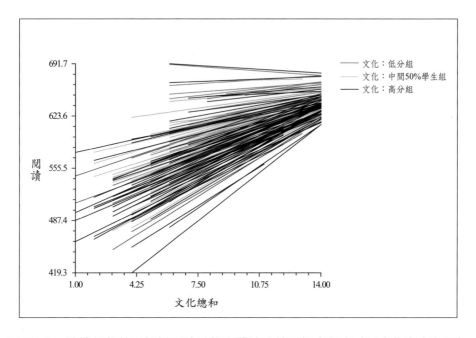

圖 12-4　隨機係數的迴歸模型估計學生閱讀成就迴歸方程式（以文化資本為例）

閱讀成就的迴歸方程式斜率不同，較高分的學校，圖中較高線條者，其斜率比較平緩，代表這些學校學生文化資本對閱讀成就的影響較小（最上面線條），而斜率較陡者（圖中較低線條的學校），也就是文化資本對閱讀成就的影響力較大。若以單一條迴歸方程式來反映 139 所學校文化資本對於閱讀成就影響的解釋是不合理的。在隨機係數的迴歸模型中，每一個估計係數都有一個變異數，它可以反映 139 所學校學生閱讀成就的特殊性。以下就運用隨機係數的迴歸模型進行分析。

　　經過檢定之後，表 12-5 看出，固定效果的五個變項都達到統計 .01 的顯著水準，代表這些變項會明顯影響學生閱讀成就。它與隨機效果的單因子共變數分析模式達到統計顯著水準的變項一樣。其模式意義是，各校學生性別（r_{10}）對閱讀成就為負向影響，代表女生的閱讀成就明顯高於男生，而學生年齡（r_{20}）對閱讀成就影響為正向。在各校學生文化資本（r_{30}）、學習態度

表 12-5　學生閱讀成就之隨機係數的迴歸模型分析

固定效果		係數	估計標準誤	t 值
β_0				
階層二	學校平均閱讀成就 r_{00}	141.1	29.4	4.8**
β_1				
性別 r_{10}		-5.8	1.5	$-3.8**$
年齡 r_{20}		21.8	2.8	7.7**
文化資本 r_{30}		37.7	2.4	15.9**
學習態度 r_{40}		12.9	1.6	7.9**
自我概念 r_{50}		29.1	1.7	17.0**
隨機效果		變異數	df	χ^2
階層二	各校之間平均閱讀成就 τ_{00}	15114.0	131	129.5
各校間的性別 τ_{11}		15.4	131	107.4
各校間平均年齡 τ_{21}		119.2	131	131.5
各校間文化資本 τ_{31}		47.2	131	122.0
各校間學習態度 τ_{41}		27.9	131	128.7
各校間自我概念 τ_{51}		26.6	131	1147.3
階層一	校內的平均閱讀成就 ε_{ij} (σ^2)	2836.9		
離異係數（$-2LL$）		42964.0		

$**p < .01$

（r_{40}）、自我概念（r_{50}）對閱讀成就影響的平均數愈高，學生閱讀成就愈好。就這些變項影響閱讀成就的重要性與隨機效果的單因子共變數分析模式一樣。

　　階層二的隨機效果中，$\tau_{00} = 15114.0$，$df = 131$，$\chi^2 = 129.5$（$p > .05$），表示納入五個個體層次變項對閱讀成就影響控制下，各校學生閱讀成就的平均數（隨機效果）沒有明顯不同。從各校之間平均閱讀成就變異數 $\tau_{00} = 15114.0$，隨機效果的單因子共變數模型為 2874.9。此為在階層一將隨機變數納入之後，無法解釋學習成就變異的百分比。組內平均的閱讀成就變異數，由隨機效果的單因子共變數模型之 ε_{ij}（σ^2）＝2874.9，下降為 2836.9，表示階層一加入五個解釋變

項之後，能解釋學生學習成就變異的百分比為 $(2874.9-2836.9)/2874.9=1.3\%$。而 τ_{11}、τ_{21}、τ_{31}、τ_{41} 與 τ_{51} 都未達統計顯著水準，代表 139 所學校學生的變項，性別、年齡、文化資本、學習態度及自我概念對閱讀成就影響的平均數之間沒有明顯差異。離異係數由隨機效果的單因子共變數模型的 42975.3 降為 42964.0，減少 11.3。

本章發現，女生的閱讀成就明顯高於男生，這和 McKenna、Kear 與 Ellsworth（1995），以及 Baer、Baldi、Ayotte 與 Green（2007）的研究發現一致。同時年齡愈長的學生，閱讀能力愈好，與 Chan（1994）的研究發現一致。學生家庭文化資本對學習成就有正向顯著影響，這與以下的研究發現一樣，即李文益、黃毅志（2004）發現，學生擁有精緻文化愈高，有助於其學業成績；余民寧等人（2009）研究發現，家中教育設備愈好，對於學業成就有正向助益；國外許多研究也發現，文化資本對學習成就有正向影響，例如：家中文化資本能協助學生教育成就的取得（Coleman et al., 1966; Downey, 1995; Eitle & Eitle, 2002; Nolen & Haladyna, 1990; Roscigno & Ainsworth-Darnell, 1999; Shavit & Blossfield, 1993）。

在學習態度方面，與以下的研究發現一致。Lee（1987）研究指出，學生學習動機對於數學學習成就有正向關係，學生成就動機愈強烈對於所要完成的數學意願愈高，而要提高閱讀成就的機會就愈容易；House（1995a, 1995b）研究發現，中學學生的學習動機愈高，閱讀成就的表現也愈好。就閱讀的自我概念來說，本章的發現與以下的研究發現一致，張芳全（2006）的研究顯示，學生抱負、信心及對學科的重視程度對閱讀成就有正向顯著的影響。Ma（2000）研究也發現，學習成就（如先前經驗與數學自信心）對閱讀成就有顯著正向影響。

參、總體層次變項對閱讀成就影響之分析發現

一、脈絡變項對閱讀成就影響之分析發現

以脈絡模型回答研究假設四（H_{4a}），臺灣小四學生的脈絡變項，以平均數

計算——平均文化資本、平均學習態度、平均自我概念、平均年齡是否顯著影響閱讀成就。階層一的解釋變項平均值（Z 又稱為脈絡變項），做為階層二的截距項的解釋變項，斜率在階層二皆設定為隨機效果；階層一模式的截距項做為階層二的結果變項。其階層線性模式如下：

階層一模式：$Y_{ij} = \beta_{0j} + \beta_{1j}X_{1ij} + \beta_{2j}X_{2ij} + \beta_{3j}X_{3ij} + \beta_{4j}X_{4ij} + \beta_{5j}X_{5ij} + \varepsilon_{ij}$

$\varepsilon_{ij} \sim N\ (0, \sigma^2)$

階層二模式：$\beta_{0j} = \gamma_{00} + \gamma_{01}Z_1 + \gamma_{02}Z_2 + \gamma_{03}Z_3 + \gamma_{04}Z_4 + \gamma_{05}Z_5 + u_{0j}$

$u_{0j} \sim N\ (0, \tau_{00})\quad \mathrm{Cov}\ (\varepsilon_{ij}, u_{0j}) = 0$

$\beta_{1j} = \gamma_{10} + u_{1j}$

$\beta_{2j} = \gamma_{20} + u_{2j}$

$\beta_{3j} = \gamma_{30} + u_{3j}$

$\beta_{4j} = \gamma_{40} + u_{4j}$

$\beta_{5j} = \gamma_{50} + u_{5j}$

式中的符號，與隨機係數的迴歸模型一樣，只是在階層二多了脈絡變項（Z_j）及 γ_{ij}。

經過檢定之後，由表 12-6 看出，在固定效果之中，脈絡變項達到顯著水準只有一項，即各校學生平均文化資本對閱讀成就影響 $r_{03} = 61.7$。此脈絡變項在隨機係數的迴歸模型也達顯著水準。然而，其餘脈絡變項在隨機係數的迴歸模型達到顯著，此模式沒有達到統計顯著水準，代表學生平均的家庭文化資本——在學校有共同經驗特性，資料結構具有巢套性。這是分析影響臺灣小四學生閱讀成就因素時，由脈絡變項發現到的有重要影響的變項。

表中看出，脈絡模型 r_{10} 代表各組在 β_{1j} 上的平均數，依此類推，在這些變項都達到顯著水準。各校學生年齡（r_{02}）、文化資本（r_{03}）、學習態度（r_{04}）、自我概念（r_{05}）對閱讀成就影響的平均數愈高，學生閱讀成就愈好。各校學生性別（r_{01}）則是女生閱讀成就高於男生。由這些變項影響閱讀成就的重要性來看，以學生的家庭文化資本、自我概念、年齡、學習態度及性別最為主要。

表 12-6 學生閱讀成就的脈絡模型

固定效果	係數	估計標準誤	t 值
β_0			
階層二　學校平均閱讀成就 r_{00}	192.1	145.7	1.3
脈絡變項			
各校的性別 r_{01}	-14.6	22.7	$-.64$
各校平均學生年齡 r_{02}	-20.4	14.0	-1.5
各校平均文化資本 r_{03}	61.7	11.2	5.5**
各校平均學習態度 r_{04}	4.0	11.4	.35
各校平均自我概念 r_{05}	10.9	13.7	.80
β_1			
性別 r_{10}	-6.0	1.5	-4.0**
年齡 r_{20}	22.3	2.9	7.8**
文化資本 r_{30}	35.0	2.3	15.0**
學習態度 r_{40}	12.6	1.6	7.9**
自我概念 r_{50}	28.6	1.7	16.7**
隨機效果	變異數	df	χ^2
階層二　各校之間的閱讀成就 τ_{00}	14838.7	126	129.6
各校間的性別 τ_{11}	13.4	131	107.5
各校間平均年齡 τ_{21}	109.7	131	131.5
各校間文化資本 τ_{31}	45.8	131	121.7
各校間學習態度 τ_{41}	38.7	131	128.7
各校間自我概念 τ_{51}	27.3	131	147.1
階層一　校內的平均閱讀成就 ε_{ij}（σ^2）	2833.8		
離異係數（$-2LL$）	42891.1		

**$p < .01$

　　本章發現學校平均文化資本愈高，學習成就愈好。學校平均文化資本愈高與家庭社會階層有關。O'Dwyer（2005）研究二十三個參與 TIMSS 1995 及 TIM-SS 1999 調查的國家和地區後的發現與本章一樣，該研究指出，1995 年二十三

個國家的學生平均家庭背景變項（包括雙親教育程度與家中圖書數）對於學習
成就都有正向顯著的影響力，其中澳洲、紐西蘭及以色列的平均背景因素可以
解釋學習成就變異量各有 73.4%、79.9% 及 85.7%。這與 Marjoribanks（2002）
認為，家庭背景、家庭結構與家庭教育資本（educational capital）、學生特質
（student characteristics）等脈絡情境對於學習成果會有影響的論點一致。

二、組織變項對閱讀成就影響之分析發現

以階層一的方程式之各校平均數做為階層二方程式的結果變項之迴歸模式
檢定研究假設四（H_{4b}），納入的總體層次變項包括學校所在的城鄉、學校圖書
館中的雜誌與期刊數。這些是總體層次的組織變項，運用這些變項來分析，以
解釋各所學校閱讀成就差異情形。其階層線性模式如下：

階層一模式：$Y_{ij} = \beta_{0j} + \varepsilon_{ij}$　$\varepsilon_{ij} \sim N\ (0，\sigma^2)$

階層二模式：$\beta_{0j} = \gamma_{00} + \gamma_{01}Z_j + u_{0j}$　$u_{0j} \sim N\ (0, \tau_{00})$　$Cov\ (\varepsilon_{ij}，u_{0j}) = 0$

式中，Y_{ij} 代表第 j 所學校第 i 位學生的閱讀成就，β_{0j} 為第 j 所學校的平均閱讀
成就，ε_{ij} 為階層一之隨機誤差，Z_j 為第 j 所學校的總體層次變項（組織變
項），γ_{00} 為各所學校平均閱讀成就的平均數，γ_{01} 為學校層級變數對各所學校平
均閱讀成就的影響力，u_{0j} 為第 j 所學校之閱讀成就與整體平均閱讀成就之間的
差異，其變異數為 τ_{00}。

組織變項對閱讀成就影響在估計之後，如表 12-7，可看出，學校所在的城
鄉（r_{01}）對各校平均閱讀成就有顯著影響（$p < .01$），$r_{01} > 0$ 代表愈都會區學
校，學習成就愈高。學校圖書館中的雜誌與期刊數（r_{02}）沒有顯著影響。與零
模型比較，本模式可以解釋的百分比為 (379.1 － 302.3) / 379.1 = .203，也就是
將學校變項投入之後，可以解釋 20.3% 的變異量。模式中的 $\tau_{00} = 302.3$，df
$= 136$，$\chi^2 = 459.1$（$p < .001$），代表除了這兩個變項之外，各校平均閱讀成就
的差異，還有其他變項來解釋。本模式改善了隨機效果的單因子變異數分析模
式之隨機效果（u_{0j}）情形，由內在組別相關係數 302.3 / (302.3 + 3574.3)

表 12-7　以平均數為結果的迴歸模型（組織變項）

固定效果	係數	估計標準誤	t 值
階層二　學校平均閱讀成就 r_{00}	498.6	8.7	57.2**
學校所在的城鄉 r_{01}	6.7	1.6	4.1**
學校圖書館雜誌與期刊數 r_{02}	2.8	2.0	1.4
隨機效果	變異數	df	χ^2
階層二　校間的平均閱讀成就 τ_{00}	302.3	136	459.1***
階層一　校內的平均閱讀成就 ε_{ij}（σ^2）	3574.3		
離異係數（$-2LL$）	43858.7		

** $p < .01$；*** $p < .001$

＝7.7%，這數值與零模型的 ρ 相比較，代表階層二的自變項讓內在組別相關係數由 9.6% 降為 7.7%。

　　上述可以得知，臺灣小四學生閱讀成就受到學校所在的城鄉影響，學校愈都會區，閱讀成就愈好。這樣的研究發現與國立臺灣師範大學數學教育中心（2005）、Iatarola 與 Stiefel（2003）研究美國學區的教育資源分配及學生學習成就，以及 Lleras（2008）的研究發現是一樣的，愈都會區的學校，其學生閱讀成就愈高，相對地，愈為鄉間的學校，其學生閱讀表現則較低。然而，臺灣的國小圖書館中的期刊與雜誌數多寡並沒有明顯地影響學生閱讀表現。

　　總之，個體層次係依據理論及相關研究文獻，考量 PIRLS 2006 資料結構具有巢套性，以 HLM 來分析影響臺灣小四學生閱讀成就的因素發現，各校之間的閱讀成就有 9.6% 是校際之間所形成的（零模型），而透過隨機係數的迴歸模型、隨機效果的單因子共變數分析模型發現，學生性別、年齡、家庭文化資本、學習態度、自我概念影響閱讀成就。同時也透過脈絡模型分析發現，學生家庭平均的文化資本對閱讀成就有正向顯著影響。最後，如以平均數為結果變項模型分析發現，學校所在的城鄉影響閱讀成就。

第三節　結論與啟示

壹、多層次模型分析閱讀成就之結論

以多層次模型分析臺灣小四學生閱讀成就之因素，其結論如下。

首先，不宜忽略各校之間的閱讀素養存在明顯差異。各校之間閱讀素養存在明顯差異，有 9.6% 由各校差異所造成。這表示總體層次變項，在各校之間有明顯不同，必須要考量學校之間的差異，代表 PIRLS 2006 調查臺灣參與施測校際之間的閱讀素養差異性，在資料處理不能只使用傳統的迴歸分析，必須考慮校際之間的差異性。

其次，性別與年齡為顯著影響閱讀成就，而學習態度、閱讀自我概念與文化資本影響學習成就的中介因素。女生閱讀成就明顯高於男性，年齡愈長，閱讀成就愈好。學生文化資本愈多、學習態度與學習自我概念愈積極，其閱讀成就愈好。其中，家庭文化資本是影響閱讀成就的最重要因素，其次為學習態度，最後是學習自我概念。

第三，學生文化資本的集體脈絡效果提昇學習成就。各校學生平均文化資本對閱讀素養有顯著影響。這表示學生文化資本的集體脈絡效果可以提昇學習成就，易言之，學生的同儕效應（peer effect）或脈絡效果是影響學習表現不可以忽略的重要因素。

第四，學校愈在都會區，學生的閱讀成就愈好。以總體層次變項對閱讀成就的影響發現，學校所在的城鄉對平均閱讀成就有正向顯著影響。這表示，學校愈為都會區，該校學生的閱讀成就愈高。

第五，閱讀素養受背景變項、脈絡變項與中介變項之多層級因素影響。臺灣小四學生閱讀素養受到個人層次、脈絡變項與學校所在城鄉影響。這表示，

影響臺灣小四學生閱讀素養因素多元且跨層級，並透過中介變項來影響閱讀成就。

貳、啟示

基於上述結論，有以下啟示。

首先，教師及學校對學生學習宜掌握學校或班級集體因素對學習成就之影響。各校之間的閱讀素養存在差異，代表PIRLS 2006調查臺灣參與施測校際之間的閱讀素養不同，代表學校學生具有共同學習經驗與環境相似性，因而不可忽視學校脈絡因素。學校與教師，甚至未來研究掌握學生閱讀素養，應考量各校之差異，否則無法完整掌握影響學生閱讀素養因素的全貌。

其次，學校、教師與家長宜強化學生的學習興趣與自我概念。分析發現，年齡與性別影響閱讀素養，而學習態度、文化資本、自我概念是影響閱讀素養的中介因素。可以改變的是學生學習興趣與對閱讀的自我概念。學校、教師及家長應運用正向及積極態度鼓勵學生閱讀，增加學生閱讀興趣，從學習興趣中建立自信，願意閱讀。家長對於家庭學習資源建立，研究證實，學生層級與學校層級中的家庭文化資本對閱讀素養有提昇效果。在學生閱讀素養影響因素方面，家庭文化資本不可或缺，這有賴於家長對家庭文化資本及學習資源的建立。

第三，正視學生文化資本的脈絡變項對閱讀素養的影響。各校學生平均文化資本可以提昇閱讀素養。這表示，總體層次之脈絡變項——平均文化資本對於閱讀素養影響的重要。它以學校平均文化資本為估算，代表學校文化資本有巢套性。若擁有較多文化資本者聚在同一所學校與班級，會影響閱讀素養。學校及教師宜掌握學生的家庭文化資本對於學習素養的重要，尤其學校適時調查學生的家庭文化資本，適當提供協助，讓教師掌握他們的文化資本擁有情形，因為它對閱讀素養有正向影響。

最後，未來研究的建議：進行影響學習成就因素之三層級的 HLM 之可行性。PIRLS 2006 調查的資料區分為多種問卷來源，即學生、教師與學校。本章

考量層級數多，所納入變項及層級比較多，在資料解釋及模型會更複雜。然而，未來研究可以嘗試更多層級的 HLM 分析，可以完整掌握學生閱讀素養及其相關的影響因素。

參考文獻

中文部分

余民寧（2006）。影響學習成就因素的探討。**教育資料與研究雙月刊，73**，11-24。

余民寧、趙珮晴、許嘉家（2009）。影響國中小女學生學業成就與學習興趣因素：以臺灣國際數學與科學教育成就趨勢調查（TIMSS）資料為例。**教育資料與研究，89**，79-104。

李文益、黃毅志（2004）。文化資本、社會資本與學生成就的關聯性之研究：以臺東師院為例。**臺東大學教育學報，15**（2），23-58。

李敦仁、余民寧（2005）。社經地位、手足數目、家庭教育資源與教育成就結構關係模式之驗證：以 TEPS 資料庫資料為例。**臺灣教育社會學研究，5**（2），1-47。

林原宏（1997）。教育研究資料的階層線性模式分析。**國立臺中師範學院學報，11**，489-509。

馬信行（1992）。**臺灣地區近四十年來教育資源之分配情況**。行政院國家科學發展委員會獎助研究計畫。計畫編號 NSC-81-0301-H-004-13-JI。

邱皓政（譯）（2006）。**多層次模型分析導論**（原作者：I. Kreft & J. de Leeuw）。臺北市：五南。

高新建（1997）。階層線性模式在內屬教育資料上的應用：以數學學習機會為例。**國家科學委員會研究彙刊——人文及社會科學，7**（4），597-611。

柯華葳、詹益綾、張建妤、游婷雅（2009）。**臺灣四年級學生閱讀成就（PIRLS 2006 報告）**（第二版）。桃園縣：國立中央大學學習與教學研究所。2009 年 9 月 14 日，取自：http://140.115.78.41/PIRLS_Report.htm

國立臺灣師範大學數學教育中心（2005）。**國際數學與數學教育成就趨勢調查**。臺北市：作者。

張芳全（2006）。影響數學成就因素探討：以臺灣在 TIMSS 2003 年的樣本為例。**課程與教學季刊，9**（3），139-167。

張芳全（2008）。數學成就的城鄉差距探討：以 TIMSS 為例。**國民教育，48**（6），22-29。

張芳全（2009）。家長教育程度與科學成就之關係：文化資本、補習時間與學習興趣為中介的分析。**教育研究與發展期刊，5**（4），39-76。

陳正昌、程炳林、陳新豐、劉子鍵（2003）。**多變量分析方法：統計軟體應用**。臺北

市：五南。

陶韻婷（2006）。國中生科學成就與學生背景、學校規模及城鄉之關聯性探討：以 **TIM-SS 2003** 為例（未出版之碩士論文）。國立臺灣師範大學，臺北市。

喬麗文（2007）。課後學習對國中生閱讀成就的影響：九國／地區之比較（未出版之碩士論文）。國立暨南國際大學，南投縣。

黃毅志、陳怡靖（2005）。臺灣的升學問題：理論與研究之檢討。**臺灣教育社會學研究，5**（1），77-118。

黃馨萱（2006）。從 **TIMSS 2003** 探討國中生科學學習成效和教室教學與氣氛及教師特質之關聯（未出版之碩士論文）。國立臺灣師範大學，臺北市。

溫福星（2006）。**階層線性模式：原理、方法與應用**。臺北市：雙葉。

劉子鍵、林原宏（1997）。階層線性模式之理論與應用：以「影響自然科成績之因素的研究」為分析實例。**教育與心理研究，20**，1-22。

鄭心怡（2004）。**教育指標與經濟指標對學業成就影響之國際比較：以 TIMSS 為例**（未出版之碩士論文）。國立臺北師範學院，臺北市。

謝孟穎（2003）。家長社經背景與學生學業成就關聯性之研究。**教育研究集刊，49**（2），255-287。

羅珮華（2004）。從「第三次國際科學與數學教育成就研究後續調查（**TIMSS 1999**）」結果探討國中學生學習成就與學生特質的關係：七個國家之比較（未出版之博士論文）。國立臺灣師範大學，臺北市。

英文部分

Baer, J., Baldi, S., Ayotte, K., & Green, P. (2007). *The reading literacy of U.S. fourth-grade students in an international context: Results from the 2001 and 2006 Progress in International Reading Literacy Study* (PIRLS, NCES 2008-017). Washington, DC: U.S. Department of Education, Institute of Education Sciences, National Center for Education Statistics.

Bourdieu, P. (1977). Cultural reproduction and social reproduction. In J. Karabel & A. H. Halsey (Eds.), *Power and ideology in education* (pp. 487-511). New York, NY: Oxford University.

Brookhart, S. M. (1997). Effects of classroom assessment environment on mathematics and science achievement. *Journal of Educational Research, 90*, 323-330.

Caldas, S., & Bankston, C. III (1997). Effect of school population socioeconomic status on individual academic achievement. *The Journal of Educational Research, 90*, 269-277.

Caldas, S., & Bankston, C. III (1999). Multilevel examination of student, school, and district-level effects on academic achievement. *The Journal of Educational Research, 93*, 91-100.

Chan, L. K. S. (1994). Relationship of motivation, strategic learning, and reading achievement in grades 5, 7, and 9. *Journal of Experimental Education, 62*(4), 319-339.

Cohen, J. (1988). *Statistical power analysis for the behavioral sciences* (2nd ed.). Hillsdale, NJ: Lawrence Erlbaum Associates.

Coleman, J. S., Campbell, E., Hobson, C., McPartland, J., Mood, A., Weinfield, F., & York, R. (1966). *Equality of educational opportunity*. Washington, DC: U.S. Government Printing Office.

De Graaf, P. M. (1986). The impact of financial and cultural resources on educational attainment in the Netherlands. *Sociology of Education, 59*, 237-246.

DiMaggio, P., & Mohr, J. (1985). Cultural capital, educational attainment, and marital selection. *American Journal of Sociology, 90*, 1231-1261.

Downey, D. B. (1995). When bigger is not better: Family size, parental resources, and children's educational performance. *American Sociological Review, 60*(5), 746-761.

Eccles, J. S., & Wigfield, A. (2002). Motivation beliefs, values, and goals. In S. T. Fiske, D. L. Schacter & C. Sahn-Waxler (Eds.), *Annual review of psychology* (pp. 109-132). Palo Alto, CA: Annual Reviews.

Eitle, T. M., & Eitle, D. J. (2002). Race, cultural capital, and the educational effects of participation in sports. *Sociology of Education, 75*(1), 123-146.

Elliot, A. J. (1999). Approach and avoidance motivation and achievement goals. *Educational Psychologist, 34*, 169-189.

Gambrell, L. B. (2001). What we know about motivation to read. In R. F. Flippo (Ed.), *Reading researchers in search of common ground* (pp. 129-143). New Yor, NY: International Reading Association.

Gardner, P., Ritblatt, S., & Beatty, J. (2000). Academic achievement and parental school involvement as a function of high school size. *High School Journal, 83*(2), 21.

Gillian, H.-T., & Pong, S.-L. (2005). Does family policy environment moderate the effect of single-parenthood on children's academic achievement? A study of 14 European countries. *Journal of Comparative Family Studies, 36*(2), 227-248.

Hauser, R. M. (1970). Context and consex: A cautionary tale. *American Journal of Sociology, 75*, 645-654.

Hauser, R. M. (1974). Contextual analysis revised. *Sociological Methods and Research, 2*(3), 365-375.

House, J. D. (1995a). Student motivation, previous instructional experience, and prior achievement as predictors of performance in college mathematics. *International Journal of Instructional Media, 22*, 157-167.

House, J. D. (1995b). The predictive relationship between academic self-concept, achievement expectancies, and grade performance in college calculus. *Journal of Social Psychology, 135*, 111-112.

House, J. D. (2004). Cognitive-motivational characteristics and science achievement of adolescent students: Results from the TIMSS 1995 and TIMSS 1999 assessment. *International Journal of Instructional Media, 31*(4), 411-424.

Huang, S. (2007). *7th grade Chinese students' reading motivation in Taiwan.* Unpublished doctoral dissertation, University of Oklahoma, Oklahoma.

Iatarola, P., & Stiefel, L. (2003). Intradistrict equity of public education resources and performance. *Economics of Education Review, 22*, 69-78.

Khattab, N. (2002). Social capital, students' perceptions and educational aspirations among palestinian students in Israel. *Research in Education, 68*, 77-88.

Kreft, I., & de Leeuw, J. (1988). *Introducing multilevel modeling.* Newbury Park, CA: Sage.

Lareau, A. (2002). Invisible inequality: Social class and child reading in black families and white families. *American Sociological Review, 67*, 747-776.

Lau, Y. H. J., & McBride-Chang, C. (2005). Home literacy and Chinese reading in Hong Kong children. *Early Education and Development, 16*(1), 5-22.

Lee, J. (2004). Evaluating the effectiveness of instructional resource allocation and use: IRT and HLM analysis of NAEP teacher survey and student assessment data. *Studies in Educational Evaluation, 30*, 175-199.

Lee, T. Y. (1987). *The relationships of achievement, instruction, and family background to the elementary school science achievement in the Republic of China.* Unpublished the Dissertation of Ph.D., Ohio State University, Columbus, OH.

Lleras, C. (2008). Race, racial concentration, and the dynamics of educational inequality across urban and suburban schools. *American Educational Research Journal, 45*(4), 886-913.

Ma, X. (2000). A longitudinal assessment of antecedent course work in mathematics and subsequent mathematical attainment. *The Journal of Educational Research, 94*(1), 16-28.

Marjoribanks, K. (2002). *Family and school capital: Towards a context theory of students' school outcomes*. Dordrecht: Kluwer.

Martin, M. O., Mullis, I. V. S., & Kennedy, A. M. (2007). *PIRLS 2006 technical report*. Chestnut Hill, MA: Boston College.

McKenna, M. C., Kear, D. J., & Ellsworth, R. A. (1995). Chilren's attitudes toward reading: A national survey. *Reading Research Quarterly, 30*(4), 934-956.

Mullis, I. V. S., Martin, M. O., Kennedy, A. M., & Foy, P. (2007). *PIRLS 2006 international report: IEA's Progress in International Reading Literacy Study in primary schools in 40 countries*. Chestnut Hill, MA: TIMSS and PIRLS International Study Center, Lynch School of Education, Boston College.

Nolen, S. B., & Haladyna, T. M. (1990). Personal and environmental influences on students' beliefs and effective study strategies. *Contemporary Educational Psychology, 15*, 116-130.

O'Dwyer, L. M. (2005). Examining the variability of mathematics performance and its correlates using data from TIMSS '95 and TIMSS '99. *Educational Research and Evaluation, 11*(2), 155-177.

Park, H. (2008). Home literacy environments and children's reading performance: A comparative study of 25 countries. *Educational Research and Evaluation, 14*(6), 489-505.

Pintrich, P. R., & Schunk, D. H. (2002). *Motivation in education: Theory, research, and applications* (2nd ed.). Columbus, OH: Merrill-Prentice Hall.

Raudenbush, S. W., & Bryk, A. S. (2002). *Hierarchical linear models: Applications and data analysis methods* (2nd ed.). Thousand Oaks, CA: Sage.

Roscigno, V. J., & Ainsworth-Darnell, J. W. (1999). Race, cultural capital, and educational resources: Persistent inequalities and achievement returns. *Sociology of Education, 72*(3), 158-178.

Rossi, R., & Montgomery, A. (Eds.) (1994). *Educational reforms and students at risk: A review of the current state of the art*. Washington, DC: U.S. Department of Education.

Shavit, Y., & Blossfield, H. P. (Eds.) (1993). *Persistent inequality: Changing educational stratification in thirteen countries*. Boulder, CO: Westview.

Whang, P. A., & Hancock, G. R. (1994). Motivation and mathematics achievement: Comparisons between Asian-American and Non-Asian students. *Contemporary Educational Psychology, 19*, 302-332.

CHAPTER 13

人力發展的國家類型轉移

　　國際比較教育對於各國國家類型轉移頗為重視。一個國家的經濟與社會發展，乃至於教育發展如何從一個階段發展至另一個階段，是國際比較教育關心的議題。國家發展衡量有不同面向來分析，有些研究以教育發展來衡量（張芳全，2007），有些研究以政治與經濟發展來分析（王保進，1989），又有些研究以科技發展面向討論（張芳全，2005a），更有些以教育與經濟發展為衡量（馬信行，1988）。本章以人力發展指數做為國家發展衡量面向，並依此分析國家發展的轉移。

第一節　分析動機、人力發展指數與國家發展

壹、分析動機與目的

　　本章以人力發展指數做為衡量的重要性，有以下幾項原因。

　　首先，從 1990 年以來，聯合國發展方案（United Nations Development Programme, UNDP, 1990）開始對人力發展指數（human development index, HDI）做明確界定與計算。UNDP 認為，一個國家發展程度不能僅以經濟發展或社會發展做為區分。它提出國家發展程度應以更多與人民福祉有關面向做為衡量。UNDP 認為，一個國家有高度的經濟發展，不一定代表國家的社會發展或教育

發展就很好，它加入了教育在學率與國民預期壽命來掌握國家發展。納入這些
變項有其道理。有許多石油輸出國家為高度國民所得，但是他們的教育在學率
或教育投資經費卻相當低；又有許多國家的經濟發展較為落後，可是他們的國
民壽命或成人識字率較高，這些國家人民接受教育機會較多，人民生活環境比
較好，所以其國民所得較低，卻能有較高的教育在學率。因此，僅以經濟做為
衡量國家發展會以偏概全。UNDP 就提出了教育、經濟與社會發展衡量面向，
也就是以人力發展指數做為國家發展的衡量。

其次，從 HDI 可以瞭解國家發展類型情形。雖然從 1990 年就開始建構
HDI，並對各國進行評比，但是 UNDP 為了瞭解過去各國發展情形，以回溯方
式計算各國的 HDI。UNDP 估算 1975 年至 2004 年各國的 HDI，在 1990 年之
前的指數是以每隔五年為一期進行計算，沒有區分為哪些屬於高度發展國家，
也沒有指出國家排名。僅以該指數高低作為衡量國家發展類型的方式之一，但
是以一個基準點做為國家發展參照而已，若能衡量每個國家在每隔五年之後的
發展情形，更可以瞭解一個國家在過去的發展及變化程度。易言之，究竟哪些
國家隨著年代推移，國家發展類型有進步，哪些國家則呈現退步？這種國家發
展類型轉移究竟有沒有改變了國家的發展程度？

過去研究常以一年做為各國發展指標的觀察期，以橫斷面資料分析各國發
展程度，接著依各國發展程度情形排名（張芳全，2007）。本章與過去研究最
大不同在於以時間數列方式分析各國發展類型，以 1980 年、1985 年、1990 年、
1995 年、2000 年及 2004 年作為分析各國發展情形之年度，從這些年度來看各
國國家發展程度。本章在瞭解各國在 HDI 的轉移情形，其目的如下。

第一，如以 1980 年各國 HDI 的分類為基準，對 1985 年、1990 年、1995
年、2000 年及 2004 年的人力發展指數做分類，相對於 1980 年人力發展指數分
類，其國家發展轉移情形。

第二，如以 1980 年、1985 年、1990 年、1995 年、2000 年及 2004 年各國
HDI 對國家發展的分類情形。

第三，不同類型的 HDI 國家，教育在學率、國民預期壽命與國民所得對人

力發展指數的影響情形。

貳、HDI 的界定方式

一、HDI 意義

人力發展指數（HDI）的建構是在避免國家發展缺乏齊一衡量標準的困擾。過去衡量國家發展程度常以單一面向用國民所得或經濟發展程度做為區分，這種區分方式沒有掌握各國人民生活水準、人民基本權利、需求及感受，例如沒有納入基本教育或人民壽命做為衡量國家發展的重要指標。Morris（1979）雖然將國民所得、嬰兒死亡率與識字率納入分析成為生活品質指數（physical quality of life index, PQLI），但是以嬰兒死亡率視為人民生活水準，無法反映個體壽命長短，也就是說無法衡量各國國民平均壽命，而國民壽命長，某種程度代表國家在醫療、衛生、生活水準比較好。重要的是衡量國家發展變數標準不一，1970 年代各國統計資料不全，Morris（1979）估算的 PQLI，其開發中或落後國家的變項數值為估算值，數值不一定正確，建構出的指數無法進行比較。

為了讓國際之間可以進行比較，UNDP 將教育在學率、國民所得與國民預期壽命整併，形成了 HDI。從過去很多國家看出，國民所得或經濟發展水準不一定很高，但是其國民有較長壽命或人民教育受到保障。相對地，很多國家的國民所得很高，例如石油輸出國家或先進國家擁有高度的國民所得，卻沒有較高度的基本人權，例如教育在學率不高、社會疏離、人民預期壽命不長。若要進行國家比較，僅以經濟發展或國民所得高低做為衡量，無法掌握國民在基本權利的表現。這就是人力發展指數為何要重新掌握國家發展面向的主要原因。

人力發展典範（human development paradigm）包括四種主要成分（UNDP, 1995, p. 12）：(1)生產（productivity），人民有能力提高他們的生產力，完全投入提高國民所得的生產及參與就業，因而經濟成長僅是國家發展的一部分而已；(2)公平（equity），也就是人民有公平機會，所有阻礙經濟及政治參與的

障礙都應排除，讓所有人民都可以參與社會活動，並從機會中獲得應有的利益；
(3)永續（sustainability），可以接近任何生活謀生的機會，不僅確保這一代的人民是如此，下一代也是如此，所有各類資本，包括物質、人力、環境都應讓人民能永續取得；(4)授權（empowerment），發展是由人民來反映發展程度，而不是為他們而發展，人民可以完全參與決定，來塑造他們所要的生活環境。

　　基於上述，UNDP將發展（development）定義為拓展人類選擇機會與福利水準的過程，它認為國民所得成長是必要的，但不是唯一的衡量指標。它試著運用較寬廣的觀點來衡量國家發展。人力發展指數平均了三種向度的指標值（UNDP, 2003, p. 341）：(1)以一個國民可以有較長與健康的生活來表現：它是以預期壽命來衡量；(2)以一個國民的知識多寡來衡量國家的發展：它是教育在學率獲得的高低，一部分是以成人識字率（加權三分之二），一部分以整合後的初等教育在學率、中等教育在學率、高等教育在學率（各加權三分之一），所計算出來的；(3)以一個國民或國家的生活水準來衡量：它以每人實質國內生產毛額（GDP）高低（美元）為基準。從上述內容來看，UNDP 是以人民擁有更好的選擇，以及掌握更多生活權利做為建構人力發展指數為主要目標。UNDP（2003）建構 HDI 過程如下：(1)確立人力發展指數建構的目的；(2)找出各向度的參照點，在計算各向度指數時列出該指標中的最大值及最小值，它要做為每個國家的參考的標準；(3)接著再進行各向度指標的數值計算；(4)最後再將各向度的指數進行加總。各個指標的參照點如表 13-1 所示。

　　基本的計算公式如下。

　　HDI 的每一個向度指標值在 0 與 1 之間，因此每一個向度都需要有一個換

表 13-1　計算 HDI 的參照值

變項	最大值	最小值
預期壽命（歲）	85	25
成人識字率（%）	100	0
整合的教育粗在學率（%）	100	0
每人實質國民所得（PPP 美元）	40,000	100

算公式,為了讓各向度計算指數可以進行比較,它的公式一致,也就是:某一向度的指標值＝（該國當年實際值－最小值）/（最大值－最小值）。

計算實質國民所得（PPP 美元）指標有些複雜,如果當年該國的實質國民所得高於世界水準,它需要進行調整,也就是透過一個轉換的公式進行調整,即 $W(y) = y^* + 2[(y - y^*)^{1/2}]$。$y^*$ 代表當年度世界平均的國民所得;y 為當年度該國的國民所得;$W(y)$ 即為調整過的數值。UNDP（2003, p. 341）指出,如果每人實質國內生產毛額 40,000 美元,則以不同的公式調整。

此 公 式 為:$W(y) = y^* + 2(y^*)^{1/2} + 3(y^*)^{1/3} + 4(y^*)^{1/4} + 5(y^*)^{1/5} + 6(y^*)^{1/6} + 7[(40000 - 6y^*)^{1/7}]$。例如在 2001 年阿爾巴尼亞的每人實質國內生產毛額設定為 40,000 美元,在調整之後,其值為 3,680 美元。

二、實際計算的例子

就以 2001 年 HDI 排名第九十五位的阿爾巴尼亞為例進行說明。它在壽命、成人識字率、整合的教育在學率及每人實質國內生產毛額各為 73.4 歲、85.3%、69%、3,680 美元。該國各指標指數計算如下:

1. 計算壽命指數＝(73.4 － 25) / (85 － 25)＝0.807。

2. 計算教育指數。教育指數以一個國家在成人識字率與整合三級教育在學率來測量。因此第一步就要計算成人識字率指數與計算整合的教育在學率指數。接著再將兩個指數整合為一個教育指數,其中成人識字率與整合的教育在學率各加總三分之二與三分之一。就阿爾巴尼亞的識字率為 85.3%,整合的三級教育在學率為 69%,所以教育指數就等於 0.798。因為:

成人識字率指數＝(85.3 － 0) / (100 － 0)＝0.853。
整合的教育在學率指數＝(69 － 0) / (100 － 0)＝0.69。
教育指數＝[2×(0.853) + 1×(0.690)]/3＝0.798。

3. 計算國民所得指數。國民所得指數的計算需以調整後的國民所得來計算

（也就是按購買力平價計算的每人平均國民所得，PPP 美元），同時需要以自然對數重新計算。就阿爾巴尼亞在 2001 年的調整國民所得為 3,680 美元（PPP 美元），其國民所得指數為 0.602。因為：

$$實質國民所得指數 = \log(3680) - \log(100) / \log(40000) - \log(100)$$
$$= 0.602 。$$

4.計算 HDI。綜合上述，2001 年的阿爾巴尼亞的人力發展指數如下：

$$HDI_{阿爾巴尼亞} = 1/3（壽命指數）+ 1/3（教育指數）+ 1/3（國民所得指數）$$
$$= 1/3(0.807) + 1/3(0.798) + 1/3(0.602) = 0.735 。$$

三、各國與區域在 HDI 的表現

UNDP 將 177 個國家分為三群（臺灣並沒有被計算在列），即高度、中度及低度的 HDI 國家。HDI 衡量受到三個指標構成，其計算方法頗為科學，可以參考及比較追蹤。如以 2004 年各國的 HDI 來看，如表 13-2，有幾個現象：(1)排名前三名者為挪威、冰島與澳洲，而排在最後三名者為馬利、獅子山與尼日，第一名與最後一名的 HDI 相差了 .654，可見國家發展程度相差很大；(2)日本排第七名，是亞洲國家表現最好的；(3)亞洲四小龍之中以新加坡與香港表現比較好，臺灣在 2004 年的所有國家之中排在第二十四位勝過南韓；(4)就地理區域來說，中歐及東歐國家，以及拉丁美洲國家的表現比較好，在非洲國家則表現較差。其中 OECD 國家的整體表現還不錯，其值為 .946；(5)高度、中度及低度 HDI 國家差異很大，高度與低度 HDI 國家的指數差距約有 .50；(6)高度所得、中度所得與低度所得國家的 HDI 也相差很大，高度與低度相差 .50 左右，可見國民所得高低確實也影響 HDI。此外，UNPP（2005）指出，2004 年與 1980 年的 HDI 之差距，在多數國家是正向，各個國家隨著時間轉移，HDI 有提昇，然而，有不少國家呈現退步，例如：尚比亞、辛巴威、肯亞等，並沒有隨著時間推移而有進步，難怪這些國家依然被分類為低度 HDI 國家。

表 13-2　主要國家與地理區域的人力發展指數

國家與 區域／項目	人力發 展指數	壽命	識字	教育	所得	壽命 指數	教育 指數	所得 指數
挪威	.965	79.6	99	100	38,454	.91	.99	.99
冰島	.960	80.9	99	96	33,051	.93	.98	.97
澳洲	.957	80.5	99	113	30,331	.92	.99	.95
愛爾蘭	.956	77.9	99	99	38,827	.88	.99	1.00
瑞典	.951	80.3	99	96	29,541	.92	.98	.95
加拿大	.950	80.2	99	93	31,263	.92	.97	.96
日本	.949	82.2	99	85	29,251	.95	.94	.95
美國	.948	77.5	99	93	39,676	.88	.97	1.00
瑞士	.947	80.7	99	86	33,040	.93	.95	.97
荷蘭	.947	78.5	99	98	31,789	.89	.99	.96
香港	.927	81.8	99	77	30,822	.95	.88	.96
新加坡	.916	78.9	92.5	87	28,077	.90	.91	.94
臺灣	.925	77.5	97.2	99	26,241	.875	.981	.919
南韓	.912	77.3	98.0	95	20,499	.87	.98	.89
馬利	.338	48.1	19.0	35	998	.39	.24	.38
獅子山	.335	41.0	35.1	65	561	.27	.45	.29
尼日	.311	44.6	28.7	21	779	.33	.26	.34
所有開發中國家	.679	65.2	76.5	63	4,775	.67	.72	.65
阿拉伯國家	.680	67.3	64.1	62	5,680	.71	.66	.67
東亞與大洋洲	.760	70.8	90.4	69	5,872	.76	.84	.68
拉丁美洲與加勒比海	.795	72.2	89.6	81	7,964	.79	.87	.73
南亞洲	.599	63.7	58.9	56	3,072	.64	.58	.57
撒哈拉非洲	.472	46.1	60.5	50	1,946	.35	.57	.50
中歐及東歐國家	.802	68.2	99.2	83	8,802	.72	.94	.75
OECD 國家	.946	79.0	..	95	32,003	.90	.98	.96
高度人力發展國家	.923	78.0	..	91	26,568	.88	.95	.93
中度人力發展國家	.701	67.3	79.4	66	4,901	.71	.75	.65
低度人力發展國家	.427	45.8	56.6	46	1,113	.35	.53	.40
高所得國家	.942	78.8	..	94	31,331	.90	.97	.96
中所得國家	.768	70.3	89.6	73	6,756	.76	.84	.70
低所得國家	.556	58.7	60.6	54	2,297	.56	.58	.52
世界平均	.741	67.3	..	67	8,833	.71	.77	.75

資料來源：*Human development report 2004*, by UNDP, 2005, Oxford, UK: Oxford University Press.

四、HDI 的應用及其價值

HDI 在實務應用上不少，它已成為各國做為衡量國家發展程度高低的重要方式之一。它取代以經濟或國民所得衡量國家發展指數，也取代 Morris（1979）所提出的生活品質指數（PQLI）。PQLI 是以識字率、嬰兒死亡率及國民所得指標所建構，沒有將人民可以生活歲數及人民接受教育納入衡量，無法看到人民從教育中獲得的價值，因此 PQLI 為 HDI 所取代。UNDP 為了掌握各國發展動態，每年出版的人力發展報告都有其主題，例如：UNDP（1995）的《人力發展報告》（*Human Development Report*）是以性別公平為主題，它以人力發展指數的觀點來解釋性別平等，它認為各國之間存在性別不平等。它以男性與女性賺取的國民所得、男性與女性的預期壽命、男性與女性的識字率以及男性與女性的三級教育在學率進行估算性別關聯指數（gender-related development index, GDI），該指數介於 .0 至 1.0 之間，數值愈大，代表兩性的平等性愈高。在 1995 年估算 130 個國家發現，並沒有一個國家對於女性與男性是平等的，當年度表現最好的是瑞典，它也僅在 .92。在性別關聯指數的估算項目之中，與人力發展指數一樣，兩者都是以能力觀點為主，僅將各面向指標區分男女性而已，可見 HDI 與 GDI 的關係密切。

UNDP（1997）的《人力發展報告》以掃除貧窮為主題，它以人力發展指數的觀點來解釋貧窮，它認為人民的貧窮是多面向的，包括人民短命、人民不識字、人民在社會中感受到疏離或受排擠，或在取得物質方法的缺乏。這些面向都與人力發展指數有密切關係，例如人民短命與人力發展指數的國民預期壽命相接近；人民不識字亦是人力發展指數的重要面向之一；取得物質方法缺乏與人力發展指數的教育相近，人民沒有接受教育就無法改善他的生活。為了掌握開發中國家之貧窮狀況，UNDP 也進行貧窮指數估算，嘗試與人力發展指數進行比較發現，貧窮指數愈高的國家，其人力發展指數也愈低。

UNDP（2003）的《人力發展報告》配合千禧年的發展目標，期待各國有能力克服相關的問題。主因是 UNDP 目睹各國生活條件差異過大，它提出各國

在未來應完成八個目標，也就是：(1)掃除極端的貧窮及饑餓；(2)在 2015 年各
國完成普及教育；(3)提高性別平等及授予女性更多權力；(4)減少嬰兒死亡率；
(5)改善孩童母親的健康；(6)掃除 AIDS 及其他重要的傳染病；(7)確保環境的永
續發展；(8)對於發展觀點應發展出一個全球性的友伴關係。在前述的八個目標
之中，都提出了應該達成目標的年度，各發展面向也提出人力發展指數做為衡
量的參照。

參、國家發展意涵

　　國家發展研究與發展經濟學（economic development）的關係密切。發展經
濟學是近年來新興的研究領域，它擴大經濟及政治經濟學領域。雖然學界將亞
當史密斯（Adam Smith）認定為第一位發展經濟學者，尤其出版於 1776 年的
《國富論》（*The Wealth of Nations*）被視為一個里程碑，但是有系統地研究非
洲、亞洲及拉丁美洲國家的經濟結構與問題是 1960 年代之後的事。雖然發展經
濟學與總體經濟學、勞動經濟學、公共財務學或貨幣經濟學無法明確劃分，但
是可以確定的是它研究各國內部性或跨國結構性的經濟發展問題。同時發展經
濟學也將各國的國家發展納入研究範圍。為了衡量各國總體發展，在 1960 年代
至 1970 年代曾以經濟發展做為衡量國家發展面向，在眾多以經濟來解釋國家發
展的學者中，以 Rostow（1960）最具典型，他提出一個國家發展有五個階段，
他認為每個社會都會經歷過，才會達到完全的經濟成長時期。這五個階段是傳
統階段、經濟起飛前期、經濟起飛期、發展至成熟時期、大量消費時期。起飛
階段代表經濟發展分水嶺，它是所有經濟發展困難及障礙都已克服的時期，經
濟成長變成一種常態。其學說中，傳統階段需要經濟及政治結構改變之外，也
要有價值層面改變，例如：個人價值觀由單元變為多元，社會價值觀亦是如此。
因為內部受到外在干擾或創新，傳統社會變成動態，進入到經濟起飛前期的階
段。在經濟起飛前期，不僅列出科學及技術可以達成與可以開發項目之外，也
讓更多人口獲得更多可能的價值，以及對變遷的期望。上述經濟發展階段為人

所批評，在於強調國民所得成長的重要，但是在 1960 年代至 1970 年代有些國家已有實質經濟成長，而國民生活水準依然沒有改變，後來對於發展認定重新評估，學者就對發展重新界定（Todaro, 1989）。

1970 年代，經濟發展以掃除貧窮、提高經濟公平及減少失業做為開發中國家發展目標。然而，這樣的目標並未在 1970 年代從各國經濟發展來改善，反而在貧窮、經濟所得分配不均以及失業率提高的前提下，加上持續惡化的經濟，無法掌握國家發展程度，例如當時全球人口之中有近三十億人失業（Todaro, 1989）。若依據傳統上對發展的界定，失業率高代表無法完全解釋各國發展程度，所以在 1990 年代經濟學者又將發展重新認定：發展應多面向，並非單一的經濟、社會或政治所能解釋；它包括社會結構、人民態度、國家教育、文化制度變革、經濟成長、貧窮減少、國民所得公平分配增加。這些發展面向中，將焦點集中在整體社會朝向更好或讓人民有更好的生活為中心的努力方向。

究竟何者是最好的生活呢？Goulet（1971）提出三項基本成分或核心價值做為瞭解發展的意義。它包括生活維持（life-sustenance）、自尊（self-esteem）與自由（freedom）。這三項核心價值代表個人及社會需求。從這三項核心價值，不管何時何地，都可以適用在不同社會及國家之中。第一項自我維持是指，有能力提供基本需求，這種基本需求包括食物、屋舍、健康及防禦等。倘若這些需求欠缺，或者僅有短暫供給，這會造成絕對的低度發展。因此在所有的經濟活動之中，應盡可能提供人民來克服來自缺少食物、屋舍、健康及防禦的不快樂與困難。就某種程度來說，這種經濟發展是一種必要的情境，其目的在改善人民的生活品質。如果個人與社會沒有生活維持能力，人民潛能無法實現。所以，提高國民所得、減少國民所得差距，對國家發展來說是一項必要條件，而非充足條件。第二項是自尊，也就是要活得像人一樣有尊嚴。它是一種個人的價值感與自我尊重的反應。雖然個體與社會都期待有基本的自尊，但是其用詞包括美、認同、尊嚴、尊重、榮耀或是被認同等。自尊在每個社會與個人均不同，但是可以將它視為已開發國家的現代化價值（modernizing values），這種價值是人與人相互的尊重，國與國之間相互包容。在眾多取得價值的媒介之

中，教育就被視為價值取得過程，如果以 Rostow 的發展階段觀點運用在國家發展，教育擴充及改進就是現代化的重要價值之一。第三項是自由，它不是政治或意識型態所說的自由，相對地，它是一種讓個體或社會有選擇的自由。雖然經濟成長與國民所得提高不一定提高人民的快樂感與滿足感，但是它可以增加個人及社會選擇的機會。較多財富者比較少者更可以控制自然及環境，同時也可以有更多休閒時間、有更多財貨與勞務，或者它可以補足物質層面不足，提高精神層次的滿足等。

從上述發現，國家發展面向多元，過去以經濟成長視為發展，1970 年代以後就無法完全描繪。1990 年代以後，將發展視為多面向。國家增加基本生活維持的財貨，例如：食物、屋舍、健康及防禦，並提高國民的生活水準，除了高度國民所得之外，應有更多的工作機會、良好的教育及教育機會、更關注文化及人文的價值，而這些不僅可以提高物質生活，也可以提高個人及社會的自尊；當然也應擴大經濟範圍與社會選擇的機會。以人力發展指數做為分析基礎，主要是考量它可以反映人類基本潛能拓展的速度及潛力。

肆、國家發展研究

國內在過去幾年來，國家發展類型研究有些是以教育與經濟指標；有些是以政治、經濟與教育指標，也有單獨以教育指標，即高等教育與中等教育在學率進行分析；更有些是以貧窮指標、勞動力學習年數獲得指標、女性地位指標等進行國家分類者。說明如下。

張芳全（2001）以國家發展指標進行國家發展探索，其中在國家發展指標中以社會指標、經濟指標、文化指標與教育指標四個面向進行建構。在教育指標中以中等教育在學率、高等教育在學率與教育經費占國民生產毛額比率為主，他以主成分分析進行各個教育發展指標建構。該研究僅以三個教育指標來建構略有不足。本章以不同教育發展面向進行教育發展指標建構，來掌握國際間與臺灣的教育發展狀況。

　　張芳全、余民寧（2003）以女性國會地位占有率、女性管理地位占有率、女性專業地位占有率、女性國民所得占有率以及女性識字率進行國家分類。他們對此有三種處理方式。第一種是以由女性國會地位占有率、女性管理地位占有率、女性專業地位占有率、女性國民所得占有率以及女性識字率等五個指標進行分類；第二種是以 UNDP 界定的性別權力測度（gender empowerment measurement, GEM）分數進行分類；第三種是由女性國會地位占有率、女性管理地位占有率、女性專業地位占有率、女性國民所得占有率及女性識字率等五個指標，先以主成分分析抽出主要成分，再進行國家分類，抽取出主成分界定為女性地位係數，結果將 101 個國家區分為四類。研究也發現，如果女性接受的教育愈多，有愈高的社會地位。

　　張芳全（2005a）也以各國的技術發明向度指標，包括專利核准數（patents granted to residents）、國外權利金及證照費收入（receipts of royalty and license fees from abroad per capita）；最近創新擴散效果指標包括連網主機數（internet hosts per capita）、中高技術產品出口比率（high- and medium- technology exports as a share of all exports）；舊有創新擴散效果指標包括電話用戶數〔（logarithm of telephones per capita（mainline and cellular combined）〕、電力使用量（logarithm of electricity consumption per capita）；人力技能指標包括十五歲以上平均就學年數（mean years of schooling）、高等教育之基礎科學、數學與工程類科的粗在學率等八個變項，針對全球七十八個國家，區分為高、中、低三類型國家，其中臺灣列為高度的科技發展國家。

　　張芳全（2005b）以各國國民預期壽命無法至四十歲比率、無法接受健康服務比率、無法運用乾淨水比率、五歲以下兒童體重低於平均值的比率、無衛生服務比率、文盲率、國民所得、初等教育在學率、中等教育在學率、高等教育在學率、三級教育在學率等指標進行貧窮國家分類，經過集群分析的華德法（Ward method）將六十五個國家分為三群，研究發現教育在學率愈高、教育投資愈多的國家，在貧窮指標的表現愈不貧窮。

　　張芳全（2007）以十一項教育指標建構教育數量指數、教育品質指數、兩

性平等教育指數，並以十一項指標對 108 個國家進行分類，高度、中度與低度教育發展國家各有 34、52、22 個國家，研究發現高度與低度教育發展國家的教育發展差異大，前述的 108 個國家的教育發展分類準確度不低於 92%，顯示分類準確度高。

此外，在國家發展類群，有些研究區分為三群者（高度、中度與低度發展群），也有些分為先進、半先進、部分開發、欠開發國家等四群者（王保進，1989；馬信行，1988）。就研究主題來說，也非常多元，包括教育、經濟、社會、文化、政治、科技等。就國家發展程度來說，包括已開發國家、開發中國家或未開發國家（例如馬信行、王保進與張芳全的研究）。在建構指標方法，馬信行（1988）是以各指標的標準分數進行加總；王保進（1989）是以主成分分析進行國家發展指標的建構，接著再進行國家排名。張芳全（2001，2007）以各變項的標準分數與主成分分析進行發展指標建構排名。張芳全、余民寧（2003）是以主成分分析方法對女性教育指標與女性地位指標建構並進行排名。

從上述看出，過去研究有幾項特色：第一，過去以經濟、文化、社會、政治或單獨的面向進行國家發展程度的衡量。這樣的研究內容頗為多元，然而從這些研究，並未發現過去研究針對各國的 HDI 進行國家分類。他們在選取變項侷限於社會、經濟，少以教育發展做為分析內容。第二，發展指數建構是將教育變項納入社會或經濟之中，並沒有獨立出來，更重要的是僅將教育變項侷限在教育在學率，少數研究將初等教育生師比納入分析。最後，過去研究沒有以跨年度及長時間對國家發展程度進行較長時間的觀察，常單獨以某一時間點進行分析，並無法瞭解各國不同時間的發展情形。本章針對 1980 年以後各國的 HDI，透過運用統計方法，掌握 130 個國家的 HDI 在國家發展轉移情形。

伍、分析設計

一、研究假設

研究假設如下：

H_1： 以 1980 年 HDI 分類為基準，1985 年、1990 年、1995 年、2000 年及 2004 年的人力發展指數，對應 1980 年人力發展指數的分類，所有國家的人力發展指數改進都是進步的。

H_2： 第二，以 1980 年、1985 年、1990 年、1995 年、2000 年及 2004 年各國 HDI 進行國家分類可以區分為三類。

H_3： 不同人力發展指數國家，教育在學率、國民預期壽命與國民所得對 HDI 有正向顯著影響。

H_{3a}：高度發展國家的教育在學率、國民預期壽命、國民所得對 HDI 為正向顯著影響。

H_{3b}：中度發展國家的教育在學率、國民預期壽命、國民所得對 HDI 為正向顯著影響。

H_{3c}：低度發展國家的教育在學率、國民預期壽命、國民所得對 HDI 為正向顯著影響。

二、國家發展轉移的界定

國家發展轉移係指一個國家會隨著國際情勢與國家發展之狀況，隨著時間的變化，而有國家發展的改變。最簡單的例子，例如：1970 年一個國家的國民所得為 5,000 美元，在國際間之定位屬於中度所得發展國家，然而在 2000 年的國民所得為 20,000 美元，在國際間的定位屬於高度所得發展國家，因而這個國家從中度所得轉移為高度所得國家。在國家發展過程中是相對性的，也就是在

一段時間中，一個國家可能有進步，相對地，其他國家也有進步；也有可能一個國家進步很少，有些國家進步多；而也有可能有些國家是退步的，而有些國家仍是進步的。衡量國家發展程度的指標很多，見本章第一節說明，然而本章衡量各國發展指標以 HDI，即以全球 130 個國家的 HDI 來估算各個國家轉移情形，而 HDI 的內涵及計算方式見第一節。

三、資料分析方法

(一) 以集群分析對各國教育發展類型進行分群

　　針對 HDI 進行國家發展類型分類，它以集群分析的華德法進行分類，接著再以區別分析檢定分類準確度。為了掌握國家分群判斷指標，以立方群集標準（cubic clustering criterion, CCC）進行分類，它是分群判斷指標。如果在一個系列數值或國家中，經過集群分析之後，發現該值為先升後降情形，則數值最高處之值即為較佳分群數（馬信行，2000）。判定集群國家分類適當性運用擬似 F 值（pseudo F, PSF），其判斷方式為在集群分析過程中，觀察值經過分析之後，發現該值有「突然上升」情形，此時即可判斷該數列最佳分群數。透過分析來掌握哪些國家發展較為先進，哪些國家發展較為落後。

(二) 以區別分析檢定各國發展類型準確度與臺灣定位

　　以 1980 年、1985 年、1990 年、1995 年、2000 年、2004 年 130 個國家的 HDI，運用集群分析來對國家發展類型進行分類，而對於國家分類準確度將以區別分析進行驗證。在 2004 年的教育指數、國民所得指數與國民壽命指數的國家分類之後，以區別分析來掌握臺灣在各國發展的類型。

(三) 檢定不同國家群在發展指標的差異

　　以 HDI 來進行國家發展分類，其高度發展國家的 HDI 平均值為何？而被分類在較低的國家，其 HDI 又為何？它透過單因子變異數分析進行檢定。

(四) 教育、所得及壽命對人力發展指數之影響

為了掌握 2004 年各國教育、國民所得、預期壽命對人力發展指數的影響，以多元迴歸分析進行教育在學率、國民所得、國民預期壽命對人力發展指數影響。它透過迴歸分析來探討變項之關係，找出三個面向對依變項之影響力。檢定模式如下：

$$Development = \beta_0 + \beta_1 (Life) + \beta_2 (Education) + \beta_3 (Gnp) + e$$

模式中的 Development 代表各國人力發展指數；Life 代表國民壽命指數；Education 代表國家的教育數量指數，它代表國家教育量多寡，教育量愈高，代表對發展指標有影響；Gnp 代表國民所得指數，它代表一個國家國民所得高低，如果此數值愈高，代表對發展指標的影響愈高。各個 β 是要估計的參數，β_0 為常數項；e 為誤差項。

四、統計資料蒐集

此研究之研究方法屬性為次級資料分析，統計資料取自 UNDP（1990 年至 2005 年）的《人力發展報告》。UNDP 自 1990 年起，每年度都有《人力發展報告》，有近 170 個國家的教育在學率、國民所得、識字率與國民預期壽命的統計資料。變項取自 1980 年至 2004 年度資料，其中 1990 年以前的資料是 UNDP 回溯統計與估算。臺灣在 1990 年與 2004 年也有 HDI，資料取自行政院主計處，該年度臺灣納入研究之列，而先前年度臺灣沒有 HDI，無法進行分析。臺灣的教育在學率、國民所得資料蒐集來源如下：(1)中華民國教育統計（2006）；(2)中華民國內政部統計（2006），主要蒐集社會指標的統計數據；(3)中華民國社會指標統計（2006），主要蒐集國民所得。在研究對象上，選擇這些國家在於 1980 年至 2004 年都有統計數據，可以做為國家發展轉移分析，納入分析者包含各大洲的國家，也包括新興國家，例如克羅埃西亞；以及先進國家及落後國家或第三世界國家或開發中國家。

第二節 國家發展類型轉移之發現

壹、從 HDI 可以區分為高度、中度與低度發展國家

經過 SAS 的統計套裝軟體（SPSS 沒有鑑別分幾群的 CCC 功能）資料分析之後，1980 年的 130 個國家的 HDI 分類如表 13-3，表中看出在第四整合群時為－ 1.9，接續在第三整合群升高為－.32，在第二整合群又下降為－ 1.4，所以本章以 1980 年的 HDI 將國家分為三類群。從資料顯示，被分為第一群的國家有 48 個，其 HDI 平均值為 .82，標準差為 .52；第二群國家有 43 個，其 HDI 平均值為 .63，標準差為 .56；第三群國家有 39 個，其 HDI 平均值為 .40，標準差為 .72。因此將第一群國家界定為高度人力發展國家、第二群為中度人力發展國家、第三群為低度人力發展國家。接著經過區別分析來掌握所分類的國家群是否正確，經過統計發現，分類這三群國家的準確度為 100%，整體的分類準確度也是 100%，可見將 1980 年的人力發展指數區分為三群是正確的。

1980 年以各國 HDI 區分的各類群國家如本書附錄。表中看出幾個現象，第一，國民所得屬於先進國家者，都被區分在高度發展國家，但不是國民所得較高者才被分為高度發展國家，許多開發中國家也被分類為高度人力發展國家，可見國民所得並非衡量國家發展的唯一指標。就如委內瑞拉的人力發展指數為 .73、巴拿馬、千里達與托巴哥、墨西哥、保加利亞都屬於高度人力發展國家。第二，中度發展國家都是開發中國家，尤其亞洲、拉丁美洲或是北非國家。第三，低度發展國家位於非洲較多，從這些國家來看，他們的國民所得表現也較低。

表 13-3　1980 年各國 HDI 之類群整合情形

NCL	—Clusters Joined—		FREQ	SPRSQ	RSQ	ERSQ	CCC
10	CL28	CL16	25	0.0015	.992	.992	−.11
9	CL20	CL19	15	0.0017	.990	.990	.32
8	CL14	CL15	23	0.0036	.986	.986	−.10
7	CL18	CL12	33	0.0037	.983	.982	.33
6	CL9	CL21	21	0.0075	.975	.975	.09
5	CL13	CL7	54	0.0238	.951	.963	− 2.4
4	CL11	CL10	43	0.0242	.927	.941	− 1.9
3	CL8	CL6	44	0.0379	.889	.893	−.32
2	CL5	CL4	97	0.1667	.723	.754	− 1.4
1	CL2	CL3	141	0.7225	.000	.000	.000

貳、以 1980 年為基準，1985 年以後各國發展轉移情形不大

　　1980 年 130 個國家以 HDI 區分的國家發展類型可以分為高度、中度及低度人力發展國家，區分準確度高達 100%。接下來，以 1980 年代為基礎來看 1985 年的國家發展類型轉移情形如表 13-4。表中看出被分為高度發展的國家為 47 個，其中委內瑞拉轉移為中度發展國家；被分為中度 HDI 國家有 42 個，其中羅馬尼亞晉升為高度發展國家；被分為低度發展國家共有 37 個，其中埃及與剛果則晉升為中度發展國家。在 1985 年，高度 HDI 國家依然是高度國民所得者居多，尤其是先進國家，但是仍有許多開發中國家仍在高度發展國家之列，可見國民所得並非衡量國家發展的唯一指標，另外，被分為低度發展國家則以非洲及部分的中南美洲國家最多。

　　如果以 1990 年的各國來看，這時間被分為高度發展國家共有 45 個，其中墨西哥、巴拿馬、委內瑞拉則轉移為中度發展國家，被分為中度發展國家有 41 個，其中羅馬尼亞烏克蘭則晉升為高度發展國家；被分為低度發展國家有 37 個，其中埃及、賴索托由低度發展國家晉升為中度發展國家。

以 2004 年的 130 個國家來看，被分為高度發展國家有 45 個，其中千里達與托巴哥、巴拿馬、委內瑞拉則轉移為中度發展國家，被分為中度發展國家有 40 個，其中波札納、史瓦濟蘭、辛巴威轉移為低度發展國家；被分為低度發展國家有 35 個，其中由低度發展國家轉移為中度發展國家者為埃及、赤道幾內亞、摩洛哥、印度。雖然時間已推移近二十五年，但是 130 個國家之中，仍被

表 13-4 1985 年以後各國發展類型轉移（以 1980 年為基準）

類群	第一群（高度）	第二群（中度）	第三群（低度）
第一群		**1980（48）**	
		1985（47） 委內瑞拉	
		1990（45） 墨西哥、巴拿馬、委內瑞拉	
		1995（43） 拉托維亞、墨西哥、保加利亞、巴拿馬、委內瑞拉	
		2000（44） 保加利亞、千里達與托巴哥、巴拿馬、委內瑞拉	
		2004（45） 千里達與托巴哥、巴拿馬、委內瑞拉	
第二群		**1980（43）**	
	羅馬尼亞	1985（42）	
	羅馬尼亞、烏克蘭	1990（41）	
		1995（43）	
		2000（41）	史瓦濟蘭、辛巴威
		2004（40）	波札納、史瓦濟蘭、辛巴威
第三群			**1980（39）**
		埃及、剛果	1985（37）
		埃及、賴索托	1990（37）
		埃及、摩洛哥、賴索托	1995（36）
		埃及、赤道幾內亞、賴索托	2000（36）
		埃及、赤道幾內亞、摩洛哥、印度	2004（35）

區分為高度人力發展國家者仍以先進國家、國民所得較高者居多，仍有許多的開發中國家亦被區分為高度發展國家，可見得國民所得僅是衡量國家發展程度的指標之一。另外，二十四年之後，依舊是低度發展國家者，仍以非洲及部分中南美洲國家居多，這些國家國民所得較低，國民預期壽命也較短，教育在學率較低。

參、高度、中度與低度國家在 HDI 有明顯差異

為瞭解 130 個國家的 HDI 在高度、中度及低度發展國家之表現，經過單因子變異數分析結果如表 13-5，表中看出，各年的高度、中度與低度 HDI 的國家都達 .01 顯著水準差異，表示 1980 年、1985 年、1990 年、1995 年、2000 年及 2004 年的高度、中度及低度發展國家，在 HDI 有明顯差異。所以再以 Scheffé 法進行事後比較，如表中最後一欄所示，發現三組之間都有顯著差異。表中看

表 13-5　各群組中的平均值、差異及 Scheffé 法之事後比較結果

年度/ 國家群	高度發展 國家（1）	中度發展 國家（2）	低度發展 國家（3）	各國 平均	F 考驗	Scheffé 法 之事後比較
1980	.82 （.05）	.63 （.06）	.40 （.63）	.63 （.18）	$F(2,127)$ $=522**$	1 > 2*；1 > 3**； 2 > 3**
1985	.83 （.05）	.66 （.05）	.42 （.07）	.65 （.18）	$F(2,127)$ $=545.7**$	1 > 2*；1 > 3**； 2 > 3**
1990	.85 （.05）	.68 （.05）	.43 （.08）	.67 （.18）	$F(2,127)$ $=535.3**$	1 > 2*；1 > 3**； 2 > 3**
1995	.87 （.06）	.70 （.05）	.44 （.08）	.69 （.18）	$F(2,127)$ $=489.2**$	1 > 2*；1 > 3**； 2 > 3**
2000	.89 （.05）	.72 （.06）	.46 （.08）	.70 （.19）	$F(2,127)$ $=434**$	1 > 2**；1 > 3**； 2 > 3**
2004	.90 （.05）	.73 （.07）	.48 （.09）	.72 （.19）	$F(2,127)$ $=384.8**$	1 > 2*；1 > 3**； 2 > 3**

註：高度、中度及低度發展國家欄中括弧內之數字為該組的標準差，未括弧之數字為該組平均數。
*$p < .05$；**$p < .01$

出 1980 年至 2004 年的高度與低度發展國家在人力發展指數都相差一倍左右，而中度發展國家與各國平均水準頗為接近，都在 .60 左右。顯示高度發展國家的 HDI 很高，而低度發展國家有待提昇。

肆、教育對人力發展有顯著的貢獻

經過迴歸分析發現如表 13-6，各國壽命指數、教育指數與國民所得指數對人力發展指數影響發現：第一，在高度 HDI 國家，三個面向對 HDI 都有正向顯著影響（$p < .01$），其中國民所得指數影響最大，其次為教育發展指數，排在第三的是壽命指數，模式的 *VIF* 值未達到門檻值，多元共線性問題不高。其次，在中度 HDI 的國家，教育、壽命與所得對 HDI 都有正面顯著影響，其中壽命指數影響力最大，其次為教育，再次為國民所得；第三，低度 HDI 的國家，三個向度都對於人力發展指數有顯著影響，其中以教育影響最大，其次為壽命，最後為國民所得。最後，在所有國家都納入迴歸分析之後，三個向度對於HDI 都有正面顯著影響，其中壽命指數影響最大，其次為國民所得指數，第三為教育指數。這也支持人力資本理論的說法──教育對於國家發展有正向貢獻。

伍、臺灣的三級教育在學率已能達到各國平均水準

如果將 2004 年各國的 HDI 與三級教育在學率呈現為散布圖，如圖 13-1。這筆資料見本書附錄。圖中的每一個點代表一個國家的位置，直線代表這兩個變項的最適迴歸線，圖中的點剛好落在線上國家，代表在該人力發展指數的前提下，該國三級教育在學率剛好位於世界平均水準。例如，日本在HDI 為 .95，但是三級教育在學率為 85%，符合各國三級教育在學率的平均水準。

在最適迴歸線以上的國家，代表三級教育在學率發展速度高於 HDI，臺灣、澳洲、玻利維亞、巴拿馬、南韓、波札納、尚比亞、寮國在圖中顯示的都

是如此。在最適迴歸線以下國家，代表在這些國家的HDI的前提下，該國的三級教育在學率低於各國三級教育在學率的平均水準，這表示這些國家在該HDI，還未能達到各國三級教育在學率的平均水準，香港、安哥拉、斯里蘭卡、柬埔

表 13-6　教育、壽命與所得對人力發展指數迴歸分析摘要

變項	b	β	t	p	VIF	F	N
高度發展國家							
常數項	−.010		− 2.19*	.033		17085**	62
壽命指數	.335	.333	55.90**	.00	1.82		
教育指數	.341	.381	79.24**	.00	1.19		
國民所得指數	.335	.524	86.04**	.00	1.90		
$Adj − R^2$	.99						
中度發展國家							
常數項	−.0019		− 1.36	.18		89019**	87
壽命指數	.333	.542	260.3**	.00	1.16		
教育指數	.333	.428	188.5**	.00	1.38		
國民所得指數	.337	.381	178.5**	.00	1.22		
$Adj − R^2$	.99						
低度發展國家							
常數項	−.024		− 2.43*	.02		703.4**	29
壽命指數	.345	.677	27.7**	.00	1.28		
教育指數	.350	.865	35.6**	.00	1.26		
國民所得指數	.345	.458	20.9**	.00	1.02		
$Adj − R^2$	.98						
所有國家							
常數項	−.0095		− 8.39**	.00		162229**	178
壽命指數	.336	.394	173.85**	.00	2.59		
教育指數	.342	.350	148.57**	.00	2.70		
國民所得指數	.333	.357	146.61**	.00	2.88		
$Adj − R^2$	1.0						

*$p < .05$；**$p < .01$

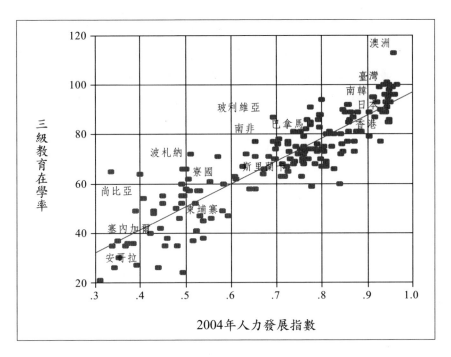

圖 13-1 2004 年人力發展指數與三級教育在學率散布圖

寨都是如此。就如安哥拉的 HDI 為 .39，依此指數，三級教育在學率應在 40%，但實際表現出僅 35%，顯示以該 HDI 值未能將三級教育在學率提高到各國的三級教育在學率的平均水準。

第三節 綜合討論、結論與啟示

壹、綜合討論

本章以 HDI 為分析資料，以人力資本理論及國家發展相關研究做為依據，

對於各國HDI進行分析，旨在瞭解各國發展類型轉移、教育對於人力發展程度的影響。本章以跨年度的資料來分析國家發展類型轉移是先前研究所無。掌握教育在人力發展之貢獻程度，分析過程將國家發展水準區分為三個類群，這種以不同國家發展程度做區分，從不同類群國家來掌握教育對於HDI影響程度也是過去研究所無。

以 1980 年 130 個國家的 HDI 對國家類群區分為高度、中度及低度人力發展國家，這種分法與張芳全（2007）、UNDP（2004）的分法一致，然而與馬信行（1988）、王保進（1989）、張芳全（2003）將國家類型區分為落後國家、半開發、開發中與已開發國家的四種類型的分法不一樣。UNDP 的分法是 .80 以上的就認定是高度發展國家，但是 1980 年不能以人力發展指數為 .80 來認定，畢竟時空不同，無法以 .80 數值就論斷，若以 1980 年 130 國的 HDI 透過集群分析的華德法來掌握，同時以立方數值進行判斷發現，確實可以區分為三個類群。為了掌握這分法是否準確，亦以區別分析驗證發現，三類群分法準確度達到 100%，可見區分方式正確。因此它支持了 H_2。

若以 1980 年 130 個國家的HDI區分的國家類型為基準，接著對 1985 年、1990 年、1995 年、2000 年與 2004 年的 HDI 變動進行檢測，以瞭解各個國家發展類型轉移。1980 年至 2004 年的二十五年間，130 個國家被區分為高度人力發展國家者仍以先進國家、國民所得較高者居多，但是有許多開發中國家被區分為高度發展國家，可見國民所得僅是衡量國家發展程度的指標之一，因而掌握國家發展水準，也應要掌握教育與國民壽命。此外，1980 年之後的二十四年，依舊是低度發展國家者，仍以非洲及部分中南美洲國家居多，這些國家國民所得較低，國民預期壽命較短與教育在學率較低。不少國家發展程度退步，例如 2004 年的 130 個國家之中，千里達與托巴哥、巴拿馬、委內瑞拉，原本被分為高度人力發展國家，但是後來卻轉移為中度發展國家，而波札納、史瓦濟蘭、辛巴威也由中度發展國家轉移為低度發展國家；當然也有國家是由低度發展國家轉移為中度發展國家，例如埃及、赤道幾內亞、摩洛哥、印度。它並沒有支持 H_1。

研究結果也發現，1980 年至 2004 年高度、中度與低度國家在 HDI 都有明顯差異，尤其高度與低度發展國家在 HDI 都相差一倍左右，而中度發展國家與各國平均水準都在 .60 左右，顯示高度發展國家在 HDI 很高，而低度發展國家仍有待提昇。

最後，各國教育、壽命與國民所得對 HDI 影響分析，在於掌握三個因素對於 HDI 是否正向影響，以及哪一項對於 HDI 較為重要。照理來說，HDI 之建構是將三個面向都加權三分之一，看起來它們的重要性應一樣，分析發現，卻有不同結果。以高度 HDI 的國家來說，國民所得指數影響最大，其次為教育發展指數，排在第三的是壽命指數，代表先進國家發展，國民所得占較重要比率，接著才是教育；在中度 HDI 國家，壽命指數影響力最大，其次為教育，第三為國民所得，可見中度發展國家是以壽命為主要的發展項目；在低度 HDI 的國家，以教育影響最大，其次為壽命，第三為國民所得，這表示低度發展國更是要以教育做為人力發展重點，可見教育發展的重要。最後，在所有國家分析，壽命指數影響最大，其次為國民所得指數，第三為教育指數。整體來說，高度、中度及低度人力發展國家的教育、壽命及經濟對於 HDI 都有正向明顯的影響，因此接受 H_{3a}、H_{3b}、H_{3c} 的說法。

貳、結論

基於上述分析，有以下結論。

第一，1980 年至 2004 年的 130 個國家被區分為高度人力發展國家者，仍以先進國家、國民所得較高者居多。然而，有許多開發中國家被區分為高度發展國家，可見國民所得僅是衡量國家發展的指標之一，要掌握國家發展應掌握教育與國民壽命等發展面向。在二十四年之後，依舊是低度發展國家者，仍以非洲及部分中南美洲國家居多，這些國家國民所得較低、國民預期壽命較短、教育在學率較低。

其次，1980 年至 2004 年高度、中度與低度國家的 HDI 有明顯差異。高度

與低度發展國家之HDI都相差一倍左右，而中度發展國家指數與各國平均水準都在 .60 左右，顯示高度發展國家之 HDI 很高，而低度發展國家仍有待提昇。

最後，對高度HDI的國家來說，國民所得指數影響最大，其次為教育發展指數，排在第三的是壽命指數；在中度HDI的國家，壽命指數影響力最大，其次為教育，第三為國民所得；在低度HDI的國家，以教育影響最大，其次為壽命，第三為國民所得。在所有國家的分析，壽命指數影響最大，其次為國民所得指數，第三為教育指數。

參、啟示

基於上述，在國際比較教育方面有以下的啟示。

第一，長期追蹤與掌握各國國家發展轉移有其重要性。臺灣應瞭解各國發展情形與國家轉移程度，是否從低度發展國家進步到中度發展國家，或者是由中度發展國家進步到高度發展國家。

其次，持續人力資本投資縮小各國人力發展差距。高低群HDI的差異約在 .40 之間，差異不小。低度人力發展國家應急起直追，提高國家的 HDI，讓國家可以不斷由低度、中度國家轉移到高度人力發展國家。

第三，各國應持續擴充教育促進經濟發展。就不同發展程度的國家來說，教育發展對人力發展影響都是正向助益，尤其在低度HDI的國家更是列為第一位，這代表教育對於人力發展的重要性，也代表過去以國民所得做為國家衡量發展程度的不適切性。

最後，對未來研究建議：(1)臺灣的HDI僅有 1990 年、2003 年、2004 年，沒有 1990 年以前數據，未來如有 1990 年以前的HDI可以將臺灣納入分析，以瞭解臺灣在國家發展轉移情形；(2)分析各年度的HDI轉移是以整併後的數據，未來如果有教育在學率、識字率、國民所得及國民預期壽命，則可以在不同年度的這些變項，進行HDI的轉移探討。同時若以四個面向的指標進行集群分析所得到的結果或許與單一個 HDI 分析結果會不一樣，未來可以嘗試分析。

　　總之，從各國HDI對於國家發展類型轉移探究，除了可以瞭解各個國家在不同年代之發展情形，也可以瞭解各個國家進退步狀況，它可以做為各國發展參考。各國在不同年度差異上，高度及低度HDI的國家差距近一倍，代表低度發展國家應急起直追，在高、中與低度 HDI 的國家群，教育發展對 HDI 都扮演重要角色，尤其是低度發展國家，可見低度發展國家在教育投資雖有很多努力，但仍需持續改善。

參考文獻

中文部分

王保進（1989）。**經濟、教育發展、政治民主與所得分配暨國家發展指標之探索**（未出版之碩士論文）。國立政治大學，臺北市。

馬信行（1988）。國家發展指標之探索——以教育與經濟發展指標為主。**國立政治大學學報**，**58**，229-271。

馬信行（2000）。**教育科學研究法**。臺北市：五南。

張芳全（2001）。**國家發展指標之探索**（未出版之博士論文）。國立政治大學，臺北市。

張芳全（2003）。教育指標、經濟指標與政治指標之關聯分析。**國立臺北師範學院學報（教育類）**，**16**（1），215-250。

張芳全（2005a）。科技成就指數建構：跨國分析。**教育政策論壇**，**8**（1），121-157。

張芳全（2005b）。貧窮與教育之關係分析。**教育與社會研究**，**9**，73-120。

張芳全（2007）。**教育在國家發展的貢獻**。臺北市：五南。

張芳全、余民寧（2003）。女性地位與教育指標之關係探索。**教育與心理研究**，**26**（1），84-119。

英文部分

Goulet, D. (1971). *The cruel choice: A new concept in the theory of development*. New York, NY: Atheneum.

Morris, M. (1979). *Measuring the condition of the world's poor: The physical quality of life index*. New York, NY: Pergamon.

Rostow, W. W. (1960). *The stages of economic growth, a non-communist manifesto*. London, UK: Cambridge University Press.

Todaro, M. P. (1989). *Economic development in the Third World* (4th ed.). New York, NY: Longman.

UNDP (1990). *Human development report, 1990*. Oxford, UK: Oxford University Press.

UNDP (1995). *Human development report, 1995*. Oxford, UK: Oxford University Press.

UNDP (1997). *Human development report,1997*. Oxford, UK: Oxford University Press.

UNDP (2003). *Human development report, 2003*. Oxford, UK: Oxford University Press.

UNDP (2004). *Human development report, 2004*. Oxford, UK: Oxford University Press.

UNDP (2005). *Human development report, 2005*. Oxford, UK: Oxford University Press.

CHAPTER 14

科學化國際比較教育趨勢與展望

　　自 1960 年代以來，國際比較教育有學科認同危機，至今仍未解除。主因是國際比較教育是一個研究領域，還是一門學科，以及國際比較教育研究方法的不明確所致。可以確定的是，國際比較教育沒有單一研究方法，而是運用多個學門研究方法的研究領域。本書前十章說明科學化國際比較教育相關概念包括：國際比較教育界說、發展、理論、方法、取向、代表人物及期刊、科學化研究概念、多層次研究觀點、國際教育現象的規律性、科學化國際比較教育必要性與困難。本書後三章運用實證研究對國際教育現象進行分析，提供國際比較教育研究參考。本章提出科學化國際比較教育發展趨勢與展望。

第一節　科學化國際比較教育研究趨勢

壹、科學化分析在國際比較教育研究不可或缺

　　國際比較教育為應用性的學科，1960 年代之後運用社會科學研究方法，如問卷調查法、次級資料分析法、歷史研究法或文件分析法，應用於國際比較教育研究是一個趨勢。Noah 與 Eckstein（1969）強調以邏輯實證方法更是典型，美國的 C. A. Anderson（1907-1990）強調以社會學取向及實證觀點來研究比較

教育，瑞典的 T. Husén（1916-1991）以國際大型資料庫研究各國學生學習成就，Psacharopoulos（1937- ）從人力資本、教育經濟學觀點分析國際比較教育的重要議題（見第五章），Bray 與 Thomas（1995）提出了國際比較教育採用多層次分析方式；以及國際比較教育學者提出許多研究方法應用於國際比較教育研究，如 G. Z. F. Bereday 提出比較教育的描述、解釋、併排與比較之步驟，或 Holmes（1981）提出問題解決（problem solving）的分析，就是邁向科學化國際比較教育的例子。

　　雖然國際比較教育在其研究領域的研究、定位及學理建立不斷嘗試，但是從國際比較教育的學科發展來看，它提供各國許多重要政策參考方向為不爭的事實，以此來說，國際比較教育被視為一門應用研究領域不為過。Kazamias（2001）認為，國際比較教育具有聯結人文性（humanities）與社會科學的多學科整合的研究領域之特質，所以國際比較教育的未來研究應在建立國際比較教育的理論、找出國際教育發展規律與找尋研究領域的方法論有更多努力，在研究方法及研究方向更為明確。若能讓研究方法與研究成果為國際社群、大學教授、研究機構、國際組織（如 World Bank、OECD、UNESCO、IEA）及國家的教育機構參採以及學習者學習，這是達成這個學門具有理論的建立及實務應用的目標。

　　雖然國際上幾份重要的專業學術期刊，如 *Comparative Education Review*、*Comparative Education*、*Compare*、*International Journal of Educational Development*、*International Review of Education* 等，從 2005 年之後，每期刊載論文以實證取向為主的約有一至二篇，仍不多，但是比起 2005 年之前每期都沒有或僅刊載一篇實證論文已有改善。這某種程度說明，科學化國際比較教育研究已有突破。社會科學研究具有描述、解釋、預測與控制功能，而國際比較教育研究目的多元，它具有描述國際教育現象、解釋國際教育現象、預測國際教育現象與控制國際教育現象的功能。而學習國際比較教育也有多種功能，可以依據不同對象而有不同目的。鍾宜興（2004）認為，比較教育對於整體的教育研究可以產生描述與整理教育資料、分析詮釋各國教育實況的意義，以及形成教育學的

通則等目的。國際比較教育目的在於國際教育現象及特性的瞭解、獲取他國教育發展經驗做為學習方向、增加人類對於教育發展的掌握及福祉的提昇、探索國際比較教育的規律及理論的建立。因此，在研究國際比較教育目的或學習國際比較教育的目的上，都需要科學化觀念及價值在其中，這會讓國際比較教育的研究領域更為廣闊。

　　總之，未來國內的國際比較教育研究，期待能以科學化思維及實證分析分析各國教育發展及生活素質問題，以科學分析發現結果，提供改善各國教育素質及人民生活水準，這是科學化國際比較教育應努力的目標。對已開發國家來說，更需要投入更多的人力及研究發展來落實科學化國際比較教育。各國的國際比較教育專業團體、研究人員及相關研究機構，可以投入更多資源於科學化的國際比較教育領域，讓科學化國際比較教育成為未來的發展趨勢。

貳、國際比較教育實證研究成果不斷地累積增加

　　國際比較教育的學科發展區分為旅人時期、主觀借用時期、比較教育科學形成時期——重視因素時期、科學時期與國際合作時期，以及國際比較教育重建時期。各時期有不少的國際比較教育學者對比較教育內涵、國際比較教育意義、研究方法、研究領域提出相關見解。1960 年以來，國際比較教育發展不僅受國際組織影響，而且在國際比較教育社群有專業期刊及國際會議交流。Bray（2008）指出，世界比較教育學會（WCCES）自 1970 年成立之後，對於國際教育理解的重點在於和平、跨文化合作、人與人相互尊重及對於人權重視，至2007 年召開過十三次全球性會議（每三年一次），並與全球三十六個學會有合作關係，其中有二十八個是以國家名稱成立、六個為區域性（如亞洲、歐洲及地中海地區），有一個在國家之下設立（香港），以及有兩個是以語言為基礎的（法語及荷語）。

　　從國際比較教育發展看來，從個人遊歷他國的經驗、學者參與及論述、國際組織合作，乃至於傾向以社會科學方法研究的領域，甚至後來對於邏輯實證

取向提出批判，這說明國際比較教育在研究領域、研究方法及研究對象還有討論空間。可以確定的是，尤其二次大戰後，國際比較教育與國際組織合作，追求世界永久和平、全民教育、掃盲、掃貧、女性教育、弱勢族群教育、人權教育的呼聲不絕於耳，UNESCO、OECD、World Bank、IEA、UNDP 或各地理區域成立許多的開發銀行，廣邀國際比較教育學者研究，蒐集國際資料進行跨國分析，提供各國教育發展參考。

單以世界組織的投入與合作之外，更有不少國際比較教育學會成立，加深國際比較教育研究的動力。更重要的，1960 年代國際比較教育的專業學術期刊陸續創刊，提供各國國際比較教育學者及大學教授或研究人員發表。它不僅提供研究結果，做為改善各國教育參考，而且做為國際比較教育科學化的重要基礎。國際比較教育學術期刊是國際比較教育研究成果累積與知識流通的重要方式。1960 年各國及地區也成立國際比較教育學會，針對全球重要教育議題不定時召開國際學術研討會，針對相關的國際比較教育議題交換意見。各方雖努力於研究成果展現，實證研究雖然少，但是比起 2000 年之前還多。未來國際組織、學會與期刊，若鼓勵刊載實證取向國際比較教育研究，對於邁向科學化國際比較教育與學理建立有正面助益。當然，為了持續累積國際比較教育實證研究成果，透過 TIMSS、PISA、PIRLS 等國際大型資料庫分析國際教育議題也是未來值得努力的方向。從這些大型資料庫中獲得研究結果、累積國際教育發展規律，讓科學化國際比較教育更可以實現。

參、運用社會科學方法建立國際比較教育理論

國際比較教育期待建立其理論，並擁有學科的研究方法。國際比較教育研究借用不少社會科學學門的理論，如功能論、現代化理論、人力資本理論、後現代化理論、馬克斯理論、依賴理論、新馬克斯理論、世界體系理論、後現代與後殖民理論等。國際比較教育沒有專屬創建的學科理論是需要努力之處。理論為社會現象之抽象化論述，它能完整與精確說明社會現象。國際比較教育需

要透過理論來完整描繪國際教育發展現象，這種現象可以從過去的教育發展與實證結果，也可以當前教育發展現象運用科學方法來驗證，做為學理建立的依據。

雖然有部分比較教育學者提出比較方法，如 G. Z. F. Bereday、N. Hans、B. Holmes、E. J. King，但多數國際比較教育研究仍借用社會科學方法。社會科學研究法區分為量化與質化研究方法，前者以科學方法對國際教育現象進行分析，運用客觀資料與合理假說，建立社會現象的原理原則，實驗研究法與問卷調查法屬之，而其背後的理論基礎為邏輯實證論，強調經驗與實體的重要；後者強調社會現象的特殊性，國際教育現象也是一樣，研究過程不著重於研究假設建立，也不運用數學及統計資料來解釋國際教育現象，如訪談法、文件分析法、人種誌、俗民誌、田野調查、個案研究法與歷史研究法，其背後的理論基礎為現象學、符號互動論及俗民誌方法學等，強調文化的整體性及歷史脈絡掌握。在這些研究方法中，國際比較教育應思考：為何此領域少有特定研究方法呢？未來國際比較教育研究宜運用社會科學方法建立學理，或建立特定的研究方法，讓研究領域具有獨特性？簡言之，國際比較教育學特定研究方法的建立是重要課題。為了讓方法具有科學性及獨特性，可以：(1)從社會科學方法來學習、模仿或借取，進而改良其研究方法，最後發展成學門的獨特方法；(2)從學科領域研究對象的特殊性，建立適合本學門的研究方法；(3)鼓勵更多研究者從事實證研究，從研究中獲得結論，累積成果，以逐漸歸納研究方向；(4)對於現有與過去國際比較教育研究進行批判，從學科自我反省中，找出適切的研究方法。

臺灣在實證取向的國際比較教育研究少，更沒有專著，而國際比較教育專書論述不多，僅有 Noah 與 Eckstein（1969）合著的《比較教育科學的探索》（*Towards a Science of Comparative Education*），以及 Eckstein 與 Noah（1969）編有《比較教育的科學探究》（*Scientific Investigations in Comparative Education*）。可見，國內外在國際比較教育方面少有實證觀點的專著。近年來，國際比較教育的專業期刊，如 *Comparative Education Review*、*Comparative Education*、*Compare*、*International Journal of Educational Development*、*Inter-*

national Review of Education 等，每期論文為實證取向的約有一至二篇，但仍不多，代表科學化研究仍應努力。

科學化國際比較教育研究，不管是以跨國、跨區域、國家層級的地區、學校及學生為樣本，都應掌握資料蒐集與研究假設設定。在嚴謹的統計檢定下，獲得客觀發現，較能推論其研究結果與建立理論。要具備專業研究能力及觀念者，需要長期培養專業人力，從中讓具經驗的專業學者及教授帶領有興趣研究國際比較教育實證研究者努力研究，未來研究才能展現科學化成果。臺灣可以突破先前的知識形成方式，否則在國際比較教育研究僅以歷史研究、文獻評閱、俗民誌、文件分析，或單以國家教育檔案或國際組織文獻分析，難以讓國際比較教育研究具有科學化成果。

肆、多層次觀點實證國際教育發展為重要趨勢

從 1960 年代 IEA 成立之後，國際大型資料庫陸續建立。在各國參與之後，對於所蒐集資料之分析要準確才有正確研究結果。國際大型資料庫蒐集到的各國資料受到抽樣技術的影響，常區分為學校與班級，而從這些層級抽取的樣本，甚至跨國之間樣本具有巢套性（nested），因此資料分析就需要以多層次模式分析較能掌握正確發現。國際比較教育應以全球為研究範圍，不宜縮限於一個國家、國家內的地區、學校、班級及個人，它應進行全面性及多層級與多分析單位的分析，易言之，它所面對的是不同個體、族群、班別、區域別、國家別、文化、經濟、地理環境或政治體制的研究。Bray 與 Thomas（1995）提出了國際比較教育採用多層次分析方式，近年來國際上這樣的研究非常多，分析單位不再為單一樣本、國家或區域，相對地，是以跨層級的分析，將不同分析單位整合為模式進行探究。Crossley 與 Jarvis（2000）也觀察此研究領域發現，新的實質議題、多元的研究問題，以及以多層次的分析單位，包括全球、國內及微觀的層次之比較等，都是國際比較教育研究的趨勢。張芳全（2011）以 HLM 分析臺灣參與 TIMSS 2007 的資料發現，校際之間的差異是解釋影響學生學習

成就的重要因素，同時城鄉差距也是重要因素。以下再舉例說明多層次在國際比較教育研究的應用。

　　Mostafa（2010）運用 HLM 對日本、芬蘭、德國、義大利及英國之 PISA 2003 進行分析，投入的變項包括家庭中的經濟、社會與文化資本、學生在家中的電腦使用情形、學生數學興趣、學生學習焦慮、學生對學校秩序的感受、國籍別，而在學校層次則將上述的因素整合發現，上述國家在校際之間的差異可以解釋影響學生學習表現量各為 17.36%、5.88%、33.41%、29.85%、9.93%；而學生的數學興趣與家庭學習環境可以正面影響數學成就。Cervini（2005）運用 1998 年阿根廷教育與文化部所調查的國家高中資料庫（High School National Census）來檢定學校組成（school composition）、學校特徵（如機構的文化與氣氛）與學生數學成就之關聯性，以 HLM 分析將資料區分為學生、學校及州等三層，結果發現，學生家長的教育程度、家中學習資源、學校組成因素（由家中學習資源整合計算）及學校歷程（如學生學習動機、學習成就感、學生努力及教師投入）對於學習成就都有顯著正向影響，然而若將兩個變數共同納入分析，兩者效果都減低，但是學校歷程變項對於數學成就的影響仍然比較大；此外，校際之間差異對於學習成就的解釋力明顯大於校內的差異。

　　上述兩個例子，以及本書第八章內容說明了多層次觀點在國際比較教育研究的重要性及未來趨勢。尤其全球發展問題集中於開發中國家或低度開發國家，例如：貧窮、沒有乾淨水、衛生醫療不佳、學校欠缺資源、師資缺乏、師資素質差、初等學校學生輟學、學生重讀、學前孩童無法就學嚴重，甚至戰亂而無法就讀初等教育學生等。面對這些教育發展情境，國際比較教育研究更需要以多面向與多層次觀點來分析，才能更瞭解其中問題。國際比較教育目的，不僅對於單一國家教育制度或跨國教育議題分析獲得研究成果，朝向建立學術理論，重要的是將研究結果提供改善教育問題的處方，使得各國人民生活在正常環境。因而這需要以科學化研究，尤其是以多層次觀點來掌握各國發展，獲得具體結論，提出建議處方，以提供給各國政府做為解決教育問題策略是國際比較教育研究趨勢。

伍、找尋國際教育發展趨勢及規律性增加

　　社會科學研究在找尋社會現象的規律性，掌握國際教育發展的規律性可以預測未來的社會現象。國際教育發展現象有其規律性與不規律性，這種國際教育現象規律宜從科學化的實證研究獲得。國際教育的規律現象可以做為學科理論建立的依據。受到網路化、數位化、國際大型資料庫建置及社會科學研究融入國際比較教育研究之後，已有不少國際教育現象趨勢與規律性獲得證實。本書第八章提及，教育投資對於經濟發展有正向助益（Cohn, 1979）；人口成長愈快，教育擴充愈慢；經濟發展水準愈低，文盲人口比率愈多；教育投資愈多，可以減少所得分配不均等（Sylwester, 2002）；教育擴充愈快，社會信任感愈好；教育投資愈多，國民預期壽命愈長；教育擴充促使社會階層流動（黃毅志（2011，頁 67）等，這些都是國際教育現象的趨勢與規律。然而，這種教育發展的規律性，究竟變項之間的關聯程度為何？不同開發水準的國家，又有多少關聯程度？開發中國家的規律能否推論至已開發國家？值得實證分析。對於國際教育現象規律的找尋不能僅一、二次研究就下結論，相對地，宜在客觀資料中，不斷地從不同年度及地理區域或經濟發展水準的假設檢定，來找出國際教育規律。以下再提供幾個例子說明。

　　黃毅志（2011，頁 57）就以 TEPS 的資料分析臺灣在 1997 年與 2005 年教育分流對現職取得影響之變遷之研究，納入了學生父親的職業、教育程度、居住地區，性別、省籍等變項，研究發現，在兩個年度中，學生的父親是老闆、服務於公家部門、職業聲望愈高、教育程度愈高、居住都會區、本省客家人（參照組為本省閩南）、男性學生，以及學生升公立高中、升私立高中、升公立高職、升公私立五專（參照組為升私立高職）等，其教育年數愈多；同時如果父親職業聲望愈高、居住在都會區、中小學教育年數、大專以上教育年數對現職地位的取得愈有利。這份研究報告不僅以大樣本分析臺灣的教育分流對現職及教育的取得，而且運用跨年度的資料獲得結果，其研究結果發現具有上述的規

律性，就是科學化研究所要追尋的。

Sylwester（2002）以五十個國家在 1970 年與 1990 年吉尼指數的變化為依變項，而以 1970 年的國民所得、公共教育經費支出及國民平均教育年數為自變項分析發現，公共教育經費支出對於後來縮減所得分配不均有正面影響，尤其是在高度國民所得國家，同時若提供更多教育資源是減少所得分配不均的重要策略。本例是以兩個年代在所得分配公平性的跨國分析，研究者運用客觀資料及科學化的統計檢定過程獲得上述結論，也是找尋國際教育發展規律的例子。

Yuko（2008）運用四十三個參與 PISA 2000 國家資料分析學生家庭社經地位（socio-economic status, SES）對於學習成就的影響，該研究重點在於 SES 應包括哪些成分比較重要，研究中四十三個參與國家的 SES 成分包括雙親教育程度、雙親職業、家中擁有教育資源、文化資源、家中擁有圖書數；它將 SES 區分為三種情形：第一種僅以雙親教育程度與職業來測量；第二種是以上述五個變項進行因素分析取得一個 SES 指數，稱為多面向 SES；第三類以家長教育程度與職業，加入家庭經濟狀況。研究結果發現，以第二種的 SES 對於學習成就表現的解釋力最好；其次為第三種，即加入家庭經濟狀況者；第三為僅有家長教育程度與職業者。若進一步以鄉村學生為樣本分析發現，四十三個國家有三十九個（其中兩個缺乏資料）是多面向 SES 對於學習成就解釋力高於僅以家長教育程度與職業者。上述研究發現說明了，研究影響各國學生學習成就，如有考量 SES 時，應以多面向 SES 對於學習成就的解釋力較強。由於該研究從四十三個國家進行相同估計獲得結果，才歸納上述結論，某種程度上代表國際教育發展的規律性，也是未來在這方面研究應掌握的重點。

總之，為了掌握國際教育現象的規律性，宜從提出具有價值及可行性高的研究問題開始，經由建立合理的研究假說、蒐集客觀完整資料、依據理論嚴謹地檢定研究假說、詳實解釋與分析等過程，獲得研究發現，才有找尋國際教育現象規律的可能。當然，未來在科學化國際比較教育研究，宜避免錯誤的國際教育發展規律之掌握。對於科學化國際比較教育應注意的重點是：避免錯誤的因果關係推論、暸解跨國資料的準確性再進行分析、避免少數國家現象對多數

國家推論、理解實證科學並不是萬能、科學化國際比較教育有其限制等，都是
邁向科學化國際比較教育研究應思考的問題。

第二節　科學化國際比較教育展望

壹、宜長期重視被忽視地理區域之實證研究

　　長期以來，國際比較教育研究較重視主要國家、現代化國家或工業化國家
的研究，對於第三世界國家、低度發展國家、貧窮落後國家、非洲國家、中東
地區國家或大洋洲地區、各國的城鄉，尤其是開發中國家之國際比較教育的實
證研究較少重視。未來應強化對這些地區及國家透過多層次模型觀點進行實證
分析。

　　雖然 1990 年代撒哈拉非洲的國家經歷了初等教育普及化發展，但是此區域
整體上距離全民教育（education for all, EFA）及發展目標里程（millennium de-
velopment goals, MDG）的普及教育訴求仍有一段差距（UNESCO, 2000）。
2001 年此區域超過 4,500 萬名初等教育學童，約占所有學童的 42%，無法就讀
初等教育；此區域僅有少數國家初等教育淨在學率（net enrollment rate, NER）
超過 90%（United Nations, 2002），也有不少國家淨在學率低於 70%，可以想
像這些國家需要擴充初等教育來讓學生就讀。此外，開發中國家或低度開發國
家的學生延遲就讀、輟學及重讀相當普遍；2001 年此區域有 20% 至 40% 初等
教育學生僅就讀到二年級；有一半國家少於 67% 的小學生能完成五年級學業；
有十二個國家的初等教育學生有四分之一以上重讀一個年級；所以，撒哈拉非
洲國家的學生為低度教育參與率，2001 年平均僅接受教育七年而已，而此一數
據少於西歐及美洲國家約六至九年（UNESCO, 2006）。因為初等教育參與率
低，所以影響學生成就表現。UNESCO（2006）指出，有七個南非洲國家，在

參與 1995 年至 1998 年的區域學習成就評量發現，六年級生的閱讀表現有 1% 至 37% 僅在可欲的水準（desirable level），有 22% 至 65% 在最小水準（minimum level）；六個法語的非洲國家之五年級學生有 14% 至 43% 在法語或數學成就為低度水準。上述顯示，這些地區的教育發展落後，更值得以科學化研究來提供解決方案。

其實，非洲國家數不少於五十個，加以很多國家曾被英、法、西班牙、葡萄牙及義大利等國殖民，同時這些國家的經濟發展不高、多語言國家亦相當多，所以以非洲國家為主的科學化國際比較教育研究應相對地多才是，但是國際上可以看到的相關實證研究不多。未來應多以這些國家為分析單位進行研究。例如，Zhang（2006）以十四個非洲國家在 2000 年至 2002 年建置的資料庫——SACMEQ 進行分析，以閱讀素養為依變項，而以學生年齡、性別及社經地位為投入變項，其中社經地位以雙親最高的教育程度、家中擁有物品以及樓層數衡量，其值在 1 至 15，分數愈高，社經地位愈高。歷程變項包括學生重讀次數，以及學生在家庭中的回家作業情形。學校投入變項包括教師及校長對學校投入變項，如學校所在地；而學生家庭狀況、學生平均的社經地位為學校脈絡變項（school context），另外也包括實質資源、學校資源好壞、學校設備品質，以及教師品質等。學校歷程變項包括學生家庭作業及回饋、家長參與、管理及評量學童作業、教師指派作業、家長是否與教師討論學生作業等。此外還包括學生缺席、蹺課及學生在課堂的行為，如霸凌或危害教師健康的問題。研究結果發現，這十四個國家鄉間學生閱讀素養平均低於都會區的 50 分，南非差距 118 分最大，很多國家鄉間地區的學生相當不利，如肯亞、納米比亞、坦尚尼亞、尚比亞各僅為 48 分、85 分、72 分及 57 分，最極端的是塞席爾鄉間地區學生僅有 7 分。整體來說，肯亞、尚比亞、南非、坦尚尼亞、納米比亞的城鄉差距相當嚴重，鄉間學生的閱讀素養低於城市學生全部平均數的半個標準差。鄉村學生面臨了家庭環境不好及學校氣氛不佳；有趣的是，相同的社經地位，若在相同條件下，模里西斯及塞席爾的鄉間六年級學生表現比都會區好。這些結果說明了鄉間學生相對於都會區學生的閱讀較差是受到了家庭及所在的環境所影響。

若與都會區學生相比，鄉間學生有較低的社經地位、年紀較長、較常重讀、較少家長支持學習。

此外，中東及北非地區的國家與非洲國家有相同的情形，亦應有更多的實證研究。他們在被殖民時期，孩童接受正規教育是受到限制的（Akkari, 2004），在二次大戰後，各國獨立，政府大力補助大眾教育並建立國家，但仍有不少的戰亂，至今教育發展仍偏低。Chapman 與 Miric（2009）分析指出，北非及中東國家在 TIMSS 1995、1999、2003 的數學學習成就相對於各國低落、提供給教師誘因不足，如薪資比公務員還低、教育經費占國民生產毛額比率從 1995 年至 2003 年沒有因學齡人口增加而有提高，因而教育品質低落。

就第三世界國家來說，學生輟學率高、生師比高、教育在學率低、教學設備差、沒有充足的教科用書、沒有飲用水、教師合格率不高與學校圖書資源不足（Postlethwaite, 1998）。Schafer（1999）探討國際非政府組織對於第三世界教育發展的影響，研究中以中等教育在學率、每百位學生的教師數及學生可以持續就讀到五年級比率為依變項，而以第三世界國家參與國際非政府組織（如 UNESCO、OECD 等）情形（如會員國與否）、經濟發展、外債情形、對國際貨幣基金會（IMF）之義務（代表有向 IMF 國際貸款）、外國投資於該國金額、國內投資金額、教育經費支出占國民生產毛額比率等為自變項，納入分析國家有四十九至六十三個不等，研究發現，第三世界國家若為國際非政府組織的會員國、國家經濟發展愈好、國內經濟投資愈好，則中等教育在學率、每百位學生的教師數及學生可以持續就讀到五年級比率愈高，代表了第三世界國家參與國際組織是可以提昇國家的教育品質及擴充教育量，若就現代化理論觀點來說，國際組織是另類的現代化機構，它提供了經濟發展轉移及市場發展的力量；然而，對國際貨幣基金會義務則為負向顯著影響，代表第三世界國家的貸款確實負面影響其教育發展，這更證實作者依賴理論論點的說法，也就是第三世界國家向國際組織貸款，某種程度是對於國際社會的依賴；研究中發現，第三世界國家的教育經費占國民生產毛額比率並沒有對於教育品質及教育擴充有顯著影響，代表了第三世界國家的教育經費不足。進一步分析，上述自變項對

於兩性教育公平（女性教育在學率除以男性教育在學率）的影響研究發現，參與國際會員與對國際貨幣基金會義務對於教育公平各有正向及負向影響，這也符合現代化理論與依賴理論的說法。

最後，國際比較教育研究少有以實證取向對於城鄉學生學習差距進行深入探討，尤其是鄉間地區學生，以及對於城鄉學生學習差距的分析，然而它卻是國際比較教育研究重點之一。張芳全（2011）以臺灣的八年級生參與 TIMSS 2007 資料研究顯示，臺灣的學校規模、學校學生家庭富裕比率、學校所在的城鄉對各校平均數學成就有正向顯著影響，代表學校規模大、學校學生家庭富裕比率愈高，以及愈是在城市的學校，該校學生數學成就愈高；相對地，居住在鄉間地區的學生數學成就明顯低於城市學生。Williams（2005）分析二十四個國家學生數學成就表現發現，有十四個國家的鄉間學生數學成就明顯低於都會區或近都會區的學生，僅有英國及比利時的鄉間學生與都會區有一樣高的表現；鄉間的學生表現低是常態，但並非絕對，因此應考量影響學習成就的相關因素。澳洲的學生住在鄉間地區，學習成就明顯較差；而日本則是住在近都會區的學生，而不是都會區學生學習表現最好，但整體來說，鄉間地區學生比起都會區的學生分數低很多。這情形也說明，城鄉間的學習差距更需要科學化研究才能瞭解其狀況，並提出解決此種落差的方案。

貳、宜重視多語言國家對教育影響之實證研究

科學化國際比較教育也長期忽視語言對於學習、生活適應及文化影響之重要性。尤其是對於開發中或落後國家常具有多語言特性與事實進行實證研究。雖然開發中國家語言為多類型，但是近年來受到國際化與全球化的影響，英語成為主要國家的官方語言，或者受殖民統治影響，英語成為官方語言，因而對於當地很多本土性的語言產生衝擊，甚至禁止使用這些本土語言。而這不僅影響學童的學習，也影響國家認同。

語言是重要的溝通媒介。各國的語言發展政策常是一種由上而下的歷程，

由國家統一規範，人民再遵守使用，然而很多語言是從人民日常生活中產生，因而由上而下的發展使得人民對官方語言的認同及使用降低，也影響教育、社會與政治發展。1950 年代很多開發中國家或第三世界國家，將語言視為國家政府對於人民的赦免權。二次大戰後，殖民國離開殖民地，殖民者留下的習慣（如語言、文字、學校制度、經濟制度等的依附）常成為富有國家與貧窮國家在經濟援助的一種微妙的關係（King, 1993）。法文、德文、日文、中文、阿拉伯文、西班牙文、俄羅斯文等還是可以聽得到，然而世界上有很多國家的語文則少有聽到其名稱，這些本土性語言對於學生學習有很大助力。毫無疑問，語言是一種權力，政治與權力對於語言產生了「權力在哪，語言／識字就要第一優先考量」的情境（UNESCO, 1997）。一個國家語言政策同質性（homogeneous）愈高，經濟上較為發達與先進，教育也比較先進，政治比較現代化，而意識型態也比較穩定（Watson, 1999）。Pool（1972）回應這論述指出，一個國家語言高度異質（heterogeneous），其國家傾向為低度發展；若國家愈現代化發展，其語言的統一性愈強。很多開發中國家或第三世界國家或貧窮國家是最具有多元語言的社會，尤其是非洲國家，而它是全球最落後之區域，但是其地區性語言（local languages）卻被當地廣泛使用，較少使用官方與國際語言（Robinson, 1996, p. 26）。Watson（1999）指出，UNDP、World Bank、OECD 等國際組織所有分析的發展指標，語言因素從不被平等考量，因而也沒有相關的統計資料；縱使 1950 年代 UNESCO 宣示，母語教學是重要的教學語言，在《世界教育報告書》（*World Education Report*）也沒有建立多元語言的參照資料。開發中國家的國民文盲率經常被引用，但是語言與國家之關係並不明確，尤其開發中國家透過母語教學來協助人民脫離文盲亦不被重視。這就讓人驚訝，UNESCO 對於語言多樣性及地區語言重視的質疑。語言是個人表達他們內心感受及觀念的重要工具，也是吸收新觀念的媒介。在多元語言的社會，不同語言依其權力結構在國家或地區就扮演重要的角色（Street, 1984）。例如，有 90% 非洲人民在其國家中沒有官方語言（Mackey, 1989, p. 5），然而人民與政府的溝通是必要的，但究竟是如何達成良好溝通耐人尋味。

Ruhlen（1976）指出，全球有 4,000 至 6,000 種語言在使用之中。UNESCO（1992）也指出，1990 年全球使用的語言約有 4,000 種，然而，加勒比海的《語言百科全書》（*Cambridge Encyclopaedia of Language*, 1996）指出，全球可能有 6,528 種生活使用語言，然而，Grimes（1996）認為，全球應該有 6,703 種生活語言，其中 94% 在非洲、亞洲、拉丁美洲與大洋洲之中。Grimes（1996）指出，巴布亞紐幾內亞、萬納杜、索羅門群島、納米比亞、薩伊與喀麥隆的人口僅有 450 萬、191,000 人、30 萬、219 萬、4,181 萬、1,280 萬人，卻有 826、109、66、28、221 與 279 種語言，而最主要語言使用情形僅占人口的 4%、4%、7%、10.9%、15% 與 16%。

許多開發中國家的語言使用與政治權力受到十六、七世紀歐洲殖民擴充權力與人口移民的影響，不僅因為殖民統治國的語言在殖民地區使用，而且也在當地建立殖民政府，因而阻斷語言、族群及種族團體發展，甚至語言因而被禁止，例如：西班牙統治墨西哥仍以西班牙語為官方語言，而司法權及語言決定仍在菁英手中，葡萄牙統治之後，超過 75% 的本土語言陸續被毀滅，雖然今天的墨西哥有 208 種語言，但在 1 億 6,000 萬人口中僅有 10,000 名使用少數族群的語言（*Time Magazine*, 1997, p. 53）。Clare（1995）指出，西班牙曾殖民過的十幾個拉丁美洲國家，他們在獨立之後，仍使用西班牙語為主要語言，使用的人數約有 3 億 5,000 萬人，這些國家獨立之後，為了國家現代化、國際經濟市場、先進技術媒體，尤其移民者到都會區，促使西班牙語更顯得重要；因此，使用西班牙語成為這區域多數國家的共同語言，在國際上也形成另一個政治團體；由於各國貿易開放，使得這區域的語言呈現複雜情形，除了殖民前與獨立後使用的西班牙語之外，先前也有義大利在這區域的國家殖民，因而這些國家也有相同問題，在獨立後使用義大利語與本土語產生衝突，由於英語是國際共通性語言，在引入這區域之後，對於拉丁美洲國家本土語言產生相當大的威脅。相同情形也發生在非洲國家，殖民統治之後，主要歐洲國家語言，如英文、法文、葡萄牙文是重要語言，同時政府、法律及教育的發展反而讓許多本土語言難以生存發展（Adegbija, 1994）。然而，語言對於一個國家的發展相當重要。

Heidi（2009）指出，語言議題在教育對於政治民主化的影響很重要，政治民主化與多語言主義是有密切關係的；國家政體應該採取多元語言的政策，如此可以擴充及增加國民對於民主的認同，尤其是對於少數民族的語言，此外，民主也需要所有語言團體有社區的意識感，如此，能讓政治更為民主。

上述可以看出，語言對於學生學習，乃至於語言對於教育及文化的影響，甚至對於國家認同相當地重要，然而，科學化國際比較教育在這方面的研究卻是相當少，未來應有更多研究在這方面著墨，以找尋國際教育發展及語言之規律性，藉以建立理論基礎。

參、宜增加新興與小國家國際比較教育之實證研究

後現代主義強調重視「他者」聲音，他者的意義應指國家及族群中的相對弱勢者。以國家來說，先進與落後、大國與小國（small state，如人口少於 100 萬者）、核心與邊陲國家、經常內戰及暴動的國家；以族群來說，黑色人種與白色人種、土著與非土著；以性別來說，男性與女性。相對上，落後國家（貧窮）、小國、邊陲、黑色人種（如美國的黑白人，而不是非洲的黑白人）、土著、女性等都是應重視的「他者」。科學化國際比較教育也應重視這些分析單位及對象，從這些「他者」研究結果發現，來瞭解他們的聲音。

Meleisea（1989）以大洋洲國家（如索羅門群島、萬納杜、土瓦魯、西薩摩亞、巴布亞紐幾內亞、密克羅尼西亞、庫克群島、斐濟、東加、美屬薩摩亞、夏威夷等）的高等教育分析指出，大洋洲多數國家擁有高教育程度的人力相當少，雖然密克羅尼西亞及波里尼西亞有較高，但是整體來看，比先進國家低，甚至比起開發中國家還低，文中分析大洋洲國家的經濟成長，受國際社群及近年的發展趨勢影響，這些國家整體發展與地區性發展呈現相反方向。

Adila（2008）分析波士尼亞及赫塞哥維納（Bosnia and Herzegovina, BiH），與東歐國家一樣面臨了社會主義轉型為資本主義的問題；同時國家內部持續四年不斷內戰，社會制度及建設已毀壞，教育制度也一樣，這一場戰爭影響到十

年後的青年學子接受教育的困難，包括年輕人對國家、宗教或語言、接受教育的不平等，以及非常清楚的分離及心理的疏離；雖然許多國家提供了援助，但是仍無法短時間去除戰爭帶給該國人民的苦難。亞洲國家中，從印尼獨立的東帝汶、伊朗與伊拉克之戰爭內亂，國家的教育發展都值得重視。

此外，對於較少開發的國家之教育發展的實證研究應予以重視。尤其在國際社會中，由於經濟發展較為緩慢或地處邊陲，因而在國際社會中能見度較低，如加勒比海國家、拉丁美洲（中南美洲）國家、俄羅斯的各聯邦、波羅的海三國、大洋洲國家等，都期待若這些國家有實證資料可以進行探究，來找出這些國家的教育發展與國際教育發展規律的異同，例如：Postlethwaite（1998）受UNESCO及聯合國兒童基金（United Nations Children's Fund, UNICEF）補助從事 1995 年十四個較少開發國家（least developed countries）的初等教育品質調查研究，指標包括了輟學率、班級大小、教師的教育程度、班級設備標準、學校建築品質，此一調查配合 1990 年在泰國清邁（Jomtien）舉辦的全民教育的世界會議（World Conference on Education for All）所進行，整體研究發現，有許多國家（並非多數國家），在教學及學生學習方面仍然沒有效率。這個例子就是以較少開發的國家為分析單位所進行，所獲得的結果也才可提供歸納教育發展規率參照。

Newland（1995）以西班牙美洲（Spanish American），即拉丁美洲的十八個國家分析 1950 年至 1992 年的教育發展發現，這區域國家之教育制度傾向於中央集權，權力集中在白種人手中，教育資源亦分配於都會區較多，因而教育發展都掌控在菁英及權勢之中；雖然近年來已有分權，但是教育經費支出偏低；其分析歸納幾項發展趨勢：(1)生師比由 1960 年的三十五名，1985 年下降為三十一名；(2)1960 年女性國小教師比率為 75%，1985 年為 72%，女性教師較高原因是這區域女性工資較低及經濟風暴，女性以教職居多；(3)1950 年合格教師比率僅有 65%，1985 年提高為 83%；(4)1954 年私立初等教育學校在學率為12%，1987 年仍維持相近比率，但很特別的是智利在這期間都維持在 34% 左右；(5)1950 年成人識字率僅有 64%，1990 年增加為 87%，但 1987 年瓜地馬拉

仍僅有 55%，可見該國的教育發展落後；(6)1950 年初等教育粗在學率為 65%，1985 年增加為 110%，代表教育已普及化了。上述可以看出，拉丁美洲國家的教育雖然有進步，但比起許多開發中或先進國家教育仍相當落後。由於這些國家多處於世界的邊陲，經濟發展落後，較少為被國際關注，其教育發展規律是否與國際教育發展趨勢一致，值得實證分析來探究其規律性。

肆、宜加強宗教信仰國家在教育發展之實證研究

宗教是文化的一部分，也與教育密切相關。各國宗教信仰不同，因而也與國家教育發展密切相關。Al-Hariri（1987）、Cammish（1993）研究指出，國民信仰的宗教類型與教育機會擴充有不同。張芳全（2012）以 110 個國家分析發現，各國國民信仰主要宗教與兩性教育在學率的差距有明顯不同，其中，天主教多數國家的男女性教育在學率相等，代表信仰天主教的國家，其兩性教育在學率較為接近。而信仰回教的多數國家其男性教育在學率高於女性；信仰佛教的多數國家的兩性教育在學率較為相近。而各國所在地理區域與兩性教育在學率差距有明顯差異，歐洲多數國家女性教育在學率高於男性，也明顯多於其他地理區域；而非洲多數國家的男性教育在學率高於女性，也高於其他地理區的國家，代表非洲國家發展較為落後，國民所得較低。

以回教來說，回教對於女性接受教育之規定有不同說法，女性有權利接受到最高教育層次，並擁有及分配她的財產，或從事貿易與專業工作，及投票與成為政府公職人員的權利（Ali & Ali, 2006）。雖然，這種國民權利在 1,400 多年前就有規範，但是在很多回教的國家，女性受教育機會不多，社會地位也偏低。Megahed 與 Lack（2011）討論了文化與宗教極為相近的突尼西亞與埃及對於女性平等的議題，由於都面臨到傳統與自由的意識型態交錯，兩國都有女性平權的相關問題；他們指出，1957 年突尼西亞是第一個廢除，也是回教國家唯一廢除一夫多妻制的國家，突國政府基於「神的律法系統想法；信仰和實踐方式」（Shari'a）[1] 會影響女性平等權利，因而對於回教的規定進行檢討，如 1976

年立法規定墮胎的合宜性、1986 年廢除穆斯林婦女戴的面紗或頭巾（hijab），而目前在政府部門女性禁止戴頭巾；他們進一步指出，因為社會與宗教規定的開放，使得 2008 年至 2009 年所有大學有一半是女學生（59.5%）。

同樣是回教國家的埃及，1922 年半獨立於英國之後，仍有很多專業人員受制於英國。在獨立之後，也積極配合國際環境改變，但是回教的相關規範根深柢固難以改變。Salmoni（2003）指出，埃及在獨立之後，政府官員視教育為國家主義運用的工具，後來在 1953 年遇到國內戰亂，女性平等權受到剝奪，因而也影響到女性受教育權利；1970 年代女性地位逐漸受重視，薩德（Sadat）政府強調提昇埃及經濟，鼓勵西歐及北美國家經濟投資；然而，1980 年代穆巴拉克（Mubarak）政權強烈對抗伊斯蘭主義者，女性喪失很多已獲得的權利；近年來，埃及政府修正相關規定，讓女性可以獲得更多的權利，如修訂國籍法讓埃及女性與外國人所生的非婚生子女獲得國籍、2005 年確保女性有離婚權，同時也修改法令，女性到外國旅遊不必先生或父親的同意，因此，2004 年至 2005 年就讀大學前的學生人數為 1,630 人，約是學齡人口的 90.1%，女性的就學率達到 90.3%，略高於男性的 90%；在高等教育方面，2006 年至 2007 年約為 250 萬名，其中女性約占 46%（Megahed & Lack, 2011）。

上述說明了，各國人民所信仰的宗教影響教育發展，然而在很多世界地區所信仰的宗教對教育發展也有影響，卻很少有實證研究結果。科學化國際比較教育在找尋國際教育發展的規律性，對於國際間很多宗教對教育的影響值得深入分析。

伍、以宏觀思考科學化國際比較教育研究體系

國際比較教育發展已近 200 年歷史，對於未來應重新建構國際比較教育研究及領域的方向。Klees（2008）指出，國際比較教育從 1960 年之後，已經從

---

1 2012 年 04 月 05 日取自 http://www.multilingualarchive.com/ma/enwiki/zh_tw/Sharia

較少人關心的研究領域,至今擴充到更多研究單位、領域、大學、國家、地區及跨國性的單位,Noah 與 Eckstein(1969)強調,以社會科學研究法進行國際比較教育研究之後,該領域已有開拓性,加入了不少研究,讓這研究領域所引述的理論、方法、實務等持續爭論著。因而有以下的思維。

第一,科學化國際比較教育研究內容的調整與擴充。記得本書第二章引用 Klees(2008)歸納一位學習國際比較教育的學生要涉略以下內容:人種誌、經濟學、政治學、社會學,以及要討論上述一領域內及上述跨領域間議題、發展理論與實際、全球化、後現代主義及其他「後字」的學理、女性主義/性別與發展、種族及族群/多元文化主義/多元性/認同性、目前教育及發展議題、國際比較教育發展史及其特性、批判教育學、政策研究與分析及計畫、環境議題、國際機構、非政府組織的角色、公民社會、社會運動、參與觀點、社區發展、教育史及教育哲學、比較文獻以及心理學等。上述看出,國際比較教育研究的方向及學習內容相當廣泛,然而對於上述的研究議題,若能以科學化研究者,更應鼓勵朝這方面努力,如此邁向科學化國際比較教育應更為具體。

其次,以多層次實證觀點與理論建立研究領域的學理。Cowen(2002)認為,國際比較教育應再概念化,在這方面應包括理論、方法、獨立存在及組織面向;在方法上可以採取 Bray 與 Thomas(1995)提出的多層次分析來解決同時分析不同單位的問題;在研究上可以集體組成團隊,聯結不同地理區域,如北半球及南半球、東方與西方、開發中與已開發、資本主義與社會主義、小國與大國的學者或政策與實務,讓研究成果與理論有更多元的對話機會。而人權教育也很重要,《國際教育評論》第 48 卷第 3 至 4 期專文討論全球的人權教育,沒有實證論論文對於這方面有深入探討。

第三,配合網路及大型資料庫加速科學化研究。Wilson(2003)檢討了國際與比較教育的歷史及未來發展,以全球化及資訊傳播技術(information and-communications technologies, ICTs)論述認為,比較教育學者常在一個歷史脈絡下,與印刷技術及傳播科技之間的聯結溝通與互動。國際比較教育的全球化溝通特性已是空間及歷史交錯,國際比較教育學者可以在不同區域中運用各國資

訊，增加了國際比較教育學者的研究及比較視野，例如從教科書、期刊、會議、國際議程、網路、網站溝通，使得專業比較教育學會與傳播溝通及全球化產生密切聯結。這樣的專業知識取得及流通也會加速科學化國際比較教育研究的力量，透過本國網路很快聯結他國或國際機構，搜尋所要的資料及研究題材，改變傳統的資訊取得方式。

第四，分析單位的多元化與跨層級性。科學化國際比較教育研究為未來必走途徑。尤其，傳統的比較教育或國際比較教育受到邏輯實證論挑戰，單以國家的文獻檔案分析、詮釋與比較，不易累積實證的研究結果，更難以建立國際比較教育的學理。相對地，透過科學化國際比較教育研究可以建立學術理論、具體客觀地比較、易於簡明比較、提供未來預測。然而科學化國際比較教育研究有其困難，例如，國際比較教育研究方法未能創新；借取社會科學方法研究；國際比較教育研究人員素養仍待提昇；科學化國際比較教育研究較少受重視；國際比較教育以歷史評閱、文件分析及觀察研究居多，科學研究驗證的研究不足；建立國際比較教育學原理困難。國際比較教育研究取向，可以試著朝向跨世界地理區域分析比較、跨國比較教育研究、國內的比較教育議題研究、縱貫面國際比較教育研究，這些發展突破傳統上單以國家教育制度或僅以少數國家分析的侷限性。國際比較教育研究宜試著從多層次、多層面與多元觀點進行橫斷面及以時間數列對於分析單位深入分析，以獲得有價值的學理與規律。若同時考量不同層級的資料，如國家、區域、學校、班級、學生等資料，運用HLM對國際資料做有意義分析，不僅可以對同一個國家不同層次深入分析，而且也可以突破僅以單一年度、沒有涉及不同層級資料的研究發現。

總之，國際比較教育及其研究宜宏觀思考，除了上述及第二章提出之內容，努力方向歸結如下：(1)國際比較教育研究方法重新檢討：過去研究太過於以個案研究或質化取向研究，實證研究偏少，如何運用邏輯實證取向於國際比較教育研究是未來重點；(2)研究理論的建立與創新：過去研究集中於結構功能論、現代化理論、人力資本理論、世界體系理論，乃至於後來的後現代理論與後殖民理論，這些理論仍然是借取社會科學，國際比較教育宜有學科本位的理

論，這需要從國際的資料中，由科學實證來建立法則，以形成理論；(3)國際比較教育的分析單位重新定位：過去以國家為分析單位，然而 Bray 與 Thomas（1995）提出多層次的模式來分析比較教育，已有不少研究朝這方面努力，未來國際比較教育的分析單位應該是以多層面，而非單一個國家或個人；(4)國際間大型資料庫建置檢討：如何將各國大型資料庫經由實證分析來瞭解各國在教育、學生學習、教師教學及學校效能與發展的差異及規律性為重要課題。尤其公民素養與人權法治教育等資料庫，如何納入於國際比較教育研究亦應思考；(5)在全球化、國際化、網路化、資訊化與數位化的衝擊下，對於南北半球、東西方、大國與小國、開發中與已開發國家劃分方式應重新思考。Tikly（2001）指出，在許多方面，後殖民架構引起注意，尤其地緣政治實體受到挑戰、殖民主義衰退、焦點注意在文化與認同，它反映了國際比較教育領域注意到人種誌研究及運用專業術語的危機，例如開發中與已開發國家，或北半球與南半球的區隔。換言之，在網路便捷及數位檔案資料取得容易的同時，國際比較教育學者更應運用這些珍貴經驗性的資料，從事科學化研究，使資料轉變為有意義的發現，將結果發現轉換為知識，再將知識不斷累積成為國際比較教育的理論。

陸、強化臺灣邁向科學化國際比較教育之策略

　　雖然科學化國際比較教育研究有其主客觀條件限制不易進行，但是為了更客觀、具體地掌握國際教育現象，科學化國際比較教育研究勢在必行。本書以科學化觀點來說明國際比較教育研究，除了上述展望之外，對於未來臺灣如何邁向科學化國際比較教育，有以下思維。

　　首先，鼓勵實證取向的國際比較教育研究。基於臺灣在國際比較教育研究中，邏輯實證論取向的國際比較教育研究不足，政府機構（如行政院國科會、教育部、國家教育研究院）、學術研究機構（如中央研究院）應提供獎勵經費，鼓勵從事實證取向的國際比較教育研究人員。此外，鼓勵實證取向的研究，例如行政院國科會在教育學門中的比較教育領域，以及中華民國比較教育學會應

獎勵這方面研究及其發表，這有益於臺灣在邁向科學化國際比較教育的進程。

其次，培養人力機構宜有實證研究取向課程。邏輯實證觀的課程設計培育科學化研究人才為臺灣未來發展的重點。臺灣要邁向科學化國際比較教育研究需要有良好師資引導。如果培育國際比較教育的人力機構中，沒有實證科學取向的師資，就難以培養優異的科學化國際比較教育人才。要培養這類的師資及研究人力，宜在人力培養單位的課程設計有量化取向課程，讓不同學習階段的學生學習。這方面可以朝著大學、碩士與博士階段都有不同程度的統計方法課程、實證取向的國際比較教育外文文獻閱讀課程，甚至在碩士與博士養成階段宜有實證取向的研究論文發表等方向進行。簡言之，在國際比較教育或相關研究系所對於初學國際比較教育者或培育研究人才，宜有邏輯實證論的相關課程，如統計學、高等統計學、多變項統計分析、HLM、SEM、實驗設計與多變項統計專題應用於國際比較教育研究的課程。在資料蒐集課程，能不斷地加強學習者及研究人員資料蒐集之能力、增加實證資料分析處理的觀念素養與能力，並試著培養學習者與研究人員參與國際學術會議發表實證取向的論文。

第三，鼓勵實證研究論文發表於海外專業學術期刊。國際上有不少專業的國際比較教育期刊，然而臺灣在這方面的發表有限，未來宜鼓勵臺灣的研究人員向國際專業期刊投稿，尤其以實證臺灣教育議題之論文為主，或以跨國資料分析國際教育發展趨勢，透過論文發表接受刊載者給予肯定之外，並給予相對應的獎勵經費。這也是臺灣要邁向科學化國際比較教育的重要發展途徑。

第四，加強國際比較教育培育機構人員交流。加強臺灣不同學術團體或人力培養機構人員，與國外大學相關的國際比較教育學系或各國比較教育學會交流，一方面讓國際比較教育的人力培育機構人員瞭解外國從事科學化研究的過程，以及實證觀點的學習課程或專業人員的經驗分享，一方面透過專業人員的經驗分享，瞭解實證研究的困難及如何進行良好的科學研究。

最後，強化與國際組織中的研究機構及人員交流與對話。目前與國際比較教育有關的國際組織不少，如UNESCO、OECD、IEA、UNICEF，這些組織長期以來從事實證取向的研究不少，臺灣可以透過這些組織中的研究人員與臺灣

研究者學術交流及對話,從過程中學習科學化國際比較教育研究的內容、方法及分析的策略等。

　　總之,比較教育已將近 200 年歷史,從其歷史演變來看,不同階段都有不少學者對於研究方法、研究領域、研究內容、分析單位、研究領域的獨立性等有不同的主張。雖然各方對於國際比較教育是學科還是研究領域仍有其爭議,但是不可否認的是,以邏輯實證論及多層次方式來探討國際比較教育是不可或缺的觀點,究竟科學化國際比較教育內容應包括哪些?或者分析單位應有哪些?都是未來可以探究的,但是要找尋國際教育發展規律及建立學術理論,邁向科學化國際比較教育研究卻是一定要走的方向。

參考文獻

中文部分

張芳全（2011）。多層次模型在學習成就之研究。臺北市：心理。

張芳全（2012）。兩性教育機會差距的國際觀察。**教育政策論壇，15**（1），123-156。

鍾宜興（2004）。比較教育的發展與認同。高雄市：復文。

黃毅志（2011）。臺灣的教育分流、勞力市場階層結構與地位取得。臺北市：心理。

英文部分

Adegbija, E. (1994). *Language attitudes in sub-Saharan Africa*. Clevedon, UK: Multilingual Matters.

Adila, P. K. (2008). The war and post-war impact on the educational system of Bosnia and Herzegovina. *International Review of Education, 49*(1-2), 353-374.

Akkari, A. (2004). Education in the middle east and north Africa: The current situation and future challenges. *International Education Journal, 5*(2), 144-153.

Al-Hariri, R. (1987). Islam's points of view on women's education in Saudi Arabia. *Comparative Education, 23*, 51-57.

Ali, M., & Ali, A. (2006). Women's liberation through Islam: The freedom women gain from Islam. 3 March 2012, Retrieved from http://www.huda.tv/articles/women-in-islam/189-womens-liberationthrough-islam

Bray, M. (2008). The WCCES and intercultural dialogue: Historical perspectives and continuing challenges. *International Review of Education, 54*(3-4), 299-317.

Bray, M., & Thomas, R. M. (1995). Levels of comparison in educational studies: Different insights from different literatures and the value of multi-level analyses. *Harvard Educational Review, 65*(4), 472-490.

Cambridge Encyclopedia of Language (1996). Cambridge, UK: Cambridge University Press.

Cammish, N. K. (1993). Sons and daughters: Attitudes and issues affecting girls' education in developing countries. *Oxford Studies in Comparative Education, 3*(2), 87-107.

Cervini, R. A. I. (2005). The relationship between school composition, school process and mathematics achievement in secondary education in Argentina. *International Review of Education,51*(2-3), 173-200.

Chapman, D. W., & Miric, S. L. (2009). Education quality in the Middle East. *International Review of Education, 55*(3), 311-344.

Clare, A.-M. (1995). Language politics in multi ethnic Latin America and the role of education and literacy programmes in the construction of national identity. *International Journal of Educational Development, 15*(3), 209-219.

Cohn, E. (1979). *The economics of education* (Revised edition). Cambridge, MA: Ballinger.

Cowen, R. (2002). Comparative and international education: Contemporary challenges, reconceptualization and new directions for the field. *Current Issues in Comparative Education, 4*(2), 81-86.

Crossley, M., & Jarvis, P. (2000). Introduction: Continuity and change in comparative and international education. *Comparative Education, 36*(3), 261-265.

Eckstein, M. A., & Noah, H. J. (Eds.) (1969). *Scientific investigations in comparative education*. London, UK: Collier-Macmillan.

Grimes, B. F. (1996). *Ethnologue: Languages of the world* (13th ed.). Dallas, TX: Summer Institute of Linguistics.

Heidi, B. (2009). Multilingualism and education for democracy. *International Review of Education, 55*(1), 5-20.

Holmes, B. (1981). *Comparative education: Some considerations of method*. London, UK: George Allen & Unwin.

Kazamias, A. M. (2001). Re-inventing the historical in comparative education: Reflections on a protean episteme by a contemporary player. *Comparative Education, 37*(4), 439-449.

King, K. (1993). *Aid to education in the developing world: The role of donor agencies in educational analysis*. London, UK: Longman.

Klees, S. (2008). Reflections on theory, method, and practice in comparative and international education. *Comparative Education Review, 52*(3), 301-328.

Mackey, W. F. (1989). Status of languages in multinational societies. In U. Ammon (Ed.), *Status and function of languages and language varieties*. Berlin, Germany: Mouton de Gruyter.

Megahed, N., & Lack, S. (2011). Colonial legacy, women's rights and gender-educational inequality in the Arab World with particular reference to Egypt and Tunisia. *International Review of Education, 57*, 397-418.

Meleisea, M. (1989). Higher education in the Pacific islands: Spheres of influence, trends and developments. *International Journal Educational Development, 9*(3), 163-173.

Mostafa, T. (2010). Decomposing inequalities in performance scores: The role of student background, peer effects and school characteristics. *International Review of Education, 56*, 561-589.

Newland, C. (1995). Spanish American elementary education 1950-1992: Bureaucracy, growth and decentralization. *International Journal of Educational Development, 15*(2), 103-114.

Noah, H. J., & Eckstein, M. A. (1969). *Towards a science of comparative education.* London, UK: Collier-Macmillan.

Pool, J. (1972). National developments and language diversity. In J. A. Fishman (Ed.), *Advances in the sociology of language* (Vol. 2) (pp. 213-230). The Hague: Mouton de Gruyter.

Postlethwaite, N. (1998). The conditions of primary schools in least-developed countries. *International Review of Education, 44*(4), 289-317.

Robinson, C. D. W. (1996). *Language use in rural development: An African perspective.* The Hague: Mouton de Gruyter.

Ruhlen, N. (1976). *A guide to languages of the world.* Stanford, CA: Stanford University Press.

Salmoni, B. (2003). Women in the nationalist-educational prism: Turkish and Egyptian pedagogues and their gendered agenda, 1920-1952. *History of Education Quarterly, 43*(4), 483-516.

Schafer, M. J. (1999). International nongovernmental organizations and third world education in 1990: A cross-national study. *Sociology of Education, 72*(1), 69-88.

Street, B. (1984). *Literacy in theory and practice.* Cambridge, UK: Cambridge University Press.

Sylwester, K. (2002). Can education expenditures reduce income inequality? *Economics of Educatuon Review, 21*(1), 43-52.

Tikly, L. (2001). Globalization and education in the post-colonial world: Towards a conceptual framework. *Comparative Education, 37*(2), 151-171.

Time Magazine (1997). *Speaking in tongues,* 7 July, 52-58.

UNESCO (1992). *Education for All: Purpose and context.* Paris, France: Author.

UNESCO (1997). *Literacy Innovations* (Vol. 2, 1). Pairs, France: Author.

UNESCO (2000). *Education for All: The Darkar framework for action.* Paris, France: Author.

UNESCO (2006). *EFA monitoring report 2004/2005.* Paris, France: Author.

United Nations (2002). *UN millennium declaration.* New York, NY: Author.

Watson, K. (1999). Language, power, development and geopolitical change: Confliciting press facing plurilingual societies. *Compare, 29*(1), 5-22.

Williams, J. H. (2005). Cross-national variations in rural mathematics achievement: A descriptive overview. *Journal of Research in Rural Education, 20*(5). 20 May 2012, Retrieved from http://jrre.psu.edu/articles/20-5.pdf

Wilson, D. N. (2003). The future of comparative and international education in a globalised world. *International Review of Education, 49*(1-2), 15-33.

Yuko, N.-T. (2008). Cross-national estimates of the effects of family background on student achievement: A sensitivity analysis. *International Review of Education, 54*(1), 57-82.

Zhang, Y. (2006). Urban-rural literacy gaps in Sub-Saharan Africa: The roles of socioeconomic status and school quality. *Comparative Education Review, 50*(4), 581-602.

附錄

1980 與 2004 年各國人力發展指數的差異情形與分類

國家／年代	1980	1985	1990	1995	2000	2004	分類	差距
挪威	.89	.90	.91	.94	.96	.97	1	.077
冰島	.89	.90	.92	.92	.95	.96	1	.072
澳洲	.87	.88	.89	.93	.95	.96	1	.091
愛爾蘭	.83	.85	.87	.90	.93	.96	1	.128
瑞典	.88	.89	.90	.93	.95	.95	1	.073
加拿大	.89	.91	.93	.94	.95	.95	1	.064
日本	.88	.90	.91	.93	.94	.95	1	.065
美國	.89	.90	.92	.93	.94	.95	1	.059
瑞士	.89	.90	.91	.93	.94	.95	1	.054
荷蘭	.88	.90	.91	.93	.94	.95	1	.064
芬蘭	.86	.88	.90	.92	.94	.95	1	.083
盧森堡	.85	.86	.89	.91	.93	.95	1	.091
比利時	.87	.88	.90	.93	.95	.95	1	.078
奧地利	.86	.87	.90	.92	.94	.94	1	.083
丹麥	.88	.89	.90	.91	.93	.94	1	.060
法國	.87	.88	.90	.92	.94	.94	1	.073
義大利	.86	.87	.89	.91	.92	.94	1	.081
英國	.86	.87	.89	.93	.94	.94	1	.081
西班牙	.86	.88	.89	.91	.93	.94	1	.077
紐西蘭	.86	.87	.88	.91	.93	.94	1	.081
德國	.86	.87	.89	.91	.92	.93	1	.071
香港	.80	.83	.86	.88	.92	.93	1	.126
以色列	.83	.85	.87	.89	.92	.93	1	.098
希臘	.85	.87	.88	.88	.90	.92	1	.067

國家／年代	1980	1985	1990	1995	2000	2004	分類	差距
新加坡	.76	.79	.82	.86	.89	.92	1	.153
南韓	.75	.79	.82	.86	.89	.91	1	.166
葡萄牙	.81	.83	.85	.88	.90	.90	1	.097
賽普勒斯	.80	.82	.85	.87	.89	.90	1	.100
馬爾他	.77	.79	.83	.86	.88	.88	1	.109
科威特	.78	.78	.80	.81	.84	.87	1	.093
匈牙利	.80	.81	.81	.82	.85	.87	1	.071
阿根廷	.80	.81	.81	.84	.86	.86	1	.061
波蘭	.78	.80	.81	.82	.85	.86	1	.082
智利	.74	.77	.79	.82	.84	.86	1	.118
巴林	.75	.78	.81	.83	.84	.86	1	.112
愛沙尼亞	.76	.78	.81	.79	.83	.86	1	.098
立陶宛	.78	.80	.83	.79	.83	.86	1	.077
烏拉圭	.78	.79	.81	.82	.84	.85	1	.070
克羅埃西亞	.79	.80	.81	.80	.83	.85	1	.056
拉托維亞	.80	.81	.80	.77	.82	.85	1	.050
哥斯大黎加	.77	.78	.79	.81	.83	.84	1	.069
阿拉伯聯合大公國	.77	.79	.81	.82	.83	.84	1	.070
巴哈馬	.81	.82	.82	.81	.83	.83	1	.014
墨西哥	.74	.76	.77	.78	.81	.82	1	.084
保加利亞	.77	.79	.79	.78	.80	.82	1	.048
阿曼	.55	.64	.70	.74	.78	.81	2	.264
千里達與托巴哥	.78	.79	.79	.79	.80	.81	1	.026
巴拿馬	.74	.75	.75	.77	.80	.81	1	.070
羅馬尼亞	.72	.75	.78	.77	.78	.81	2	.085
馬來西亞	.66	.70	.72	.76	.79	.81	2	.146
模里西斯	.66	.69	.73	.75	.78	.80	2	.139
巴西	.68	.70	.72	.75	.79	.79	2	.108
哥倫比亞	.69	.71	.73	.75	.78	.79	2	.097
委內瑞拉	.73	.74	.76	.77	.77	.78	1	.050

國家／年代	1980	1985	1990	1995	2000	2004	分類	差距
阿爾巴尼亞	.68	.69	.70	.70	.74	.78	2	.104
泰國	.65	.68	.72	.75	.78	.78	2	.130
薩摩亞	.69	.71	.70	.74	.77	.78	2	.088
沙烏地阿拉伯	.66	.67	.71	.74	.77	.78	2	.116
烏克蘭	.65	.72	.80	.75	.76	.77	2	.124
黎巴嫩	.62	.65	.68	.73	.75	.77	2	.154
中國大陸	.56	.60	.63	.69	.73	.77	2	.208
秘魯	.68	.70	.71	.74	.76	.77	2	.092
厄瓜多	.68	.70	.72	.73	.75	.77	2	.089
菲律賓	.69	.70	.72	.74	.76	.76	2	.074
約旦	.64	.67	.69	.71	.74	.76	2	.117
突尼西亞	.57	.62	.66	.70	.74	.76	2	.188
斐濟	.69	.70	.72	.74	.74	.76	2	.072
巴拉圭	.71	.71	.72	.74	.75	.76	2	.052
土耳其	.61	.65	.68	.71	.74	.76	2	.143
斯里蘭卡	.65	.68	.71	.73	.75	.76	2	.102
多明尼加	.65	.67	.68	.70	.73	.75	2	.099
貝里斯	.71	.72	.75	.77	.78	.75	2	.042
伊朗	.57	.61	.65	.70	.72	.75	2	.175
薩爾瓦多	.59	.61	.65	.69	.72	.73	2	.140
阿爾及利亞	.56	.61	.65	.67	.70	.73	2	.168
蓋亞那	.69	.68	.68	.69	.72	.73	2	.040
牙買加	.70	.70	.72	.73	.74	.72	2	.029
維德角	.60	.61	.63	.68	.71	.72	2	.122
敘利亞	.59	.63	.65	.67	.69	.72	2	.127
印尼	.53	.59	.63	.67	.68	.71	2	.179
越南	.60	.61	.62	.66	.70	.71	2	.109
埃及	.49	.54	.58	.61	.65	.70	3	.214
尼加拉瓜	.60	.60	.61	.64	.67	.70	2	.103
玻利維亞	.55	.58	.61	.64	.68	.69	2	.142

國家／年代	1980	1985	1990	1995	2000	2004	分類	差距
蒙古	.60	.64	.65	.63	.66	.69	2	.091
宏都拉斯	.57	.60	.63	.64	.65	.68	2	.113
瓜地馬拉	.55	.56	.59	.62	.66	.67	2	.127
赤道幾內亞	.45	.48	.50	.52	.64	.65	3	.203
南非	.67	.70	.74	.74	.69	.65	2	−.020
塔吉克	.69	.70	.70	.63	.63	.65	2	−.038
摩洛哥	.48	.52	.55	.58	.61	.64	3	.161
印度	.44	.48	.52	.55	.58	.61	3	.172
波札納	.57	.64	.68	.66	.60	.57	2	−.005
葛摩	.48	.50	.51	.52	.54	.56	3	.073
寮國	.41	.43	.45	.49	.52	.55	3	.143
巴基斯坦	.39	.42	.46	.49	.51	.54	3	.151
迦納	.47	.48	.51	.53	.56	.53	3	.065
孟加拉	.37	.39	.42	.45	.51	.53	3	.164
尼泊爾	.34	.38	.43	.47	.50	.53	3	.191
巴布亞紐幾內亞	.44	.47	.48	.51	.53	.52	3	.079
剛果民主共和國	.50	.54	.53	.53	.50	.52	3	.020
蘇丹	.38	.40	.43	.47	.50	.52	3	.140
馬達加斯加	.44	.44	.45	.46	.48	.51	3	.069
喀麥隆	.46	.51	.52	.50	.50	.51	3	.042
烏干達	.40	.41	.41	.41	.47	.50	3	.102
史瓦濟蘭	.56	.58	.62	.60	.54	.50	2	−.061
多哥	.48	.47	.50	.51	.50	.50	3	.020
賴索托	.51	.54	.57	.57	.52	.49	3	−.017
葉門	.38	.39	.39	.44	.47	.49	3	.112
辛巴威	.58	.64	.64	.59	.53	.49	2	−.085
肯亞	.51	.53	.55	.53	.50	.49	3	−.022
茅利塔尼亞	.37	.39	.39	.43	.45	.49	3	.121
海地	.45	.46	.45	.45	.47	.48	3	.031
塞內加爾	.34	.38	.41	.42	.44	.46	3	.118

國家／年代	1980	1985	1990	1995	2000	2004	分類	差距
盧安達	.39	.40	.34	.34	.43	.45	3	.062
奈及利亞	.38	.39	.41	.42	.43	.45	3	.072
坦尚尼亞	.40	.42	.44	.42	.42	.43	3	.030
貝南	.34	.37	.37	.40	.42	.43	3	.087
象牙海岸	.45	.45	.44	.43	.43	.42	3	−.024
尚比亞	.48	.49	.46	.43	.41	.41	3	−.070
馬拉威	.36	.37	.37	.41	.40	.40	3	.043
剛果人民共和國	.42	.43	.42	.39	.39	.39	3	−.032
莫三比克	.30	.29	.32	.33	.36	.39	3	.088
蒲隆地	.31	.34	.35	.33	.34	.38	3	.072
衣索比亞	.28	.29	.31	.32	.35	.37	3	.091
查德	.27	.31	.34	.34	.36	.37	3	.096
中非共和國	.37	.39	.38	.37	.36	.35	3	−.012
幾內亞比索	.26	.28	.31	.34	.35	.35	3	.086
布吉納法索	.28	.30	.31	.31	.33	.34	3	.065
馬利	.26	.26	.28	.31	.33	.34	3	.080

註：表中的分類欄是以 1980 年分類的國家類型；差距是指 2004 年與 1980 年 HDI 的差異情形。

國家圖書館出版品預行編目（CIP）資料

邁向科學化的國際比較教育／張芳全著.--初版.--
臺北市：心理, 2012.07
面；　公分.--（教育行政系列；41428）

ISBN 978-986-191-504-3（平裝）

1.比較教育

520.91　　　　　　　　　　　　　　101009966

教育行政系列 41428

邁向科學化的國際比較教育

作　　者：張芳全
執行編輯：李　晶
總 編 輯：林敬堯
發 行 人：洪有義
出 版 者：心理出版社股份有限公司
地　　址：231026 新北市新店區光明街 288 號 7 樓
電　　話：(02) 29150566
傳　　真：(02) 29152928
郵撥帳號：19293172 心理出版社股份有限公司
網　　址：https://www.psy.com.tw
電子信箱：psychoco@ms15.hinet.net
排 版 者：龍虎電腦排版股份有限公司
印 刷 者：竹陞印刷企業有限公司
初版一刷：2012 年 7 月
初版二刷：2023 年 5 月
I S B N：978-986-191-504-3
定　　價：新台幣 450 元